Más allá del orden

Vivir Mejor
Prácticos

Jordan B. Peterson
Más allá del orden
12 nuevas reglas para vivir

Traducción de Judit Sirvent Almenar

Obra editada en colaboración con Editorial Planeta – España

Título original: *Beyond Order. 12 More Rules for Life*

© Jordan B. Peterson, 2021
Derechos cedidos por acuerdo con Luminate Publishing Ltd. como cesionario de Jordan B. Peterson, en representación de Creative Artists Agency y CookeMcDermid Agency Inc., en conjunción con Intercontinental Literary Agency Ltd. Publicado originalmente en inglés por Portfolio, un sello editorial de Penguin Random House

© de la traducción, Judit Sirvent Almenar, 2021

© de las ilustraciones, Luminate Publishing Ltd., 2021
Adaptación de la portada: Booket / Área Editorial Grupo Planeta a partir de la idea original de Lisa Jager

© 2022, Editorial Planeta, S. A. – Barcelona, España

Derechos reservados

© 2024, Ediciones Culturales Paidós, S.A. de C.V.
Bajo el sello editorial PAIDÓS M.R.
Avenida Presidente Masarik núm. 111,
Piso 2, Polanco V Sección, Miguel Hidalgo
C.P. 11560, Ciudad de México
www.planetadelibros.com.mx
www.paidos.com.mx

Primera edición impresa en España en Colección Booket: abril de 2022
ISBN: 978-84-08-25627-4

Primera edición impresa en México en Booket: octubre de 2024
ISBN: 978-607-569-821-2

No se permite la reproducción total o parcial de este libro ni su incorporación a un sistema informático, ni su transmisión en cualquier forma o por cualquier medio, sea este electrónico, mecánico, por fotocopia, por grabación u otros métodos, sin el permiso previo y por escrito de los titulares del *copyright.*

La infracción de los derechos mencionados puede ser constitutiva de delito contra la propiedad intelectual (Arts. 229 y siguientes de la Ley Federal de Derechos de Autor y Arts. 424 y siguientes del Código Penal).

Si necesita fotocopiar o escanear algún fragmento de esta obra diríjase al CeMPro (Centro Mexicano de Protección y Fomento de los Derechos de Autor, http://www.cempro.org.mx).

Impreso en los talleres de Corporación en Servicios Integrales de Asesoría Profesional, S.A. de C.V.,
Calle E # 6, Parque Industrial
Puebla 2000, C.P. 72225, Puebla, Pue.
Impreso y hecho en México / *Printed in Mexico*

Biografía

Jordan B. Peterson es el autor de *12 reglas para vivir*, obra que ha vendido más de cinco millones de ejemplares en todo el mundo. Después de trabajar durante décadas como psicólogo clínico y como catedrático de Harvard y de la Universidad de Toronto, Peterson se ha erigido como uno de los intelectuales públicos más influyentes. Su mezcla de erudición, carisma y afán provocador ha convencido a cientos de millones de personas que siguen sus vídeos de YouTube y sus podcast. Ha publicado, junto con sus alumnos y colaboradores, más de cien artículos científicos, y su libro *Mapas de sentidos* revolucionó la psicología de la religión. Vive en Toronto con su familia.

- @drjordanpeterson
- @jordanbpeterson
- JordanPetersonVideos

www.jordanbpeterson.com

A mi esposa, Tammy Maureen Roberts Peterson, a la que he amado con locura durante cincuenta años y a la que considero admirable, en mi aprecio, en todos los sentidos y de forma totalmente desmedida.

ÍNDICE

Lista de ilustraciones   11

Comentario del autor en tiempos de pandemia   13

Prefacio   15

Regla 1: No denigres a la ligera ni las instituciones sociales ni el logro creativo   31
Regla 2: Imagina quién podrías ser y pon todo tu empeño en serlo   85
Regla 3: No escondas en la niebla las cosas que no desees   127
Regla 4: Piensa que la oportunidad reluce allí donde se ha renunciado a la responsabilidad   149
Regla 5: No hagas lo que aborreces   181
Regla 6: Abandona la ideología   197
Regla 7: Al menos esfuérzate al máximo en una cosa y espera a ver qué pasa   221
Regla 8: Intenta tener una habitación de tu casa lo más bonita posible   241

Regla 9: Si aún te corroen viejos recuerdos, escribe
    sobre ellos fielmente y con todo lujo de detalles   271
Regla 10: Planifica y esfuérzate por mantener viva
    la llama de tu relación   311
Regla 11: No te vuelvas rencoroso, mentiroso
    o arrogante   353
Regla 12: Muestra gratitud a pesar de tu sufrimiento   411

Epílogo   433

Notas   441

Índice terminológico   455

LISTA DE ILUSTRACIONES

1. ***El Loco:*** inspirada en Pamela Colman Smith (1910), *El Loco,* de la baraja del tarot Rider-Waite; Rider & Son.
2. ***Materia prima:*** inspirada en Hermes Trismegisto (1613), *Occulta philosophia.* También en la obra de Nollius, H., *Theoria philosophiae hermeticae,* Apud P. Antonium, Hanoviae, 1617.
3. ***San Jorge y el dragón:*** inspirada en Paolo Uccelo (hacia 1458), *San Jorge y el dragón.*
4. ***Atlas y las Hespérides:*** inspirada en John Singer Sargent (hacia 1922-1925), *Atlas y las Hespérides.*
5. ***Ángel caído:*** inspirada en Alexandre Cabanel (1847), *Ángel caído.*
6. ***En nuestra granja comunitaria:*** inspirada en B. Deykin (1932), *En nuestra granja comunitaria no caben los curas y los kulaks.*
7. ***Aprendiz:*** inspirada en Louis Émile Adan (1914), *Aprendiz.*
8. ***Los lirios:*** inspirada en Vincent Van Gogh (1890), *Los lirios.*

9. ***La tentación de san Antonio:*** inspirada en Martin Schongauer (hacia 1470-1475), *La tentación de san Antonio.*
10. ***El elixir del amor:*** inspirada en Aubrey Beardsley (1893), *Cómo sir Tristram bebió del elixir del amor.*
11. ***Satán:*** inspirada en Gustave Doré (1900), *Satán.* De Milton, J., *Milton's Paradise Lost* (con ilustraciones de M. Gustave Doré), Cassell & Company, Ltd., Londres, 1900.
12. ***San Sebastián:*** inspirada en Martin Schongauer (hacia 1480), *San Sebastián.*

COMENTARIO DEL AUTOR EN TIEMPOS DE PANDEMIA

Escribir un libro de no ficción durante la crisis mundial provocada por la propagación de la COVID-19 es desconcertante. En estos momentos tan difíciles, incluso el hecho de pensar en algo que no sea la enfermedad parece un absurdo, en cierto sentido. Sin embargo, condicionar todas las ideas de una obra actual a la pandemia —que terminará por remitir— parece un error, pues los dilemas habituales de la vida volverán en algún momento (y por suerte) a un primer plano. Esto significa que un autor contemporáneo cometerá inevitablemente un error: o bien pondrá demasiado énfasis en la pandemia, que tiene una duración incierta, con lo que creará un libro que pasará de moda en un tris tras; o bien ignorará la pandemia, lo cual equivale más o menos a ignorar el traje nuevo del emperador, como suele decirse.

Tras considerarlo y debatir estas cuestiones con mis editores, decidí escribir *Más allá del orden: 12 nuevas reglas para vivir* conforme al plan urdido hace varios años, haciendo hincapié en asuntos que no son específicos de la época actual (de modo que existe el riesgo de cometer el segundo error, más que el primero). Supongo que también podría decirse que aquellos que han optado por leer este libro o escuchar su versión de audio se sentirán aliviados de poder distraerse con algo que no sea el coronavirus y la devastación que ha sembrado.

PREFACIO

El 5 de febrero de 2020 me desperté en una unidad de cuidados intensivos, nada más y nada menos que en Moscú. Me habían atado a los lados de la cama con correas de quince centímetros porque, estando inconsciente, me había alterado y me había querido quitar los catéteres del brazo para salir de la UCI. Estaba confundido y frustrado; no sabía dónde me encontraba y no veía más que a personas que hablaban un idioma extranjero. No veía ni a mi hija Mikhaila ni a su esposo Andrey, que solo podían visitarme unas pocas horas y no tenían permiso para estar conmigo cuando me despertara. También estaba enojado por estar ahí y, cuando mi hija me fue a ver unas horas más tarde, me abalancé sobre ella. Me sentía traicionado, aunque no era ni mucho menos el caso. Me habían satisfecho las diversas necesidades con gran profesionalidad, a pesar de las enormes dificultades logísticas que entraña solicitar atención médica en un país extranjero de verdad. No recuerdo nada de lo que me pasó durante las semanas inmediatamente precedentes, y muy poco del momento en que ingresé en un hospital de Toronto a mediados de diciembre. Una de las pocas cosas que sería capaz de recordar, echando la vista atrás a los primeros días del año, es el tiempo que invertí en escribir este libro.

Escribí buena parte y edité casi todo el texto de este libro en una etapa en la que mi familia sufrió una serie de achaques superpuestos que minaron gravemente nuestra salud. Buena parte de ello ha sido objeto público de debate y, por ese motivo, creo que debo dar una explicación detallada. Primero, en enero de 2019 mi hija Mikhaila tuvo que contactar con un cirujano para que le reemplazara buena parte de su tobillo artificial. Se lo habían implantado cerca de una década antes, pero la primera prótesis nunca acabó de ir bien del todo; le dolía y le dificultaba el movimiento, hasta que casi dejó de funcionar. Estuve con ella un mes en un hospital de Zúrich (Suiza), para el procedimiento y la fase inicial de la recuperación.

A principios de marzo, mi esposa Tammy fue sometida a una operación rutinaria en Toronto. Tenía un cáncer de riñón común y bastante tratable. Un mes y medio después de la cirugía, en la que le extirparon un tercio de ese órgano, supimos que en verdad sufría una malignidad extremadamente rara, con un índice de mortalidad de casi el cien por ciento en un plazo de un año.

Dos semanas después, los cirujanos que la tenían a su cargo le extirparon las dos terceras partes que quedaban del riñón afectado, así como una porción considerable del sistema linfático abdominal. La cirugía pareció frenar la progresión del cáncer, pero desencadenó una fuga de fluido de hasta cuatro litros al día de su sistema linfático dañado —una condición llamada *ascitis quilosa*— tanto o más peligrosa que la dolencia original. Visitamos a un equipo médico de Filadelfia y Tammy dejó de perder fluido por completo noventa y seis horas después, pues le inyectaron un tinte de aceite de amapola cuya aplicación práctica era la mejora de las imágenes de las tomografías y resonancias magnéticas. Este avance se produjo el mismo día que cumplíamos treinta años de casados. Se recuperó deprisa y, al parecer, del todo: prueba de la suerte que todos necesitamos para vivir, así como de su admirable fortaleza y resistencia.

Por desgracia, mientras ocurría todo esto, mi salud iba a peor. A principios de 2017 había empezado a tomar un ansiolítico, después de sufrir lo que parecía ser una reacción autoinmune a algo que había comido durante la Navidad de 2016.* La reacción alimentaria me generaba una ansiedad aguda y constante y me provocaba una sensación de frío extremo; daba igual cuánta ropa llevara o las cobijas con las que me tapara. Mi presión sanguínea cayó tanto que cada vez que trataba de incorporarme, me sentía aturdido y tenía que quedarme hecho bolita recuperando fuerzas. Levantarme me costaba por lo menos media docena de intentos. También experimentaba un insomnio casi total. El médico de cabecera me recetó una benzodiacepina y un somnífero. El segundo solo me lo tomé unas cuantas veces, pero lo dejé de usar porque el tratamiento con benzodiacepina erradicó casi de inmediato y por completo los síntomas terribles que padecía, incluido el insomnio. Seguí tomando la benzodiacepina casi tres años exactos, porque mi vida parecía destilar un estrés antinatural durante esa época (el periodo en que pasé de tener una existencia tranquila como profesor universitario y psicólogo clínico a vi-

---

* La enfermedad que le costó el tobillo a mi hija Mikhaila y que la obligó a sustituirlo, junto con su cadera, también era inmune. Y mi esposa tenía unos síntomas artríticos similares a los de Mikhaila. Solo lo menciono para arrojar algo de luz a por qué se valoró un programa de respuesta inmune y por qué tenía cierto sentido.

vir la realidad tumultuosa de ser un personaje público) y porque pensaba que este fármaco —como suele afirmarse de las benzodiacepinas— era una sustancia relativamente inocua.

No obstante, la cosa cambió en marzo de 2019, cuando mi esposa empezó a librar su propia batalla contra la enfermedad. Yo había notado un ostensible repunte de mi ansiedad tras la hospitalización, la cirugía y la recuperación de mi hija. En consecuencia, pedí al médico de cabecera que me incrementara la dosis de benzodiacepina para no preocuparme ni fastidiar a los demás con mi ansiedad. Por desgracia, el ajuste de la dosis acentuó bastante los sentimientos negativos. Pedí que me la subieran de nuevo (esta vez, estábamos intentando lidiar con la segunda operación de Tammy y sus complicaciones, el problema al que yo atribuía el aumento de mi ansiedad), pero mi problema se hizo más grave. No pensaba que fuera para nada una reacción paradójica al medicamento, cosa que ahora sí creo, sino la reaparición de una tendencia a la depresión que me había asolado durante años.[*] En cualquier caso, dejé de tomar por completo la benzodiacepina en mayo de ese año y probé con dos dosis de ketamina en una semana, como me sugirió un psiquiatra al que consulté. La ketamina es un anestésico psicodélico poco convencional que, en ocasiones, puede surtir efectos positivos extraordinarios e inmediatos sobre la depresión. No me ayudaron en nada: fueron dos viajes de noventa minutos al infierno. Me hicieron sentir una culpa y una ver-

---

[*] Durante dos décadas tomé inhibidores de la recaptación de serotonina como Celexa. Me ayudaron muchísimo, pero dejé de tomarlos a principios de 2016 porque hice un cambio de dieta que los volvía innecesarios.

güenza inmensas por todo y me llevaron a ignorar lo que había extraído de mis experiencias positivas.

Varios días después de la segunda experiencia con la ketamina, comencé a padecer las secuelas de un síndrome de abstinencia agudo relacionado con la benzodiacepina. Fue un auténtico tormento: me invadió una ansiedad muy superior a la que jamás he experimentado, así como una agitación y una necesidad imperiosa de moverme (formalmente conocida como *acatisia*), pensamientos abrumadores de autodestrucción y la ausencia completa de cualquier tipo de felicidad. Un amigo de la familia y médico me ilustró sobre los peligros de la abstinencia repentina de benzodiacepina. Así que empecé a tomarla de nuevo, aunque en una dosis menor que la que había llegado a tomar. Muchos de los síntomas remitieron, pero no todos. Para combatir el resto también empecé a tomar un antidepresivo que me había caído de maravilla en el pasado. Pero lo único que consiguió fue hacerme sentir muy agotado, con lo que necesitaba dormir al menos cuatro horas más al día —un hándicap importante durante los graves problemas de salud de Tammy—, además de multiplicarme el apetito por dos o por tres.

Al cabo de unos tres meses de terrible ansiedad, de hipersomnia descontrolada, de una acatisia terriblemente desgarradora y de un apetito exagerado, acudí a una clínica norteamericana que afirmaba estar especializada en la abstinencia rápida de la benzodiacepina. Pese a las buenas intenciones de muchos de sus psiquiatras, en la clínica solo consiguieron reducir ligera y lentamente mi dosis de benzodiacepina. Además, empecé a notar los efectos negativos, incontrolables con el tratamiento de hospitalización que ofrecían.

Con todo, estuve en esa clínica desde mediados de agosto, apenas unos días después de que Tammy se hubiera recuperado de sus complicaciones posquirúrgicas, hasta finales de noviembre, cuando regresé a casa a Toronto, en un estado deplorable. En aquel entonces, la acatisia (el trastorno de movimiento incontrolable al que aludía antes) se había exacerbado hasta que ya no podía sentarme ni descansar en ninguna postura durante un rato sin sentir graves molestias. En diciembre ingresé en un hospital de la zona, momento en el que empieza mi laguna respecto a los sucesos que precedieron a mi despertar en Moscú. Como supe más tarde, mi hija Mikhaila y su esposo, Andrey, me sacaron del hospital de Toronto a principios de enero porque pensaban que el tratamiento que recibía ahí me estaba haciendo más mal que bien, una opinión con la que convine totalmente en cuanto me enteré.

Al recobrar la consciencia en Rusia, la situación se había agravado por otro hecho: en Canadá también había contraído una doble pulmonía, aunque no me la detectaron ni la trataron hasta que llegué a la UCI en Moscú. No obstante, estaba allí sobre todo para que la clínica me ayudara a dejar de tomar benzodiacepina, utilizando un procedimiento desconocido o considerado demasiado peligroso en Norteamérica. Como no había conseguido tolerar ninguna reducción en la dosis —aparte de la disminución inicial de hacía meses—, la clínica me indujo un coma para que estuviera inconsciente durante los peores tramos de la abstinencia. Ese régimen comenzó el 5 de enero y duró nueve días, durante los cuales también me conectaron a una máquina para regularme la respiración. El 14 de enero me quitaron la anestesia y la intubación. Me desperté unas horas, tiempo durante el cual indiqué a mi hija que ya no sufría de acatisia, aunque no recuerdo nada.

El 23 de enero me pasaron a otra UCI especializada en rehabilitación neurológica. Recuerdo despertarme durante un breve periodo el día 26, hasta que recuperé por completo la consciencia, como he explicado antes, el 5 de febrero: diez días durante los cuales transité por un delirio de vívida intensidad. Una vez despejado, me mudé a un centro de rehabilitación más acogedor en las afueras de Moscú. Allí tuve que aprender otra vez a subir y bajar escaleras, abotonarme la ropa, acostarme solo, colocar bien las manos sobre el teclado de la computadora y teclear. Tenía la sensación de que no veía bien; o, mejor dicho, de que no sabía usar mis extremidades para interactuar con el entorno. En cuanto los problemas de percepción y coordinación hubieron remitido bastante, al cabo de unas semanas, Mikhaila, Andrey, mi nieta y yo nos mudamos a Florida. Queríamos pasar un tiempecito al sol para recuperarnos (algo bienvenido después del frío gris de Moscú en pleno invierno). Esto fue justo antes de que cundiera el pánico global por la pandemia de la COVID-19.

En Florida intenté desintoxicarme de los medicamentos que me había recetado la clínica de Moscú, aunque seguía con la mano y el pie izquierdos entumidos, tenía temblores en esas dos extremidades y en los músculos de la frente y sufría una ansiedad muy severa. Todos estos síntomas se acentuaron bastante a medida que fui reduciendo la toma de medicamentos, hasta el punto de que, dos meses después, había vuelto a las dosis que me habían prescrito inicialmente en Rusia. La derrota me dejó tocado, pues había empezado a reducir el consumo animado por un optimismo que acabó hecho trizas; además, volví a unos niveles de medicación que había intentado eliminar, por lo que había pagado un alto precio. Tuve la suerte de contar con familiares y amigos que estuvieron conmigo durante esta fase y su compañía me animó a seguir adelante, a pesar de que los síntomas que experimentaba se volvían insoportables, en especial por la mañana.

A finales de mayo, tres meses después de dejar Rusia, era obvio que estaba empeorando, no mejorando. Además, depender de las personas a quienes amaba y que correspondían a ese sentimiento era insostenible e injusto. Mikhaila y Andrey habían estado en contacto con una clínica serbia que ofrecía un método novedoso para tratar el síndrome de abstinencia de la benzodiacepina, y movieron los hilos para trasladarme ahí solo dos días después de que ese país hubiera reabierto sus fronteras tras el cierre por la pandemia.

No voy a afirmar que lo que nos sucedió a mi esposa, a mí y a los que tanto ayudaron a cuidarla acabó desembocando en un bien mayor. Lo que le pasó a Tammy fue un auténtico horror. Durante más de medio año estuvo encadenando crisis de salud graves y casi fatales cada dos o tres días; y luego tuvo que lidiar con mi enfermedad y con mi ausencia. Por lo que a mí respecta, estaba desolado por la probable pérdida de alguien que había sido mi amiga durante cincuenta años y mi esposa durante treinta. Estaba horrorizado de ver la terrible factura que aquello les pasaba a sus otros familiares, incluidos nuestros hijos, y las penosas consecuencias de una dependencia farmacológica en la que caí sin darme cuenta. No voy a rebajarlo afirmando que somos mejores personas gracias a que superamos todo eso. No obstante, puedo decir que pasar tan cerca de la muerte motivó a mi esposa a abordar algunas cuestiones relativas a su desarrollo espiritual y creativo de forma más inmediata y asidua de lo que lo habría hecho. Y, a mí, me llevó a escribir —o a rescatar durante la revisión— solo aquellas palabras que seguían siendo importantes aun en condiciones de sufrimiento extremo. No cabe duda de que es gracias a la familia y amigos (a quienes cito específicamente en el epílogo de este libro) que seguimos vivos, pero también es verdad que la inmersión plena en lo que estaba escribiendo, que continuó durante todo el tiempo que he descrito —exceptuando el mes que pasé inconsciente en Rusia—, me aportó tanto una razón para vivir como un medio para comprobar la viabilidad de las ideas que barajaba.

Creo que no he dicho jamás —ni en mi libro anterior ni en este, a decir verdad— que baste necesariamente con vivir conforme a las reglas que he presentado. Creo que lo que afirmé —al menos eso espero— fue esto: cuando el caos te sobreviene y te fagocita, cuando la naturaleza te maldice a ti o a alguien que amas con la enfermedad o cuando la tiranía hace pedazos algo valioso que has erigido, es saludable conocer el resto de la historia. Todo ese infortunio no es más que la mitad triste del relato de la existencia, y no tiene en cuenta el elemento heroico de la redención o de la nobleza del espíritu humano que exige cargar con cierta responsabilidad. Nosotros mismos nos arriesgamos a ignorar ese apéndice de la historia, porque la vida es tan complicada que perder de vista esa parte heroica de la existencia podría tener un costo inasumible. No queremos que pase algo así. Lo que necesitamos es hacer de tripas corazón y ver las cosas con atención y lucidez, y vivir de la mejor manera posible.

Existen fuentes de fortaleza en las que puedes inspirarte. Y, aunque no funcionen del todo, podrían bastar. Existe lo que uno puede aprender si es capaz de aceptar su error. Existen medicamentos y hospitales, así como médicos y enfermeros que se dedican en cuerpo y alma y con valor a levantarte el ánimo y ayudarte a superar el día. Y luego está tu propia personalidad y tu coraje... Pero si están hechos puré y estás dispuesto a tirar la toalla, todavía tienes la personalidad y el coraje de aquellos a los que quieres y que te quieren. Y tal vez (no es seguro) con eso puedas salir adelante. Te puedo decir lo que me ha salvado a mí hasta ahora: el amor por mi familia; el amor que sienten por mí; los ánimos que me han infundido ellos y mis amigos; el hecho de que aún tuviera una labor importante que hacer mientras deambulaba por el abismo. Me tuve que forzar a sentarme delante de la computadora. Durante los interminables meses en que estuve transido de terror, tuve que forzarme a concentrarme y a respirar, a no mandarlo todo al carajo. Y a duras penas lo conseguí. Pasé más de la mitad del tiempo convencido de que iba a morir en alguno de los muchos hospitales en los que estuve ingresado. Y creo que, si hubiera caído presa del rencor, por ejemplo, seguro que habría fallecido; igual que creo que tengo suerte de haberme librado de ese destino.

Aunque no siempre nos libre del terrible aprieto en que nos encontremos, ¿podría ser que todos fuéramos más capaces de gestionar la incertidumbre, los horrores de la naturaleza, la tiranía de la cultura y la maldad propia y ajena si fuéramos personas mejores y más valientes? ¿Si aspiráramos a valores más elevados? ¿Si fuéramos más sinceros? ¿No sería más probable que los elementos más amables de la experiencia se manifestaran a nuestro alrededor? ¿Acaso no es posible, si tus metas fueran lo bastante nobles, tu coraje el adecuado, tu honestidad infalible, que el bien generado acabara..., en fin, justificando el horror? No es exactamente eso, pero algo bastante cercano. Al menos, estas actitudes y acciones nos podrían aportar suficiente significado para impedir que el encuentro con ese terror y horror nos corrompiera y convirtiera el mundo que nos rodea en algo muy parecido al infierno.

PREFACIO

¿Por qué *Más allá del orden*? Es simple, en cierto sentido. El orden es territorio explorado. Tenemos orden cuando los actos que estimamos apropiados generan los resultados que buscamos. Nos complacen, pues indican, primero, que nos hemos acercado a lo que deseamos; y segundo, que nuestra teoría sobre cómo funciona el mundo sigue siendo bastante exacta. Aun así, todos los estados de orden, por más seguros y cómodos que sean, tienen sus defectos. Nunca sabremos al cien por ciento cómo actuar en esta vida: en parte debido a nuestra abismal ignorancia de todo lo desconocido; en parte debido a nuestra ceguera deliberada; y en parte porque el mundo sigue transformándose de improviso, a su entrópica manera. Además, el orden que aspiramos a imponer en el mundo se puede solidificar a raíz de nuestros cándidos empeños por dejar de sopesar todo lo desconocido. Cuando estos empeños llegan demasiado lejos, acecha el totalitarismo, impulsado por el deseo de ejercer un control completo cuando no es posible ni siquiera a nivel teórico. Esto implica arriesgarse a restringir todos los cambios psicológicos y sociales necesarios para seguir adaptándonos a un mundo en constante cambio. Así que nos encontramos ineludiblemente ante la necesidad de trascender el orden y pasar a su contrario: el caos.

Si el orden es el lugar donde se hace patente aquello que queremos —cuando actuamos con una sabiduría labrada con mucho denuedo—, el caos es el lugar donde aquello que no prevemos o aquello a lo que hemos estado ciegos da un paso al frente de entre el potencial que nos rodea. El hecho de que algo haya ocurrido muchas veces en el pasado no es garantía de que vaya a seguir ocurriendo de la misma forma.[1] Existe un dominio eterno más allá de lo que conocemos y podemos predecir. El caos significa anomalía, novedad, imprevisibilidad, transformación, alteración y, en muchas ocasiones, declive, pues lo que hemos acabado dando por sentado resulta no ser de fiar. A veces se manifiesta con gentileza, revelando sus misterios en experiencias que nos llaman la atención, nos atraen e interesan. Esto es bastante probable, aunque no inevitable, cuando decidimos abordar lo que no comprendemos con esmerada preparación y disciplina. Otras veces, lo inesperado se presenta de forma terrible, repentina o accidental, con lo que nos desmoronamos y nos sentimos desolados, y solo logramos recomponernos tras mucho agobio... Si es que lo terminamos consiguiendo.

Ninguno de los estados, ni el del orden ni el del caos, es preferible intrínsecamente al otro. Así no es como hay que verlo. Sin embargo, en mi libro anterior, *12 reglas para vivir: un antídoto al caos,* puse más el acento en cómo se podrían remediar las consecuencias de un exceso de caos.[2] Respondemos al cambio repentino e imprevisible preparándonos fisiológica y psicológicamente para lo peor. Y como solo Dios sabe qué puede ser lo peor, en nuestra ignorancia debemos preparanos para todas las eventualidades. El problema de esa preparación continua es que, en exceso, nos resulta extenuante. Pero eso no implica de ninguna manera que haya que eliminar el caos (algo imposible, en cualquier caso), aunque lo desconocido se tiene que tratar con tiento, como resalté muchas veces en mi anterior libro. Todo lo que no se renueva se estanca y no cabe duda de que una vida sin curiosidad —ese instinto que nos empuja hacia lo desconocido— sería una forma de existencia emasculada. Lo nuevo también es lo excitante, apasionante y provocador, siempre y cuando el ritmo al que nos tenemos que aclimatar no mine ni desestabilice de forma intolerable nuestra existencia.

Igual que *12 reglas para vivir*, este volumen explica reglas extraídas de una lista más larga de cuarenta y dos, originalmente publicada y divulgada en el sitio web de preguntas y respuestas Quora. A diferencia de mi anterior libro, el tema general de *Más allá del orden* es explorar por qué convendría evitar los peligros de un exceso de seguridad y control. Puesto que aquello que entendemos es insuficiente (como descubrimos cuando las cosas que tratamos de controlar se desmandan de todos modos), necesitamos mantener un pie en el orden mientras estiramos el otro a tientas, hacia lo desconocido. Y así nos vemos impelidos a explorar y encontrar el significado más profundo desde la frontera, con suficiente seguridad para mantener a raya el miedo, pero aprendiendo constantemente mientras plantamos cara a lo que todavía no hemos asimilado o a aquello a lo que no nos hemos adaptado. Es este instinto del significado —mucho más profundo que el mero pensamiento— lo que nos lleva por un buen camino en la vida. Impide que nos sintamos abrumados por lo que hay más allá; o, lo que es igual de peligroso, que nos atrofien o nos maniaten sistemas de valores y creencias obsoletos, dogmáticos u orgullosamente pregonados.

¿Sobre qué he escrito, para ser más concretos? La regla 1 describe la relación entre las estructuras sociales estables y predecibles y la salud psicológica individual, y arguye que las personas creativas tienen que actualizar esas estructuras si quieren conservar su vitalidad. La regla 2 analiza la milenaria imagen del alquimista basándose en varias historias —antiguas y modernas— para arrojar luz a la naturaleza y el desarrollo de una personalidad humana equilibrada. La regla 3 advierte de los peligros de hacer caso omiso de la información (vital para el rejuvenecimiento continuo de la psique) revelada por las emociones negativas como el dolor, la ansiedad y el miedo.

La regla 4 sostiene que ese significado que ayuda a la gente a sobrellevar momentos difíciles se encuentra no tanto en la felicidad, que es pasajera, sino en el hecho de adoptar voluntariamente una responsabilidad madura por uno mismo y los demás. La regla 5 utiliza un solo ejemplo, extraído de mi experiencia como psicólogo clínico, para demostrar la necesidad personal y social de atender a los dictados de la conciencia. La regla 6 describe el peligro de atribuir la causa de los complejos problemas individuales y sociales a variables concretas como el sexo, la clase o el poder.

La regla 7 expone la relación crucial entre el esfuerzo disciplinado y decidido y la gestación de un carácter individual capaz de afrontar la adversidad. La regla 8 hace hincapié en la importancia capital de la experiencia estética para guiar hacia lo verdadero, bueno y nutritivo en el mundo de la experiencia humana. La regla 9 defiende que el horror de las experiencias pasadas que todavía inspiran dolor y miedo se puede purgar a través de una exploración y reconsideración verbal voluntaria.

La regla 10 destaca la importancia de la negociación explícita para mantener la bondad, el respeto mutuo y la cooperación sincera, sin los cuales no se puede sostener ningún idilio amoroso. La regla 11 empieza describiendo el mundo de la experiencia humana y explicando los motivos de tres patrones comunes, aunque terriblemente peligrosos, de la respuesta psicológica. Además, define las catastróficas consecuencias de caer presa de cualquiera de ellos (o de todos) y esboza una ruta alternativa. La regla 12 argumenta que la gratitud ante las inevitables calamidades de la vida se debería considerar una manifestación primordial del admirable coraje moral que necesitamos para proseguir nuestro penoso ascenso.*

Espero ser un poco más hábil a la hora de explicar este segundo conjunto de doce reglas que hace cuatro años, cuando escribí sobre la primera docena; sobre todo por los consejos que me han dado mientras intentaba exponer mis ideas a oyentes de todo el mundo, tanto si me escuchaban en persona, por YouTube o a través de mi pódcast o de mi blog.** Por tanto, espero haber logrado aclarar algunos de los temas que quizá no conseguí desgranar de manera óptima en mi anterior trabajo, además de presentar muchas ideas nuevas. En último lugar, espero que la gente encuentre este libro igual de útil, en términos personales, como parece que han encontrado la primera hornada de doce reglas. Ha sido muy gratificante descubrir que muchas personas han sacado fuerzas de las ideas e historias que he tenido el privilegio de revelar y compartir.

---

* Quizá revista cierto interés señalar que este libro y su predecesor —aunque cada uno se sostiene por sí solo— fueron diseñados conjuntamente para plasmar el equilibrio que ambos tratan de describir. Es por eso que (al menos en las versiones en inglés) el primero está encuadernado en blanco, y el segundo, en negro. Constituyen un conjunto a juego, como los conceptos taoístas del *yin* y el *yang*.

** El enlace a mi canal de YouTube es: <https://www.youtube.com/user/JordanPetersonVideos>. Pueden acceder a mi pódcast y a mi blog en <jordanbpeterson.com>.

THE FOOL.

REGLA 1

NO DENIGRES A LA LIGERA NI LAS INSTITUCIONES SOCIALES NI EL LOGRO CREATIVO

SOLEDAD Y CONFUSIÓN

Durante años traté a un cliente que vivía solo.* Pero más allá de su situación personal, vivía aislado en muchos otros sentidos. Tenía poquísimos lazos familiares: dos hijas que se habían mudado al extranjero y no tenían mucho contacto con él, y ningún allegado, salvo un padre y una hermana con los que no tenía relación. Su esposa y madre de sus hijas había fallecido hacía muchos años, y la única relación que intentó trabar mientras me vio, durante más de una década y media, terminó de forma trágica cuando su nueva pareja murió en un accidente de coche.

Cuando empezamos a vernos, nuestras conversaciones eran muy extrañas. No estaba acostumbrado a las sutilezas de la interacción social, así que sus comportamientos verbales y no

---

* He modificado lo suficiente los relatos extraídos de mi práctica clínica para garantizar la privacidad de mis clientes, al tiempo que respeto la verdad esencial de lo que estoy relatando.

verbales carecían del ritmo y de la armonía coreográficos que suelen concurrir en las personas con habilidad social. De niño, sus dos padres lo habían ignorado por completo y lo habían desalentado mucho. Su padre, bastante ausente, era propenso a la negligencia y al sadismo, mientras que su madre era una alcohólica crónica. También había sufrido burlas y acoso sistemático en la escuela y, en todos sus años de educación, no había encontrado ningún maestro que le prestara una atención genuina. Estas experiencias hicieron que mi cliente fuera proclive a la depresión o, cuando menos, agravaron lo que podría haber sido una tendencia biológica en esa dirección. En consecuencia, era cortante, irritable y algo voluble cuando se le malinterpretaba o se le interrumpía inesperadamente durante una conversación. Estas reacciones ayudaban a afianzar la idea de que los acosadores seguían persiguiéndolo, sobre todo en el lugar de trabajo.

No obstante, enseguida noté que las sesiones iban bastante bien si me quedaba callado la mayor parte del tiempo. Venía cada semana, o cada dos semanas, y hablaba de lo que le había sucedido y preocupado durante los siete o catorce días anteriores. Si yo guardaba silencio durante los primeros cincuenta minutos de la sesión, escuchando con atención, luego podíamos platicar de forma más o menos normal y recíproca durante los diez minutos restantes. Este patrón continuó por más de una década, durante la cual fui aprendiendo a cerrar el pico, algo que no me resulta fácil. Aun así, a medida que fueron pasando los años me di cuenta de que la proporción del tiempo que invertía en hablar de cuestiones negativas conmigo disminuía. Nuestra conversación —o su monólogo, mejor dicho— siempre había empezado con lo que le preocupaba, y eran pocas las veces que pasaba de ahí. Pero fuera de nuestras sesiones se esforzó mucho por cultivar amistades, por acudir a veladas artísticas y festivales de música, por resucitar un talento largamente latente para componer canciones y tocar la guitarra. Cuando se volvió más social, empezó a generar soluciones para los problemas que me comentaba y empezó a usar la última porción de las horas que compartíamos para mencionar algunos de los aspectos más positivos de su existencia. Sucedió poco a poco, pero progresó. La primera vez que fue a verme, no nos podíamos sentar a una mesa de una cafetería —o en ningún otro lugar público— y entablar nada parecido a una conversación banal sin que se sumiera en un silencio absoluto. Para cuando la terapia llegó a su fin, leía poesía suya delante de pequeños grupos e incluso había intentado subirse a un escenario para dar monólogos de comedia.

Fue el mejor modelo personal y práctico de algo que había aprendido tras más de veinte años como psicólogo: la gente necesita una comunicación constante con otras personas para mantener su mente organizada. Todos necesitamos pensar para tener las cosas claras, pero sobre todo pensamos al hablar. Necesitamos hablar sobre el pasado para poder distinguir las inquietudes insignificantes y exageradas que asolan nuestros pensamientos de las experiencias que de verdad importan. Necesitamos hablar sobre la naturaleza del presente y sobre nuestros planes de futuro para saber dónde estamos, adónde vamos y por qué vamos hacia allí. Tenemos que someter las estrategias y tácticas que urdimos al criterio de los demás, a fin de garantizar su eficacia y resiliencia. También debemos escucharnos hablar para poder articular y organizar las reacciones corporales, las motivaciones y las emociones incoherentes, y prescindir de esos miedos exagerados e irracionales. Necesitamos hablar, tanto para recordar como para olvidar.

Mi cliente necesitaba con urgencia a alguien que lo escuchara. También necesitaba formar parte de otros grupos sociales más grandes y complejos; eso fue algo que planeó en nuestras sesiones y que luego llevó a cabo por su cuenta. Si hubiera cedido a la tentación de denigrar el valor de las interacciones y relaciones interpersonales, debido a sus antecedentes de aislamiento y maltrato, habría tenido muy pocas posibilidades de recuperar su salud y bienestar. Pero en vez de eso, aprendió los gajes del oficio y se unió al mundo.

LA CORDURA COMO INSTITUCIÓN SOCIAL

Para los doctores Sigmund Freud y Carl Jung, los grandes exponentes de la psicología profunda, la cordura era una característica de la mente individual. En su opinión, las personas estaban equilibradas cuando las subpersonalidades que existían en su interior encajaban y se expresaban de forma armonizada. El *id,* la parte instintiva del aparato psíquico (del alemán *ello,* símbolo de la naturaleza dentro de nosotros, en todo su esplendor y rareza); el *superego* (el representante interiorizado del orden social, a veces opresivo); y el *ego* (el yo, la personalidad propiamente dicha, oprimida entre los dos tiranos necesarios mencionados). Para Freud, que fue el primero en postular su existencia, todos estos conceptos tenían su función especial. El *id*, el *ego* y el *superego* interactuaban entre sí como los poderes ejecutivo, legislativo y judicial de un Estado moderno. Jung, aunque estuvo muy influenciado por Freud, analizó de otra manera la complejidad de la psique. Para él, el *ego* del individuo tenía que encontrar su sitio en relación con la sombra (la parte oscura de la personalidad), el ánima o *animus* (la contraparte sexual y, por tanto, ocasionalmente reprimida de la personalidad) y el sí-mismo (el ser interno arquetípico). Pero todas estas subentidades diferenciadas, tanto las de Jung como las de Freud, tienen una cosa en común: existen en el interior de la persona, al margen de lo que haya a su alrededor. Aun así, las personas son seres sociales —*par excellence*— y fuera de nosotros hay un mar de sabiduría y orientación incrustado en el mundo social. ¿Por qué deberíamos confiar solo en nuestros limitados recursos para recordar el camino, o para orientarnos en un territorio nuevo, cuando podemos recurrir a señales e indicaciones que otros se han molestado en colocar? Con su obsesión por la psique individual autónoma, Freud y Jung prestaron muy poca atención al papel de la comunidad a la hora de salvaguardar la salud mental personal.

Es por estas razones que, en cuanto empiezo a trabajar con nuevos clientes, valoro su estado con arreglo a una serie de dimensiones que dependen en gran medida del mundo social: ¿se les ha educado al nivel de su habilidad o ambición intelectual? ¿Usan su tiempo libre de forma activa, significativa y productiva? ¿Han trazado planes sólidos y bien articulados para el futuro? ¿Están exentos (ellos y sus allegados) de cualquier problema físico o económico grave? ¿Tienen amigos y vida social? ¿Una relación sentimental estable y satisfactoria? ¿Relaciones familiares estrechas y funcionales? ¿Una carrera —o al menos un trabajo— que sea económicamente suficiente, estable y, de ser posible, una fuente de satisfacción y oportunidad? Si la respuesta a tres o más de estas preguntas es no, considero que mi cliente no cultiva lo bastante el terreno interpersonal y está en peligro de caer en una espiral psicológica por ello. Las personas no existen entre otras personas como mentes independientes.

Que sea capaz de comportarse de forma más o menos aceptable con los demás no significa que un individuo esté del todo equilibrado. Hablando claro: externalizamos el problema de la cordura. Las personas no conservan la salud mental solo gracias al equilibrio de su propia mente, sino porque los de su alrededor les recuerdan constantemente cómo pensar, actuar y hablar.

Si empiezas a desviarte del camino estrecho y sinuoso —si empiezas a actuar de forma indebida—, la gente reaccionará a tus errores antes de que se vuelvan demasiado graves, engatusándote, abochornándote, espoleándote y criticándote para ponerte otra vez en tu sitio. Fruncirán el ceño, o sonreirán (o no), o prestarán atención (o no). Es decir, si otras personas pueden tolerarte a su lado, aprovecharán cada oportunidad para recordarte que no debes portarte mal y, de paso, exigir lo mejor de ti. Lo único que puedes hacer es mirar, escuchar y responder correctamente a las señales. Entonces igual consigues mantener la motivación y la compostura para no empezar el largo viaje de capa caída. Esta es razón suficiente para apreciar tu inmersión en el mundo de otras personas —amigos, familiares y enemigos por igual—, pese a la ansiedad y la frustración que tan a menudo generan las interacciones sociales.

Pero ¿cómo generamos el amplio consenso respecto a la conducta social que apuntala nuestra estabilidad psicológica? A la vista de la complejidad que nos acecha de forma implacable, parece una tarea imponente, si no imposible. «¿Perseguimos esto o aquello?» «¿Cuánto vale esta obra en comparación con esa otra?» «¿Quién es más competente, más creativo o más asertivo y, por tanto, debería ostentar la autoridad?» Las respuestas a estas preguntas se suelen acordar tras una intensa negociación —verbal y no verbal— que regula la actividad individual, la cooperación y la competencia. Lo que consideramos valioso y digno de atención se vuelve parte del contrato social; parte de las recompensas y los castigos que se asignan a cada uno por cumplir o infringir las normas; parte de lo que impone y recuerda de forma continua: «Esto es lo que vale. Mira esto (percíbelo) en vez de otra cosa. Persigue esto (actúa con ese fin) en vez de otra cosa». En gran medida, el cumplimiento de estas indicaciones y estos recordatorios es la cordura en sí misma; y es algo que se nos exige a todos y cada uno de nosotros desde las fases iniciales de nuestra vida. Si no intermediara el mundo social, nos resultaría imposible organizar nuestra mente y, en suma, el mundo nos abrumaría.

¿POR QUÉ SEÑALAMOS?

Cuento con la inmensa fortuna de tener una nieta, Elizabeth Scarlett Peterson Korikova, nacida en agosto de 2017. La he observado de cerca mientras iba creciendo, intentando entender qué se proponía y siguiéndole el juego. Cuando tenía más o menos un año y medio, incurría en todo tipo de comportamientos sumamente entrañables: se reía cuando la pinchabas con el dedo, te chocaba la mano, chocaba cabeza con cabeza con la gente y se restregaba la nariz con la tuya. Ahora bien, en mi opinión, el acto más destacado que adquirió a esa edad fue el de señalar.

Había descubierto el dedo índice y lo usaba para especificar todos los objetos del mundo que encontraba interesantes. Le fascinaba hacerlo, sobre todo cuando el hecho de señalar atraía la atención de los adultos que tenía cerca. Esto reflejaba, de un modo imposible de duplicar por cualquier otro método, que su acto y su intención tenían importancia, definible al menos en parte como la capacidad de una conducta o actitud de llamar la atención de los demás. Se desvivía por eso, como es natural. Competimos por que nos presten atención personal, social y económicamente. Es algo que el dinero no puede comprar. Los niños, los adultos y las sociedades languidecen en su ausencia. Conseguir que otros hagan caso a lo que tú consideras importante o interesante significa validar, en primer lugar, la importancia de esa misma cosa, pero también denota algo más crucial: te valida a ti mismo como centro reputado de experiencia consciente y contribuyente al mundo colectivo. Señalar también es un preludio vital del desarrollo del lenguaje. Nombrar algo —usar la palabra para esa cosa— es básicamente señalarlo; especificarlo de entre todo lo demás; aislarlo para el uso individual o social.

Cuando mi nieta señalaba, lo hacía en público. Cuando señalaba algo, observaba de primera mano cómo reaccionaban las personas a su alrededor. Por decirlo de alguna manera, tiene poco sentido señalar algo que no le importa un bledo a nadie. Así que apuntaba con el dedo índice a algo que le parecía interesante y luego paseaba la mirada a su alrededor para ver si a alguien más le importaba. Estaba aprendiendo una cosa fundamental a una edad temprana: si no te comunicas sobre algo que interese a los demás, el valor de tu comunicación —e incluso el valor de tu propia presencia— corre el riesgo de desvanecerse. Así fue como empezó a explorar más a fondo la compleja jerarquía de valores que conformaba su familia y, en general, la sociedad que la rodeaba.

Ahora, Scarlett está aprendiendo a hablar: una forma más sofisticada de señalar y de explorar. Cada palabra es un dedo índice, amén de una simplificación o generalización. Nombrar algo no solo sirve para resaltarlo del sinnúmero de cosas potencialmente nombrables, sino también para agruparlo o clasificarlo con otros muchos fenómenos de la misma utilidad o relevancia aproximada. Utilizamos la palabra *suelo*, por ejemplo, pero no solemos emplear una palabra específica para cada suelo que encontramos (de cemento, madera, tierra o cristal), y menos aún para las infinitas variaciones de color, textura y tono que caracterizan los suelos que soportan nuestro peso. Utilizamos una representación de baja resolución: si nos aguanta, podemos andar sobre él y está dentro de un edificio, entonces es un suelo..., y no se hable más. El término distingue los suelos de las paredes, por ejemplo, pero también engloba la variabilidad de todos los suelos que existen en un solo concepto: superficies lisas, estables y peatonales.

Las palabras son herramientas que estructuran nuestra experiencia en un aspecto subjetivo y privado, pero también están socialmente determinadas. No todos conoceríamos y usaríamos la palabra *suelo* a menos que hubiéramos acordado que hay algo lo bastante importante sobre el suelo como para tener una palabra. Así pues, el mero hecho de nombrar algo (y, por supuesto, de pactar el nombre) es una parte importante del proceso mediante el cual el mundo infinitamente complejo de fenómenos y hechos se reduce al mundo funcional del valor. Y es la interacción continua con las instituciones sociales lo que posibilita esta reducción, o especificación.

¿QUÉ DEBERÍAMOS SEÑALAR?

El mundo social restringe y concreta el universo para nosotros, pues subraya qué es importante. Pero ¿qué significa *im-*

portante? ¿Cómo se determina? El individuo es moldeado por el mundo social. Sin embargo, las instituciones sociales también son moldeadas por los requisitos de los individuos. Hay que maniobrar para satisfacer los requisitos básicos de la vida. No podemos vivir sin comida, agua, aire limpio ni vivienda. Y también necesitamos cosas menos obvias: que nos hagan compañía, que jueguen e intimen con nosotros y que nos toquen. Todas estas son necesidades biológicas, así como psicológicas (y no es en absoluto una lista completa). Debemos indicar y utilizar esos elementos del mundo capaces de satisfacer estos requisitos. Y el hecho de que seamos profundamente sociales añade otra serie de restricciones a la situación: debemos percibir y actuar de una forma que satisfaga nuestras necesidades biológicas y psicológicas, pero, como ninguno de nosotros vive ni puede vivir en soledad, debemos satisfacerlas de una forma avalada por los demás. Esto significa que las soluciones que aplicamos a nuestros problemas biológicos fundamentales también deben ser aceptables y aplicables en términos sociales.

Vale la pena considerar en más detalle cuánto limita la necesidad el abanico de soluciones y planes viables. Primero, y como ya hemos comentado, en teoría el plan tiene que solventar un problema real. Segundo, debe gustar a los demás —a menudo, debe gustar más que otros planes— o esas personas no cooperarán, cuando no se opondrán directamente. Por tanto, si yo valoro algo, debo determinar cómo valorarlo para que los otros se puedan beneficiar. No solo debe ser bueno para mí: tiene que ser bueno para mí y para quienes me rodean. Y ni siquiera eso basta. Todavía hay más restricciones sobre cómo se debe ver el mundo y actuar. La forma en que veo y valoro el mundo debe ir estrechamente ligada a los planes que elaboro, y servirme a mí, a mi familia y a la comunidad. Es más, tiene que servir hoy y no empeorar el mundo de mañana ni de la semana que viene, ni tampoco del mes o el año que viene (o la próxima década o el siguiente siglo). Una buena solución a un problema que entrañe sufrimiento se tiene que poder repetir —en una palabra, emular— en diferentes personas y diferentes momentos.

Estas restricciones universales, manifestadas desde la biología e impuestas socialmente, reducen la complejidad del mundo a algo que se aproxima a un dominio de valor comprensible para todos. Esto es vital, pues los problemas son infinitos y hay un sinfín de soluciones hipotéticas; ahora bien, en comparación, hay pocas que funcionen tanto desde un punto de vista práctico como psicológico y social. La limitación de opciones denota que existe una especie de ética natural; tal vez igual de variable que las lenguas humanas, pero esencialmente caracterizada por algo sólido y reconocible por todo el mundo. La realidad de esta ética natural hace que denigrar al tanteo las instituciones sociales sea a la vez un error y un peligro. ¿La razón? Esas instituciones han evolucionado para resolver problemas que se tienen que resolver para que la vida continúe. No son para nada infalibles, pero mejorarlas, en vez de empeorarlas, es un rompecabezas muy difícil.

Es decir, tengo que reducir la complejidad del mundo a una sola idea para poder actuar y, al mismo tiempo, tener en cuenta a todas las personas, tanto en su condición actual como futura. ¿Cómo lo hago? Comunicándome y negociando. Utilizando los recursos del amplio mundo para hacer frente a este problema cognitivo tan complejo. Los individuos que componen cualquier sociedad cooperan y compiten con el lenguaje (aunque la interacción lingüística no es en absoluto el único medio para cooperar y competir). Las palabras se generan en grupo y todo el mundo debe convenir en su uso. El marco verbal que nos ayuda a delimitar el mundo es fruto de la cadena de valor construida socialmente, pero también está ceñido por la cruda necesidad de la propia realidad. Esto contribuye a dar forma a la cadena, pero no con cualquier forma antigua. Aquí es donde entran en juego más claramente las jerarquías funcionales y productivas.

Las cosas importantes se tienen que hacer o la gente pasa hambre, se muere de sed o de frío; o de soledad y falta de cariño. Lo que hay que hacer se tiene que concretar y planear. Hay que adquirir las destrezas necesarias para ello. Esta concreción, planificación y adquisición de destrezas —así como la aplicación del plan— se tiene que llevar a cabo en el terreno social, con la cooperación de otros y haciendo frente a los que se opongan. En consecuencia, a algunos se les dará mejor solucionar dicho problema; a otros, peor. Esta variedad de capacidades —así como el hecho de que haya múltiples problemas y sea imposible entrenar a todo el mundo en todos los dominios de habilidad— engendra necesariamente una estructura jerárquica, basada en el mejor de los casos en la competencia genuina con respecto al objetivo. Esta jerarquía es, en esencia, un recurso de estructura social que se debe utilizar para cumplir con eficacia las obligaciones necesarias y dignas. También es una convención social que permite el progreso y la paz al mismo tiempo.

DE ABAJO ARRIBA

El consenso que sostiene las asignaciones de valor explícitas y tácitas de nuestras sociedades tiene raíces en la antigüedad y se ha desarrollado a lo largo de cientos de millones de años. Al fin y al cabo, «¿cómo deberías comportarte?» es solo una versión inmediata y cortoplacista de la pregunta fundamental y eterna: «¿Cómo deberías sobrevivir?». Así pues, vale la pena remontarnos a un pasado remoto —a un eslabón muy anterior de la cadena evolutiva, a los orígenes— para analizar cómo se dilucidó qué era importante. Los organismos multicelulares filogenéticos más antiguos (con eso ya nos remontamos lo suficiente) suelen estar compuestos de células sensomotoras relativamente indiferenciadas.[1] Estas células graban ciertos hechos o rasgos del entorno directamente en su sistema motor, en una relación bastante individualizada. El estímulo A suscita la respuesta A, y nada más, mientras que el estímulo B suscita la respuesta B. En las criaturas más diferenciadas y complejas —los habitantes más grandes e identificables del mundo natural—, las funciones sensoriales y motoras se separan y se especializan. Es decir, las células a cargo de las primeras funciones detectan patrones en el mundo y las células del segundo grupo producen patrones para el sistema motor. Esta diferenciación permite reconocer y cartografiar una gama más amplia de patrones, así como de acciones y reacciones. A veces surge un tercer tipo de célula —la neuronal—, que sirve como intermediario informático entre las dos primeras. En las especies que han desarrollado actividad neuronal, un *mismo* patrón de estímulos puede generar un patrón diferente de respuestas (dependiendo, por ejemplo, de los cambios en el entorno del animal o de la condición psicofísica interna).

A medida que los sistemas nerviosos se vuelven más sofisticados y van apareciendo más capas de intermediación neuronal, la relación entre la pura realidad y la respuesta motora se hace más compleja, impredecible y refinada. Lo que parece ser la misma cosa o la misma situación puede percibirse de muchas formas; y dos cosas percibidas de la misma manera pueden dar pie a dos conductas muy diferentes. Por poner un ejemplo, incluso es muy difícil condicionar a los animales de laboratorio aislados para que se comporten de forma predecible en ensayos diseñados para parecerse lo máximo posible. En tanto que se van multiplicando las capas de tejido nervioso que median entre sensación y acción, también se van diferenciando. Aparecen sistemas de motivación básicos, a menudo llamados *instintos* o *impulsos* (apetito, sed, agresividad, etc.), que añaden un grado adicional de especificidad y variabilidad sensorial y conductual. Otras motivaciones que los desbancan, a su vez —y sin una línea de demarcación clara—, son los sistemas emocionales. Los sistemas cognitivos aparecen mucho más adelante; primero se cree que en forma de imaginación y, después, solo entre los humanos adultos, en forma de lenguaje plenamente desarrollado. Así, en las criaturas más complejas hay una jerarquía estructural interna —del reflejo al impulso y a la acción desempeñada por medio del lenguaje, en el caso concreto de los seres humanos— que se tiene que organizar antes de poder funcionar como unidad y poder utilizarse para algo.[2]

¿Cómo se organiza esta jerarquía, una estructura que afloró en gran medida de abajo arriba, a lo largo de un extensísimo periodo evolutivo? Volvemos a la respuesta previa: con la cooperación y la rivalidad constantes —las maniobras continuas para buscar recursos y posiciones— que definen la lucha por la supervivencia y la reproducción. Esto ocurre a lo largo de los extensísimos intervalos de tiempo que caracterizan la evolución, y también durante el lapso mucho más breve de cada vida individual. La negociación por la posición clasifica a los organismos en las jerarquías omnipresentes que rigen el acceso a recursos indispensables como la vivienda, el alimento y el apareamiento. Todas las criaturas de cierta complejidad y de una naturaleza mínimamente social ocupan su propio lugar, y lo saben. Todas las criaturas sociales también descubren qué ponen en valor los otros miembros del grupo, y de eso no solo deducen cuál es la posición que ocupan ellos, sino que extraen un entendimiento implícito y explícito sofisticado del valor en sí mismo. En una sola frase: la jerarquía interna que traduce hechos en acciones plasma la jerarquía externa de la organización social. Por ejemplo, es obvio que los chimpancés de una manada entienden su mundo social y sus estratos jerárquicos con bastante nivel de detalle. Saben qué es importante y quién tiene acceso privilegiado a ello. Entienden estas cosas como si su supervivencia y reproducción dependieran de ello, pues en efecto dependen de ello.[3]

Un recién nacido llega equipado con reflejos bastante deterministas: mama, llora y se asusta. Pero estos son los cimientos del amplio abanico de habilidades que se desarrollan con la madurez. A los dos años (y muchas veces antes que eso, en el caso de muchas habilidades) los niños son capaces de orientarse con todos los sentidos, de andar derechos, de usar las manos con pulgar oponible para todo tipo de cosas y de transmitir sus deseos y necesidades de forma verbal y no verbal. Y esta es una pequeña cata, por supuesto. Este sinnúmero de habilidades conductuales se incrusta en un complejo surtido de emociones e instintos motivadores (ira, tristeza, miedo, alegría, sorpresa y demás) y luego se organiza para servir cualquier propósito específico que inspire al niño en cada instante y durante lapsos cada vez más prolongados.

Un niño en fase de desarrollo también debe pulir y compaginar el estado motivador que lo domine en un momento dado con sus otros estados motivadores internos (por ejemplo, los deseos de comer, dormir y jugar deben aprender a coexistir para que cada uno se pueda manifestar de manera óptima), haciéndolo con arreglo a las exigencias, rutinas y oportunidades del entorno social. Este proceso de aprendizaje empieza en la relación maternal del pequeño y en la conducta lúdica espontánea dentro de ese contexto circunscrito, pero igualmente social. Luego, cuando el niño ha madurado tanto que la jerarquía interna de las funciones emocionales y motivadoras se puede subsumir, aunque sea por un tiempo, en un marco trazado por un objetivo abstracto consciente y comunicable («juguemos a papás y a mamás»), el niño está preparado para jugar con otros y para hacerlo de una manera cada vez más compleja y sofisticada.[4]

El juego con otros depende, según advirtió el gran psicólogo del desarrollo Jean Piaget,[5] de que se pacte con los compañeros de juego un objetivo compartido. Este pacto colectivo de un objetivo compartido —el propósito del juego—, sumado a las normas que regulan la cooperación y la rivalidad con respecto a ese objetivo, constituye un verdadero microcosmos social. Todas las sociedades se pueden considerar variaciones de este tema lúdico: *E pluribus unum*.* De hecho, en todas las sociedades funcionales y decentes se acaban aplicando siempre las mismas normas básicas de juego limpio, basadas en la reciprocidad en todos los trances y momentos. Igual que las solu-

* 'De muchos, uno.'

ciones a los problemas, para que los juegos duren, tienen que ser repetibles —ser inmunes al deterioro por repetición—. Hay principios que determinan y consolidan lo que constituye ese rasgo repetible. Por ejemplo, Piaget sospechaba que los juegos en que se participa por voluntad propia aventajan a los que son impuestos y jugados bajo la amenaza de la fuerza, dado que parte de la energía que se podría invertir en el juego en sí mismo, sea el que sea, se tiene que malgastar en hacer cumplir las normas. Hay indicios que apuntan a la aparición de disposiciones voluntarias semilúdicas incluso entre nuestros parientes no humanos.[6]

Las reglas universales del juego limpio abarcan la capacidad de regular la emoción y la motivación mientras se coopera y se compite para lograr el objetivo del juego (esa es una condición *sine qua non* para poder jugar), así como la capacidad y la voluntad de establecer interacciones en beneficio mutuo en diferentes momentos y situaciones, como ya hemos comentado. Y la vida no es solo un juego, sino una serie de juegos, cada uno de los cuales tiene algo común (lo que sea que defina un juego) y algo único (o no tendría sentido que hubiera varios juegos). Como mínimo, hay un punto de partida (la guardería, un resultado de cero a cero, una primera cita, un puesto de trabajo raso) que mejorar, un procedimiento para materializar esa mejora y un objetivo deseable: la graduación en la escuela, una victoria, una relación sentimental estable, una carrera de éxito. Debido a esos intereses comunes, hay una ética —o más bien dicho, una metaética— que surge desde abajo y que impregna el conjunto de todos los juegos. Así pues, el mejor jugador no es el que gana un juego en concreto, sino, entre otras muchas cosas, el que es invitado por un mayor número de personas a participar en las series de juegos más extensas.

Por esta razón, que tal vez no entiendan explícitamente en el momento, dicen a sus hijos: «No se trata de ganar o perder. ¡Lo importante es participar!».* ¿Cómo deberías jugar para ser

* Hasta los ratones lo entienden. Jaak Panksepp es uno de los fundadores del subcampo de la psicología bautizado como neurociencia afectiva, además de ser un investigador de lo más creativo, atrevido y hábil. Dedicó muchos años a analizar el papel del juego en el desarrollo y la socialización de los ratones (véase Panksepp, J., *Affective Neuroscience: The Foundations of Human and Animal Emotions,* Oxford University Press, Nueva York, 1998, en especial el capítulo sobre el juego, pp. 280-299). A los ratones les gusta jugar. Les encanta especialmente retozar, sobre todo a los machos más jóvenes. Les gusta tanto que trabajarán por iniciativa propia —por ejemplo, jalando una palanca en repetidas ocasiones— para poder entrar en un cercado donde los espere otro ratoncito joven para jugar. Cuando dos extraños jóvenes se ven por primera vez en esta tesitura, se miden el uno al otro y luego determinan quién manda. Si un ratón es apenas un diez por ciento más grande que el otro, ganará virtualmente cualquier pugna física, cualquier pelea con otro ratón. Aunque lucharán de todas formas para averiguarlo, el más grande someterá casi siempre al pequeño. Si consideraran la determinación de la jerarquía como el equivalente al dominio hegemónico, ahí se acabaría el cuento. El ratón más grande y fuerte ganaría. Fin de la película. Pero ahí no acaba para nada la historia, a menos que los ratones solo se encuentren una vez. Los ratones viven en entornos sociales e interactúan con los mismos individuos una y otra vez. Así, una vez iniciado el juego, continúa…, y las reglas no solo tienen que regir el juego puntual, sino el reiterado. Una vez determinada la hegemonía, los ratones pueden jugar, y su forma de hacerlo dista mucho de una pelea de verdad, igual que jugar de broma con un perro difiere mucho de ser atacado por uno. En este caso, el ratón más grande podría someter al pequeño cada vez. No obstante, rompe las reglas (en realidad, las metarreglas: esas que solo hay que cumplir en el transcurso de los juegos que se repiten). El propósito de jugar en repetidas ocasiones no es la hegemonía, sino el hecho de seguir jugando. Esto no quiere decir que la hegemonía inicial no tenga relevancia. Importa, sobre todo en el sentido siguiente: cuando dos ratones se encuentran por segunda vez, ambos adoptarán un

el jugador más deseable? ¿Qué estructura debe configurarse dentro de ti para que sea posible ese juego? Y estas dos preguntas están relacionadas, porque la estructura que te permitirá jugar adecuadamente (y con una precisión cada vez mayor, más automatizada o regular) solo aflorará tras seguir practicando el arte de jugar como es debido. ¿Dónde puedes aprender a jugar? En todas partes... Si tienes suerte y estás atento.

---

papel único. El pequeño tendrá entonces el deber de invitar a su amigo más grande a jugar y este tiene el deber de aceptar la invitación. El primero corretará, juguetón, para mostrar sus pretensiones. El más grande podría no inmutarse, hacerse el interesante y actuar con cierto desdén, pues ahora está en su derecho de hacerlo; pero si es un tipo decente, recogerá el guante y se lo pasará en grande, pues en lo más hondo de su ser quiere jugar. Sin embargo —y he aquí el quid de la cuestión—, si el ratón más grande no deja ganar al pequeño algunas de las contiendas durante una parte significativa del tiempo (Panskepp estimó entre un treinta y un cuarenta por ciento del tiempo), el ratón pequeño dejará de mandarle invitaciones para jugar. Para el pequeñín, dejará de ser divertido. Por tanto, si el ratón más grande ejerce su poder en plan acosador, como bien podría hacer, perderá al nivel superior (el nivel en que la diversión se prolonga el mayor tiempo posible), aun cuando *gane* más veces al nivel inferior. ¿Qué significa esto? La idea principal es que sencillamente el poder no es una base estable sobre la que construir una jerarquía que rija de forma óptima las interacciones repetidas. Y esto no es así solo para los ratones. Los machos alfa de ciertos grupos de primates también son mucho más prosociales que sus camaradas de escalafones más bajos. El poder tampoco les sirve (véase De Waal, F. B. M., y Suchak, M., «Prosocial Primates: Selfish and Unselfish Motivations», *Philosophical Transactions of the Royal Society of London: Biological Science*, 365, 2010, pp. 2711-2722. Véase también De Waal, F. B. M., «The surprising science of alpha males», TEDMED 2017 <http://bit.ly/primate_ethic>).

LA UTILIDAD DEL LOCO

Va bien situarse al pie de la jerarquía. Puede ayudar a que germinen la gratitud y la humildad. *Gratitud:* hay personas que saben más que tú y deberías tomarlo con filosofía. Hay muchos huecos importantes que llenar si consideramos los muchos problemas complejos y graves que hemos de resolver. El hecho de que haya gente que ocupe esos huecos con destreza y experiencia fiable es algo por lo que estar verdaderamente agradecido. *Humildad:* es mejor dar por hecha la ignorancia e intentar aprender que asumir un conocimiento suficiente y arriesgarse a la ceguera consiguiente. Es mucho mejor codearte con aquello que no sabes que con aquello que sí sabes, puesto que de lo primero hay recursos infinitos, pero de lo segundo hay existencias muy limitadas. Cuando estás muy encasillado o acorralado —normalmente por tu adhesión obstinada y constante a ciertas nociones adoradas sin saberlo—, lo único que te puede echar una mano es aquello que aún no has aprendido.

Ser un novato y, en ciertos aspectos, seguir siéndolo es necesario y útil. Por este motivo, en la baraja del tarot —objeto de culto para intuitivos, románticos, adivinos y sinvergüenzas por igual— existe la carta positiva del Loco. Como se ve en la ilustración que abre este capítulo, el Loco es un hombre joven y bien plantado que mira hacia arriba y mora en las montañas. El sol brilla con intensidad sobre él y es testigo de su inminente caída por un acantilado (¿o quizá no?). Su fuerza, sin embargo, reside precisamente en su predisposición a correr el riesgo de precipitarse; a correr el riesgo de volver a empezar desde cero. Si uno no está dispuesto a ser un novato ingenuo, no aprenderá. Por esta razón, entre otras, Carl Jung consideraba al Loco el precursor arquetípico de la figura del Redentor (también arquetípico): el individuo perfeccionado.

El novato, el loco, debe ser en todo momento paciente y tolerante consigo mismo y con los demás. A veces, sus muestras de ignorancia, de falta de experiencia y destreza pueden ser correctamente atribuidas a la irresponsabilidad y, por ende, condenadas. Pero es mejor ver la falibilidad del loco como una consecuencia inevitable de la vulnerabilidad esencial de cada persona, más que como un auténtico defecto moral. Muchas veces, lo grande empieza siendo pequeño, ignorante y estéril. Esta moraleja permea la cultura popular, así como la clásica o tradicional. Tomemos, por ejemplo, a los héroes de Disney, Pinocho y Simba o al mago de J. K. Rowling, Harry Potter. Pinocho empieza siendo una marioneta de madera, un títere de todo el mundo, pero sin poder de decisión propio. En su origen, el rey león es un cachorro confiado; sin quererlo, se convierte en el peón de un tío traicionero y malvado. Por su parte, el alumno de hechicería es un huérfano falto de amor que duerme en un sucio clóset; y Voldemort —que vendría a ser Satanás— es su archienemigo. De igual forma, los grandes héroes de la mitología suelen llegar al mundo en las circunstancias más funestas (como hijo de un esclavo israelí, por ejemplo, o como recién nacido en un pesebre de baja alcurnia) y peligrosas (piensen en la decisión del faraón de asesinar a todos los primogénitos varones de los israelíes y en el edicto similar de Herodes, tiempo después). Pero el novato de hoy es el maestro del mañana. Así pues, incluso los más logrados, pero que desean llegar aún más lejos, necesitan seguir identificándose con los que aún no se han granjeado ningún éxito, apreciar la búsqueda de competencia, subordinarse con esmero y humildad sincera al juego actual, así como cultivar el conocimiento, el autocontrol y la disciplina que hacen falta para dar el siguiente paso.

Mientras escribía esto, fui a un restaurante de Toronto con mi esposa, mi hijo y mi hija. Al acercarme a la mesa, un joven mesero me pidió un momento para contarme algo. Me dijo que había estado viendo videos míos, había escuchado mis pódcast y había leído mi libro y, a raíz de eso, había cambiado su actitud con respecto al trabajo que desempeñaba: relativamente mal considerado, aunque útil y necesario. Ya no criticaba su labor ni se criticaba a sí mismo por hacerla, sino que había optado por la gratitud y por intentar aprovechar cualquier oportunidad que se le presentara. Decidió ser más profesional y honrado y averiguar qué pasaría si seguía al pie del cañón. Con una sonrisa sincera, me dijo que lo habían ascendido tres veces en seis meses.

Ese joven se había percatado de que, estuviera donde estuviera, ese lugar tenía más potencial que el que parecía a primera vista (sobre todo cuando su vista estaba empañada por el rencor y el cinismo que le roían por ser casi el último en la jerarquía). En realidad, un restaurante no tiene nada de simple. Es más, aquel formaba parte de una extensa red nacional, una cadena enorme y de alta calidad. Si quieren encajar en un sitio así, los meseros deben llevarse bien con los cocineros, un gremio de armas tomar, como todo el mundo sabe. También tienen que ser educados y simpáticos con los clientes. Deben estar atentos en todo momento y ajustarse a los tremendos altibajos en el volumen de trabajo: las prisas y los tiempos muertos que acompañan inevitablemente la vida de un mesero. Tienen que ser puntuales y presentarse en buenas condiciones. Han de tratar a sus superiores con el respeto que merecen y hacer lo mismo con los que se encuentran en un peldaño inferior de la jerarquía, como los lavaplatos. Si hacen todas estas cosas y tienen la suerte de trabajar en una empresa que funciona, enseguida saltará a la vista que son difíciles de reemplazar. Tanto los clientes como los compañeros y superiores empezarán a dirigirse a ellos de manera más positiva. Se les abrirán puertas que, de lo contrario, habrían seguido cerradas por completo. Es más, las habilidades que adquieran serán bastante extrapolables, tanto si siguen escalando en la jerarquía de los restauradores como si deciden estudiar o cambiar por completo de rumbo profesional, en cuyo caso se irán con el aplauso de sus jefes previos y con muchas más posibilidades de aprovechar la siguiente oportunidad.

Como es natural, ese joven que quería hablar conmigo estaba muy contento con lo que le había pasado. El fulgurante progreso laboral había resuelto de forma sólida y realista sus preocupaciones de estatus; y el dinero extra que cobraba tampoco le caía mal. Había aceptado y, por ende, trascendido su rol como novato. Había abandonado su despreocupado cinismo por el lugar que ocupaba en el mundo y la gente que tenía a su alrededor y había aceptado la estructura y la posición que se le ofrecían. Vio refulgir la posibilidad y la oportunidad cuando antes había estado cegado, en esencia, por su orgullo. Dejó de denostar la institución social de la que formaba parte y empezó a desempeñar correctamente su papel. Y sacó muy buen partido de volverse más humilde.

LA NECESIDAD DE LOS IGUALES

Es positivo ser novato, pero ser uno más entre iguales es positivo en otro sentido. Con mucho acierto, se suele decir que la auténtica comunicación solo puede darse entre iguales. Eso es porque es muy difícil llevar la información a escalafones superiores de una jerarquía. Los que ocupan un buen puesto (he aquí un grave peligro de ascender) han usado su competencia —sus preciadas opiniones, su conocimiento actual y sus habilidades— para aducir una prerrogativa moral sobre su estatus. En efecto, tienen pocos motivos para admitir sus errores, o para aprender o cambiar, y muchos motivos para no hacerlo. Si un subordinado saca a la luz la ignorancia de alguien de más estatus, se arriesga a humillarlo, a cuestionar la validez de su derecho de influencia y estatus y a hacerle parecer incompetente, anticuado o falso. Por esta razón, si tienes un problema, por ejemplo, es más inteligente comentarlo con tu jefe con tacto y en privado (y tal vez sea mejor contar ya con una solución, aunque no hay que proponerla con temeridad).

También existen barreras al flujo de información sincera hacia los escalafones inferiores de una jerarquía. Por ejemplo, las personas en escalones inferiores de la cadena de mando pueden estar resentidas con el puesto que ocupan y consideran peor. Esto los puede llevar a detestar usar de manera provechosa la información que llega de arriba; o, en el peor de los casos, los puede inducir a sabotear sus propias funciones, por puro rencor. Además, las personas sin experiencia o con menos formación, o las que acaban de ocupar una vacante subalterna y carecen de contexto, son más vulnerables a la posición relativa y al ejercicio del poder, en vez de guiarse por la calidad de la argumentación y el respeto de la competencia. A los iguales, en cambio, lo habitual es que debamos convencerlos. Hay que procurar corresponder a la atención que nos prestan. Estar rodeado de iguales es existir en un estado de igualdad y manifestar la reciprocidad necesaria para conservar dicho estado. Así pues, está bien ocupar la franja media de una jerarquía.

En parte, este es el motivo por el que las amistades son tan importantes y se forjan tan pronto. Un niño de dos años suele ser egoísta, pero también es capaz de incurrir en acciones recíprocas simples. La propia Scarlett, mi nieta, me entregaba de buena gana uno de sus peluches favoritos, con chupón incluido, cada vez que se lo pedía. Luego yo se lo devolvía, o se lo lanzaba (a veces ella también me lo arrojaba a mí, o al menos bastante cerca de mí). Le encantaba este juego. También jugábamos con una cuchara, un utensilio que estaba empezando a manejar. Jugaba a lo mismo con su madre y su abuela, o con cualquiera que estuviera a una distancia adecuada, si lo conocía lo bastante para no caer en la timidez. Así empezaron los comportamientos que, en los niños mayores, derivan en el propio acto de compartir.

Hace unos días, mi hija Mikhaila, la madre de Scarlett, llevó a la pequeña a un parque infantil al aire libre que hay en la azotea de su bloque de departamentos del centro. Había otros niños jugando, la mayoría de más edad que ella, y había juguetes para dar y tomar. Scarlett se dedicó a acumular todos los juguetes posibles al lado de donde se sentaba su madre y se mostró impasible si otros niños se le acercaban para hurtarle uno. Incluso le tomó la pelota directamente a uno para añadirla a su colección. Este es un comportamiento típico en los niños de dos años o menos. Su habilidad para la reciprocidad, aunque lejos de estar ausente y capaz de manifestarse de formas de lo más entrañables, se encuentra en una fase de desarrollo incipiente.

No obstante, a los tres años, la mayoría de los niños son capaces de compartir de verdad. Pueden posponer lo suficiente la gratificación y esperar su turno para jugar a un juego al que no pueden jugar todos a la vez. Empiezan a entender por qué un juego puede tener varios participantes y empiezan a seguir las reglas, aunque tal vez no sean capaces de explicar de forma coherente cuáles son. Empiezan a trabar amistades al estar en contacto en repetidas ocasiones con niños con quienes han conseguido negociar relaciones lúdicas recíprocas. Algunas de estas amistades se convierten en las primeras relaciones intensas que los niños poseen fuera de su familia. En el contexto de estas relaciones, que casi siempre tienden a formarse entre niños de la misma edad (o al menos, en la misma fase de desarrollo), un niño aprende a conectar íntimamente con un igual y empieza a comprender cómo hay que tratar a otra persona, y a esperar lo mismo de esta.

Este vínculo mutuo reviste una importancia capital. Un niño sin al menos un amigo del alma tendrá muchas más posibilidades de sufrir problemas psicológicos en el futuro, tanto de tipo depresivo/ansioso como antisocial.[7] Además, los niños con pocos amigos también tienen más posibilidades de estar desempleados o solteros cuando sean adultos.[8] No hay ninguna señal de que la importancia de la amistad decaiga de modo alguno con la edad.* Todas las causas de mortalidad parecen reducirse entre los adultos con redes sociales sólidas, incluso cuando se tiene en consideración el estado general de salud. Y esto se percibe también entre los ancianos, en el caso de enfermedades como la hipertensión, la diabetes, el enfisema y la ar-

---

* Según la encuesta del 30 de julio de 2019 en YouGov, los *millennials* son la generación más solitaria (<http://bit.ly/2TVVMLn>), pues el veinticinco por ciento no tiene conocidos y el veintidós por ciento no tiene amigos. En caso de ser cierto, sería especialmente terrible.

tritis, y entre los adultos de mayor y menor edad, en el caso de los infartos. Curiosamente, parece que es el hecho de ofrecer este apoyo social, tanto o más que el recibirlo, lo que aporta estos beneficios protectores (y, como cabría esperar, que los que más dan, más reciben).[9] Por tanto, parece incontestable que es mejor dar que recibir.

Los iguales distribuyen a la vez las cargas y las alegrías de la vida. Hace poco, mi esposa Tammy y yo padecimos graves problemas de salud —primero ella y luego yo—, pero tuvimos la suerte de contar con familiares (mi cuñado y mi cuñada; mi madre y hermana; nuestros hijos) y allegados que nos hicieron compañía y nos apoyaron durante largos periodos de tiempo. Estaban dispuestos a dejar todo lo demás para ayudarnos en nuestros momentos de crisis. Antes de eso, cuando mi libro *12 reglas para vivir* causó sensación, y durante la larga gira de conferencias posterior, Tammy y yo tuvimos cerca a gente con quien compartir nuestra buena ventura: amigos y familiares que se alegraron sinceramente de lo que estaba sucediendo, que se mantuvieron muy pendientes de los sucesos de nuestra vida y que estuvieron dispuestos a hablar de una respuesta del público que nos podría haber abrumado. Esto elevaba sobremanera la importancia y el significado de todo lo que estábamos haciendo, al tiempo que reducía la soledad que tiende a generar un cambio drástico en las circunstancias vitales, para bien o para mal.

Las relaciones con colegas de estatus similar en el trabajo constituyen otra fuente importante de regulación entre iguales, que se suma a la amistad. Establecer buenas relaciones con tus compañeros significa, entre otras cosas, reconocer el mérito cuando hay que reconocerlo; asumir una parte equitativa de esas obligaciones que nadie quiere hacer, pero que se tienen que hacer; ser puntual y profesional cuando se trabaja en equipo; presentarse cuando a uno se le espera; y, por lo general, garantizar que se va a hacer más de lo que exige formalmente el puesto. La aprobación o desaprobación de tus colegas recompensa y afianza esa reciprocidad continua, cosa que —al igual que la reciprocidad esencial para la amistad— ayuda a mantener una función psicológica estable. Es mucho mejor ser alguien en quien se puede confiar, sobre todo porque, en momentos de crisis personal, las personas con quienes has trabajado codo a codo querrán y podrán ayudarte.

La amistad y las relaciones de camaradería modifican nuestras propensiones egoístas y nos ayudan a no anteponer siempre nuestro interés. También aprendemos algo menos obvio, pero igual de importante: a superar nuestra propensión a la credulidad y al exceso de empatía (nuestra tendencia a sacrificarnos inadecuada e injustamente por personas que se aprovechan de nosotros) cuando los iguales nos aconsejan ver por nosotros. En consecuencia, si tenemos suerte, empezamos a practicar la auténtica reciprocidad y obtenemos al menos parte del beneficio del que habla el poeta Robert Burns en sus famosos versos:[10]

> ¡Preciado don sería conocernos
> con los ojos con que otros suelen vernos!
> Sabríamos de yerros protegernos
> y de necias nociones:
> en ropa, en el afán de embellecernos
> e incluso en orgullosas devociones.

EL MANDAMÁS

Es bueno tener autoridad. La gente es frágil y, por ello, la vida es difícil y el sufrimiento, habitual. Para mitigar ese sufrimiento —para empezar, procurando que todo el mundo tenga comida, agua limpia, instalaciones sanitarias y un sitio donde guarecerse—, hace falta iniciativa, esfuerzo y habilidad. Si hay que resolver un problema y muchas personas participan en la solución, deberá aparecer y aparecerá una jerarquía, pues los que pueden solucionarlo lo harán; y los que no, irán detrás como buenamente puedan, a menudo aprendiendo el oficio sobre la marcha. Si el problema es real, las personas más diestras para resolverlo deberían escalar hasta lo más alto. Eso no es poder. Es la autoridad que, como tiene que ser, acompaña la destreza.

Valga decir que, por supuesto, es apropiado conceder poder a las autoridades competentes si están resolviendo problemas necesarios; y es igual de apropiado ser una de esas autoridades competentes, si se puede, cuando se tiene un problema espinoso entre manos. Esto se podría considerar la filosofía de la responsabilidad. Una persona responsable decide afrontar un problema y luego pone su empeño —e incluso su ambición— en solucionarlo, con otras personas, de la manera más eficiente posible. Decimos *eficiente* porque hay otros problemas que resolver, y la eficiencia permite ahorrar recursos que se podrían destinar a cambiar otras cosas.

La ambición se confunde muchas veces —y a menudo a propósito— con el deseo por el poder, condenándola con tímidos elogios, denigrándola y castigándola. Y, a veces, la ambición sí es ese deseo de influir indebidamente en los demás. Pero hay una diferencia crucial entre *a veces* y *siempre*. La autoridad no es mero poder; y es muy perjudicial, incluso peligroso, confundir ambas ideas. Cuando las personas ejercen su poder sobre otras, las están forzando. Usan la amenaza de la privación o el castigo para que sus subordinados no tengan más opción que actuar en contra de sus necesidades, deseos y valores personales. Cuando las personas ostentan autoridad, en cambio, lo hacen gracias a su competencia; una competencia que los demás reconocen y aprecian espontáneamente, que se suele seguir por voluntad propia, con cierto alivio y con la sensación de que se está haciendo justicia.

Los que tienen sed de poder —tiranos, crueles e incluso psicópatas— desean controlar a otros para que cualquier antojo egoísta de hedonismo pueda ser gratificado *ipso facto;* para que la envidia pueda destruir su objetivo; para que el rencor pueda expresarse. Pero las buenas personas son ambiciosas (y diligentes, honestas y resueltas) porque están poseídas por el deseo de resolver problemas genuinos y graves. Hay que fomentar esta clase de ambición por todas las vías posibles. Por esta razón, entre otras muchas, la asociación cada vez más instintiva entre la búsqueda de la victoria de chicos y hombres con la *tiranía patriarcal* que, en teoría, caracteriza nuestras sociedades modernas, productivas y eminentemente libres es muy contraproducente (y, debo decir, cruel: no hay nada peor que tratar de tirano en potencia a alguien que aspira a ser competente). Uno de los aspectos principales y socialmente más importantes de la *victoria* es la superación de obstáculos por el bien común. Un ganador sofisticado gana de una forma que mejora el juego en sí mismo, para beneficio de todos los jugadores. Ante esto, adoptar sin querer o adrede una actitud de cinismo ciego, o negar por completo su veracidad, significa colocarse —tal vez a propósito, dado que la gente tiene muchos motivos opacos— como un enemigo de la mejora práctica del propio sufrimiento. No se me ocurren muchas actitudes más sádicas y contraproducentes.

Eso sí, el poder puede acompañar a la autoridad, y es posible que tenga que ser así. Sin embargo, y lo que es más importante, *la auténtica autoridad constriñe el ejercicio arbitrario del poder*. Este corsé se manifiesta cuando el agente con autoridad se preocupa y acepta la responsabilidad por aquellos sobre quienes se puede ejercer el poder. El hijo mayor puede hacerse responsable de sus hermanos más pequeños, en vez de dominarlos, tomarles el pelo y torturarlos, con lo que puede aprender a ejercer la autoridad y limitar el abuso de poder. Incluso el más joven puede ejercer una autoridad apropiada sobre el perro de la familia. Asumir la autoridad significa aprender que el poder exige preocuparse y ser competente, y eso tiene un costo real. Una persona a quien acaban de ascender a directivo descubre enseguida que los diversos subordinados estresan más a los directivos que un solo directivo a varios de ellos. Esta experiencia modera lo que podría desembocar en fantasías románticas pero peligrosas sobre la belleza del poder, y ayuda a sofocar el deseo de incrementarlo sin fin. Y, en el mundo real, quienes ocupan cargos de autoridad en jerarquías funcionales sienten en el alma su responsabilidad por las personas a las que supervisan, a las que dan trabajo y orientación.

Como es obvio, no todo el mundo siente esta losa. Una persona que se ha asentado como autoridad puede olvidar sus orígenes y acabar desarrollando un desprecio contraproducente por la persona que acaba de empezar. Esto es un error, sobre todo porque significa que la persona asentada no puede arriesgarse a hacer algo nuevo, pues ello querría decir adoptar el rol del loco menospreciado. También es porque la arrogancia obstaculiza el camino al aprendizaje. Sin duda existen tiranos cortos de miras, deliberadamente ciegos y obstinadamente egoístas, pero no son para nada la mayoría, por lo menos en las sociedades funcionales. De lo contrario, nada marcharía bien.

La persona de autoridad que recuerda su época como novato, en cambio, se puede seguir identificando con el recién llegado y con la promesa de potencial, usando ese recuerdo como la fuente de información personal necesaria para limitar la sed de poder. Una de las cosas que siempre me ha fascinado es cuánto les place a las personas decentes poder dar oportunidades a aquellos sobre los que ejercen autoridad. He sido testigo de ello en repetidas ocasiones: en lo personal, como profesor e investigador en la universidad (y he visto a muchas otras personas en mi situación hacer lo mismo); y también en empresas y otros entornos laborales que he conocido. El hecho de ayudar a jóvenes competentes y admirables a convertirse en profesionales habilidosos, de valor social, autónomos y responsables encierra un enorme placer intrínseco. No dista mucho del placer de criar a los hijos, y es uno de los principales motivadores de la ambición válida. Por tanto, el cargo de mandamás, cuando se ocupa como es debido, halla uno de sus atractivos fundamentales en la oportunidad de identificar a personas que se lo merecen —al comienzo, o casi al comienzo de su vida laboral— y darles los medios para progresar.

LAS INSTITUCIONES SOCIALES SON NECESARIAS, PERO INSUFICIENTES

La cordura implica conocer las reglas del juego social, interiorizarlas y seguirlas. Por tanto, las diferencias de estatus son inevitables, pues todos los proyectos que valen la pena tienen un objetivo; y quienes persiguen dicho objetivo, diferentes habilidades en relación con él. Aceptar este desequilibrio y seguir adelante de todos modos —tanto si uno se encuentra en la base, en el medio o en la cima de la pirámide— es clave para la salud mental. Pero aún subsiste una paradoja. Las soluciones de ayer y de hoy, de las que dependen las jerarquías actuales, no tienen por qué funcionar mañana. Así pues, imitar sin pensar aquello que ha bastado en el pasado —o peor, insistir tiránicamente en que todos los problemas se han resuelto para siempre— significa incurrir en un grave riesgo cuando los cambios globales obligan a hacer cambios locales. Así, no basta con la deferencia a las estructuras jerárquicas que el pasado nos ha legado para resolver problemas; hay que combinarla con un respeto por la transformación creativa. Esto no es una opinión moral arbitraria ni una premisa de relativismo moral. Se asemeja más al conocimiento de las leyes naturales gemelas, incrustadas en la estructura de nuestra realidad. El hecho de ser criaturas tan sociales nos obliga a cumplir las reglas, mantener la cordura y minimizar la incertidumbre, el sufrimiento y el conflicto innecesario. Con todo, también debemos transformar dichas reglas con cuidado, a medida que las circunstancias a nuestro alrededor cambian.

Esto también implica que la personalidad ideal no puede ser solo un reflejo incondicional del estado social actual. En condiciones normales, se puede decir que la capacidad de ceñirse a las normas vence de forma incontestable a la incapacidad. No obstante, la negativa a cumplir las normas cuando el contexto social se ha vuelto patológico —incompleto, arcaico, voluntariamente ciego o corrupto— es algo todavía más valioso, como lo es la capacidad de ofrecer alternativas creativas y válidas. Esto nos impone a todos un dilema moral permanente: ¿cuándo nos limitamos a seguir la convención, a hacer lo que otros nos piden o nos exigen? Y ¿cuándo confiamos en nuestro propio criterio individual, con todas sus limitaciones y prejuicios, y rechazamos lo que nos reclama el colectivo? En otras palabras: ¿cómo equilibramos un conservadurismo sensato con una creatividad revitalizante?

En el plano psicológico, destaca sobre todo el tema del carácter. Hay personas con un carácter propenso al conservadurismo; otras están más dispuestas a ver las cosas y actuar de forma más creativa y liberal.[11] Esto no significa que socializar no pueda alterar esa predisposición; los seres humanos son organismos muy plásticos, con una larga fase de desarrollo previa a la adultez, y las circunstancias que vivimos nos pueden cambiar de pies a cabeza. Aun así, esto no cambia el hecho de que hayamos adaptado diferentes tipos de carácter para llenar ciertos nichos relativamente permanentes del entorno humano.

Quienes tienden a la derecha política defienden a ultranza todo lo que ha funcionado en el pasado. Y la mayoría de las veces aciertan al pensar así, debido al limitado número de caminos que conducen al éxito personal, la armonía social y la estabilidad a largo plazo. Pero a veces se equivocan: primero, porque el presente y el futuro difieren del pasado; segundo, porque hasta las jerarquías en su día funcionales suelen caer presa (¿de forma inevitable?) de maquinaciones internas que acaban firmando su debacle. Quienes ascienden hasta la cumbre pueden hacerlo manipulando y abusando de su poder, actuando de un modo que solo los beneficia a ellos, al menos a corto plazo; pero ese tipo de ascenso erosiona el buen funcionamiento de la jerarquía de la que en principio forman parte. Por lo general, estas personas no entienden —o no les importa— qué función pretendía satisfacer en un inicio la organización que han parasitado. Succionan lo que pueden de las riquezas que hallan en su camino y dejan tras de sí un reguero de destrucción.

Es esta corrupción de poder lo que despierta un rechazo tan pertinaz —y justo— entre los que ocupan el bloque progresista o de izquierdas del espectro político. Pero es vital distinguir entre una jerarquía funcional y productiva (y la gente que la compone) y la sombra de una institución antaño gloriosa. Para hacer esta distinción hay que poder y querer observar y diferenciar, en vez de dejarse guiar ciegamente por las tendencias ideológicas. Hay que saber que las jerarquías sociales que necesariamente habitamos tienen un lado positivo, así como uno negativo (y hay que darse cuenta de que poner el acento en uno, olvidando el otro, es un prejuicio arriesgado). Además, es importante comprender que en el lado más radical y creativo —la fuente necesaria de revitalización para lo que se ha vuelto inmoral y anticuado— también acecha un grave peligro. Parte de ese peligro estriba en esa misma tendencia de las personas de mente progresista a ver solo lo negativo en instituciones bien arraigadas. El peligro es acentuado por los homólogos de aquellos procesos corruptos, pero conservadores, que desestabilizan y destruyen jerarquías funcionales: existen radicales inmorales, igual que existen administradores, directivos y ejecutivos corruptos. Estas personas suelen ignorar por completo las complejas realidades del *statu quo,* son ajenos a su propio desconocimiento y son desagradecidos con lo que les ha legado el pasado. Esta ignorancia e ingratitud se suman a menudo a una afición por manidos clichés cínicos, que utilizan para justificar su negativa a participar en los rigores aburridos pero necesarios de la convención, así como en los riesgos y dificultades de proyectos realmente fructíferos. Esta corrupción de la transformación creativa es justo lo que pone a los conservadores —y no solo a los conservadores— en alerta contra el cambio.

Unos años antes de escribir esto platiqué con una joven de veintitantos años, la sobrina de alguien que me escribió un correo tras ver algunas pláticas mías por internet. Parecía muy deprimida y había pasado buena parte de los seis meses anteriores postrada en la cama. Me vino a ver porque empezaba a estar desesperada. Lo único que la separaba del suicidio, a su parecer, era la responsabilidad que tenía con su exótica mascota, un serval. Era el último vestigio de su antigua pasión por la biología, un interés que abandonó cuando dejó la preparatoria, algo de lo que ahora se arrepentía. Sus padres no habían cuidado bien de ella y la habían dejado malograrse durante varios años hasta niveles catastróficos.

A pesar de la vorágine, había elaborado un plan. Dijo que había pensado en inscribirse en un programa de dos años para terminar la preparatoria, requisito indispensable para pedir un lugar en la Facultad de Veterinaria. Pero no se había informado bien de lo que hacía falta para hacer realidad esa ambición. Carecía de orientación. No tenía buenos amigos. Para ella era muy fácil seguir sin hacer nada y desapareciendo para estar sola. Estuvimos hablando unos tres cuartos de hora. Era buena gente. Me ofrecí a hablar más de su futuro, con la condición de que completara un programa de planificación por internet diseñado por mis colegas y por mí.*

---

* Forma parte de la serie Self Authoring, un conjunto de programas individuales para ayudar a la gente a escribir sobre los problemas de su pasado (Past Authoring), los defectos y virtudes de su personalidad actual (Present Authoring, en dos partes) y sus deseos para el futuro (Future Authoring). Yo recomendé específicamente el último de los tres.

Todo iba bien hasta que la discusión viró hacia la política. Después de hablar de su situación personal, empezó a expresar su descontento con cómo iba el mundo en general, con el inminente cataclismo que, en su opinión, provocaría la actividad humana sobre el medio ambiente. No me malinterpreten: no hay nada malo, en principio, en expresar inquietud por los problemas del planeta. Esa no es la cuestión. Lo que sí es nocivo es sobreestimar tu conocimiento sobre estos temas —o incluso pensar sobre ellos— cuando eres una veinteañera sin nada positivo en tu vida y con grandes dificultades para levantarte siquiera de la cama. En esas condiciones, necesitas reordenar tus prioridades y, para hacerlo, es crucial adoptar la humildad necesaria para abordar y resolver tus propios problemas.

Ahondando en el debate, descubrí que ya no estaba conversando con una joven perdida que me había venido a ver. En verdad, me había convertido en alguien que hipotéticamente estaba al mismo nivel en el debate con una ideóloga que sabía qué iba mal a escala global; que sabía cómo resolver esos problemas globales; que conocía la inmoralidad de participar en la destrucción continuada manifestando cualquier deseo personal; y que creía, por último, que todos éramos culpables y estábamos perdidos. Llegados a ese punto, proseguir con la conversación significaba (1) que ya no estaba hablando con esta joven, tanto como con las premisas o personas que se habían apoderado de ella por medio de ideas genéricas, impersonales y cínicas; y (2) que, para mí, debatir sobre esos temas en esas circunstancias era aceptable y fructífero.

Ninguna de las dos cosas tenía sentido, así que paré, aunque eso no significaba que toda la reunión hubiera sido en vano. Para mí, era imposible no llegar a esta conclusión: parte de lo que la había sumido durante meses en su estado de parálisis moral no tenía tanto que ver con la culpa por estar contribuyendo presuntamente a los efectos negativos de la actividad humana en el mundo. Tenía más que ver con el sentido de superioridad moral que le confería el preocuparse por esas cosas, pese al excepcional peligro psicológico de adoptar esta sombría opinión respecto al potencial humano. Ustedes me perdonarán el cliché, pero antes de correr hay que saber andar. Incluso tendrás que saber gatear antes de poder andar. Esto es parte de aceptar tu posición como novato en el fondo de la jerarquía que tan casual, arrogante y egoístamente desprecias. Es más, la actitud tan antihumana que a menudo acompaña las lágrimas vertidas por el deterioro medioambiental y la inhumanidad del hombre con el hombre solo producen un efecto ostensible sobre la actitud psicológica que define la relación de una persona consigo misma.

Hemos tardado una eternidad en organizarnos biológica y socialmente hasta formar las jerarquías funcionales que vertebran nuestras percepciones y acciones y definen la forma en que interactuamos con el mundo natural y social. La única respuesta pertinente a ese regalo es la gratitud incondicional. La estructura que nos abarca a todos tiene su lado oscuro —como la tiene la naturaleza, como la tiene cada individuo—, pero eso no significa que sea justo criticar de manera descuidada, genérica y egoísta el *statu quo*. Igual que tampoco es justo objetar por instinto a lo que podría ser un cambio necesario.

LA NECESIDAD DEL EQUILIBRIO

Hacer lo que los demás hacen y han hecho siempre da sus frutos. Y, a veces, la acción radical puede aportar beneficios sin parangón. Por ese motivo, las actitudes y acciones conservadoras y creativas se propagan constantemente. Una institución social funcional —una jerarquía consagrada a producir algo de valor, más que a la mera protección de su propia supervivencia— puede utilizar a los conservadores para aplicar con tiento procesos de valor auténtico y probado; y a los creativos y progresistas, para determinar cómo se puede sustituir lo viejo y anticuado por algo nuevo y más preciado. Por tanto, a nivel social se puede equilibrar mejor el conservadurismo con la originalidad juntando a las dos clases de personas. Pero alguien tiene que decidir la mejor forma de hacerlo, cosa que requiere una sabiduría que trasciende la mera proclividad del carácter. Como los rasgos asociados a la creatividad, por un lado, y el confort con el *statu quo,* por el otro, suelen excluirse entre sí, es difícil encontrar a una sola persona que los haya equilibrado correctamente, que —por tanto— esté cómoda trabajando con ambos tipos de personas y que pueda escuchar sin prejuicios la necesidad de aprovechar ambas formas de talento y convicción. Pero la adquisición de esa habilidad puede al menos empezar con una expansión de la sabiduría consciente: la revelación articulada de que el conservadurismo es bueno, pese a los diversos riesgos que entraña, y que la transformación creativa —incluso la de tipo radical— también es buena, pese a los diversos riesgos que entraña. Para digerir esto —para creer de verdad que ambas opiniones son necesarias—, al menos hay que valorar lo que las personas muy diversas pueden ofrecer, así como ser capaz de reconocer cuándo el equilibrio se ha descompensado en exceso en una dirección. Lo mismo cabe decir del hecho de conocer la cara oscura de ambos idearios. Para gestionar bien asuntos complejos, hay que ser lo bastante lúcido para distinguir entre los ansiosos de poder y zánganos pseudodefensores del *statu quo* y los conservadores genuinos; y distinguir los rebeldes sin causa autoengañados e irresponsables de los auténticamente creativos. Y gestionar esto significa separar esos factores dentro del alma propia de cada uno, así como en las otras personas.

¿Y eso cómo se consigue? Primero, podríamos acabar entendiendo y asimilando que estas dos maneras de ser dependen en esencia la una de la otra: la una no puede existir de veras sin la otra, aunque medie entre ellas una tensión real. Para empezar, por ejemplo, esto significa que la disciplina —la subordinación al *statu quo,* de una forma u otra— se debe ver como un preludio necesario para la transformación creativa, más que como su enemigo. Así, igual que las restricciones moldean y condicionan por completo la jerarquía de hipótesis que componen la estructura que organiza la sociedad y las percepciones individuales, también moldean y condicionan la transformación creativa. Dicha jerarquía tiene que tensarse contra un límite. Es inútil e inservible a menos que se le oponga contra otra fuerza. Es por esto que el arquetipo del gran genio, el dispensador de deseos —Dios, en un microcosmos—, suele estar atrapado en los cerrados confines de una lámpara y, además, está a la merced de la voluntad del poseedor de la lámpara. El genio combina la posibilidad y el potencial con una constricción extrema.

Por tanto, las limitaciones, constricciones y fronteras arbitrarias —¡esas malditas reglas!— no solo garantizan la armonía social y la estabilidad psicológica, sino que permiten la creatividad que renueva el orden. Así pues, lo que se oculta bajo el deseo explícito de libertad total —tal como expresan, por ejemplo, el anarquista o el nihilista— no es un deseo positivo que anhela una mejor expresión creativa, como se plasma en la caricatura idealizada del artista. En realidad, se trata de un deseo negativo, un deseo de ausencia absoluta de responsabilidad, que simplemente no es proporcional a la auténtica libertad. Esta es la mentira de quienes se oponen a las normas. Ahora bien, «Abajo la responsabilidad» no es un eslogan muy potente —pues es lo bastante narcisista para negarse claramente a sí mismo—, mientras que el correspondiente «Abajo las normas» se puede vestir de un aura heroica.

Más allá de la sabiduría de los conservadores auténticos, existe el riesgo de que el *statu quo* se corrompa y sea explotado por intereses privados. Más allá de la brillantez de la labor creativa, puede encontrarse el falso heroísmo del ideólogo resentido, que viste la ropa del rebelde original, pero se atribuye injustamente la autoridad moral y rechaza toda responsabilidad genuina. El conservadurismo inteligente y prudente y el cambio esmerado e incisivo mantienen el orden en el mundo. Pero cada uno tiene su lado oscuro y, una vez nos damos cuenta de esto, es crucial que nos preguntemos lo siguiente: ¿somos lo auténtico, o lo contrario? Y la respuesta es inevitablemente que tenemos algo de ambos; y tal vez somos mucho más sombríos de lo que nos gustaría. Todo esto sirve para entender la complejidad que llevamos dentro.

LA PERSONALIDAD COMO JERARQUÍA Y CAPACIDAD DE TRANSFORMACIÓN

Dicho lo cual, ¿cómo hay que entender la personalidad que equilibra el respeto por las instituciones sociales con la transformación creativa? No es tan fácil de determinar, viendo lo complejo que es el problema. Por eso recurrimos a las historias. Las historias nos aportan un modelo. Esbozan un patrón lo bastante específico para revestir un valor tremendo, si podemos imitarlo; ahora bien, son lo bastante generales para poderlas aplicar incluso a situaciones nuevas, a diferencia de una norma o lista de normas concreta. En las historias, plasmamos imágenes de la personalidad ideal. Contamos cuentos de triunfos y fracasos en aventuras y amoríos. En todos nuestros universos narrativos, el triunfo nos impulsa a lo mejor, a la tierra prometida; en cambio, el fracaso nos condena al abismo a nosotros y a los que se enredan con nosotros. El bien nos propulsa hacia arriba y adelante, mientras que el mal nos lastra hacia abajo y hacia atrás. Las grandes historias versan sobre personajes en acción, por lo que emulan las estructuras y los procesos inconscientes que nos ayudan a traducir el intransigente mundo de los hechos en el sostenible, funcional y recíproco mundo social de los valores.*

La encarnación oportuna de la jerarquía de valores —con el valor del conservadurismo y su gemelo, la transformación creativa— se expresa como una personalidad en la narrativa: una personalidad ideal. Cada jerarquía encumbra algo. Por eso cada historia, que no es sino la descripción de lo que lleva a cabo una personalidad, tiene su héroe (e incluso si ese alguien

---

* Esto se puede ver, por ejemplo, en la tendencia de los protestantes evangélicos norteamericanos a preguntar «¿qué haría Jesús?» cada vez que se enfrentan a un nuevo problema existencial. Es algo fácil de parodiar, pero denota precisamente el valor de las historias: una vez interiorizada una narrativa, se puede usar como modelo para generar nuevas impresiones y conductas. Puede parecer ingenuo o presuntuoso imaginar qué haría el mismísimo arquetipo del Salvador en una vida normal, pero el propósito fundamental de las narrativas religiosas es, en verdad, fomentar la imitación.

es el antihéroe, no importa: el antihéroe desempeña la función de identificar al héroe a través del contraste, pues el segundo es aquello que claramente no es el primero). El héroe es el individuo en su cénit, el victorioso, el campeón, el ingenioso, el desamparado que acaba triunfando y mereciendo el éxito, el que dice la verdad en circunstancias peligrosas, etc. Las historias que inventamos, vemos, escuchamos y recordamos traslucen acciones y actitudes que nos parecen interesantes, cautivadoras y dignas de comunicación a consecuencia de nuestra experiencia personal tanto con personas admirables como detestables (o en fragmentos de sus actitudes y acciones específicas), o debido a nuestra propensión a compartir aquello que nos ha llamado la atención con las personas a nuestro alrededor. A veces podemos extraer directamente narrativas apasionantes de nuestra experiencia personal con personas concretas; a veces creamos amalgamas de múltiples personalidades, muchas veces reflejo de aquellas que conforman nuestros grupos sociales.

El cliente cuya historia he contado antes tenía una vida ideal para ilustrar lo necesarias que son las relaciones sociales. Sin embargo, esa historia no refleja del todo la importancia de la transformación que sufrieron sus actitudes y acciones. Reconstruyendo su vida social, empezó a participar de forma activa en una serie de actividades colectivas, al tiempo que desarrollaba una cierta aptitud creativa igual de inesperada. No había recibido mayor educación formal que la de secundaria, y un observador externo no hallaría en su personalidad una creatividad especial. Aun así, se sintió atraído por actividades sociales nuevas para él que, por lo general, tenían un cariz estético.

Primero adquirió una sensibilidad por la forma, la simetría, la novedad y la belleza como fotógrafo. Las ventajas sociales de esta actividad fueron múltiples: se inscribió a un club cuyos miembros salían cada dos semanas a tomar fotos. En un grupo de unas veinte personas, paseaban por los parajes urbanos que revestían un interés visual, o bien por su belleza o singularidad natural, o bien por el atractivo que poseían como paisajes industriales. Al hacerlo, aprendió bastante sobre material y técnicas de fotografía. Los miembros del grupo también se comentaban el trabajo unos a otros; y lo hacían de manera constructiva. Todos parecían destacar qué errores se habían cometido, pero también las cosas buenas.

Gracias a todo esto, mi cliente aprendió a comunicarse sobre temas que, de lo contrario, le habrían resultado psicológicamente difíciles (pues atañían a críticas que, debido a su asociación con la visión creativa, podrían haberle despertado perfectamente reacciones exageradas sensibles y contraproducentes). También aprendió a distinguir cada vez más entre las imágenes trilladas, insulsas o conformistas y las que eran buenas de verdad. Al cabo de unos meses, su percepción se había aguzado tanto que empezó a ganar concursos locales y a recibir pequeños encargos profesionales. Desde la perspectiva del desarrollo de la personalidad, desde el principio me había parecido una buena idea que participara en el club de fotografía, pero me sorprendió mucho lo rápido que adquirió su habilidad visual y técnica. Cuando dedicábamos parte de las sesiones a ver su obra, me lo pasaba en grande.

Tras dedicar unos meses al campo de la fotografía, mi cliente empezó a producir y a enseñarme otras imágenes que había creado: al principio, dibujos abstractos de arte lineal hechos con bolígrafo y de una calidad claramente *amateur*. En general, eran tirabuzones de varios tamaños, unidos en un continuo en una sola página: no eran más que garabatos, aunque revelaban un mayor control y un propósito claro. Como había hecho con las fotografías (y con el club de fotografía), les atribuí una utilidad psicológica —como extensión de la habilidad creativa—, pero no como obras artísticas loables de pleno derecho. No obstante, siguió practicando y generando varios dibujos a la semana. Lo que creaba lo traía siempre a nuestras sesiones. Sus obras crecieron en sofisticación y belleza con una velocidad trepidante. Al cabo de poco ya hacía dibujos complejos, simétricos y bastante impresionantes con pluma. Eran en blanco y negro e irradiaban una belleza intrínseca suficiente para estamparlos en camisetas y venderlos.

Yo ya había visto este tipo de desarrollo con claridad en otros dos clientes, ambos con un carácter creativo innato (muy bien escondido en uno de los casos; más desarrollado, cultivado y obvio en el otro). Además, había leído expedientes de casos clínicos y desarrollo personal del doctor C. G. Jung que señalaban que la producción de figuras geométricas cada vez más ordenadas y complejas —a menudo círculos dentro de cuadrados, o al revés— solía ir de la mano de un aumento en la organización de la personalidad. Sin duda, este parecía ser el caso no solo de mi cliente, como evidenciaba su floreciente pericia con la fotografía y la destreza que estaba adquiriendo como artista gráfico, sino también de los otros dos que había tenido el placer de tratar como terapeuta clínico. Así pues, lo que observé repetidamente no fue solo la reconstrucción de la psique a consecuencia del aumento de la socialización (y la valoración de las instituciones sociales), sino también la transformación paralela de procesos internos primordiales, denotada por un aumento sustancial en la capacidad para percibir y crear cosas elegantes, bonitas y socialmente valiosas. Mis clientes no solo habían aprendido a someterse como es debido a las exigencias a veces arbitrarias —aunque necesarias— del mundo social, sino también a ofrecer a ese mundo algo a lo que no habría tenido acceso de no haber sido por la labor creativa de estas personas.

Mi nieta, Scarlett, también exhibía comportamientos que indicaban si no su habilidad creativa, sí al menos su aprecio por ella, además de su socialización como un agente de señalamiento de valor social. Cuando la gente habla de una historia —en forma de película, obra o libro—, normalmente intenta llegar a un consenso sofisticado sobre su intención (sofisticado porque un grupo de personas suele poder ofrecer más puntos de vista que una sola; y consenso porque el debate suele prolongarse hasta que se alcanza cierta conformidad general sobre el tema en cuestión). La idea de que una historia es una forma de comunicación —y entretenimiento— es uno de esos hechos que parecen incontestables a primera vista, pero que se vuelven más misteriosos a medida que piensas más en ellos. Si es cierto que una historia tiene una intención, es obvio que está señalando algo. Pero ¿qué y cómo? La esencia del acto de señalar es obvia cuando es una acción que especifica una cosa concreta, o una persona que especifica una persona concreta, pero es mucho menos obvia cuando se trata de algo que representa la conducta agregada de un personaje en una historia, por ejemplo.

Los actos y actitudes de los héroes y las heroínas de J. K. Rowling vuelven a proporcionar ejemplos populares de este proceso específico. Harry Potter, Ron Weasley y Hermione Granger destacan en gran parte por su disposición y aptitud para seguir las reglas (indicio de su pericia como aprendices) y, al mismo tiempo, para romperlas; paradójicamente, son recompensados por ambas conductas. Incluso las herramientas que utilizan los jóvenes brujos durante su aprendizaje se distinguen por esta dualidad. El Mapa del Merodeador, por ejemplo (que muestra fielmente a su portador el territorio explorado de Hogwarts, la escuela de hechicería, así como la ubicación de todas las personas que hay en su interior), solo se puede empezar a usar pronunciando un lema que parece presagiar lo opuesto a una conducta moral: «Juro solemnemente que esto es una travesura». Y para desactivarlo y mantener en secreto su función, hay que decir: «Travesura realizada».

No es fácil comprender a santo de qué un artefacto que exige hacer pronunciamientos como estos para poder ser usado podría servir para algo que no fuera una travesura; un instrumento para hacer fechorías, aparentemente. Sin embargo, así como Harry y sus amigos infringen las reglas con regularidad pero con tiento —y son recompensados por ello—, la virtud moral del Mapa del Merodeador cambia según la intención de quienes lo usan. A lo largo de la saga se respira un mensaje claro: el mero hecho de seguir inconsciente o rígidamente las normas no puede encapsular lo que está bien, al margen de la disciplina con que se cumplan o lo vitales que sean dichas normas. Lo que quiere decir todo esto es que la saga de *Harry Potter* no presenta la sumisión total al orden social como la mayor de las virtudes morales. Lo que desbanca esa obediencia no es algo tan obvio que se pueda articular con facilidad, pero es algo de este estilo: «Sigue las reglas, salvo que hacerlo contravenga su propósito, en cuyo caso arriésgate a actuar de forma contraria a lo que se ha acordado como moral». Es una moraleja que parece más fácil de enseñar exhibiendo los comportamientos que la encarnan que transmitiéndola, por ejemplo, por medio de la memorización o de una regla variante. Las metarreglas (que podríamos considerar reglas sobre reglas, más que reglas en sí mismas) no se comunican necesariamente del mismo modo que las reglas simples.

Al poco de dominar el acto físico relativamente sencillo de señalar con el dedo, Scarlett aprendió a buscar la intención más compleja de las narrativas. Era capaz de resaltar algo con el dedo índice al año y medio, pero a los dos y medio podía entender e imitar la intención de una historia, algo mucho más enrevesado. A esa edad, durante un periodo aproximado de seis meses estuvo diciendo, cuando se le preguntaba, que era Pocahontas, no Ellie (el nombre que le gusta usar a su padre) ni Scarlett (el que le gusta a su madre). Para mí, fue un acto pasmoso de sofisticación. Le habían regalado una muñeca de Pocahontas, que se convirtió en uno de sus juguetes favoritos, junto con una muñeca bebé que también idolatraba y a la que llamaba como a su abuela, mi esposa Tammy. Cuando jugaba con la bebé, Ellie era la madre. Pero con Pocahontas, la situación era otra. La muñeca no era su bebé ni Ellie era su madre. Mi nieta se consideraba a sí misma la propia Pocahontas adulta; imitaba a la muñeca, que tenía aspecto de mujer joven, y también al personaje que protagoniza la epónima película de Disney, que visionó absorta en dos ocasiones.

La Pocahontas de Disney se asemeja mucho a los protagonistas de la saga de *Harry Potter*. Sin avisarle, su padre la promete a Kocoum, un guerrero valiente que encarna con seriedad las virtudes de su tribu. No obstante, su comportamiento y actitud se ciñen demasiado a las normas para la personalidad más sociable de su prometida. Pocahontas se enamora de John Smith, capitán de un barco europeo y representante de todo lo que queda fuera del territorio conocido, pero tal vez de gran valor. Paradójicamente, Pocahontas persigue un orden moral superior al rechazar a Kocoum por Smith —infringiendo una regla de vital importancia: valora lo que tiene más valor en la jerarquía legal de la cultura actual—, de forma muy parecida a los protagonistas de *Harry Potter*. Esa es la moraleja de ambas narrativas: cumple las reglas hasta que seas capaz de ser un ejemplo radiante de lo que representan, pero infríngelas cuando esas mismas reglas sean el mayor impedimento a la encarnación de sus virtudes primordiales. Y Elizabeth Scarlett, cuando aún no contaba tres años de edad, tuvo la inteligencia natural de detectar en esto la intención de lo que estaba viendo (la película de Disney) y usarlo como un accesorio para jugar (la muñeca de Pocahontas). Su perspicacia en este aspecto rayaba en lo inconmensurable.

La misma filosofía —el respeto por las reglas, excepto cuando cumplirlas signifique ignorar o permanecer ciegos a un principio moral todavía más elevado— es representada con increíble fuerza en dos historias diferentes de los Evangelios (que, más allá de la opinión que te merezcan, constituyen las principales historias tradicionales o clásicas para plasmar una personalidad a fin de que la gente la imite). En la primera, Cristo se presenta, incluso de niño, como un maestro de la tradición judía. Esto lo hace perfecto conocedor del valor del pasado y lo recubre con el respeto típico, digamos, del auténtico conservador. Según el relato de Lucas (2:42-52),[*] la familia de Jesús viajaba a Jerusalén cada año por la festividad judía del Pésaj:

> Y cuando tuvo doce años, subieron a Jerusalén conforme a la costumbre de la fiesta.

---

[*] Todas las citas de la Biblia se extraen de la versión de Reina-Valera de 1960, a menos que se indique lo contrario.

> Al regresar ellos, acabada la fiesta, se quedó el niño Jesús en Jerusalén, sin que lo supiesen José y su madre.
>
> Y pensando que estaba entre la compañía, anduvieron camino de un día; y le buscaban entre los parientes y los conocidos; pero como no le hallaron, volvieron a Jerusalén buscándole.
>
> Y aconteció que tres días después le hallaron en el templo, sentado en medio de los doctores de la ley, oyéndoles y preguntándoles.
>
> Y todos los que le oían, se maravillaban de su inteligencia y de sus respuestas.
>
> Cuando le vieron, se sorprendieron; y le dijo su madre: «Hijo, ¿por qué nos has hecho así? He aquí, tu padre y yo te hemos buscado con angustia».
>
> Entonces él les dijo: «¿Por qué me buscabais? ¿No sabíais que en los negocios de mi Padre me es necesario estar?».
>
> Mas ellos no entendieron las palabras que les habló.
>
> Y descendió con ellos, y volvió a Nazaret, y estaba sujeto a ellos. Y su madre guardaba todas estas cosas en su corazón.
>
> Y Jesús crecía en sabiduría y en estatura, y en gracia para con Dios y los hombres.

No obstante, al considerar todos los relatos de los Evangelios, sale a relucir una paradoja muy ligada a la tensión entre el respeto por la tradición y la necesidad de la transformación creativa. Pese a las señales de que entendía las reglas y las apreciaba mucho, y desde una edad precoz, al llegar a la adultez Cristo rompe repetida y escandalosamente con las tradiciones del *sabbat,* al menos desde el punto de vista de los tradicionalistas de su comunidad, cosa que entrañaba un gran riesgo. Por ejemplo, conduce a sus discípulos por un sembrado arrancando y comiéndose las espigas (Lucas 6:1). Y lo justifica ante los fariseos que le hacen frente aduciendo que el rey David había actuado de forma similar, al alimentar a los suyos con pan reservado para los sacerdotes cuando la necesidad lo exigía (Lucas 6:4). Cristo hace este singular comentario a sus interlocutores: «El Hijo del Hombre es Señor aún del día de reposo *(sabbat)*» (Lucas 6:5).

Un documento antiguo conocido como el Códice Beza,* una variante apócrifa de una parte del Nuevo Testamento, ofrece una interpolación justo después del apartado del Evangelio de Lucas presentado arriba que arroja mucha luz sobre la misma cuestión. La obra reflexiona mucho sobre la relación compleja y paradójica entre el respeto por las reglas y la acción moral creativa necesaria y deseable, pese a que parece oponerse a dichas reglas. Contiene el relato de cómo Cristo se dirige a alguien que, como Él, ha roto una regla sagrada: «Ese mismo día, observando a alguien que trabajaba en el día de reposo, [Jesús] le dijo: "Oh, Hombre, si en verdad sabéis lo que hacéis, sois bienaventurado; pero si no lo sabéis, sois desventurado y un transgresor de la Ley"».[12]

¿Qué significa esta afirmación? Pues resume a la perfección la regla 1. Si entiendes las reglas —que son necesarias y sagradas, que ayudan a mantener a raya el caos, que unen a las comunidades que las cumplen, que su ratificación tiene un precio y que es peligroso quebrantarlas—, pero estás dispuesto a asumir toda la responsabilidad que deriva de hacer una excep-

---

* Un códice es un libro hecho de vitela, papiro o, más habitualmente, papel. El término se tiende a reservar para los textos escritos a mano, como es el caso del Códice Beza. El Códice Beza contiene versiones en griego y en latín de los Hechos y de buena parte de los cuatro Evangelios. Estas versiones son únicas en lo que añaden a la historia, lo que omiten y, a menudo, el estilo en que están redactadas.

ción porque ves en ello un bien superior (y si eres alguien con suficiente personalidad para esa distinción), entonces estás respetando la esencia de la ley, más que su simple redacción, lo cual es un acto moral sublime. Pero, si te niegas a reparar en la importancia de las reglas que estás infringiendo y actúas por pura conveniencia, no eres más que un desventurado sin remedio. Si eres negligente con tu propia tradición, el tiempo te pondrá en tu sitio de forma irrevocable y dolorosa.

Esto casa con otros criterios y hechos de Cristo descritos en los Evangelios. Mateo (12:11) declara: «Él les dijo: "¿Qué hombre habrá de vosotros, que tenga una oveja, y si esta cayere en un hoyo en día de reposo, no le eche mano, y la levante?"». Lucas (6:6) describe cómo Jesús sana a un hombre con una mano seca en otro día de *sabbat*: «¿Es lícito en día de reposo hacer bien, o hacer mal? ¿Salvar la vida, o quitarla?» (Lucas 6:9). Esta yuxtaposición psicológica y conceptualmente dolorosa de dos posturas morales (el respeto por el *sabbat* en oposición al mandamiento de hacer el bien) es otra de las cosas que enciende constantemente a los fariseos y se suma a la cadena de acontecimientos que acaba llevando a Cristo a su arresto y crucifixión. Estas historias exponen el dilema existencial eterno de la vida humana: hay que adaptarse, ser disciplinado y cumplir las reglas. Hay que hacer con humildad lo que hacen los demás; pero también hay que recurrir a nuestro criterio, a nuestra visión y a la verdad, pues estas revelan a la conciencia lo que es correcto cuando las reglas sugieren lo contrario. Es la capacidad para gestionar esta combinación lo que caracteriza una personalidad plenamente desarrollada: la del auténtico héroe.

Se debe tolerar —o aplaudir, según el punto de vista de cada uno— cierto grado de gobierno arbitrario para cohesionar el mundo y sus habitantes. Se debe tolerar —o aplaudir, según el punto de vista de cada uno— cierto grado de creatividad y rebelión para mantener el proceso de regeneración. Cada regla fue en su momento un acto creativo, una infracción de otras reglas. Cada acto creativo genuino se puede acabar transformando en una regla útil. La interacción constante entre las instituciones sociales y el logro creativo es lo que mantiene el mundo equilibrado sobre la delgada línea que separa el exceso de orden y el exceso de caos. Es un dilema terrible; un verdadero aprieto existencial. Tenemos que respaldar y valorar el pasado actuando con gratitud y respeto. Ahora bien, también tenemos que mantener los ojos abiertos —nosotros, los visionarios vivos— y reparar, cuando se estropean, los mecanismos antiguos que nos dan estabilidad y apoyo. Así pues, debemos sobrellevar la paradoja de respetar las paredes que nos resguardan, en tanto que dejamos entrar suficiente aire nuevo y revolucionario para que nuestras instituciones sigan vivas y sanas. La estabilidad y el dinamismo del propio mundo dependen de que subsumamos todo lo que hacemos en la perfección —la santidad— de esa doble habilidad.

No denigres a la ligera ni las instituciones sociales ni el logro creativo.

REGLA 2

IMAGINA QUIÉN PODRÍAS SER Y PON TODO TU EMPEÑO EN SERLO

¿QUIÉN ERES? ¿Y QUIÉN PODRÍAS SER?

¿Cómo sabes quién eres? A fin de cuentas, tu complejidad escapa incluso a tu propio entendimiento; eres más complejo que cualquier cosa que exista, salvo otras personas: increíblemente complejo. Y ese desconocimiento se agrava aún más al entremezclar la persona que eres con la que podrías ser. No eres solo algo que es. Eres algo en proceso de cambio; y aquello en lo que puedes llegar a convertirte también supera tu entendimiento. Todas las personas tienen la sensación, pienso yo, de que hay algo más en ellas que aún no se les ha permitido alcanzar. Muchas veces, los problemas de salud, la mala suerte y las tragedias y los percances generales de la vida oscurecen ese potencial. Pero también puede sabotearlo la reticencia a aprovechar al máximo las oportunidades que nos brinda la vida, secundada por errores lamentables de todo tipo, incluyendo faltas de disciplina, fe, imaginación y compromiso. ¿Quién eres? Y, por encima de todo, ¿quién podrías ser si fueras todo lo que podrías llegar a ser?

¿Estas preguntas son imposibles de responder?, ¿o bien existen fuentes con las que podemos guiarnos? Al fin y al cabo, llevamos decenas (tal vez cientos) de miles de años observando cómo nos comportamos en nuestros éxitos y fracasos. Durante ese tiempo, nuestros chamanes, profetas, místicos, artistas, poetas y bardos han extraído algo vital de esas observaciones: una esencia concentrada de lo que nos hace humanos en términos fácticos y teóricos. Al hacerlo, nos han otorgado representaciones de esa esencia vital, que se presenta ante nosotros como algo que no puede ser ignorado ni olvidado. Esas personas creativas escriben y representan los dramas y nos cuentan las historias que nos despiertan la imaginación, llenando nuestros sueños de imágenes de todo lo imaginable. Las más profundas son recordadas, comentadas y limadas por el imaginario colectivo, y se convierten en el eje de rituales que nos unen a través de los siglos y conforman los cimientos de nuestra cultura. Son las historias sobre las que se construyen los edificios ceremoniales, religiosos y filosóficos que caracterizan las sociedades sofisticadas, fértiles y victoriosas.

Las historias que no podemos ignorar ni dejar ir son inolvidables por esta razón, entre otras: aluden a algo que conocemos, pero que no sabemos que conocemos. El filósofo de la Antigua Grecia Sócrates creía que todo el aprendizaje era una forma de recuerdo. Sócrates postulaba que el alma, inmortal en su esencia, lo sabía todo antes de renacer como bebé. Sin embargo, en el momento del parto todo el conocimiento previo se olvidaba y se tenía que recuperar por medio de las experiencias vitales. Por extraña que ahora parezca esta hipótesis, se le puede defender en muchos aspectos. Hay muchas cosas que podríamos hacer —cosas que nuestro cuerpo y nuestra mente son capaces de hacer— y que siguen latentes incluso a nivel genético. La exposición a nuevas experiencias activa este potencial latente y despierta habilidades grabadas en nosotros a lo largo de nuestra extensa historia evolutiva.[1] Este podría ser el sistema básico que tienen nuestros cuerpos de conservar la sabiduría pasada y recurrir a ella en momentos de necesidad. Es así, aunque no solo así, como existe la posibilidad humana. Por tanto, se puede alegar algo profundo en favor del concepto del aprendizaje como recuerdo.

Obviamente, además de *recordar* (es decir, de activar posibilidades innatas pero ocultas), podemos aprender muchas cosas nuevas. Este es uno de los factores primordiales que nos distinguen de los animales. Incluso los mamíferos complejos e inteligentes como los chimpancés y los delfines tienden a repetir comportamientos típicos de su especie generación tras generación, sin apenas cambios. Los humanos, por el contrario, pueden y deciden buscar y encontrar lo nuevo; lo investigan, lo adaptan y se lo agencian. También podemos extrapolar algo que ya sabemos en un nivel de representación al conocimiento en otro nivel. Podemos observar lo que hace una criatura, animal o humana, e imitarla, convirtiendo el movimiento que le vemos hacer en nuevos movimientos propios. Incluso podemos generalizar esos actos de imitación, capturando el *espíritu* que se esconde tras aquello o aquel que observamos y generando nuevas maneras de ver y actuar que, de alguna forma, tienen la misma esencia.* En cierto modo, esta es la base del conocimiento implícito profundamente arraigado

---

* Piensen en el imitador de profesión. No copia necesariamente los comportamientos exactos, movimiento a movimiento, de las personas que imita, sino su esencia, eso que impregna todo lo que hace la persona famosa. Lo mismo cabe decir de los niños que juegan a ser adultos. Lo que buscan es la esencia, no los comportamientos individuales.

que conforma los cimientos de nuestro auténtico entendimiento. También podemos ver cómo actúa alguien o cómo sucede algo y describir lo que vemos, traduciendo los actos en palabras que sobreviven a su articulación, y luego comunicarlas en ausencia de aquello o aquel que se está describiendo. Por último, existe el hecho aún más misterioso de que podemos imaginar y recrear algo que simplemente no se ha visto jamás; algo verdaderamente original. Y podemos codificar y representar toda esa habilidad —la acción adaptativa y su transformación— en los relatos que contamos sobre aquellos a quienes admiramos, o aquellos a quienes odiamos. Así es como determinamos quiénes somos y quiénes podríamos llegar a ser.

Las historias se vuelven inolvidables cuando transmiten formas de ser sofisticadas —problemas complejos y soluciones igual de complejas— que percibimos conscientemente a pedazos, pero que no podemos articular del todo. Es por este motivo, por ejemplo, que el relato bíblico de Moisés y del éxodo de los israelitas de Egipto se convirtió en un símbolo tan poderoso para los esclavos negros que querían emanciparse en los Estados Unidos: «Ve, Moisés, ve a las tierras de Egipto a decirle al viejo faraón que deje marchar a mi pueblo».[2]

Tanto los psicoanalistas como los eruditos religiosos consideran justamente la historia bíblica del Éxodo como arquetípica (o paradigmática o fundamental), porque ofrece un ejemplo de la transformación psicológica y social perfecta. Surgió como fruto de la imaginación, y la repetición y refundición colectiva constante la han moldeado hasta darle una forma en último término significativa, con connotaciones políticas, económicas, históricas, personales y espirituales. Esta es la definición pura de la profundidad literaria, algo que llega a su apogeo en ciertos tipos de historias antiguas y tradicionales. Esa profundidad significa que los relatos pueden usarse como símbolos de cualquier proceso de cambio drástico experimentado por una persona o sociedad (estabilidad, caída en el caos y restablecimiento de la estabilidad) y pueden proveer a ese proceso de una realidad multidimensional, un contexto, un significado potente y una motivación.

EL SURGIMIENTO DE LO INOLVIDABLE

¿Cómo puede nacer una historia inolvidable? ¿Qué puede preceder a su revelación? Como mínimo, será la consecuencia de un largo periodo de observación. Imagínense a un científico que estudia la conducta de una manada de lobos o de chimpancés; o cualquier grupo de animales sociales complejos. Está intentando identificar actos regulares en la conducta de los miembros y del grupo (en una palabra, patrones) y tratando de articularlos; de plasmarlos en palabras. Al principio, el científico podría relatar una serie de anécdotas sobre los animales que reflejan el comportamiento general de la especie. Entonces, podría extraer aún más conclusiones en un intento por generalizar anécdotas con descripciones cuasi normativas. Digo *cuasi normativas* porque los animales no siguen reglas. Las reglas exigen un lenguaje. Los animales solo repiten actos regulares, cosa que tampoco es tan simple. No pueden formular, entender ni seguir reglas.

Pero ¿y los seres humanos? Podemos observar cómo actuamos, como haría un científico; o mejor dicho, como haría un narrador. Entonces podemos contarnos las historias unos a otros. Las historias ya son destilados de comportamientos observados (si no lo son, no son interesantes; relatar una secuencia de actos cotidianos no hace que una historia sea buena). Una vez fijada la historia, la podemos analizar en busca de patrones y actos regulares más hondos. Si ese análisis funciona, podemos generalizar lo que tienen en común las anécdotas para formar reglas y, después, podemos aprender a consciencia a seguirlas. Así es como podría suceder. Todos generamos una reacción negativa cuando un niño o un adulto —o, en definitiva, una sociedad— actúa incorrectamente, de forma injusta o mal. El error tiene un cariz emocional. Intuimos que se ha quebrado un patrón del que depende la adaptación individual y social. La traición nos fastidia, nos frustra, nos duele o nos aflige. Esto no significa que, con esa reacción emocional, cada uno de nosotros haya conseguido articular una filosofía exhaustiva sobre el bien y el mal. Quizá nunca podamos acertar a saber qué ha salido mal. No obstante, igual que los niños no conocen un nuevo juego y son capaces de jugar de todos modos, sabemos que se están infringiendo las reglas.

De hecho, algo parecido es lo que refleja la historia bíblica del Éxodo, el relato antiguo de cómo los esclavos hebreos escaparon de sus amos egipcios. Moisés, que encabeza el pueblo en la huida, es interpelado sin cesar por sus seguidores, que le piden consejo y lo instan a que trace distinciones morales muy refinadas cuando tienen disputas. En consecuencia, él dedica un largo tiempo a observar y analizar su comportamiento. Es como si el profeta del desierto tuviera que averiguar qué reglas les estaba costando aplicar a él y a sus seguidores israelitas antes de recibir los mandamientos explícitos de Dios. Recuerden: cada sociedad ya se caracteriza por tener una conducta establecida; de lo contrario, reinaría el conflicto y no habría sociedad alguna. Pero el simple hecho de que haya cierto grado de orden social no significa por sí mismo que una sociedad haya entendido de forma explícita su propia conducta, o su propio código ético. Por tanto, no es casual que en la historia Moisés haga de juez para sus prosélitos —y lo hace durante un tiempo y con una intensidad suficientes para quedar agotado— antes de recibir los diez mandamientos:

> Aconteció que al día siguiente se sentó Moisés a juzgar al pueblo; y el pueblo estuvo delante de Moisés desde la mañana hasta la tarde.
>
> Viendo el suegro de Moisés todo lo que él hacía con el pueblo, dijo: «¿Qué es esto que haces tú con el pueblo? ¿Por qué te sientas tú solo, y todo el pueblo está delante de ti desde la mañana hasta la tarde?».
>
> Y Moisés respondió a su suegro: «Porque el pueblo viene a mí para consultar a Dios».
>
> «Cuando tienen asuntos, vienen a mí; y yo juzgo entre el uno y el otro, y declaro las ordenanzas de Dios y sus leyes.» Entonces el suegro de Moisés le dijo: «No está bien lo que haces».
>
> «Desfallecerás del todo, tú, y también este pueblo que está contigo; porque el trabajo es demasiado pesado para ti; no podrás hacerlo tú solo.» (Éxodo 18:13-18)

Este difícil ejercicio de discriminación y valoración, observando y sopesando, es parte integral de lo que preparó al patriarca bíblico para recibir la revelación divina. Si no hubiera habido ninguna base conductual para esas reglas —ningún precedente histórico codificado en la ética tradicional, ninguna convención ni una infinidad de horas de observación de los patrones morales—, sencillamente no se habrían entendido ni transmitido los mandamientos; y mucho menos se habrían obedecido.

Una historia inolvidable plasma la esencia de la humanidad y la depura, comunica y clarifica, poniendo en primer plano lo que somos y lo que deberíamos ser. Nos habla, nos llama la atención y nos inspira para que la imitemos. Aprendemos a ver y actuar igual que los héroes de las historias que nos encandilan. Estas historias apelan a capacidades que residen en lo más hondo de nuestro ser, pero que pueden no desarrollarse sin ese llamamiento. Somos aventureros, amantes, líderes, artistas y rebeldes durmientes, pero necesitamos descubrir que somos todas esas cosas viendo reflejados esos patrones en formato dramático y literario. Eso implica ser una criatura que tiene parte de naturaleza y parte de cultura. Las historias inolvidables refuerzan nuestra capacidad para entender el comportamiento más allá del hábito y de la expectativa, en pos de un entendimiento imaginado (y luego verbalizado). Estas historias nos muestran bajo un halo conmovedor la aventura definitiva, el idilio divino y la eterna pugna entre el bien y el mal. Todo ello nos ayuda a comprender mejor lo que es una actitud y una acción moral e inmoral, personal y social. Lo podemos ver en todas partes y en todo momento.

Pregunta: ¿quién eres?, o, al menos, ¿quién podrías ser? Respuesta: parte de la fuerza eterna que decide *motu proprio* enfrentarse constantemente a lo terrible y desconocido; parte de la fuerza eterna que deja atrás la candidez y se vuelve lo bastante peligrosa, aunque con control, para entender el mal y hacerle frente; y parte de la fuerza eterna que reta al caos y lo transforma en un orden productivo, o que toma un orden que se ha vuelto demasiado restrictivo, lo reduce al caos y lo vuelve a hacer productivo.

Y todo esto, aunque difícil de entender y vital para nuestra supervivencia, se transmite mediante las historias que no podemos evitar escuchar. Y es así como acabamos asimilando qué tiene valor, a qué deberíamos aspirar y qué podríamos ser.

MATERIA PRIMA: **QUIÉN PODRÍAS SER (I)**

Me gustaría intentar explicar el significado de la ilustración que abre este capítulo, basada en una antigua xilografía alquímica. Describir lo que significa revela cuánta información se puede encerrar en una imagen sin que el observador entienda de manera explícita el contenido (de hecho, una imagen como esa encaja más como fase inicial del proceso por el que se genera ese entendimiento). El antiguo alquimista[*] que diseñó el dibujo lo hizo mientras soñaba, en un sentido literal; soñaba con la persona que podía ser y con cómo conseguir llegar hasta ahí.

Al pie de la imagen hay una esfera con alas y, encima, un dragón. De pie sobre el dragón hay una figura humana con dos cabezas: una de hombre y otra de mujer. La cabeza del hombre se asocia a una imagen del Sol; la mujer, a la Luna. Entre ellas, pero un poco más arriba, se cierne el símbolo de Mercurio: dios, planeta y metal al mismo tiempo. La imagen se remata con una serie de símbolos adicionales. Todos los elementos se encierran en una imagen oval. Esta disposición indica que la imagen son muchas cosas dentro de otra —una unidad compuesta de cosas di-

---

[*] La alquimia —la búsqueda de la piedra filosofal, un artefacto que transformaría los metales básicos en oro, además de conferir a su portador salud e inmortalidad— fue una práctica milenaria de marginados, místicos, magos y precursores de la ciencia, que dieron los fantásticos primeros pasos para crear lo que acabaría siendo la ciencia. Con todo, a medida que la alquimia fue madurando, la *piedra* se terminó equiparando más a una personalidad que a un objeto material, pues los alquimistas se dieron cuenta de que desarrollar la psique era más importante que buscar el triste oro. Escribí sobre esto en Peterson, J. B., *Mapas de sentidos: la arquitectura de la creencia*, Ariel, Barcelona, 2020, que incluye alusiones relevantes a la labor que llevaron a cabo Jung y sus estudiantes en lo tocante a la alquimia.

versas—, igual que un polluelo en la cáscara está encapsulado en un recipiente único y, al mismo tiempo, consta de muchas partes biológicas complejas cada vez más diferenciadas, sobre todo en las fases postreras de desarrollo. El conjunto de la imagen se titula *materia prima,* que en latín significa 'elemento primordial'.

Los alquimistas consideraban la materia prima la sustancia fundamental de la que brotaba o derivaba todo lo demás, incluidos la materia y el espíritu. Es oportuno ver ese elemento primordial como el potencial que afrontamos cuando hacemos frente al futuro, incluyendo a quienes seremos; o como el potencial que, cuando se echa a perder, nos impele a regañarnos a nosotros mismos y a otros. También puede ser útil imaginarlo como la información con la que nos creamos a nosotros mismos y al mundo, en lugar de la materia de la que solemos pensar que está compuesta la realidad. Cada interpretación —la del potencial y la de la información— tiene sus ventajas.

¿Qué significa que puede ser conveniente ver el mundo como potencial o información? Piensa en lo que sucede, por ejemplo, cuando te paras en el buzón para recoger el correo. Piensa también en la *composición* de ese correo. Si hablamos del material, solo es papel y tinta. Pero ese substrato material es en esencia irrelevante. No importa si se envía el mensaje por correo electrónico o por viva voz; o en código morse. Lo que importa es el contenido. Y eso significa que cada una de las cartas que recibes posee contenido: o bien potencial, o bien información, sea de valor positivo, neutro o negativo. Por poner un ejemplo, podría tratarse de un aviso de investigación de la agencia tributaria de tu país. Esto quiere decir que, a pesar de parecer inocua en tus manos, la carta está íntima e indisolublemente conectada a una estructura gigantesca, compleja y a menudo arbitraria que puede que no esté velando por lo que más te conviene. Al contrario, quizá sea algo alegre, como una carta inesperada de un ser querido o un cheque que llevas tiempo esperando. Desde ese punto de vista, un sobre es un recipiente —un recipiente misterioso, al menos en lo potencial— del que podría surgir todo un mundo nuevo.

Todas las personas entienden esta idea, aunque no lo sepan. Si has estado teniendo problemas con las autoridades tributarias, por ejemplo, y recibes un correo oficial de su organismo, te subirá (o se desplomará) la presión sanguínea, el corazón te latirá a cien, te sudarán las palmas de las manos y te podría vencer un miedo cerval, o incluso una sensación de calamidad. Es una respuesta instintiva que tenemos al prepararnos para la acción y suele aparecer cuando nos exponemos a un peligro. Y ahora tendrás que decidir: ¿vas a abrir la carta y afrontar lo que hay dentro? Y, una vez hecho eso, ¿vas a buscar la forma de resolver el problema, por más terrible que sea, y empezarás a abordarlo? ¿O vas a seguir ignorando lo que ahora sabes, fingiendo que todo va bien (aunque tu ansiedad te dice que no va a ir bien) y pagando el inevitable precio psíquico y físico? El primer camino te obligará a hacerle frente por tu propia voluntad a lo que te da miedo —el monstruo terrible y abstracto— e, hipotéticamente, hacerte más fuerte y equilibrado por ello. Siguiendo el segundo camino, el problema conservará su forma de monstruo y te obligará a sufrir como un animalito asustado frente a los ojos sedientos de sangre de un depredador escondido en la negra noche.

En el tercio inferior de la imagen figura una esfera con alas en la que hay dibujado un cuadrado, un triángulo y los numerales tres y cuatro.* Los alquimistas conocían esta entidad o es-

---

* Nos adentraremos en la imagen de abajo arriba, como si cada elemento emergiera del que tiene debajo. Las imágenes de este tipo

te objeto singular como el *caos circular*.[3] Es un recipiente —el recipiente inicial del elemento primordial— que contiene aquello de lo que están hechos el mundo y la psique antes de diferenciarse. Esto es el potencial o la información. Esto es lo que te llama la atención de manera inconsciente y te impele a hacer caso de algo antes de que sepas por qué te ha cautivado. Es el momento y el lugar en que lo nuevo entra en lo predecible y certero, para bien o para mal; es lo que revolotea a tu alrededor con poco control —como si tuviera alas— a medida que tu atención salta de manera impredecible pero decidida de asociación en asociación; y es aquello que miras cuando no tienes ni idea de a qué te enfrentas. Por último, es aquello que no puedes dejar de mirar cuando te domina el horror, incluso si ese potencial horror añade un interés fundamental a la vida.

Curiosamente, el caos circular podría resultar familiar a los lectores contemporáneos (repito, aunque no lo sepan) gracias a la saga de libros y películas de Harry Potter. J. K. Rowling, la autora de la saga, se toma la molestia de describir un deporte, el *quidditch,* que ayuda a definir y unificar Hogwarts, la escuela de hechicería para jóvenes magos. El objetivo del *quidditch* es meter un balón (el *quaffle*) en uno de los tres aros que defiende el equipo contrario, al tiempo que se sobrevuela el campo de juego con escobas encantadas. El equipo que ano-

---

(conforman un tipo independiente) suelen representar un proceso de desarrollo o crecimiento psicológico o espiritual y, según parece, utilizan el simbolismo básico de una planta o un árbol que se expande hacia arriba a medida que madura. Se puede ver algo parecido en las imágenes orientales de Buda, que brota de una flor de loto y flota plácidamente sobre la superficie del agua. Su caña se extiende en los oscuros piélagos que tiene debajo y las raíces llegan mucho mucho más hondo, hasta el lodo que compone las más recónditas profundidades.

ta recibe diez puntos. Simultáneamente, hay dos jugadores (uno de cada equipo) que juegan a otra cosa: un juego dentro del juego. Escogidos por su excepcional capacidad de atención y su destreza con la escoba, estos dos rivales —conocidos como *buscadores*— buscan, persiguen e intentan atrapar la esfera dorada, la *snitch*, que es idéntica al caos circular que vemos al pie de la imagen del alquimista. La *snitch* es dorada —símbolo de su gran valor y pureza—[*] y zumba de aquí para allá, sin control y a toda velocidad. Va en línea recta, zigzaguea, revolotea y lleva de cabeza a los buscadores, que la persiguen a horcajadas en sus escobas. Si un buscador atrapa la *snitch*, su equipo gana ciento cincuenta puntos (lo que normalmente asegura la victoria) y el partido se acaba. Esto implica que perseguir y atrapar lo que sea que represente la *snitch* —y, por ende, el caos circular— es un objetivo más importante que cualquier otro.[**] ¿Por qué el juego de Rowling, fruto de su gran imaginación, está estructurado de esa manera? ¿Qué significa su idea narrativa? Hay dos formas de responder a estas preguntas, aunque ambas están muy relacionadas:

[*] Ya que el oro es raro y, por decirlo de alguna forma, es reacio a mezclarse promiscuamente con otros elementos o compuestos.

[**] Vale la pena señalar —sobre todo en lo tocante al debate sobre los peligros de la creatividad presentados en la regla 1— que los buscadores persiguen la *snitch* tanto dentro como fuera del terreno de juego que define los límites para todos los demás jugadores. Cuando salen, pueden atravesar los cimientos de madera del estadio de *quidditch*. Esto no sería un problema si al mismo tiempo no los persiguiera un *bludger*, un balón volador sólido y masivo capaz de tirarlos de la escoba, e incluso de impactar y dañar esa misma estructura. Si atrapan la *snitch*, como hemos dicho, normalmente alcanzan la victoria. Pero, al hacerlo, se arriesgan a menoscabar los propios cimientos del juego, igual que hacen las personas creativas cuando persiguen visiones innovadoras pero perjudiciales.

Primero: en la regla 1 hemos comentado que quien gana de verdad un juego es la persona que juega limpio. La razón es que jugar limpio, pese a las particularidades de cualquier juego, es un hito superior a la mera victoria. Intentarlo, en su máxima expresión —seguir la esencia de las reglas, pero también su redacción—, denota un verdadero desarrollo de la personalidad, exhibido por el interés por la auténtica reciprocidad. Los buscadores de la *snitch* tienen que ignorar los pormenores del partido, del que siguen formando parte, mientras intentan encontrar y atrapar la canica dorada. Del mismo modo, quien juega en el mundo real debe ignorar las particularidades de ese juego y fijarse en lo que constituye la auténtica deportividad, sin perjuicio de lo que ocurra en el terreno de juego. Así, el jugador ético, como el buscador, persigue sin atender a razones lo que es más valioso en medio de complejas y antagónicas obligaciones.

Segundo: entre los alquimistas, el caos circular estaba asociado con el dios alado Mercurio, que hacía las veces de mensajero del reino de lo divino, de guía de las almas al averno y de portador de buena fortuna. Por eso el símbolo antiguo de Mercurio se coloca en el pináculo (el sitio más importante) de la imagen. Intenta simbolizar lo que guía el proceso representado por la estampa. Hace siglos, antes del nacimiento de la química moderna, el dios Mercurio representaba aquello que inspira o despierta interés de forma involuntaria. Era el espíritu que poseía a alguien cuando su interés se veía arrastrado de manera irresistible hacia una persona, situación o hecho. Imagina que tu mente da vueltas a procesos muy complejos inconscientemente, destacando hechos de posible valor y distinguiéndolos de todo lo demás que va sucediendo a tu alrededor. Imagina que esos procesos que distinguen el valor están vivos, de lo cual no cabe duda, y que son lo bastante complejos y equilibrados para concebirlos como una personalidad. Ese es Mercurio. La fuerza que ejerce sobre nuestra atención se plasma en una sensación de relevancia; en la sensación de que algo que sucede a tu alrededor merece tu atención o contiene algo de valor. El buscador —en la vida real, así como en la saga de Rowling y en su juego de *quidditch*— es aquel o aquella que se toma esa sensación de relevancia más en serio que cualquier otra cosa. Por tanto, el buscador es la persona que juega a lo mismo que todos los demás (y que es disciplinado y un experto), pero que también juega a otro juego de mayor categoría: la búsqueda de lo que reviste una relevancia primordial. La *snitch*, como el caos circular, se puede considerar el *recipiente* de esa relevancia primordial —de ese significado— y, por ende, algo revelador cuando se persigue y se atrapa. En este contexto, haríamos bien en recordar lo que se ha terminado conociendo como la Regla de Oro: «Y como queréis que hagan los hombres con vosotros, así también haced vosotros con ellos» (Lucas 6:31). No hay nada más importante que aprender a esforzarse por jugar limpio en circunstancias adversas y funestas. Esto es lo que habría que perseguir, por decirlo de algún modo, durante cualquier juego, aunque también sea importante intentar ganar.*

---

* A este respecto, también es muy interesante señalar que el metal del mercurio se puede usar para extraer y purificar el oro. El oro se disuelve en el mercurio, por lo que se puede emplear para extraer las pepitas del preciado metal que se suelen encontrar en menas. Entonces se hierve el mercurio, que tiene un punto de ebullición bajo, para que solo quede el oro. El gusto que tiene el mercurio por el oro ha dado pie a la idea simbólica de que el metal líquido tiene una *afinidad* por lo más preciado: que el mercurio buscará lo noble, puro e incorruptible —como el oro mismo, hablando simbólicamente otra vez—

Cuando somos afortunados, todos tenemos algo que nos llama la atención —el amor por una persona, un deporte, un problema político, sociológico o económico, o un cometido científico; una pasión por el arte, la literatura o el teatro— y nos impulsa hacia delante, algo que nos apela por razones que no podemos controlar ni entender (intenta interesarte por algo que no te importa y verás cómo sale la cosa). Los fenómenos (de la palabra griega *faineszai*, 'aparecer, ser sacado a la luz') que nos encandilan son como faroles en un camino oscuro: forman parte de los procesos inconscientes destinados a compenetrar e impulsar el desarrollo de nuestras almas, el impulso de nuestro desarrollo psicológico. Tú no eliges qué te interesa. Ese algo te elige a ti. Algo sale de la oscuridad para resultarte fascinante, digno de ser vivido; después, algo nos hace avanzar hasta la siguiente manifestación significativa. Y así va la cosa, mientras seguimos buscando, desarrollándonos, creciendo y floreciendo. Es un viaje peligroso, pero también es la aventura de nuestras vidas. Imagínate que vas en pos de alguien a quien amas: lo atrapes o no, cambias sobre la marcha. Piensa también en el viaje que has hecho, o en la tarea que has asumido, sea por placer o por necesidad. En todos estos casos, experimentas algo nuevo. A veces duele; a veces es lo mejor que te ha pasado en la vida. De cualquier modo, te marca a fuego. Todo es parte del potencial del mundo; una

---

y lo concentrará en volúmenes utilizables. Así, la clave es que la búsqueda de significado, dirigida por Mercurio, mensajero de los dioses (el inconsciente, para que la gente de hoy me entienda), permitirá al buscador recaudar lo que tiene un valor superior, como el oro. Para los alquimistas que crearon los dibujos como el que estamos analizando, ese valor superior acabó siendo la fase de desarrollo definitivo de la psique, o el espíritu o la personalidad.

cruzada que te atrae al Ser,[*] que te cambia para siempre para bien o para mal.

Encima del caos circular se cierne un dragón. La razón es que lo interesante y valioso (y lo nuevo e inesperado, pues todos van de la mano) se manifiesta de una forma a la vez peligrosa y esperanzadora, sobre todo cuando te agarra intensa e irresistiblemente. Por supuesto, el reptil inmortal y depredador personifica ese peligro; se deja entrever la promesa, pues un dragón acostumbra a custodiar un gran tesoro. Así pues, el dibujo representa una progresión psicológica. Primero, encuentra algo que te interese. Ese algo (el caos circular) contiene o exhala potencial o información. Si se persigue y se atrapa, el caos libera esa información, con la que erigimos el mundo que percibimos y nos erigimos a nosotros mismos como espectadores. De esta forma, el caos circular es el recipiente del que emergen tanto la materia (el mundo) como el espíritu (nuestras psiques). En la propia esfera del caos circular se da una pista numérica de ello: el número tres acompañado de un triángulo, que la tradición asocia con el alma debido a su vínculo con la Santísima Trinidad; y el número cuatro, asociado con el mundo de la materia debido a su vínculo con los cuatro elementos clásicos: la tierra, el agua, el aire y el fuego. El dragón, a su vez, preside el caos circular y representa el peligro y la posibilidad de la información aprehendida.

Encima del dragón se alza una figura conocida como Rebis, un solo cuerpo con dos cabezas: una de hombre y otra de mujer. El Rebis es un símbolo de la personalidad plenamente de-

---

[*] En cuanto la utilización de *Ser* en mayúscula, véase Peterson, J. B., *12 reglas para vivir: un antídoto al caos,* Planeta, Barcelona, 2018, pp. 16-17 (n.). (N. del E.)

sarrollada que puede surgir de buscar con franqueza y arrojo lo valioso (el caos circular) y lo peligroso y prometedor (el dragón). Tiene un aspecto simbólicamente masculino que suele encarnar la exploración, el orden y la racionalidad (personificados por el Sol, que figura a la izquierda de la cabeza de hombre); y otro aspecto simbólicamente femenino que encarna el caos, la esperanza, el cuidado, la renovación y la emoción (personificados por la Luna, a la derecha de la mujer). En el transcurso de la socialización normal, es habitual que uno de estos aspectos se desarrolle más que el otro (pues los hombres socializan a su manera, a la cual tienden también por razones biológicas, y las mujeres, a la suya). No obstante, es posible —tras explorar y exponerse lo suficiente al caos circular y al dragón— desarrollar ambos talentos. Eso es un ideal, o al menos eso dice la intuición alquímica.

De lo desconocido —el potencial que conforma el mundo— sale la forma terrible pero sugestiva del dragón: la comunión del peligro y la promesa. Es una dicotomía eterna enfatizada por la presencia de los dos últimos símbolos a la derecha y encima de la cola del dragón: Júpiter, que representa lo positivo, y Saturno, lo negativo. Del duelo con el peligro y la promesa emergen los aspectos masculino y femenino de la psique, que trabajan en unión y armonía. El guía del proceso es el espíritu Mercurio, que se manifiesta como significado en el mundo y emplea medios inconscientes para atraer la exploración hacia aquello que unirá los diversos elementos discordantes y enfrentados de la personalidad. Acertaríamos si interpretáramos todo esto como una historia del desarrollo de la personalidad ideal, un intento de describir en imágenes lo que podríamos ser cada uno de nosotros.

DEL POLITEÍSMO AL MONOTEÍSMO Y EL SURGIMIENTO DEL HÉROE VIRTUOSO: QUIÉN PODRÍAS SER (II)

Ahora intentaremos describir *quién podrías ser* desde otra perspectiva, sacada de una de las historias más antiguas que hemos tenido la suerte de redescubrir. En el antiguo texto mesopotámico *Enûma Elish*[*] aparece el mito del héroe casi completo más antiguo que se conoce, con una antigüedad estimada de cuatro mil años en su forma escrita, aunque no cabe duda de que existía en la tradición oral desde mucho antes. La historia empieza cuando la diosa primordial Tiamat, que encarna el agua salada y se representa como un monstruoso dragón acuático, establece un vínculo sexual con su consorte masculino también primordial, Apsu, emblema del agua dulce. De esta unión nace el reino inicial del ser, habitado por los dioses antiguos, los primeros hijos de Tiamat y Apsu.

Para entender el principio de esta historia, necesitamos saber unas cuantas cosas que las civilizaciones antiguas tenían por verdades fundamentales y que difieren mucho de las verdades de la ciencia moderna. Antes de que germinara la praxis científica, hace apenas seiscientos años, la realidad se consideraba todo aquello que los seres humanos experimentaban. Lo que experimentamos se puede distinguir a nivel conceptual de la *realidad como mundo objetivo* —la existencia física pura— por abarcar más cosas, tales como experiencias subjetivas como las emociones, los sueños, las visiones y estados emocionales como el hambre, la sed y el dolor. Es más acertado comparar lo que experimentamos con una novela o una película, que hacen hincapié en el acto de comunicar y compartir estados subjetivos y objeti-

---

[*] 'Cuando en lo alto.'

vos, que con la realidad como mundo objetivo, que podríamos equiparar a una descripción científica de la realidad física. Es como comparar la muerte real, concreta y única de un ser amado, por ejemplo, con la lista de fallecidos del registro hospitalario. Es el drama de la experiencia vivida. Como nuestra propia experiencia es verdaderamente literaria, narrativa, personificada y fabulosa, nos sentimos atraídos por las representaciones ficticias. Las películas, obras, óperas y series de televisión —e incluso las letras de las canciones— nos ayudan a hacerle frente a nuestras vivencias, que son algo diferente y más amplio que el mero material del que se supone que aflora nuestra experiencia.

Para leer la primera parte del *Enûma Elish* necesitamos entender una segunda idea básica de las civilizaciones antiguas: la naturaleza esencialmente social de nuestras categorías cognitivas. Por eso la prosopopeya abunda en los libros infantiles, que personifican el Sol, la Luna, los juguetes, los animales y hasta las máquinas. No le vemos nada extraño porque refleja de pleno nuestras tendencias de percepción. Esperamos que los niños vean y entiendan el mundo de esta manera y es fácil que caigamos en la tentación de hacerlo nosotros mismos. Una cosa sí hay que aclarar: no es del todo preciso que la realidad plasmada en la ficción infantil sea personificada. Antes bien (y esta es una verdadera inversión del supuesto en cuestión), el caso es que percibimos directa y naturalmente la realidad como si fuera una persona; y debemos poner todo nuestro empeño en arrancar esa personificación para poder detectar la *realidad objetiva*.* Es decir, entendemos la realidad como si

---

* Esto explica por qué la ciencia se desarrolló tanto más tarde que la religión y los ritos; hace dos días, como quien dice, y no en todas partes a la vez.

estuviera formada por personalidades. El motivo es que buena parte de lo que encontramos en nuestra realidad hipersocial, nuestras sociedades complejas, es precisamente personalidad; y es una personalidad de género, dicho sea de paso, que refleja los mil millones de años que han pasado desde la aparición de la reproducción social (tiempo más que suficiente para haber estructurado a fondo nuestras percepciones). Entendemos qué es un hombre y de ello extraemos lo masculino. Entendemos qué es una mujer y de ello extraemos lo femenino. Y por último, entendemos qué es un niño y de ello extraemos, por lo común, al hijo. Estas divisiones básicas se plasman de manera diáfana en el relato de la creación del *Enûma Elish,* igual que se plasman —o, mejor dicho, se apuntalan— en nuestro entendimiento de las historias que todos conocemos.

Tiamat, la diosa primordial, es el caos, un monstruo hembra, un dragón. Es el terror de la naturaleza, creadora y destructora, madre y verdugo de todos nosotros. Apsu, su marido, es el padre eterno. Es el orden del que depende nuestra seguridad y que, al mismo tiempo, nos tiraniza.* Estas dos deida-

---

* Además, en el mundo mitológico las cosas pueden ser una cosa y su contrario al mismo tiempo, a diferencia de lo que ocurre en el mundo objetivo y lógico. Y esta representación en el mundo mitológico es más precisa que el objetivo, en la forma experimental descrita antes: la Naturaleza, por ejemplo, es creadora y destructora, mientras que la Cultura es protectora y tirana. Se podría alegar que la Naturaleza y la Cultura no son cosas singulares. Se pueden diferenciar para separar, entender y abordar sus componentes paradójicos. Todo esto es cierto, pero muchas veces los componentes paradójicos se experimentan a la vez y, así, se unifican. Esto ocurre cuando alguien es traicionado, por ejemplo, en una aventura amorosa. Bestia y hombre, en la experiencia es habitual que Medusa y mujer amada se unan en la misma figura hipotéticamente unificada. Cuando este descubrimiento se hace en la vida real, puede ser terrible.

des primordiales se juntan en una fecunda unión sexual, «intercambiando sus aguas», como dice el texto antiguo. De esta manera, conciben su primera progenie: los dioses antiguos de Mesopotamia. Estos dioses representan elementos del mundo más diferenciados que la madre y el padre primordiales, tales como el cielo y la tierra, el barro y el limo y la guerra y el fuego.* Aun así, son irresponsables, estridentes e impulsivos como niños de dos años (que, a fin de cuentas, también son fuerzas primordiales). Su actividad incesante e irreflexiva y la inconsciencia general culminan en catástrofe: su decisión común de librar una guerra contra Apsu y de terminar matándolo, junto con el intento consiguiente de erigir una morada estable sobre su cadáver.

El imprudente asesinato de su marido enfurece muchísimo a Tiamat —el caos en persona—, que ya anda irritada por el descerebrado desastre que han hecho sus hijos. Así pues, la Diosa Terrible crea un ejército de once monstruos para lidiar con su díscola descendencia y coloca a su cabeza a una figura demoníaca llamada Kingu, a quien toma como segundo marido y entrega la Tabla de los Destinos (símbolo de su autoridad como máximo gobernador del universo). La relación entre esta brillante representación dramática y cómo usamos, o malgastamos, los dones de nuestra cultura es obvia: la demolición inconsciente de la tradición es la invitación para que vuelva a emerger el caos. Cuando la ignorancia destruye la cultura, surgen los monstruos.

---

* La misma premisa se expresa en la cosmogonía taoísta, cuando el *yin* y el *yang* se escinden en los cinco elementos: madera, fuego, tierra, metal y agua. Siguiendo la misma línea, los antiguos griegos creían que tierra y cielo (Gea y Urano) dieron a luz a los titanes, deidades elementales de enorme fuerza y poder.

Mientras Tiamat se afana a formar su ejército, los dioses antiguos siguen a lo suyo, apareándose, pariendo hijos y luego nietos propios. Uno de estos últimos, Marduk, parece poseer un talento, un poder y un futuro especiales. Nace con ojos a ambos lados de la cabeza, ve por todas partes, conoce hechizos: es un ser totalmente distinto, y esto es algo que sus progenitores advierten enseguida. Mientras Marduk crece, los dioses antiguos se ven obligados a hacerle frente a Tiamat, con quien ahora están en guerra. Uno tras otro, prueban su suerte para intentar derrotarla. Todos regresan con el rabo entre las patas. Al final, alguien sugiere que se envíe a Marduk a luchar contra su terrible abuela, pese a que todavía es joven. Le sugieren la idea y él acepta, pero solo con la condición de que, si sale victorioso, se le conceda el derecho a custodiar la Tabla de los Destinos y reinar en la jerarquía de los dioses.

Así es como esta historia antigua describe el surgimiento del monoteísmo a partir del politeísmo. El *Enûma Elish* parece ser un relato dramatizado de los procesos psicológicos o espirituales que conforman esta transformación. La civilización mesopotámica antigua afrontó la necesidad de incorporar y unificar muchas tribus y pueblos diversos, cada uno de los cuales tenía sus propios dioses. El dios que afloró del conflicto entre todos ellos («¿De quién es el dios supremo?») fue, pues, un metadiós: un dios compuesto de lo más relevante de todos los dioses. Por eso había cincuenta nombres diferentes para referirse a Marduk. Este alzamiento de uno de entre muchos es un proceso muy habitual, descrito por el experto en mitos Mircea Eliade como la guerra de los dioses celestes, un motivo mitológico típico al que también se ha aludido antes.* Es el homó-

---

* *E pluribus unum.*

logo psicológico, en el mundo de la imaginación, a la pugna real de los conceptos de la divinidad y el valor en la tierra. Las tribus se unen. Cada una tiene sus dioses. La gente que forma estos grupos multitudinarios va a la guerra, literal y metafóricamente, por aquello en lo que cree; a veces durante generaciones. Es como si esos dioses estuvieran luchando por la hegemonía durante periodos más extensos que una sola vida humana, como si usaran a sus adeptos como peones. Esto se refleja en las historias antiguas. Si los dioses llegan a un acuerdo sobre sus posiciones relativas —o mejor dicho, si se organizan en una jerarquía—, significa que se ha alcanzado una paz genuina, porque la paz es la constitución de una jerarquía compartida de divinidad, de valor. Así, siempre que personas de distintos orígenes tienen que convivir de forma más o menos permanente, surge una pregunta eterna: ¿qué comparten todos los dioses que los convierte en tales? ¿Qué es Dios, en esencia?

Esa es una pregunta muy difícil de responder. Por una parte, es la pregunta del valor: ¿qué es lo más importante? Por otra parte, es la pregunta de la soberanía: ¿qué principio debería regir? Estas son preguntas que plantean aquellos que meditan sobre la fuente última de la propia relevancia divina. Como esas preguntas —y, por extensión, la de Dios— eran complicadas, se tuvieron que responder a lo largo de siglos, de milenios. La respuesta nació en forma de historia. Los mesopotámicos intuyeron con maestría que el dios —y el bien— supremo necesitaba una gran capacidad de atención (Marduk tenía varios ojos y a ambos lados de la cabeza) y un lenguaje eficaz (las palabras mágicas de Marduk, capaz de generar un cosmos), así como coraje y fuerza para afrontar y vencer voluntariamente al caos, lo desconocido. Se podría decir que estos son los rasgos que definen el gran espíritu central de la humanidad, al menos en la medida en que es noble y admirable.

Los antiguos egipcios formularon una idea similar en muchos aspectos clave, que veremos a detalle más adelante. Ellos asociaron a su dios-salvador Horus, hijo de Osiris, con el aguzado halcón, y le identificaron con la visión dispuesta a buscar, detectar, entender y derrotar el mal (simbolizado por la famosa imagen egipcia del monóculo). Representar esa realidad —*presta atención, ante todo, incluso a lo monstruoso y malvado, y habla con sabiduría y honestidad*— podría ser el mayor hito de nuestra especie.[4] Nos permite plasmar dramáticamente la necesidad fundamental de abordar lo que nos indican los sentidos, por más terrible que sea la realidad revelada. Permite acercar nuestra comprensión explícita a lo más íntimo de nuestro ser, con lo que puede haber una unión más sincera entre cuerpo y alma, mediante la comprensión e imitación parcial de la historia. Y lo que quizá sea más importante aún: nos permite reparar en la enorme trascendencia de las palabras para materializar el potencial, y nos ayuda a entender que el papel que desempeñamos todos en esa transformación es casi divino, en un sentido vital.

Tras su encumbramiento, Marduk reta directamente a Tiamat y, tras derrotarla, la mete en una red gigante y la corta en pedazos. Con sus restos forja los cielos y la tierra. Uno de los muchos nombres de Marduk, de hecho, es «aquel que hace cosas ingeniosas tras el conflicto con Tiamat».[5] En este sentido, cabe señalar que, hace decenas de miles de años, los hombres literalmente construían el mundo habitable con los vestigios de monstruos. Las primeras moradas se levantaron con los huesos gigantes de animales cazados con valentía.[6] Al mismo tiempo, Marduk derrota al monstruoso ejército de su abuelo, incluido a su cabecilla, Kingu, y le arrebata la Tabla de los Destinos, con lo que confirma su posición como líder supremo del cosmos. Luego vuelve a casa con sus enemigos a rastras. Sus compatriotas celebran la victoria y se doblegan aún más a su liderazgo, antes de que él les asigne las diversas obligaciones. Después, tras consultar a Ea, el dios de la sabiduría, Marduk decide crear al hombre básicamente para ayudar a los dioses en la tarea eterna de mantener el adecuado equilibrio entre orden y caos, liberando a esos mismos dioses de su servicio y transfiriendo esa carga a nuestros imperfectos hombros humanos.*

La historia se resume así: cuando se amenaza o se destruye sin contemplaciones el orden (Apsu), las terribles fuerzas del caos que dieron pie al mundo original vuelven a aparecer bajo una apariencia más destructiva, monstruosa y asesina. Entonces, un héroe que representa el valor supremo debe alzarse o ser elegido para hacer frente a esta fuerza caótica. Se sale con la suya, con lo que extrae o produce algo de gran valía. Lo que representa el héroe es la más importante de las grandes fuerzas que componen la psique humana. Visto de otra manera: el héroe encarna la premisa de que la acción y la percepción deben prevalecer sobre todos los elementos psicológicos primordiales: la lujuria, la ira, el hambre, la sed, el terror y la alegría. Para mantener a raya el caos (o, mejor aún, para amansarlo y ataviarlo), este principio heroico se debe considerar lo más importante de todo lo que puede organizar y motivar a la humanidad. Esto significa, como mínimo, que se tiene que representar de con-

---

* Ea crea al hombre con la sangre de Kingu, el más terrible de los monstruos de Tiamat. Un brillante alumno mío, más tarde compañero, sugirió una vez que el motivo era que, de todas las criaturas de Dios, solo el hombre podía engañar; solo el hombre podía sembrar por voluntad propia el mal y la discordia en el mundo.

tinuo, pues es lo que quiere decir realmente «considerar algo importante». Así, el espíritu de Marduk todavía se apodera de todo aquel que se atreve a seguir los procesos de búsqueda y confrontación que crean y renuevan sin descanso la sociedad. Esto es lo que sucede cuando cada niño aprende a regular y agrupar sus emociones y motivaciones para formar una personalidad coherente y, luego, sale a desafiar el mundo desconocido.

En una versión algo distinta tenemos el cuento de san Jorge, en el que los habitantes de una antigua ciudad deben extraer agua de un pozo que hay al lado de la guarida de un dragón. Sin embargo, para ello tienen que ofrecer al dragón un sacrificio: en la mayoría de las ocasiones, una oveja, pero si no hay ninguna, una doncella. Cuando se agota el suministro de ovejas, las mujeres jóvenes de la ciudad lo dejan a la suerte. Un día, es la mismísima hija del rey quien pierde. San Jorge aparece, reta al dragón con la señal de la cruz —símbolo del Redentor eterno, el héroe arquetípico— y libera a la pobre princesa. Entonces, los ciudadanos se convierten al cristianismo. La victoria sobre el dragón —el depredador y, por tanto, amo del territorio inexplorado— es la victoria sobre todas las fuerzas que han amenazado al individuo y a la sociedad a lo largo de nuestra historia y evolución, así como la maldad más abstracta que afrontamos todos, tanto externa como interna. La cruz, a su vez, es el peso de la vida: un lugar de traición, tormento y muerte. Así pues, es un símbolo fundamental de la vulnerabilidad mortal. En la tradición cristiana, además es el lugar en que se trasciende la vulnerabilidad a raíz de su aceptación. Esta aceptación voluntaria también es equivalente a la victoria sobre el dragón, representación del caos, la muerte y lo ignoto. Por tanto, aceptando el sufrimiento vital se puede vencer al mal. La alternativa es el infierno, al menos en su forma psicológica: ira, rencor y sed de venganza y destrucción.

La misma historia se evoca en los cuentos de san Patricio, que expulsa a las serpientes de Irlanda, y san Miguel, que derrota al homólogo cristiano de Kingu, «la serpiente antigua, que se llama diablo» (Apocalipsis 12:9). Es la misma historia que narra J. R. R. Tolkien en *El hobbit,* que dimana a su vez del antiguo poema *Beowulf,* el relato de un héroe que somete a un par de inteligentes monstruos: primero el hijo y luego la madre, que es peor.[7] En *El hobbit,* el héroe adquiere carácter y sabiduría (como ladrón, por extraño que parezca) durante su expedición en busca del antiguo tesoro custodiado por el dragón. La historia de Perseo y la Medusa, cuyo rostro era tan terrible que convertía en piedra a quienes lo miraban, es otra variante; como lo es Pinocho, que rescata a su padre de un monstruo subacuático, proceso en el que muere y resucita. Algo similar sale en la primera de las películas recientes de *Los Vengadores,* en la que Iron Man —el hombre que se transforma en un superhéroe con piezas doradas— derrota a los gusanos dragones extraterrestres de los chitauri (aliados con el satánico Loki). Luego muere, resucita y se lleva a la doncella, representada por la impávida señorita Pepper Potts. Hay que entenderlo: estas historias no serían ni siquiera comprensibles (para los adultos; y para los niños, aún menos) si nuestra historia evolutiva hubiera sido muy diferente y toda nuestra cultura no hubiera sido moldeada, implícita y explícitamente, por estos antiguos patrones.

Todos estos héroes representan tal vez el mayor descubrimiento de nuestros ancestros primitivos: si posees la visión y la valentía (y un buen garrote, cuando hace falta), puedes ahuyentar a las serpientes más atroces. No cabe duda de que nuestros ancestros más lejanos empezaron a amenazar a las serpientes con palos cuando aún vivían en los árboles. No cabe duda de que fueron los ancestros que decidieron perseguir serpientes quienes cosecharon los frutos de su valentía en la forma de doncellas agradecidas (o sus equivalentes arbóreos ancestrales); y tal vez por eso los dragones custodian vírgenes, además de oro. No obstante, la peor de todas las serpientes y el mayor de los garrotes se pueden considerar las cuestiones religiosas principales de la humanidad. Es interesante indicar que en *El hobbit*, la peor serpiente es *solo* el dragón, pero en *El señor de los anillos*, la peor serpiente, por decirlo así, es un mal mucho más abstracto: el brujo Sauron. A medida que la humanidad ahondó en su capacidad de abstracción, fue cobrando consciencia de que los monstruos rapaces pueden adoptar varias apariencias, y solo algunas son animales. Las obras literarias un tanto más sofisticadas se hacen eco siempre de este hallazgo.

HÉROE, DRAGÓN, MUERTE Y REENCARNACIÓN: QUIÉN PODRÍAS SER (III)

En *Harry Potter y la cámara secreta*, el segundo volumen de la saga fantástica de J. K. Rowling, el castillo de Hogwarts, la escuela de magia en la que estudia el huérfano Harry, es amenazado por fuerzas extrañas y caóticas que derivan de la mala conducta anterior y continuada de poderosos magos adultos (como se revela en el primer volumen). La orfandad de Harry es relevante: es parte clave del patrón heroico.[8] Sus padres terrenales, los rollizos y convencionales Dursley, son negligentes, ignorantes y muy sobreprotectores (y, por tanto, peligrosos) con su hijo biológico, el desafortunado Dudley, quien, como era de esperar, les sale egoísta y acosador. Sin embargo, Harry también tiene a sus padres celestiales: su madre y su padre de verdad, que simbolizan la Naturaleza y la Cultura, variantes del caos y el orden. Existen como parte de su potencial intrínsecamente mágico. De hecho, es el potencial mágico de todos nosotros, pues todos somos hijos de la Naturaleza y la Cultura, con el tremendo potencial que eso implica, además de ser vástagos más mundanos de nuestros padres.[9]

Cuando Harry vuelve a Hogwarts después de las vacaciones de verano, oye ruidos extraños y ominosos que salen del interior del edificio. Al mismo tiempo, varios estudiantes y residentes de la escuela son encontrados paralizados —petrificados— en distintos lugares del edificio. Petrificados: ¿qué podrá significar eso? Claramente quiere decir que no se pueden mover, pero también esconde un significado más hondo. Significa ser hostigado; convertirse en un conejo frente a un lobo; ser el objeto horrorizado y pasmado de la mirada del depredador. Muchos herbívoros relativamente indefensos que se enfrentan a una muerte inminente y brutal se quedan congelados, paralizados por el miedo, confiando en que el camuflaje y la inmovilidad los vuelvan invisibles a las terribles intenciones de los carnívoros que los acechan con grandes colmillos y garras afiladas. Los depredadores reptilianos, en concreto, todavía surten ese efecto en los seres humanos (de ahí nuestra profunda fascinación, por ejemplo, por los dinosaurios). Pero de esto no cabe duda: ser más cobarde que un conejo significa no ser todo lo que podrías ser.

Al final, Harry averigua que la fuerza que convierte a sus amigos en piedra es una serpiente gigante, un basilisco, cuya mirada surte un efecto paralizador. Descubre que esta serpiente se escurre sin tregua por los propios cimientos de Hogwarts, por las inmensas alcantarillas que poblan el gran castillo. Este basilisco es un análogo del enorme dragón al que combate Beowulf, héroe del milenario cuento que sirve de inspiración para las aventuras de Tolkien,[10] posiblemente el pariente del siglo XX más cercano al vasto universo fantástico de J. K. Rowling. También es el gran devorador de la película *Tiburón*, que acecha en las oscuras aguas nocturnas, preparado para arrastrar de un momento a otro hasta las profundidades a los desnudos e inconscientes bañistas; la fragilidad de nuestras casas e instituciones, que pueden desmoronarse y despojarnos de nuestras paredes protectoras en un solo instante terrible; y, en términos más generales, el infierno de los antiguos, cuyas puertas se abren de par en par cuando todo lo predecible se derrumba. Al nivel más profundo, este es el caos y el potencial que aguarda siempre bajo el orden de nuestros mundos conocidos, el psicológico y el social.

Después de mucho buscar, Harry consigue penetrar en este laberinto tartáreo de cañerías y túneles y encuentra la cámara central. Cabe resaltar que entra por la cloaca, emulando la antigua máxima alquímica *in sterquilinis invenitur:* 'en la mugre se hallará'.* ¿Qué quiere decir esto? Que lo que más falta te

---

* Hace décadas que sabemos de forma explícita (de forma implícita lo hemos sabido siempre) que enfrentarte por tu cuenta a lo temible o desconocido suele ser saludable. El tratamiento estándar para las fobias y la ansiedad, por tanto, es la exposición a lo que se teme. Ese tratamiento es eficaz, pero la exposición tiene que ser voluntaria. Es como si los sistemas cerebrales que conciernen a la ansiedad asumieran que aquello sobre lo que nos abalanzamos no puede ser un depredador (o, si lo es, es de esos que se pueden apartar y vencer de una patada, sin despeinarse). Ahora sabemos que incluso la respuesta emocional y corporal al estrés es completamente diferente según si se afronta por voluntad propia o por accidente. En el segundo caso, el individuo

hace estará donde menos ganas tengas de buscar.* Allí, en el subsuelo, Ginny, hermana de su mejor amigo y posterior interés romántico de Harry, yace inconsciente. Es la doncella —o el *anima,* el alma— encarcelada para siempre por el dragón, como en el cuento de san Jorge. Le corresponde a Harry, un héroe huérfano, despertarla y rescatarla (igual que el Bilbo de Tolkien ayuda a arrebatarle al espeluznante Smaug su oro; igual que el príncipe Felipe de Disney salva a la bella durmiente: ambos rescatan lo más valioso de las garras de un gran dragón).**

---

amenazado se pone en tensión y a la defensiva (véase Seery, M. D., «Challenge or Threat? Cardiovascular Indexes of Resilience and Vulnerability to Potential Stress in Humans», *Neuroscience & Biobehavioral Reviews,* 35, 2011, pp. 1603-1610). Ese puede ser el morboso estado crónico de alguien petrificado. En el primer caso, el individuo asume el papel de probable vencedor y avanza de frente. Estas acciones son precisamente las que han salvado siempre a la humanidad de los horrores de la noche (y el mal que acecha en el corazón humano). Nuestra observación continua de ese hecho a lo largo de milenios es lo que nos permitió representarlo de forma abstracta en nuestros grandes relatos religiosos y, después, imitarlo en el marco de nuestra vida privada y única.

* Esto se debe, al menos en parte, a que seguramente no habrás buscado ahí, aunque te habría convenido hacerlo.

** Hay que aclarar otra cuestión en este sentido. En el prefacio, en la regla 1, en *12 reglas para vivir* y en mi primer libro, *Mapas de sentidos,* argumentaba que el caos se suele simbolizar como femenino, pero aquí hablo del caos bajo una apariencia serpentina. Lo puedo justificar extendiendo la explicación sobre la ilustración alquímica anterior, aunque esta vez leyéndola de arriba abajo. Cuanto más grave es la amenaza —cuanto más profundo es el caos—, más probable será que se represente como el enemigo más antiguo de la humanidad: la serpiente. Quizá lo podríamos ver así: los desconocidos desconocidos —esos elementos de la existencia que son ajenos y que encierran un peligro inimaginable, cuya manifestación puede ser mortal y devastar

Y, por descontado, lo desconocido es un gran depredador —el basilisco al que reta Harry— y protege un gran tesoro: una cantidad desmedida de oro o la virgen durmiente. El individuo lo bastante valiente para decidir desafiar a la serpiente en su guarida tiene muchas más posibilidades de acceder a incalculables riquezas; aquellas riquezas que nos aguardan en la aventura de la vida, fuera de nuestra zona de confort y de lo

---

nuestra mente— tienen más posibilidades de ser representados en forma serpentina. De este dominio, que en aspectos importantes es incluso más fundamental que el propio sexo, brota lo femenino y masculino primordial, aunque de todos modos parece que lo femenino conserva una conexión más primaria con lo incognoscible fundamental. Creo que tiene que ver sobre todo con el misterio absoluto del nacimiento: con la relación que hay entre la aparición de nuevas formas del seno de lo femenino y la aparición de nuevas formas del seno de lo absolutamente desconocido. Tal vez sea algo así lo que explique la relación preferente entre la serpiente del Jardín del Edén y Eva, más que entre la serpiente y Adán. Además, puede ser (y estoy especulando mucho, al tratar de trascender mi ignorancia y tratar de explicar la relación simbólica clara y omnipresente) que las hembras siempre hayan atraído a las serpientes (y a otros depredadores peligrosos), en especial cuando están cuidando de sus pequeños. Puede que el mayor peligro que afrontan las hembras haya grabado para siempre en nuestro imaginario la relación entre lo femenino y lo serpentino. Esto querría decir que la decisión de entablar una relación con una hembra conlleva una exposición mayor a lo terrible y desconocido (algo que parece obvio en el caso de todas las amenazas que afrontan los niños), como tal vez lo haga el hecho mismo de ser hembra. Ahora la hembra también es una fuerza de rechazo (sobre todo entre los humanos, donde son parejas muy quisquillosas). Véase, por ejemplo, Bokek-Cohen, Y., Peres, Y., y Kanazawa, S., «Rational Choice and Evolutionary Psychology as Explanations for Mate Selectivity», *Journal of Social, Evolutionary, and Cultural Psychology*, 2, 2008, pp. 42-55. Esa ostentación del poder de rechazar constituye la Naturaleza en toda su crueldad (y su sabiduría, todo hay que decirlo). Tal vez ese sea otro factor de peso que contribuya a la relación entre lo femenino y lo serpentino.

que ahora conocemos. *Quien se atreve, gana;*[*] si no, muere. Y el que gana también se vuelve irresistiblemente deseable y atractivo, en especial por el desarrollo de la personalidad que siempre genera la aventura. Y esto es lo que nos vuelve para siempre más que conejos.

Harry, como Bilbo, solo lo puede lograr —solo puede oír a la serpiente, cuando pasa inadvertida para el resto— porque tiene un lado oscuro. En el relato de Tolkien, Bilbo debe hacerse ladrón antes de ser un héroe. Tiene que incorporar esta vileza para sustituir su carácter ingenuo e inofensivo y hacerse lo bastante fuerte para hacer frente a los horrores que le aguardan. El mal toca a Harry de otra forma, pues una parte del alma de Voldemort, el mago oscuro por excelencia, se cuela en él (aunque, al principio, ni él ni Voldemort son conscientes de ello). Es por este motivo que el joven hechicero habla con serpientes y las oye, o las percibe. Enlazando con esta idea, es disciplinado y osado, pero tampoco duda ni un segundo en infringir las reglas cuando es necesario.

En las entrañas de Hogwarts, Harry es atacado por el basilisco, que se encuentra bajo el control de Voldemort. Es decir, por extraño e incomprensible que parezca, la relación entre Voldemort y el basilisco es la misma que la de Satán con la serpiente del Jardín del Edén, que en la historia del Génesis tienta a Eva con la promesa del conocimiento. ¿Cuál podría ser el motivo? Podríamos —y deberíamos— decir que una forma del caos y el peligro serpentino es la amenaza del reptil depredador en sí mismo. Pero otra forma más abstracta —más psicológica, más espiritual— es la maldad humana: el peligro que entrañamos los unos para los otros. En un momento dado de

---

[*] El lema del Servicio Aéreo Especial británico.

nuestra historia evolutiva y cultural, comenzamos a entender que la maldad humana se podía considerar perfectamente la reina de todas las serpientes. O sea que la progresión simbólica podría ser: (1) la serpiente como vil depredador; (2) el enemigo humano externo como serpiente/mal/depredador; y luego (3) la oscuridad/sed de venganza/falsedad subjetiva, personal o psicológica como serpiente/mal/depredador. Cada una de estas representaciones, que se concibieron durante un sinfín de siglos, tal vez de milenios, aumenta de forma tangible la complejidad de la imagen del mal.[11]

Según parece, todas estas manifestaciones de caos y peligro serpentino son detectadas, procesadas e interrelacionadas simbólicamente en primera instancia por los sistemas cerebrales antiguos que evolucionaron para protegernos de los reptiles depredadores.[12] Y quedarse congelado —por orden de esos sistemas— tal vez solucione el problema hoy, ocultando a la persona que en estos momentos es la presa, pero el depredador seguirá vivo mañana. Es más conveniente cercar y destruir el peligro; e incluso eso es demasiado concreto para constituir una solución permanente al problema del mal (o una solución a cualquier tipo de mal). En un sentido más profundo y abstracto (enlazando con la idea de que el mayor depredador, la serpiente más grande, es el mal que nos acecha desde dentro), la destrucción del mal se manifiesta como la vida de virtud que encorseta la maldad en su forma más abstracta y exhaustiva. Por poner un ejemplo, es por eso que, en *La bella durmiente* de Disney, la naturaleza benevolente (por medio de las hadas femeninas que acompañan y ayudan a Felipe a escapar de Maléfica, la Reina Mala) arma al príncipe con la Espada de la Verdad y el Escudo de la Virtud para su lucha contra el gran Dragón del Caos.

Harry se enfrenta cara a cara con el basilisco en la Cámara Secreta, en las profundidades del castillo, pero se encuentra acorralado y en grave peligro. En ese momento propicio, el fénix del sabio director de Hogwarts aparece atacando a la serpiente gigante y dejándola ciega. El ave deja caer un sombrero mágico del que emerge una poderosa espada. Harry da muerte al basilisco con el arma, pero se lleva un mordisco mortal. Esto también tiene hondas raíces en la mitología: en la historia del Génesis, por ejemplo, el encuentro con la serpiente resulta fatal tanto para el hombre como para la mujer, que adquieren constancia de su fragilidad y de su inevitable muerte poco después de despertar y adquirir lucidez. También es la cruda realidad: los depredadores devoran, los dragones arrasan y el caos destruye. La amenaza es real. Incluso la verdad, la virtud y el coraje no son necesariamente suficientes, pero son nuestra mejor carta. Y, a veces, un poco de muerte es la medicina que hace falta para prevenir la muerte misma. Por suerte, el fénix tiene lágrimas mágicas curativas y las vierte encima de las heridas de Harry. Así, el joven mago revive, derrota a Voldemort (una tarea mucho más ardua que superar a una mera serpiente colosal), rescata a Ginny y salva la escuela.

Al introducir al fénix en la historia de san Jorge, Rowling revela otra faceta de su sublime intuición. El fénix es un ave que puede morir y renacer infinitas veces. Por tanto, a lo largo del tiempo ha sido un símbolo de Cristo, con quien el mágico pájaro comparte muchos atributos. A la vez, es ese elemento de la personalidad humana individual que debe morir y regenerarse, mientras aprende dolorosamente mediante la experiencia (a menudo trágica) que aniquila la certidumbre previa y la reemplaza con la duda, primero, y luego, cuando se consigue afrontar, con un conocimiento nuevo más completo. Una transformación voluntaria a través de la muerte y el renacimiento —el cambio necesario para adaptarse cuando ocurren cosas terribles— es, pues, una solución a la rigidez potencialmente fatal de la certidumbre equivocada, el orden excesivo y el embotamiento.

CÓMO ACTUAR

Las personas intercambian información sobre cómo actuar de muchas maneras. Se observan e imitan lo que ven. Cuando imitan, usan sus cuerpos para representar el de los demás. Pero esta imitación no es una mímica inconsciente y automatizada. Es más bien la capacidad para identificar actos regulares o patrones en el comportamiento de otras personas y, luego, imitarlos. Cuando una niña juega a ser mamá, por ejemplo, no replica gesto por gesto las acciones que le ha visto hacer a su madre. Lo que hace es actuar *como si* fuera una madre. Si preguntas a la niña qué hace, te dirá que está fingiendo que es una mamá, pero si le haces describir lo que quiere decir, sobre todo si es una niña pequeña, su descripción será mucho menos completa que sus actos. Esto significa que puede representar muchas más cosas de las que puede expresar, como nos pasa a todos. Si observaras a muchas niñas pequeñas actuando como madres diferentes, te harías una muy buena idea de lo que significa *madre* en su sentido más puro, aunque no hubieras visto jamás una de verdad. Si tuvieras labia, quizá podrías describir los elementos esenciales del comportamiento materno y podrías transmitirlos. La mejor forma de hacerlo sería con un cuento.

Es más fácil y directo representar un patrón de conducta con actos que con palabras. La mímica en sí lo hace directamente, acción por acción. La imitación, que puede producir nuevas conductas parecidas a las que motivaron la mímica, lo lleva un paso más lejos. El teatro —la imitación formalizada, representada encima de un escenario— es una conducta que refleja otra conducta, pero destilada para parecerse más a la esencia. La literatura da un paso todavía más difícil con esa transmisión, al proyectar la acción en la imaginación del escritor y del lector, sin ningún actor real ni escenario físico. Solo los mejores narradores logran esa transformación y representan los actos más majestuosos y vitales con las palabras más interesantes, profundas y memorables. Así pues, las generaciones de grandes narradores vuelven a contar, modifican y cambian las grandes historias, conjurándose para crear la más grande de todas. Cuando las culturas se alfabetizan (cosa que sucedió hace muy poco, desde el prisma histórico), esas historias se pueden escribir. Más o menos en este punto, el mito y los rituales se transforman en religión.

La imitación y la comunicación de los actos más grandes y memorables necesitan destilar y transmitir las conductas más sabias de la humanidad. Si un acto majestuoso y memorable es aquel que lleva a cabo un individuo especialmente digno de admirar, un héroe local, los actos más majestuosos y memorables posibles son los que consuma el espíritu (encarnado en parte por personas concretas) y que evidencian lo que todos los héroes locales del mundo tienen en común. En consecuencia, es lógico que ese héroe de héroes —ese metahéroe— deba existir *en un lugar común a todos los lugares que exigen heroísmo.* Ese lugar podría considerarse un metamundo, aunque es real, cuando no hiperreal (es decir, es más real en su abstracción espaciotemporal que nuestras percepciones directas de un tiempo o espacio determinado). En el fondo, es este metamundo hiperreal el que está formado por las interacciones continuas entre caos y orden, los campos de batalla eternos entre el bien y el mal connaturales al héroe. El patrón imperecedero de este héroe —de cuyas acciones dependen el individuo y la sociedad— es el Dios supremo. Es a la vez heredero y mediador de estas fuerzas gemelas, pues transforma el caos en un orden habitable (y refunde el orden en caos para que pueda ser renovado, una vez se ha vuelto anacrónico y corrupto). Además, combate con audacia para que prevalezca el bien.

Todo el mundo necesita una historia para estructurar sus sentidos y actos; de lo contrario, la existencia sería un caos abrumador. Cada historia requiere un punto de partida que no sea muy bueno y un final mejor. No se puede juzgar nada sin ese punto final, sin ese valor superior. Sin él, todo se sumerge en el sinsentido y la insipidez o degenera y cae en una espiral de terror, ansiedad y dolor. No obstante, como el tiempo lo cambia todo inexorablemente, cada historia moralizante puede dejar de funcionar —al menos, en la forma y el lugar en que se cuenta— y puede tener que ser sustituida por otra nueva y más completa, aunque diferente. En consecuencia, el actor de una historia determinada (y, por ende, alguien muy vinculado a su argumento y caracterización) debe rendir tributo al espíritu de la transformación creativa que creó en un principio esa historia. Es decir, podría tener que destruirla y crearla de nuevo. Es por este motivo que la esencia trasciende siempre al dogma, la verdad trasciende a las presuposiciones, Marduk trasciende a los dioses antiguos, la creatividad renueva la sociedad y Cristo trasciende a la ley (como Harry Potter, junto a sus amigos valientes pero incorregiblemente desobedientes). Ahora bien, es importante recordar algo que comentamos en la regla 1: quienes infringen las reglas con rectitud son aquellos que, antes de romperlas, las han asimilado y han aprendido que son necesarias. Las rompen para seguir fieles a la esencia de la ley, más que a su redacción.

El segundo volumen de la saga de Rowling sostiene que se puede derrotar al mal rapaz cuando el alma está dispuesta a morir y renacer. La saga termina reiterando este mismo mensaje, aunque transformándolo creativamente. La analogía con el cristianismo es obvia y el mensaje, en esencia, es el mismo: el alma dispuesta a transformarse cuanto haga falta es el enemigo más poderoso contra las diabólicas serpientes de la ideología y el totalitarismo, en sus formas personales y sociales. Una personalidad sana, dinámica y, por encima de todo, sincera admitirá los errores. Se prestará a desprenderse de las percepciones, los pensamientos y los hábitos anticuados, o a dejarlos morir, pues son óbices para el éxito y el crecimiento ulterior. Esta es el alma que permitirá que ardan sus antiguas creencias —aunque muchas veces duela— para que puedan revivir y avanzar renovadas. Esta también es el alma que transmitirá lo aprendido durante ese proceso de muerte y renacimiento a fin de que otros puedan renacer con ella.

Proponte algo. Elige la mejor meta que se te ocurra e intenta alcanzarla, aunque te tambalees. Percátate de tus errores y malentendidos cuando lo hagas, afróntalos y corrígelos. Ordena tu historia. Pasado, presente y futuro; todo importa. Tienes que conocer el camino. Tienes que saber dónde has estado para no repetir los errores del pasado. Tienes que saber dónde estás o no podrás trazar una línea desde el punto de partida hasta tu destino. Tienes que saber adónde vas o te ahogarás en la incertidumbre, la impredecibilidad y el caos y te desvivirás por la esperanza y la inspiración. Para bien o para mal, estás de viaje. Estás en una aventura y más vale que tu mapa sea exacto. Decídete a afrontar lo que te bloquea el paso. El paso es el camino de la vida, el trascendental camino de la vida, el camino estrecho y sinuoso que recorre la mismísima frontera entre orden y caos; el camino que, al ser transitado, equilibra ambos conceptos.

Proponte algo profundo, noble y excelso. Si a medio camino encuentras una vía mejor, cambia de rumbo. Pero ten cuidado: no es fácil distinguir entre cambiar de senda y rendirse. (Una pista: si el nuevo camino que has descubierto después de aprender lo que tenías que aprender parece más accidentado, puedes estar bastante seguro de que no te estás engañando ni traicionando a ti mismo al cambiar de opinión.) De este modo, avanzarás zigzagueando. No es la manera más rápida de viajar, pero no hay alternativa real, dado que tus objetivos tendrán que cambiar a medida que los persigas, mientras vayas aprendiendo lo que necesitas aprender al disciplinarte.

Verás que vas dando tumbos a lo largo del tiempo, gradual y elegantemente, para apuntar cada vez con mayor precisión a ese puntito, a la equis que marca el lugar, el blanco de la diana y el centro de la cruz; para apuntar al valor más elevado de los que se te ocurren. Perseguirás un objetivo que se mueve y que se aleja: se mueve porque la primera vez no eres lo bastante sabio para apuntar en la dirección correcta; se aleja porque, por más cerca que estés de perfeccionar lo que estás haciendo en un momento dado, se abrirán ante ti nuevos horizontes de la posible perfección. Con todo, la disciplina y la transformación te impulsarán inexorablemente hacia delante. Con voluntad y con suerte, encontrarás una historia significativa y fructífera, que mejora con el tiempo y que quizá incluso te brinde algo más que unos pocos momentos de alegría y satisfacción. Con voluntad y con suerte, serás el héroe de esa historia, el peregrino disciplinado, el transformador creativo y el benefactor de tu familia y de la sociedad en general.

Imagina quién podrías ser y pon todo tu empeño en serlo.

REGLA 3

NO ESCONDAS EN LA NIEBLA LAS COSAS QUE NO DESEES

ESOS PLATOS DEL DEMONIO

Quiero a mi suegro. Y lo respeto. Su estabilidad emocional es asombrosa; es una de esas personas fuertes o afortunadas (quizá tenga algo de ambas cosas) capaces de apechugar con los suplicios y aflicciones de la vida y seguir adelante sin apenas quejarse, como si nada. Ahora ya es mayor. Dell Roberts tiene ochenta y ocho años, lleva una prótesis en una rodilla y está esperando a que le reemplacen la otra. Le han colocado endoprótesis en las arterias coronarias y le han cambiado una válvula del corazón. Tiene una lesión en el nervio peroneo común y a veces resbala y se cae. Pero hace un año aún jugaba *curling* y empujaba la pesada piedra de granito con un bastón diseñado específicamente para personas que ya no pueden agacharse tanto como antes.

Cuando su esposa Beth, ahora ya fallecida, contrajo demencia a una edad relativamente temprana, la cuidó de la manera más servicial y altruista que cabría imaginar. Fue impresionante. Yo no tengo nada claro que hubiera mostrado la misma entereza. La cuidó hasta que empezó a serle imposible levantarla de la silla en que la hubiera sentado. Fue mucho después de que hubiera perdido el habla. Pero por cómo se le iluminaban los ojos cuando él entraba en la habitación, era obvio que aún lo amaba; y el sentimiento era mutuo. No lo describiría como alguien propenso a lavarse las manos cuando la cosa se pone fea. Más bien lo contrario.

Cuando Dell era mucho más joven, trabajaba de agente inmobiliario en Fairview, Alberta, el pueblo donde yo crecí y que lo acogió durante varias décadas. De hecho, vivíamos frente a frente de los Roberts. En esa época solía ir a casa a almorzar, como era costumbre. Normalmente Beth le preparaba sopa (casi seguro que Campbell's, esa que todo el mundo tomaba entonces y que Warhol inmortalizó) y un bocadillo. Un día, de repente, le espetó esto a su esposa: «¿Por qué demonios comemos siempre de estos platitos? ¡No me gusta nada comer con estos platos pequeños!».

Le había estado sirviendo los bocadillos en platos de postre de unos quince centímetros de diámetro, en lugar de usar platos llanos normales. Poco después, sorprendida, contó lo sucedido a sus hijas. Desde entonces es una anécdota que se ha vuelto a contar en muchas reuniones familiares y que ha despertado grandes carcajadas. Al fin y al cabo, le había estado sirviendo el almuerzo en esos platos durante al menos veinte años hasta que se dignó a decirle algo. Ella no tenía ni idea de que su forma de poner la mesa molestaba a su marido. Nunca se había quejado. Si uno lo piensa, es inevitable reírse.

Es posible que ese día estuviera molesto por algo completamente diferente y que, en verdad, los platos le dieran igual. Y, en cierto modo, es un asunto trivial. Pero, visto desde otra perspectiva, no tiene nada de trivial, por dos razones. Primero:

si algo pasa cada día, hay que darle importancia, y el almuerzo sucedía cada día. Por tanto, si había algo que fuera una molestia crónica, aunque fuera nimia, se tenía que abordar. Segundo, es muy habitual dejar que las irritaciones consideradas leves (que no lo son, como he dicho, si suceden de continuo) se prolonguen durante años sin comentarlas o resolverlas.

He aquí el problema: si sumas cien o mil de esos incordios (y pasa), tu vida será una pesadilla y tu matrimonio se verá abocado al desastre. Así pues, no finjas estar contento con algo si no lo estás; tampoco si es posible, en teoría, pactar una solución razonable. Peléense, diablos. Por más desagradable que sea en ese momento, aliviarán parte de la tensión. Especialmente cuando se trate de esos hechos cotidianos que todo el mundo tiende a tachar de triviales; incluso los platos en que te sirven la comida. La vida es lo que se repite, y vale la pena encausar lo que se repite.

NO VALE LA PENA DISCUTIR

He aquí una anécdota más seria de la misma clase. Una vez, una clienta vino a verme para comentarme su plan de hacerse autónoma después de una larga carrera como contadora de una gran empresa. En su profesión la tenían en alta consideración y era una persona competente, buena y atenta. Pero también era muy infeliz. Al principio supuse que la infelicidad provenía de sus miedos por el inminente cambio profesional. No obstante, hizo la transición sin ningún apuro mientras continuábamos nuestras sesiones e iban surgiendo otras cuestiones.

Su problema no era el cambio de profesión: era el matrimonio. Describía a su marido como una persona muy egocéntrica y, al mismo tiempo, excesivamente preocupada por lo que pensaban los demás. Era una mezcla contradictoria, en cierto aspecto, aunque es bastante común encontrar personalidades en que estos extremos se tocan: si te inclinas demasiado en una dirección, hay algo en tu interior que se inclina en la otra. Es decir, pese al narcisismo del marido (al menos desde la perspectiva de su esposa), era esclavo de las opiniones de toda persona a quien conocía, salvo de las de los miembros de su familia. También bebía en exceso, un hábito que acentuaba sus defectos de carácter.

Mi clienta no estaba cómoda en su propio hogar. Tenía la sensación de que dentro del departamento que compartía con su marido, pues la pareja no tenía hijos, no había nada que fuera suyo de verdad. Su situación era un buen ejemplo de que lo externo puede reflejar profundamente lo interno, motivo por el que yo sugiero a la gente con problemas psicológicos que empiecen el proceso de recuperación limpiando —y luego decorando, de ser posible— sus habitaciones. Su marido había escogido todos los muebles de la casa, que ella describía como llamativos, recargados e incómodos. Además, era un ávido coleccionista de arte pop, o sea que las paredes de la casa estaban colmadas de esos objetos. Había pasado años buscándolos por galerías y otros sitios, muchas veces mientras ella esperaba fuera en el coche.

Me dijo que no le importaban los muebles y el exceso de objetos decorativos, pero mentía. La verdad era que no le gustaban ni lo más mínimo. Su gusto no comulgaba con la ostentación, con los muebles ni con el montón de obras de arte que componían la colección de su marido. Ella prefería una estética más minimalista, o quizá esa preferencia fuera una consecuencia de los excesos decorativos de su marido. Nunca quedó del todo claro qué habría preferido, lo cual podría ser parte del problema: como no sabía qué le gustaba y era igual de ambigua respecto a lo que no le gustaba, no tenía fuerza para expresar sus propias opiniones. Es complicado ganar una discusión, o incluso iniciarla, si no has articulado con cuidado qué quieres (o no quieres) y necesitas (o no necesitas).

No obstante, no le gustaba sentirse como una extraña en su propia casa. Por esa razón nunca invitaba a amigos, otro problema que no era nimio y que agravaba sus sentimientos de soledad. Pero los muebles y los cuadros se iban acumulando en cada expedición que hacían para comprar en Canadá y en el extranjero. Y con cada compra quedaba menos de ella en la casa y en el matrimonio y, por tanto, más de su marido. Con todo, mi clienta nunca fue a la guerra. En todas las décadas que estuvieron casados, jamás tuvo un ataque de rabia genuina; nunca abordó de frente y con decisión el hecho de que aborrecía su hogar y su subordinación al gusto del marido. En vez de eso, lo dejaba salirse con la suya una y otra vez, poco a poco, porque decía que no valía la pena pelearse por esas tonterías. Y con cada derrota, la siguiente disputa se volvía más necesaria —aunque menos probable— porque ella creía que una discusión seria, una vez iniciada, amenazaría con dilatarse y abarcar todas las cosas molestas sobre su matrimonio, con lo que seguramente estallaría una auténtica guerra sin cuartel. Entonces se podía verter todo lo malo y habría que abordarlo de una manera u otra. Así que se quedó callada. Pero vivía en un estado de represión crónica y de rencor constante y tenía la impresión de haber echado a perder muchas oportunidades en su vida.

Es un error pensar que los muebles y los cuadros de arte pop son simples objetos materiales. Sería más exacto y relevante tildarlos de recipientes de información, por decirlo así, sobre el estado del matrimonio; y no cabe duda de que mi clienta los veía así. Todos los objetos de arte eran la efigie concreta de una victoria —por contraproducente que fuera— y de una derrota (o, al menos, de una negociación que no ocurrió y, por tanto, de una pugna que terminó antes de empezar). Y había docenas, o tal vez cientos: cada una era un arma en una guerra silenciosa y destructiva de décadas de duración. Como era de esperar, dadas las circunstancias, la pareja se separó después de treinta años de matrimonio. Creo que el marido se quedó con todos los muebles y el arte.

He aquí una idea, una idea aterradora y desalentadora para motivarte a mejorar tu matrimonio; para asustarte y animarte a acometer las espantosas dificultades de una verdadera negociación. Cada problemita que tengas cada mañana, tarde o noche con tu pareja se repetirá durante los quince mil días que componen un matrimonio de cuarenta años. Todas las discrepancias triviales pero crónicas sobre la cocina, los platos, la limpieza de la casa, la responsabilidad por las finanzas o la frecuencia con que se tienen relaciones sexuales se irán duplicando a menos que las logren solventar. Quizá piensen, al menos por un tiempo, que es mejor esquivar la confrontación y vagar juntos en una paz aparente, aunque falsa. Pero no se confundan: vagando, envejeces igual de rápido que aspirando a más. Sin embargo, cuando vagas, vas sin rumbo; y la probabilidad de conseguir lo que quieres y necesitas vagando sin rumbo es muy baja. Las cosas se desmoronan solas, pero los pecados de los hombres aceleran su deterioro: este es un saber popular desde hace siglos. Es muy posible que reparar en la repetición eterna del mismo pequeño infierno sea justo lo que haga falta para obligarte a afrontar los problemas de tu matrimonio y a negociar de buena fe, pero con uñas y dientes, para resolverlos. No obstante, es sencillísimo ignorar los remordimientos y dejar pasar las pequeñas derrotas, día tras día, sobre todo a corto plazo. No es una buena estrategia. Solo un propósito esmerado y un esfuerzo y compromiso tenaces pueden contrarrestar la calamidad que se suele ir agravando con la ceguera deliberada. Solo eso puede detener la marea entrópica y mantener a raya la catástrofe familiar y social.

CORRUPCIÓN: COMISIÓN Y OMISIÓN

En mi opinión, el tipo de corrupción que estamos comentando está muy relacionado con el engaño —con la mentira, más francamente— y, por encima de todo, con el autoengaño. Los adeptos más fieles de la lógica creen que el autoengaño es imposible. No entienden cómo una persona puede creer una cosa y la contraria a la vez. Pero los lógicos no son psicólogos y, como es obvio, no ven o no tienen en cuenta el hecho de que ellos mismos tienen familiares, por ejemplo, a quienes aman y odian al mismo tiempo, al menos en ocasiones. Es más, no está claro lo que significa *creer* cuando se habla de la fe humana, ni tampoco lo que se quiere decir con *a la vez*. Puedo creer una cosa hoy y otra mañana y salir del paso muchas veces, al menos a corto plazo. Y en muchas ocasiones he tenido la sensación de creer a la vez en una cosa y en su contraria mientras leía trabajos de los alumnos de la universidad, en los que el autor sostenía algo en un párrafo y algo por completo contradictorio en el siguiente. A veces, esto sucedía a lo largo de una sola frase.

Existen muchas condiciones o circunstancias en que, en teoría, puede darse el autoengaño. Los psicoanalistas, con Freud al frente, han analizado muchas de ellas. Freud pensaba que buena parte de la enfermedad mental se debe a la represión, que hay razones para considerar una forma de autoengaño. Para él, los recuerdos de hechos traumáticos e inquietantes se destierran sin pensar al inconsciente, donde se dedican a armar escándalo y dar problemas, como duendes aviesos en una mazmorra. Freud creía que la personalidad humana no es unitaria, sino que está formada por un revoltijo fragmentado y caótico de espíritus que no siempre están de acuerdo, o que ni siquiera se comunican. La verdad de esta afirmación es innegable, al menos en un aspecto simple: podemos pensar en cosas —podemos simular acciones o sucesos posibles o alternativos— sin tener que hacerlas de inmediato. Es necesario disociar entre pensamiento y acción para que exista el pensamiento abstracto. Así, podemos pensar o decir claramente una cosa y hacer otra. No pasa nada cuando nos limitamos a pensar antes de actuar, pero quizá sí pasa algo cuando prometemos o afirmamos creer algo y, luego, nuestros actos indican que, en verdad, tenemos fe en otra cosa distinta. Esta es una forma de engaño; una división del carácter; una contradicción entre maneras de ser. Incluso se le ha dado un nombre: decir que se cree una cosa y luego actuar (o hablar) de forma diferente, o incluso opuesta, constituye una *contradicción performativa*, según ciertos filósofos modernos.[1] En mi opinión, es una mentira implícita. Abrigar creencias contradictorias también deviene un problema cuando el sujeto trata de actuar conforme a ambas al mismo tiempo y descubre, a menudo con gran pesar, la paradoja que hace imposible ese empeño.

Freud elaboró una larga lista de fenómenos similares a la represión —la expulsión activa de la mente del material psicológico potencialmente consciente— que él denominaba *mecanismos de defensa*. Comprenden la negación («la verdad, no está tan mal»), la formación reactiva («adoro muchísimo a mi madre»), el desplazamiento («el jefe me grita a mí, yo grito a mi mujer, mi mujer grita al bebé y el bebé muerde al gato»), la identificación («se burlan de mí y eso me lleva a ser un acosador»), la racionalización (una justificación interesada para un acto censurable), la intelectualización (la opción favorita del Woody Allen de los inicios, divertido y neurótico), la sublimación («siempre puedo pintar a mujeres desnudas») y la proyección («no soy delicado; simplemente eres un pesado»). Freud fue un sensacional filósofo del engaño. No le daba miedo denunciar la relación entre la deshonestidad y la psicopatología. Sin embargo, a mi juicio, sus ideas sobre el autoengaño adolecen de dos errores graves.

Primer error: Freud no se percató de que los pecados de omisión contribuían tanto o más a la enfermedad mental que los pecados de comisión enumerados arriba, que constituyen la represión. Pensaba de ese modo porque era lo normal: por lo general, la gente cree que hacer activamente algo malo (es decir, el pecado de comisión) es peor que abstenerse de hacer algo bueno (es decir, el pecado de omisión). Tal vez sea porque siempre hay cosas buenas que no estamos haciendo, por lo que algunos pecados de omisión son inevitables. En cualquier caso, sigue habiendo casos en los que la ceguera deliberada genera catástrofes más graves, más fáciles de racionalizar, que la represión activa o inconsciente de algo terrible pero entendido (el segundo es un pecado de comisión, porque es conocido). El primer problema —la ceguera deliberada— se da cuando podrías averiguar algo, pero dejas de indagar en ello para no descubrir una cosa que te podría incomodar bastante. Los asesores políticos llaman a esta ignorancia autoimpuesta *negación plausible,* que es una expresión que denota una racionalización intelectualizada de la clase más patológica. Cabe decir que esa ceguera se considera muchas veces un delito en toda su extensión. Si eres director general, por ejemplo, y sospechas que tu tesorero está maquillando las cuentas y no lo investigas porque no quieres saberlo, podrías seguir siendo responsable por tu inacción. Faltaría más. Como estrategia, no mirar bajo la cama cuando tienes sospechas fundadas de que hay un monstruo escondido no es recomendable.

Segundo error: Freud asumía que las cosas vividas eran cosas entendidas. De acuerdo con ese supuesto, pensaba que en algún lugar de la mente existía un recuerdo que representaba fielmente el pasado, como una grabación de video objetiva. Estas serían premisas razonables si nuestra experiencia fuera tan solo una serie de sucesos objetivamente reales e incuestionables transmitidos a través de nuestros sentidos, concebidos, evaluados y tomados como referencia para actuar. Si todo esto fuera cierto, la experiencia traumática se plasmaría con fidelidad en la memoria, por más que los mecanismos inconscientes (o conscientes, aunque Freud presuponía los primeros) la expulsaran de la consciencia debido a su naturaleza comprendida pero terrible. No obstante, ni la realidad ni nuestro procesamiento de la realidad son tan objetivos o articulados como Freud suponía.

Por ejemplo, imagina que tu esposa o tu marido te ha ignorado románticamente durante varios m más de lo que puedes aguantar, y un día te encuentras a tu pareja apoyada en la valla del jardín platicando amistosamente (y quizá haciendo solo eso) con un vecino muy seguro de sí mismo, o una vecina. La forma en que procesamos una experiencia así de anómala, nueva, incómoda o incluso traumática no acostumbra a ser una cuestión de percepción, seguida de una comprensión y reflexión conscientes, una emoción o motivación derivada de esa reflexión y, luego, una acción. Lo que sucede se asemeja más a eso en lo que ahondamos en las reglas 1 y 2: procesamos el mundo desconocido de abajo arriba. Encontramos recipientes de información, por decirlo así, cuyo pleno significado no es en absoluto obvio. Ver a nuestra pareja hablar con el vecino o la vecina, pues, no es lo mismo que pensar en un sentido filosófico totalmente articulado y desarrollado: «Mi pareja me ha dejado solo y me ha privado de contacto físico durante meses. Aunque no he dicho nada concreto, esto me ha provocado una frustración y un dolor constantes. Ahora me lo está restregando, a mi entender, hablando con tanto descaro con alguien que, a mi lado, es un extraño, cuando yo he recibido muy poca atención». Es mucho más probable que la ira, el dolor y la soledad se hayan ido acumulando en tu interior con cada rechazo, gota a gota, hasta llegar al borde. Y ahora, están rebosando.

Esa aparición repentina de una emoción negativa no necesariamente significa que ahora seas del todo consciente de su acumulación. Es muy factible (como en el caso de mi suegro, o de mi clienta) que notaras cómo te ibas frustrando cada vez más hasta que fuiste consciente de que estabas más irritable e infeliz, pero eso no tiene por qué significar que hayas advertido la causa. ¿Y cuál es la causa? El abanico de posibilidades es terriblemente amplio. Quizá no te están ignorando en absoluto. Tal vez has pasado una mala racha en el trabajo y eso ha dinamitado tu confianza en general. En consecuencia, te has vuelto sensible a cualquier señal de rechazo, aunque sea imaginaria, dentro de tu matrimonio. O sea, que no debes determinar tanto por qué tu esposa o marido ya no te presta atención, sino qué faceta de tu jefe, de tus compañeros o de tu profesión te está desestabilizando. Así, la auténtica causa de tu molestia se aleja mucho de los síntomas (los sentimientos de rechazo) que te están volviendo irritable, enojado, sensible y dolido. No hay nada obvio en la relación entre causa y efecto en estos casos. Quizá tu pareja sí te está ignorando, como intuyes: tal vez sea la señal de una aventura inminente y un atisbo del camino que conducirá al divorcio. Ambos son problemas graves, en caso de ser ciertos. Es normal que estés disgustado. Pero puede que te obceques y te niegues a sopesar la idea de que tu carrera o tu matrimonio pendan de un hilo. Y eso no es de extrañar, pero tampoco ayuda.

Encima de todo ello está la complejidad general de la vida, que complica la búsqueda de claridad. Piensa en la pregunta «¿qué pasó en verdad?», por ejemplo, en un matrimonio fallido, un divorcio y una pugna por la custodia de los niños. La respuesta es tan compleja que, para resolver las discrepancias, suele ser necesaria una valoración del tribunal y un análisis de varias partes. Pero incluso entonces es improbable que uno o los dos protagonistas crean que se ha hecho justicia. En parte, se debe a que los hechos en general, y específicamente los interpersonales, no son hechos simples, objetivos e independientes entre sí. Todo extrae su significado —la información que representa— del contexto en que se radica, buena parte de lo cual no se puede percibir ni valorar cuando el hecho en cuestión tiene lugar. El significado de lo que dice una esposa a su marido hoy dependerá de todo lo que se hayan dicho ambos, de todo lo que hayan hecho juntos en su vida y del contenido de sus elucubraciones mutuas; y ahí no acaba la complejidad. Por poner un ejemplo, ese significado podría llegar a depender en gran medida de cómo la madre de la esposa trataba a su padre (o de cómo la abuela trataba a su abuelo), así como de la relación entre los hombres y las mujeres en la cultura general. Por eso las discusiones domésticas se van de las manos tan a menudo, sobre todo cuando nunca se ha acordado una pauta de comunicación continua y efectiva. Una cosa conduce a otra más profunda, y esa conduce a otra más profunda todavía, hasta que una discusión sobre qué platos son mejores para servir el almuerzo se convierte en una guerra sin cuartel sobre la conveniencia de disolver el matrimonio. Y no cabe duda de que es el miedo a caer por un orificio de ese tamaño (en particular, cuando hay muchas cosas de las que no se ha hablado) lo que motiva la propensión a callar cuando sería mejor, aunque más peligroso, expresarse.

¿QUÉ ES LA NIEBLA?

Imagina que estás asustado. Tienes motivos para estarlo. Tienes miedo de ti mismo. Tienes miedo de otras personas. Tienes miedo del mundo. Sientes nostalgia por la inocencia del pasado; por el tiempo anterior a cuando aprendiste las cosas terribles que destruyeron tu fe de la infancia. Lo que has descubierto de ti mismo, de otra gente y del mundo te ha apenado, más que cultivarte. Te han traicionado, herido y decepcionado. Has empezado a desconfiar incluso de la esperanza en sí misma, pues tu esperanza ha quedado hecha añicos en repetidas ocasiones (esa es la definición exacta de la desesperanza). Lo último que quieres es saber más. Mejor dejar en paz lo que está envuelto en misterio. Y también es mejor no pensar demasiado, o nada, sobre lo que podría ser. Después de todo, ojos que no ven, corazón que no siente... En definitiva, que es absurdo saber.

Siendo más concretos, imagina que tienes tanto miedo que no te permites ni siquiera saber lo que quieres. Saberlo implicaría tener esperanza, y tus esperanzas se han desvanecido. Tienes motivos para seguir en la ignorancia. Tal vez tengas miedo de que no haya nada que valga la pena desear; te da miedo que, si señalas exactamente lo que deseas, acabes descubriendo más allá de toda duda qué es el fracaso; te da miedo que el fracaso sea el resultado más probable; y, finalmente, te da miedo que, si defines el fracaso y no triunfas, sabrás sin atisbo de duda que fuiste tú quien fracasó, que fue culpa tuya.

Así que no te permites saber lo que quieres. ¿Cómo lo haces? Negándote a darle vueltas. A veces eres feliz, estás satisfecho y te entregas en cuerpo y alma a las cosas; otras veces te sientes triste o frustrado y sucumbes al nihilismo, pero no te adentras mucho en el motivo, pues entonces lo sabrías y verías de nuevo cómo se derrumba tu esperanza y se confirma la decepción. También tienes miedo, aunque por otras razones, de permitir que otros sepan lo que quieres. Para empezar, si averiguaran justo lo que quieres, te podrían decir la verdad; entonces la sabrías, aunque tú estuvieras maniobrando precisamente para no descubrirla. En segundo lugar, si lo supieran, podrían denegarte lo que de verdad quieres, o incluso necesitas, y hacerte mucho más daño que si tus deseos más ocultos (y, por tanto, tus debilidades) siguieran en secreto.

Lo que oculta la niebla es la negativa a identificar —a escuchar— las emociones y motivaciones a medida que aparecen, y la negativa a comunicártelas a ti mismo y a las personas cercanas a ti. El mal humor significa algo. Un estado de ansiedad o de tristeza significa algo; y probablemente no sea algo que te vaya a gustar descubrir. Cuando consigues articular una emoción que has albergado desde hace tiempo sin expresarla, lo más probable es que llores: un reconocimiento de vulnerabilidad y dolor (que también son sentimientos que no gustan a la gente, sobre todo cuando desconfía y está enojada). ¿Quién desea escarbar hacia lo más hondo del dolor, la tristeza y la culpa hasta que brotan las lágrimas? Y negarse a hacer caso a nuestros estados emocionales no es lo único que impide hacerles frente. Si tu esposa o tu marido (o quienquiera con que estés infelizmente involucrado en este momento) dice algo que se acerca demasiado a la dolorosa verdad, por ejemplo, es probable que puedas hacerle cerrar el pico con una observación aguda y denigrante, de modo que es factible que la hagas. En parte, es una prueba: ¿a la persona a quien estás insultando le preocupan lo suficiente tú y tu sufrimiento como para salvar algunos obstáculos y desenterrar la cruda realidad? También es un método de defensa, lo cual es más evidente: si consigues ahuyentar a alguien de algo que tú mismo no quieres descubrir, te facilita la vida en el presente. Por desgracia, si ese método de defensa fructifica, también entraña una gran decepción, por lo común acompañada de una sensación de abandono, soledad y autoengaño. Con todo, tienes que seguir viviendo rodeado de otras personas; y ellas, de ti. Y tienes deseos y necesidades, aunque no los expreses o no estén claros. Y aún tienes motivos para perseguirlos, en esencia porque es imposible vivir sin deseos ni necesidades.

¿Cuál debe ser tu estrategia en esas condiciones? Muestra tu decepción siempre que alguien cercano a ti te aflija; permítete el lujo y el placer de estar resentido cuando te salga el tiro por la culata; asegúrate de estigmatizar con tu desaprobación a la persona que te haya atacado; oblígalo a descubrir con la máxima dificultad posible qué ha hecho exactamente para decepcionarte; y, por último, deja que ande a tientas en la niebla que has generado a tu alrededor hasta que tropiece y se dé contra los puntiagudos bordes ocultos de tus preferencias y sueños no revelados. Y quizá estas respuestas también sean pruebas; pruebas profundamente asociadas al miedo a confiar: «Si de verdad me quisieras, atajarías los terribles elementos con los que me he evadido para descubrir a mi yo real». Y tal vez incluso esas afirmaciones escondan algo, por más implícito que sea. Poner a prueba de alguna forma el compromiso puede ser útil. No todo se tiene que regalar. Pero hasta un enigma pequeño e innecesario se deja notar.

Y aún tienes que vivir contigo mismo. A corto plazo, tal vez estés protegido de la revelación de tu insuficiencia porque te has negado a aclarar las cosas. Cada ideal es como un juez, después de todo; el juez que dice: «No estás exhibiendo tu verdadero potencial». Sin ideales no hay juez. Pero el precio que se paga por ello es la falta de propósito. Es un precio alto. ¿No tienes propósito? Entonces no tienes emociones positivas, porque casi todo lo que nos hace avanzar con las esperanzas intactas es la experiencia de acercarnos a algo que necesitamos y queremos con fervor. Y lo que es peor, sin propósito nos vence una ansiedad crónica y aplastante. Tener un propósito específico pone freno a lo que, en caso contrario, seguramente sería el caos intolerable de la posibilidad no explotada y el exceso de opciones.

Si recalcas bien qué quieres y te comprometes a buscarlo, puede que no lo consigas. Pero si no lo recalcas, seguro que no lo conseguirás. Es imposible dar en el blanco si te niegas a ver. No puedes dar en el blanco si no apuntas. Y ambos casos entrañan un mismo peligro: no sacarás partido de apuntar, sino de fallar. No te beneficiarás del inevitable aprendizaje que se produce cuando las cosas salen mal. Para dar con la tecla, a menudo hay que intentar algo, fracasar, recalibrar (con el nuevo conocimiento generado penosamente por el fracaso) y luego volverlo a intentar y a fracasar; a menudo *ad nauseam*. Hay veces en que todo lo que has aprendido, imposible sin el fracaso, te hace ver que sería mejor apuntar tu ambición en otra dirección. No porque sea más fácil, ni porque te hayas rendido, ni porque te estés eludiendo, sino porque las vicisitudes de tu experiencia te han enseñado que no ibas a encontrar lo que buscabas en ese lugar concreto, o que eso no se podía conseguir del modo en que estabas intentando conseguirlo.

Por tanto, ¿qué podrías o deberías hacer en vez de esconder cosas en la niebla? *Admite tus sentimientos.* Es algo peliagudo; no significa solo *rendirse* a ellos. Primero, nos da vergüenza abrigar —y aún más comunicar— sentimientos de ira o dolor (nos parecen poca cosa) debidos a la soledad, a la ansiedad por una posible nimiedad, o a los celos probablemente infundados. Admitir esos sentimientos es síntoma de la ignorancia, la insuficiencia y la vulnerabilidad. Segundo, es inquietante barajar la posibilidad de que tus sentimientos, por más abrumadores y convincentes que sean, carezcan de fundamento y, sin tú saberlo, te estén llevando por un mal camino. Es posible que hayas malinterpretado por completo la situación, por razones de las que sigues en gran medida sin ser consciente. Por estas razones, la confianza es vital: pero ha de ser una confianza madura y trágica. Una persona ingenua confía porque cree que las personas son en esencia —o incluso en su totalidad— dignas de confianza. Pero cualquier persona que ha vivido de verdad ha traicionado o ha sido traicionada.

Alguien con experiencia sabe que las personas son capaces de engañar y están dispuestas a hacerlo. Comprenderlo te inculca un pesimismo relativamente justificado respecto a la naturaleza humana, personal y de otra clase, pero también abre la puerta a otro tipo de fe en la humanidad: una fe basada en el coraje, no en la ingenuidad. Confiaré en ti —te tenderé la mano— pese al riesgo de traición porque es posible sacar lo mejor de ti, y quizá de mí, a través de la confianza. Así que aceptaré un riesgo considerable por prestarme a cooperar y negociar. E incluso si llegas a traicionarme de una forma que no sea imposible de perdonar (y si asumimos, por ejemplo, que te disculpas un poco y muestras arrepentimiento), seguiré con la mano tendida. Y, en parte, lo haré contándote cómo me siento.

Estas revelaciones viscerales necesitan cierta humildad. Uno no debería decir: «Últimamente me has estado ignorando»; al menos no es lo ideal. Más bien, debería decir: «Me siento aislado, solo y herido. Y no consigo quitarme de encima la sensación de que estos últimos meses no has estado tan atento conmigo como me habría gustado, o como nos convendría como pareja. Pero no estoy seguro de si me lo estoy imaginando todo porque estoy molesto, o si realmente me doy cuenta de lo que está pasando». La segunda frase transmite el mensaje, pero evita el tono acusador que tantas veces sirve como primera línea de defensa para una conversación seria y profunda. Y es muy posible que te equivoques respecto a lo que sucedió en realidad para sentirte como te sientes. Si te equivocas tienes que saberlo, porque no tiene sentido propagar errores que te causan dolor a ti y a otros y que interfieren con tu futuro. Es mejor averiguar la verdad —dispersar la niebla— y descubrir si los objetos afilados que temías que hubiera escondidos son reales o imaginarios. Siempre existe el peligro de que algunos sean reales. Pero es mejor verlos que mantenerlos ocultos por la niebla. Así, al menos, habrá veces en que puedas esquivar el peligro que te prestes a ver.

HECHOS Y RECUERDOS

Los hechos, a medida que se nos presentan, no solo nos informan por qué ocurren. Tampoco recordamos el pasado para dejar constancia objetiva de hechos y situaciones concretos y bien definidos. A fin de cuentas, esto segundo es imposible.

Tal como argumentábamos en la regla 2, la información de nuestra experiencia es latente, como el oro en las menas. Se debe extraer y pulir con gran esfuerzo, a menudo colaborando con otras personas, antes de poder usarla para mejorar el presente y el futuro. Cuando utilizamos bien nuestro pasado es cuando nos ayuda a repetir experiencias deseables y a evitar las indeseadas. Queremos saber lo que pasó, pero ante todo queremos saber por qué. El porqué es sabiduría. El porqué nos permite no tropezar una y otra vez con la misma piedra y, si tenemos suerte, nos ayuda a reeditar nuestros éxitos.

Extraer información útil de la experiencia es complicado. Es necesaria la más pura de las motivaciones («habría que mejorar las cosas, no empeorarlas») para hacerlo como es debido. Hay que estar dispuesto a afrontar el error de frente y a determinar en qué punto y por qué se produjo el desvío del camino recto. Hay que estar dispuesto a cambiar, lo cual casi siempre es indisociable de la decisión de dejar algo atrás (o alguien, o alguna idea). Así pues, la respuesta más simple imaginable es apartar la mirada y negarse a pensar, al tiempo que se erigen impedimentos insalvables a la comunicación real.

Por desgracia, a largo plazo esta ceguera deliberada envuelve la vida en oscuridad y niebla; la vuelve vacía, oculta, informe y confusa. Y a ti, te deja perplejo y pasmado.[2] Todo esto es una concatenación extraña de lo psicológico y lo real, de lo subjetivo y lo objetivo. ¿Esto da miedo o el miedo lo tengo yo? ¿Es esto bonito o yo le estoy imprimiendo la idea de la belleza? Cuando me enojo con alguien, ¿es por algo que ha hecho o por mi falta de control? Este tipo de preguntas definen el estado de confusión en el que te encuentras siempre que se te cae el mundo encima. Ese estado puede tener un cariz objetivo, porque un derrumbamiento suele estar provocado por algo real, como una muerte, una enfermedad grave o el desempleo; pero también es algo subjetivo, relacionado con un estado de dolor, duda, confusión e incapacidad para elegir —o incluso para discernir— un camino hacia delante.

El fundamento del Ser es sujeto y objeto al mismo tiempo —motivación, emoción y cosa material al unísono— antes de aclararse la percepción, antes de articularse el mundo. La esposa sigue siendo una incomprendida. El contexto de su discurso permanece inexplorado por miedo a lo que podría revelar esa exploración. No se puede describir la situación porque la palabra se abandona en un estado de ambigüedad e indefinición. Nuestras propias motivaciones personales empiezan adoptando una forma oculta y siguen de ese modo, porque no queremos saber qué nos proponemos. Agua y aceite se mezclan. El oro sigue en las garras del dragón, igual que la virgen. La piedra filosofal continúa en la alcantarilla, sin ser descubierta; y la información escondida en el caos circular manda señales, pero sigue sin ser explorada. Esta omisión es el rechazo voluntario de la consciencia extendida. Al fin y al cabo, el camino al Santo Grial parte de lo más oscuro del bosque; y lo que necesitas sigue escondido donde menos quieres buscar.

Si vas acumulando desechos en el clóset, el día que menos te lo esperes la puerta se abrirá de par en par y todo lo que se haya ido amontonando dentro —y que haya crecido inexorablemente en la oscuridad— te sepultará. Y es posible que no tengas tiempo o energía suficiente en tu vida para afrontarlo, revisarlo, quedarte con lo que necesites y descartar el resto. Esto es lo que significa ser aplastado por el exceso de equipaje. Es el regreso de Tiamat, la gran diosa mesopotámica del caos, destructora de quienes no actúan como es debido.

El mundo está lleno de peligros y obstáculos ocultos, y

también de oportunidades. Ocultarlo todo en la niebla porque temes el peligro que podrías encontrar ahí te servirá de poco cuando el destino te obligue a lanzarte de cabeza contra lo que te has negado a ver. Si caes sobre ramas puntiagudas que te ensartan, si tropiezas con las rocas y abandonas santuarios a toda velocidad, al final dejarás de pensar que podrías haber despejado la bruma con la brillante luz de tu conciencia, si no la hubieras escondido debajo del celemín. Entonces acabarás maldiciendo al hombre, a la realidad y a Dios mismo por crear un laberinto tan impenetrable de escollos y barreras. La corrupción te tentará, pues cada vez te guiarás más por motivaciones oscuras e irreflexivas —gestadas por el fracaso, amplificadas por la frustración—, lo cual culminará brutalmente en la idea rencorosa de que aquellos que han pecado contra ti están recibiendo de tu parte justo lo que merecen. Esta actitud y las acciones e inacciones que inevitablemente generará empobrecerán tu vida, tu comunidad, tu país y el mundo. A su vez, esto empobrecerá al propio Ser, que es justo lo que desean tus motivaciones más oscuras e irreflexivas.

Buscando y prestando atención meticulosamente, podrías inclinar la balanza lo suficiente del lado de la oportunidad, en vez del lado del obstáculo, para que valga mucho la pena vivir la vida pese a su fragilidad y sufrimiento. Si de verdad quisieras, tal vez recibirías, en caso de pedirlo. Si de verdad buscaras, tal vez encontrarías aquello que buscas. Si llamaras a la puerta con la verdadera intención de entrar, tal vez se abriría. Pero habrá momentos en tu vida en que tendrás que hacer acopio de todas tus fuerzas para hacer frente a lo que tienes delante, en vez de esconderte de una verdad terrible solo superada por la falsedad con que aspiras a sustituirla.

No escondas en la niebla las cosas que no desees.

REGLA 4

PIENSA QUE LA OPORTUNIDAD RELUCE ALLÍ DONDE SE HA RENUNCIADO A LA RESPONSABILIDAD

HAZTE INDISPENSABLE

En mi doble papel como psicólogo clínico y profesor, he animado a muchas personas a impulsar su carrera. A veces, los pacientes a quienes oriento me vienen a ver porque sus compañeros, subordinados o jefes no hacen bien su trabajo. Los supervisan personas narcisistas, incompetentes, malévolas o déspotas; o tienen compañeros o empleados que son así. Estas cosas pasan y hay que lidiar con ellas de cualquier manera razonable para ponerles fin. Yo no animo a la gente a martirizarse. Sacrificarte sin rechistar para que otro se lleve el mérito no es buena idea. No obstante, en esas circunstancias —si eres una persona sabia y atenta— podrías ver igualmente que tus colaboradores improductivos dejan sin hacer un montón de tareas importantes. «¿Qué pasaría si asumiera la responsabilidad de hacerlas?», podrías preguntarte. Es una pregunta desalentadora. Lo que se queda sin hacer tiende a ser arriesgado, difícil y necesario. Pero eso también significa que vale la pena y que marca la diferencia,

¿no? Y podrías tener la perspicacia de ver que hay un problema, a pesar de tu ceguera tan habitual. Por tanto, ¿cómo sabes que no es problema tuyo? ¿Por qué te das cuenta de esta cuestión y no de otra? Esto es algo que vale la pena estudiar a fondo.

Si quieres hacerte indispensable en un sitio de trabajo o en cualquier comunidad, simplemente haz cosas útiles que no esté haciendo nadie más. Llega antes que tus compañeros y vete después (pero tampoco te quedes sin vida).[1] Organiza lo que veas que está en un peligroso estado de desorden. Cuando estés en horario laboral, trabaja, en vez de fingir que trabajas. Y, por último, averigua más cosas sobre el negocio —o sobre la competencia— de las que ya sabes. Con eso te harás indispensable; serás un engranaje vital. La gente lo notará y empezará a apreciar lo que has conseguido con el sudor de tu frente.

«Puede que no sea capaz de asumir algo tan importante», podrías objetar. ¿Y si empezaras a convertirte en una persona que sí fuera capaz? Podrías comenzar intentando resolver un problemita, algo que te carcoma y que creas que podrías arreglar. Podrías empezar enfrentándote a un dragón de un tamaño que sí puedas derrotar. Una serpiente pequeña tal vez no haya tenido tiempo de amasar un montón de oro, pero podría haber algún tesoro que llevarse de todos modos, además de una buena probabilidad de triunfar (y no tanto de morir abrasado o de un mordisco). En circunstancias razonables, asumir la responsabilidad sobrante es una oportunidad de hacerse indispensable de verdad. Luego, si quieres negociar un aumento o más autonomía —o más tiempo libre—, puedes ir a ver a tu jefe y decirle: «Estas son diez cosas que eran urgentísimas, todas vitales, y las estoy haciendo todas. Si me ayuda un poquito, seguiré. Incluso puede que mejore. Y conmigo mejorará todo, incluso su vida». Y entonces, si tu jefe tiene algo de sentido común —y a veces lo tienen—, tu negociación llegará a buen puerto. Así es como funcionan estas cosas. Y que no se te olvide: no andamos cortos de personas genuinamente buenas que están encantadas de poder echar una mano a alguien y servirle de apoyo. Es uno de los placeres verdaderamente altruistas de la vida y no hay que subestimar su profundidad, ni hay que despreciarlo con ese cinismo barato camuflado de sabia y decaída resignación.

Parece que el significado que mejor sustenta la vida se halla en la asunción de responsabilidad. Cuando las personas echan la vista atrás para ver lo que han conseguido, con suerte piensan: «Pues hice eso y sirvió para algo. No fue fácil, pero valió la pena». Es extraña y paradójica la relación recíproca que subsiste entre el valor de algo y la dificultad para lograrlo. Figúrense la siguiente conversación:

—¿Quieres algo que sea difícil?
—No, quiero algo que sea fácil.
—Según tu experiencia, ¿lo fácil ha valido la pena?
—Pues no, la verdad es que no mucho.
—Entonces, quizá te interese buscar algo difícil.

Creo que ese es el secreto que se esconde tras la razón del propio Ser: *lo difícil es necesario.*

Por esto nos imponemos limitaciones adrede y de buen grado. Cada vez que jugamos a algo, por ejemplo, aceptamos una serie de restricciones arbitrarias. Nos constreñimos y limitamos y exploramos las posibilidades que se abren. Esto es lo que constituye el juego. Sin reglas arbitrarias, no funciona. Las aceptas voluntaria y absurdamente, como en el ajedrez: «Solo puedo mover el caballo en una ele. Qué ridículo. Pero ¡qué divertido!». Porque, aunque suene extraño, no tiene gracia si puedes mover cualquier pieza adonde te dé la gana. Si puedes hacer cualquier jugada, deja de ser un juego. Ahora bien, una vez permites ciertas limitaciones, empieza el juego. Acéptalas, en términos más generales, como una parte necesaria del Ser y una parte deseable de la vida. Asume que, al aceptarlas, puedes trascenderlas. Así podrás jugar como es debido el restringido juego.

Esto no solo es importante a nivel psicológico, ni es solo un juego, ni por asomo. La gente necesita que las cosas signifiquen algo, pero los problemas también necesitan ser resueltos. Desde el punto de vista psicológico, es muy saludable encontrar algo relevante, algo por lo que valga la pena sacrificarse (o sacrificar algo), algo que valga la pena afrontar y asumir. Pero el sufrimiento y la maldad de esta vida son reales, con las terribles secuelas de lo real; y nuestra capacidad para resolver problemas, afrontándolos y asumiéndolos, también es real. Al asumir la responsabilidad, podemos encontrar un camino que valga la pena; mejorar nuestro sino personal en términos psicológicos; y aliviar de verdad lo que ha ido fatal. Así matamos dos pájaros de un tiro.

RESPONSABILIDAD Y SIGNIFICADO

La idea de que la vida es sufrimiento es un lugar común casi universal del pensamiento religioso. Es la primera de las cuatro nobles verdades del budismo, así como un concepto hindú clave. Hay una teoría que dice que la palabra hindú para el sufrimiento —*dukkha* (del idioma pali) o *duhka* (del sánscrito)— proviene de *dus* ('malo') y *kha* ('agujero'); en concreto, del agujero que tiene la rueda de un carruaje jalado por caballos y por el que pasa el eje. El mejor lugar en el que hacer ese agujero es el punto muerto, justo en el centro. De lo contrario, el vehículo iría todo el tiempo dando respingos, cada uno de los cuales tendría una magnitud directamente proporcional a la fuerza del impacto. Esto me recuerda bastante al término griego *hamartia,* que se suele traducir como 'pecado' en el contexto de la doctrina cristiana.

En su origen, *hamartia* era un término usado por los arqueros y significaba 'errar el tiro'. Hay muchas maneras de no dar en el blanco. A menudo, en mi práctica clínica y en mi vida privada he visto a gente que no recibía lo que necesitaba (o lo que quería, lo cual podría ser igual de importante) porque nunca especificaban lo que era, ni a sí mismos ni a los demás. A fin de cuentas, es imposible dar en el blanco a menos que apuntes. A propósito de esto: es más habitual que la gente se arrepienta de lo que ni siquiera intentó hacer que de los errores que cometió al interactuar con el mundo.[*] Al menos, si das un mal paso al hacer algo, puedes aprender de lo que hiciste mal. Pero quedarte como un maniquí ante la vida, incluso si justificas tu inacción como un medio para evitar equivocarte, es un grave error. Como recalca el fantástico músico de *blues* Tom Waits en su canción *A Little Rain:* «You must risk something that matters».[**]

Esta es la colosal metedura de pata que comete, por ejemplo, el personaje de ficción Peter Pan. *Pan,* que recuerda al dios

---

[*] Feldman, J., Miyamoto, J., y Loftus, E. B., «Are Actions Regretted More than iIactions?», *Organizational Behavior and Human Decision Processes,* 78, 1999, pp. 232-255.

[**] 'Tienes que arriesgar algo que importe.'

griego de los bosques, significa 'que lo abarca todo'. Peter Pan, el muchacho con dotes mágicas, es capaz de todo. Encarna el propio potencial, como cualquier niño, y eso lo hace mágico, como lo son todos los niños. Pero el tiempo va royendo esa magia y transforma el fascinante potencial de la infancia en la realidad de la adultez, aparentemente más mundana, pero genuina. El truco, por decirlo así, está en intercambiar esa posibilidad temprana por algo significativo, productivo, duradero y sostenible. Peter Pan se niega. En parte, se debe a que su principal modelo es el capitán Garfio. El capitán Garfio es el rey tirano arquetípico, la patología del orden; un parásito y un déspota aterrorizado por la muerte. Sus razones tiene. La muerte acosa a Garfio disfrazada de cocodrilo con un reloj en su estómago. Eso es el tiempo: tictac, tictac. Es la vida que se desvanece a medida que se suceden los segundos. El cocodrilo también ha probado un bocado de Garfio y le gustó; y eso también es la vida. No solo a los cobardes les aterroriza lo que acecha en las caóticas profundidades. Son pocas las personas que no han sufrido la decepción, la enfermedad y la muerte de un ser querido al terminar su infancia. Estas experiencias pueden convertir a quienes las padecen en personas amargadas, resentidas, crueles y tiránicas, igual que Garfio. Con un modelo de conducta como el del capitán, no es de extrañar que Peter Pan no quiera crecer. Mejor seguir siendo rey de los Niños Perdidos. Mejor seguir perdido en la fantasía con Campanita, que aporta todo lo que puede aportar una compañera, salvo que no existe.

Wendy, el gran amor del protagonista, elige crecer, a pesar de la admiración que siente por su amigo Peter. Se casa con un hombre y le hace frente —o incluso abraza— a su madurez, así como a los indicios ocultos de la mortalidad y la muerte. Elige a sabiendas sacrificar su niñez por las realidades de la vida adulta, pero a cambio recibe la vida real. Peter sigue siendo un niño: mágico, sí, pero un niño al fin y al cabo; y la vida limitada, finita y única pasa de largo. En la obra de J. M. Barrie *Peter Pan: el niño que no quería crecer,* Pan se retrata como alguien que no teme a la muerte, a la que reta en la Roca de los Abandonados. Los espectadores distraídos podrían malinterpretar su actitud como arrojo: ¿acaso Peter Pan no dice: «Morir será una gran aventura»?* Sí, pero el narrador desconocido, que sabe lo que piensa, objeta: «Vivir sería una gran aventura» (en verdad, una declaración sobre lo que podría haber pasado si el niño rey hubiera elegido a Wendy). Y justo después añade: «Pero nunca consigue acabar de adaptarse».** El hecho hipotético de que Peter Pan no tenga miedo a morir no es valentía, sino la manifestación de su naturaleza en esencia suicida; la enfermedad de la vida, que manifiesta una y otra vez al negarse a madurar.

No tiene nada de bueno ser la persona de mayor edad en una fiesta universitaria. Refleja una desesperación disfrazada de rebeldía genial, y va unida a un pesimismo y una arrogancia susceptibles. Huele a Nunca Jamás. Asimismo, el atractivo de una persona de veinticinco años que no tiene rumbo, aunque sí talento, empieza a tornarse en una imagen desesperada y patética a los treinta. Y a los cuarenta, ya hace tiempo que se le pasó el arroz. Para tener algo real en la vida, tienes que sacrificar opciones de tu variado abanico potencial. Proponte

---

* *Peter Pan,* Acto III (versión en inglés): <http://gutenberg.net.au/ebooks03/0300081h.html>.

** *Peter Pan,* Acto V, escena II (versión en inglés, último párrafo): <http://gutenberg.net.au/ebooks03/0300081h.html>.

algo. Imponte una disciplina o sufre la consecuencia. ¿Y cuál es esa consecuencia? Todo el sufrimiento de la vida sin una pizca de su significado. ¿Se puede describir mejor el infierno?

Para los budistas, la vida es *duhka;* quizá para los hindús también, aunque de forma menos explícita. Las escrituras hebreas, por su parte, relatan la historia del sufrimiento del pueblo judío, individualmente y como nación, aunque no se omiten las victorias. Incluso aquellos a quienes el propio Yavé invoca para emprender la aventura de la vida no se salvan en absoluto de la quema. Tal vez Abraham, el patriarca por antonomasia, lo intuyó. Él mismo era sin duda una suerte de Peter Pan. La crónica bíblica remarca que Abraham se quedó acomodado y a buen recaudo en la tienda de su padre hasta que tuvo setenta y cinco años (un poco tarde, incluso para la época actual). Luego, llamado por Dios —instigado por una vocecita interior, por decirlo así, para abandonar a la familia y a su país—, se adentra en la vida. ¿Y qué encuentra tras atender a la llamada divina que lo lleva a lanzarse a la aventura? Primero, hambruna. Luego, la tiranía en Egipto; la posible pérdida de su hermosa mujer a manos de hombres más poderosos; el exilio de su país de adopción; los conflictos territoriales con sus parientes; la guerra y el secuestro de su sobrino; un gran periodo sin descendencia (pese a la promesa de Dios de hacerlo progenitor de una gran nación); y, en último lugar, el terrible conflicto entre sus esposas.

La historia de Abraham me marcó mucho cuando empecé a estudiarla y apreciarla más a fondo. Su esencia posee una combinación extraña de pesimismo y de ánimo realista y genuino. ¿El pesimismo? Incluso si Dios mismo te insta a lanzarte al mundo, como le sucedió a Abraham, la vida será excepcionalmente complicada. Incluso en las circunstancias más benignas imaginables aflorarán obstáculos casi insuperables que te obstruirán el camino. ¿De dónde extraes el ánimo? Tendrás la ocasión de mostrarte como alguien mucho más fuerte y competente de lo que cabría imaginar. Dentro de ti se esconde un potencial (parte de esa magia tan evidente en la infancia) que surgirá cuando las circunstancias te pongan a prueba y te transformen —si Dios quiere— en alguien que pueda imponerse.

Hay una idea muy antigua que no había entendido, al menos en parte, hasta hace bien poco. Es algo que ves manifestarse en muchas formas literarias, visuales y dramáticas, tanto antiguas como modernas. Guarda relación con la responsabilidad y el significado, pero su auténtica trascendencia está oculta, exactamente igual que la sabiduría que pueden aportar los sueños tiende a ocultarse. Se entrevera con el mito laberíntico del héroe: el que pronuncia palabras mágicas, ve lo que otros no son capaces de ver (o se niegan a hacerlo), vence al gigante, lidera a su pueblo, mata al dragón, encuentra el tesoro inaccesible y rescata a la virgen. Todas son variantes del mismo patrón de conducta y percepción, que evoca los grandes rasgos del patrón existencial adaptativo universal. El héroe también es aquel que rescata a su padre de las vísceras de la bestia. ¿Qué podría significar esta idea tan común en la narrativa?

RESCATA A TU PADRE: OSIRIS Y HORUS

Analicemos la historia del Antiguo Egipto de Osiris, Seth, Isis y Horus.* Los egipcios consideraban a Osiris la deidad

---

* En mi primer libro, *Mapas de sentidos: la arquitectura de la creencia*, ofrezco un extenso análisis al respecto. También lo menciono en

fundadora del Estado. Para hacerse una idea, imagínenlo como un crisol de los rasgos de la personalidad de todas las personas que conformaban la fascinante civilización del río Nilo. Osiris era adorado como el héroe creador de la cultura; sus hazañas para crear el mundo cuando era un dios joven y audaz dieron lugar a una de las primeras civilizaciones importantes y largas. Pero envejeció, como sucede con todo, y decidió volverse ciego. Los egipcios insistían en que esta figura decisiva de su mitología poseía ambos atributos, y se trataba de una gran verdad. El dios-fundador supremo se volvió anacrónico, pero, por encima de todo, empezó a cerrar los ojos cuando sabía perfectamente que debía mantenerlos abiertos. Osiris dejó de prestar atención a cómo se gobernaba su reino. Era una ceguera deliberada y no vale achacarla a la edad. Es una tentación horrible, pues nos da permiso para posponer los problemas que podríamos abordar hoy. No tendría nada de malo si los problemas no se fueran acumulando, como los intereses; pero todos sabemos que sí se acumulan.

La decisión de Osiris de cerrar los ojos cuando debería haberlos mantenido abiertos se cobró un precio desorbitado y cruel: la subyugación a su malvado hermano, Seth. La idea de que el poder tuviera un hermano malvado era un axioma, podríamos decir, de cómo veían el mundo los egipcios. No cabe duda de que es fruto de una civilización compleja y duradera que ha observado sus propios defectos, algo que sigue siendo relevante en la actualidad. Cuando se ha instaurado una jerarquía lo bastante funcional, se abre una ventana para que los

---

12 reglas para vivir: un antídoto al caos. Regla 7: «Dedica tus esfuerzos a hacer cosas con significado, no aquello que más te convenga».

cargos de autoridad sean usurpados, pero no por gente competente que quiere cumplir las funciones, sino por aquellos dispuestos a usar la manipulación, el engaño y la coacción para adquirir estatus y control. Todas estas fuerzas contraproducentes eran las que los egipcios estaban intentando subsumir en la imagen de Seth, el enemigo de la luz, la ilustración, la visión y la consciencia.[2] La principal ambición de Seth era gobernar Egipto, ocupar el trono del legítimo faraón. Al hacer la vista gorda con las artimañas de su malvado hermano —al negarse a ver—, Osiris permitió que Seth cobrara fuerza. Resultó ser fatal, o todo lo fatal que puede ser un error para un inmortal. Seth esperó hasta que sorprendió a Osiris en un momento de debilidad. Lo despedazó y esparció los fragmentos por las tierras de Egipto. No fue ni es posible matar para siempre a Osiris, el impulso humano eterno hacia la organización social. Esa es una fuerza que nunca morirá. Pero se le puede romper en pedazos para que le sea difícil recomponerse, y es justo lo que consiguió hacer Seth.

Osiris, dios del orden, se desmorona. Pasa constantemente, en la vida individual de las personas y en la historia de familias, ciudades y países. Las cosas se derrumban cuando los idilios se vienen abajo, las carreras flaquean o los sueños preciados se desvanecen; cuando la desesperación, la ansiedad, la incertidumbre y la impotencia se manifiestan donde tendría que imperar el orden habitable; y cuando el nihilismo y el abismo hacen su temido acto de aparición y destruyen los valores deseables y estables de la vida actual. En esas circunstancias surge el caos. Y por eso la diosa Isis, reina del inframundo y consorte de Osiris, da un paso al frente cuando Seth aniquila a su esposo. Isis peina el territorio en busca de la esencia vital de Osiris. Lo encuentra en la forma de su falo desmembrado —vasija de la idea seminal; la palabra espermática; el principio fructífero— y con él queda embarazada. ¿Qué quiere decir? La reina del inframundo, la diosa del caos, también es la fuerza de renovación eterna. Todo el potencial encorsetado por el sistema previo de comprensión, de categoría, de suposición —toda la limitación invisible impuesta a los habitantes de ese país ordenado— se libera, para bien o para mal, cuando ese sistema se rompe en pedazos. Así, cuando el centro ya no lo soporta más —incluso en los instantes más sombríos—, se presenta una nueva posibilidad. Por eso el héroe arquetípico nace en los peores momentos.

Isis regresa embarazada a casa, al inframundo, y a su debido tiempo da a luz a Horus, el hijo legítimo del rey desaparecido, que crece en un reino ajeno al suyo, ahora corrompido (algo que todos experimentamos mientras crecemos). Su atributo primordial es el ojo —el famoso monóculo egipcio— y su símbolo es el halcón, un ave que apunta con maestría a su presa, ataca a su objetivo con una precisión letal y posee una agudeza visual sin parangón en el reino animal. Sin embargo, el quid radica en que Horus tiene la voluntad de ver, además de la capacidad. Este es el auténtico coraje: la negativa a amedrentarse ante lo que se presente, por más terrible que parezca. Horus es el dios supremo de la atención. Y los egipcios determinaron, usando su peculiar estilo narrativo —dando rienda suelta a la imaginación durante milenios—, que la facultad de atención debía imponerse a todas las demás. Horus dista de Osiris, su padre, en su predisposición a ver. Ve a su tío Seth, por ejemplo, tal cual es. Seth es pura maldad; el mal en sí mismo. Así pues, cuando se hace mayor, Horus regresa al reino usurpado de su padre y hace frente a su tío. Se enzarzan en una épica batalla. El dios joven y legítimo heredero al trono ve relucir la oportunidad allí donde se ha renunciado a la responsabilidad y no quiere apartar la mirada. No es un cometido apto para los pusilánimes, ni cuando se lleva hasta su última conclusión lógica, ni cuando la corrupción y la ceguera deliberada se exponen hasta lo más hondo. Mirar al mal a la cara es peligrosísimo, por más necesario que sea hacerlo. Esto se simboliza con la derrota parcial inicial de Horus: durante su enfrentamiento, Seth le arranca un ojo a su valiente sobrino.

Pese a las heridas sufridas, Horus sale victorioso. A la luz de este triunfo, es de vital importancia reiterar que entra en la batalla por su propio pie. He aquí una máxima de la intervención clínica, corroborada tras observarse la mejora de la salud mental en muchas escuelas de psicología práctica: enfrentarse voluntariamente a un obstáculo que temes, odias o desprecias es curativo. Cuando decidimos afrontar lo que impide nuestro progreso necesario, nos volvemos más fuertes. Esto no significa «abarcar más de lo que se puede» (igual que «entrar voluntariamente en la batalla» no significa «buscar el conflicto a lo loco»). Es aconsejable asumir retos a un ritmo que precisamente obligue a estar alerta y fuerce el desarrollo del coraje, la habilidad y el talento, evitando la confrontación temeraria con lo que elude nuestra comprensión actual.

¿Cómo se puede medir el ritmo al que habría que afrontar los desafíos? El instinto por el significado —algo mucho más profundo y antiguo que el mero pensamiento— tiene la respuesta. ¿Lo que estás intentando hacer te impulsa adelante sin inspirarte demasiado miedo? ¿Te cautiva sin asfixiarte? ¿Levanta la losa del paso del tiempo? ¿Es útil para aquellos a quienes amas y, tal vez, hace algún bien a tus enemigos? Eso es la responsabilidad. Contén el mal. Reduce el sufrimiento. Aborda la posibilidad que surge ante ti cada segundo vital con el deseo de mejorar las cosas, sea cual sea la losa con la que cargues, independientemente de la injusticia y la crueldad de la vida, que tantas veces parecen arbitrarias. Las demás estrategias solo hacen el hoyo más hondo, elevan la temperatura y empeoran continuamente los problemas de quienes viven en él, ya graves de por sí. Todo el mundo lo sabe. La conciencia de todo el mundo lo proclama. Un verdadero amigo o ser amado que lo observe se entristecerá al ver que alguien a quien quiere no hace lo que debe hacer.

Una vez derrotado el enemigo, Horus recupera su ojo y destierra a Seth del reino. No se le puede matar. Es eterno como Osiris; eterno como Isis y Horus. El mal que acecha en todos los niveles de la experiencia es algo —o alguien— con lo que todo el mundo tiene que vérselas siempre, psicológica y socialmente. Pero durante un tiempo se puede vencer y desterrar el mal. Entonces puede reinar la paz y la armonía, al menos mientras la gente no se olvide de qué las hizo posibles.

Horus recupera el ojo. Una persona sensata que se encontrara en esa situación daría gracias a su buen hado, se volvería a colocar el ojo en la cuenca y seguiría con su vida. Pero eso no es lo que hace Horus. Él vuelve al inframundo, a las vísceras de la bestia, al reino de los muertos, donde sabe que hallará al espíritu de Osiris. Aunque esté despedazado y al borde de la muerte —si no muerto, en cierto sentido—, Osiris habita en el dominio tartáreo del propio caos. Es el padre fallecido en las entrañas de la bestia. Horus encuentra al gran rey rendido y le otorga el ojo arrancado por Seth. De nuevo —gracias al sacrificio y la visión de su hijo—, el Anciano de los Días es capaz de ver. A continuación, Horus regresa al reino con su padre, que ha recuperado la vista, y gobiernan juntos. Para los egipcios, era indudable que esta combinación de visión, coraje y tradición regenerada constituía la soberanía apropiada del reino. Era esta yuxtaposición de sabiduría y juventud la que comprendía la esencia del poder del faraón, su alma inmortal, la fuente de su autoridad.

Cuando afrontas un reto, mides tus fuerzas con el mundo y te informas. Te convierte en más de lo que eres. Cada vez te acerca más a la persona que podrías ser. ¿Quién podrías ser? Cualquier cosa que un ser humano pueda alcanzar. Podrías ser el último avatar, a tu estilo único, de los grandes héroes ancestrales. ¿Cuál es el límite? No lo sabemos. Nuestras estructuras religiosas lo traslucen. ¿Cómo sería un ser humano completamente encendido, por decirlo así? ¿Cómo se manifestaría alguien que decidiera asumir la plena responsabilidad por la tragedia y la maldad del mundo? La gran pregunta sobre el Hombre no alude a quiénes somos, sino a quiénes podríamos ser.

Cuando te asomas al abismo, ves un monstruo. Si es un abismo poco profundo, será un monstruo pequeño. Pero si es el abismo definitivo, será el monstruo definitivo. Sin duda un dragón, o quizá incluso el mismo dragón del mal. La representación del monstruo en el abismo es el depredador eterno que acecha en la noche, deseoso y capaz de devorar a su desprevenida presa. Esta imagen tiene decenas de millones de años; está tan incrustada en las rendijas de nuestra estructura biológica como puede llegar a incrustarse cualquier concepto. Y no existen solo los monstruos de la naturaleza, sino también los tiranos de la cultura y la maldad de las personas. Es todo lo mencionado, aunque destaca especialmente esto último, por más que nos horrorice pensarlo. Y está en la naturaleza de la humanidad no acobardarse y paralizarse como una presa indefensa, ni ser un renegado y servir al mal mismo, sino desafiar al depredador en su guarida. Esta es la naturaleza de nuestros antepasados: grandes y valientes cazadores, defensores, pastores, exploradores, inventores, guerreros y fundadores de ciudades y países. Ese es el padre que podrías rescatar; el antepasado que podrías ser. Y se le hallará en el lugar más recóndito, pues allí es adonde tienes que ir si deseas asumir plena responsabilidad y convertirte en la persona que podrías ser.

¿Y QUIÉN PODRÍA SER?

Para empezar, convengamos en que tienes una mínima obligación moral de cuidar de ti mismo. Quizá simplemente tengas un interés egoísta en cuidarte. Pero entonces surgen varias preguntas: ¿qué se quiere decir con *cuidarse*? ¿De qué *tú* estamos hablando? Comenzaremos considerando solo el egoísmo puro; el interés propio sin escrúpulos. Esto lo simplifica. Esto significa, en primer lugar, que eres libre de hacer lo que quieres, porque no tienes que cuidar de nadie más. Pero entonces algo dentro de ti podría objetar: «Espera un segundo. No funcionará». ¿Por qué no? A ver, ¿de qué versión de ti mismo estás cuidando? ¿Estás cuidando del tú que existe en este preciso instante? En tal caso, ¿qué pasará después? Porque el futuro se acerca, tan seguro como que el sol sale cada mañana. Y más te vale estar preparado.

Si decides vivir como rey a costa del futuro, ya conoces los riesgos. Imagina que estás a punto de decir algo desconsiderado y que estás enojado. «No dejaré títere con cabeza», piensas, y dices lo primero que te pasa por la cabeza, por más injusto y cruel que sea. Al hacerlo, experimentas un rapto de emoción positiva y de entusiasmo, además de la satisfacción por desahogar tu resquemor. Pero justo después te metes en un lío, y es posible que lo arrastres durante mucho tiempo. Es evidente que no has actuado conforme a tus mejores intereses, pese a hacer exactamente lo que tú querías. Nadie que tenga una pizca de sentido común le diría algo como esto a su querido hijo o hija: «Mira, niño, tú haz lo que se te antoje en cada momento. Al diablo todo lo demás. No importa». No lo dices porque sabes a ciencia cierta que el futuro llegará para tu hijo, igual que llega para ti. El mero hecho de que algo te haga feliz en el momento no significa que sea lo que más te interese, teniendo en cuenta todas las circunstancias. Si ese fuera el caso, la vida sería sencilla. Pero existe el tú de ahora, el de mañana, el de la semana que viene, el del año que viene, el de dentro de cinco años, el de dentro de una década..., y la implacable necesidad te obliga a tener en consideración todas esas versiones de ti mismo. Esa es la maldición que acompaña el descubrimiento humano del futuro y, con él, la necesidad de trabajar, pues trabajar significa sacrificar los hipotéticos placeres del presente para la posible mejora de lo que nos aguarda.

De algo sirve quitar hierro a esas versiones de ti que quedan muy lejos, porque el futuro es incierto. No deberías preocuparte tanto como ahora de los efectos que surtirán tus actos actuales dentro de veinte años; es muy probable que ahora estés aquí (si estás leyendo esto), pero no tanto que sigas estando dentro de veinte años. Y luego están los errores de predicción que cometerás al adentrarte tanto en el futuro. Pero la incertidumbre que crece exponencialmente al alejarnos en el tiempo no impide a las personas sensatas prepararse para los años venideros. He aquí lo que quiere decir el futuro: si vas a cuidar de ti mismo, ya tienes la losa (o el privilegio) de una responsabilidad social, el tú por el que estás velando es una comunidad que existe a lo largo del tiempo. La necesidad de considerar esta sociedad del individuo, por decirlo así, es una losa y una oportunidad que parecen exclusivas de los seres humanos.

Parece que los animales no conciben el futuro como nosotros. Si visitan el *veld* africano y dan con un harén de cebras, muchas veces verán leones holgazanes a su alrededor. Y mientras los leones están tumbados relajándose, a las cebras les tiene sin cuidado. Desde el punto de vista humano, parece una actitud algo temeraria. Las cebras deberían esperar a que los leones se durmieran para salir disparadas en tropel hasta una esquina de la pradera y conspirar. Luego, varias docenas de ellas deberían acercarse con premura a los leones dormidos y pisotearlos hasta la muerte. Se acabaría el problema de los felinos. Pero las cebras no hacen eso. En verdad piensan: «Ah, ¡mira qué relajados están los leones! ¡Los leones relajados nunca dan ningún problema!». No parece que tengan ninguna noción del tiempo. No son capaces de imaginarse a lo largo de un intervalo temporal. Pero los seres humanos no solo consiguen concebirlo, sino que son incapaces de desprenderse de él. Descubrimos el futuro hace mucho tiempo; y ahora el futuro es donde todos vivimos, en el potencial. Lo tratamos como la realidad. Solo es una realidad que podría darse, pero tiene muchas probabilidades de acabar convirtiéndose en el ahora, de modo que nos impele a tenerlo en cuenta.

No tienes forma de librarte de ti. Tienes que cargar con la persona que eres ahora y la que serás en el futuro. Esto significa que, para tratarte bien a ti mismo, debes valorar tu repetición a lo largo del tiempo. Hoy estás destinado a jugar un juego contigo mismo que no interfiera con el juego de mañana, del mes que viene, del año que viene, etc. Por tanto, el egoísmo puro y duro está abocado a ser yermo. Por esta razón, entre otras, una ética estrictamente individualista es una contradicción. Lo cierto es que hay poca diferencia entre cómo deberías tratarte a ti mismo —una vez te das cuenta de que eres una comunidad que se prolonga en el tiempo— y cómo deberías tratar al resto.

En un matrimonio, por ejemplo, afrontas el mismo problema con tu cónyuge que contigo: debes apechugar con las consecuencias de un juego que se repite. Puedes tratar a tu marido o a tu esposa como te dé la gana ahora, en este momento, por más horrenda y desconsiderada que sea tu actitud, pero seguirás despertándote a su lado mañana, el mes que viene y dentro de una década (y si no con esa persona, con alguien distinto igual de desgraciado). Si tratas a la persona con quien estás comprometida de una forma que, al reiterarse, se revela insostenible, estás jugando un juego en vías de degeneración y ambos van a sufrir un calvario por ello. Este problema no difiere mucho de no hacer las paces con tu yo del futuro. Las consecuencias son idénticas.

FELICIDAD Y RESPONSABILIDAD

La gente quiere ser feliz, como es natural. Muchas veces he ansiado volver a sentir la felicidad —sentirla en un momento dado—, y no cabe duda de que no soy el único. Sin embargo, en mi opinión, no deberías perseguirla. Si lo haces, caerás de pleno en el problema de la repetición, porque la *felicidad* es cosa del ahora. Si ponemos a las personas en situaciones en que sienten un alud de emoción positiva, se centran en el ahora y se vuelven impulsivas.[3] Esto significa: «Al buen día, métejo en casa», es decir, aprovecha las oportunidades mientras la suerte te sonría y muévete. Pero eso no significa en absoluto hacerlo todo; y, por desgracia, tienes que considerarlo todo, al menos en la medida que puedas. En consecuencia, es improbable que aquello que optimice tu vida a lo largo del tiempo sea la felicidad. Debo admitirlo: es algo deseable. Si te llega la felicidad, recíbela con gratitud y los brazos abiertos (pero ten cuidado, porque te volverá impulsivo).

¿Cuál sería una alternativa más sofisticada a la felicidad? Imagina que sea vivir de acuerdo con el sentido de la responsabilidad, porque eso ordena las cosas en el futuro. Imagina también que, para manifestar correctamente ese sentido de la responsabilidad, tengas que actuar de forma fiel, honesta, noble y acorde con un bien superior. El bien superior sería la mejora simultánea de tu función y de la función de las personas a tu alrededor a lo largo del tiempo, como hemos comentado antes. Ese es el bien superior. Imagina que te propones eso a conciencia; que articulas esa propuesta como un objetivo explícito. Entonces surge la pregunta siguiente: «¿Cuál es la consecuencia psicológica de hacerlo?».

En primer lugar, piensa que la mayoría de las emociones positivas que experimentan las personas no atañen a logros. Existe el placer simple (o más exactamente, la satisfacción) que extraemos al darnos un banquete cuando tenemos hambre; y existe la satisfacción más compleja, pero similar, asociada con lograr algo difícil y que vale la pena. Imagina, por ejemplo, que te gradúas de la preparatoria. El día de la graduación lo conmemoras. Es una fiesta, pero al día siguiente se presentan ante ti una nueva serie de problemas (igual que vuelves a tener hambre al cabo de unas horitas de darte un buen festín). Ya no eres el rey de la preparatoria: eres el último overol de la nómina, o eres estudiante de primer año en un centro de educación superior. Estás en la situación de Sísifo. Te esforzaste y pasaste un martirio para subir con la roca hasta la cumbre, pero solo has conseguido volver a encontrarte al pie de la montaña.

El logro da pie a una transformación casi instantánea. Igual que el placer impulsivo, conseguir algo generará una emoción positiva. Pero, igual que sucede con el placer, el logro es voluble. Así pues, surge otra pregunta: «¿Qué fuente de emoción positiva es realmente fiable?». La respuesta es que la gente experimenta la emoción positiva cuando persigue un objetivo valioso. Imagina que tienes un objetivo. Proponte algo. Idea una estrategia que concuerde con ese fin y ponla en práctica. Y luego, mientras aplicas la estrategia, comprueba que funcione. Eso es lo que suscita la emoción positiva más fiable.[4] Imagina que las actitudes y acciones que surten mayor efecto (en una competencia muy darwiniana) acaban dominando a todas las demás.[5] Imagina que, al mismo tiempo, eso es cierto a nivel psicológico y social. Imagina que ocurre en tu propia vida, pero también a lo largo de los siglos, a medida que todo el mundo interactúa, habla y antepone una forma de ser concreta.

La conclusión es crucial: no hay felicidad sin responsabilidad. Sin un objetivo precioso y apreciado, no hay emoción positiva. «Y bien, ¿qué es exactamente un objetivo válido?», podrías rebatir. Imagina que vas en pos de algo placentero, aunque efímero y trivial. La parte sabia de ti mismo comparará esa conducta con el hipotético propósito de actuar en el mejor interés de la comunidad de futuros tús y la comunidad de otras personas. Tal vez no quieras escuchar a esa vocecita sabia: no deseas cargar con la responsabilidad, no quieres que reemplace un arrebato inmediato de placer. Pero te estás engañando a ti mismo, en especial en lo más profundo de tu ser, si crees que esa elusión llegará a buen puerto. Las partes sabias y antiguas de ti, muy comprometidas con tu supervivencia, no son fáciles de burlar ni de apartar. Pero tú haces oídos sordos y te propones un objetivo crucial, ideando una estrategia bastante superficial para conseguirlo, pero no lo acabas encontrando satisfactorio porque no te interesa lo suficiente. No te importa; no en demasía. Además, el hecho de que no persigas el objetivo que deberías estar persiguiendo significa que te sientes culpable, avergonzado e inferior al mismo tiempo.

No es una estrategia ventajosa. No funcionará. Nunca he conocido a nadie que quedara satisfecho al saber que no estaba haciendo todo lo que debería. Somos criaturas conscientes del tiempo: sabemos que estamos en un juego sin fin del que no podemos escapar y del que no es fácil esconderse. Dan igual las ganas que tengamos de ignorar por completo el futuro, es parte del precio que pagamos por ser sumamente autoconscientes y capaces de concebirnos a lo largo de todo el transcurso de nuestra vida. Es lo que nos toca. No se puede huir del futuro; y cuando tienes que cargar con algo de lo que no puedes escapar, la actitud correcta es regresar voluntariamente y hacerle frente. Eso sí funciona. Así, en vez de perseguir tu objetivo impulsivo a corto plazo, te propones un objetivo mucho más ambicioso, que es actuar correctamente y pensando en todo el mundo a la larga.

TOMA EL EXCESO DE PESO

Existe una forma correcta de comportarse, una ética, y estás destinado a lidiar con ella. Es imposible no calcular tu existencia a lo largo del tiempo, así como la de todos los demás, y es inevitable responder ante ti mismo por tu conducta y por tus faltas. Aquello que funcione para múltiples plazos de tiempo y múltiples lugares, para múltiples personas (incluido tú mismo)…: ese es el objetivo. Constituye una ética emergente y difícil de formular de manera explícita, pero de una existencia y con unas consecuencias ineludibles, además de formar parte inapelable del juego del Ser. Los Grandes Jugadores son atractivos. Quienes son atractivos atraen a individuos con los que aparearse. Cuanto mejor encajemos en el patrón —el patrón emergente—, más posibilidades tendremos de sobrevivir y proteger a nuestras familias. El terreno de juego selecciona a los jugadores según su conducta ética. Por tanto, nuestra biología nos prepara para responder positivamente e imitar al Gran Jugador; y a reprobar, incluso con violencia, al que engaña, hace trampas y miente. Y es tu conciencia —tu instinto para la virtud moral— la que denuncia la desviación del camino. Cuando tu hijo le mete el pie a propósito a un rival durante un partido de futbol, o no le pasa el balón a un compañero libre con grandes posibilidades de anotar, frunces el ceño. Sientes vergüenza, como es natural, porque estás presenciando la traición de un ser amado a otro ser amado: entiéndase, la traición a sí mismo de tu hijo. Algo parecido ocurre cuando infringes tu propio sentido del decoro. Es el mismo instinto y más vale ocuparse de él. Si no sigues el camino correcto, te precipitarás por un acantilado y vivirás un suplicio. En definitiva, es imposible que las partes más profundas de ti mismo vayan a tragar con eso sin protestar.

Tu lógica podría decir: «Aquí no hay ningún acantilado. No veo ninguno por aquí cerca. Y un acantilado a diez años de distancia queda muy lejos». Pero la parte más profunda de tu psique refutará siempre: «No hay que pensar en esos términos. No es procedente. Algo que ocurrirá dentro de diez años también es real, a pesar de la distancia (con el correspondiente e inevitable margen de error en la predicción). Si hay una catástrofe acechando, no vamos a ir directos hacia ella. No sin oposición». Si tu comportamiento sugiere que te estás inclinando en esa dirección, te sentirás culpable y fatal por ello, si con suerte estás mínimamente despierto aún. Y dale las gracias a Dios. Si el costo de traicionarte a ti mismo en el sentido más hondo es la culpa, la vergüenza y la ansiedad, la ventaja de no traicionarte es el *significado,* el propósito: el significado que da sustento. Esa es la mejor oportunidad que reluce allí donde se ha renunciado a la responsabilidad.

Si escuchas a tu conciencia, empezarás a considerar que algunas de las cosas que haces están mal. Más concretamente: si tu conciencia te alerta de que podrías estar cometiendo una fechoría y te sientas a hablar sin tapujos con ella, empezarás a formarte una idea clara de lo que está mal y, por ende, de lo que está bien. El bien es, ante todo, lo contrario del mal; y el mal es más flagrante y obvio. Así pues, se puede desarrollar y pulir el significado de lo que está bien analizando con atención lo que está mal. Haces algo y te traicionas a ti mismo, por lo que te sientes mal. No sabes muy bien por qué. Intentas no pensar en ello, porque a corto plazo duele menos y es más fácil no pensar en ello. Pones todo tu empeño en ignorarlo, pero solo consigues agrandar la sensación de que te has traicionado y te divides más contra ti mismo.

Es decir, que tal vez reflexionas y afrontas tu incomodidad. Percibes tu desunión y el caos consiguiente. Te preguntas y rezas por saber qué hiciste mal. Hasta que llega la respuesta, que no es la que querías escuchar. Así pues, una parte de ti debe morir para que puedas cambiar. Y la parte que debe morir lucha por existir, expone sus razones y se defiende. Y lo hará con todas las tretas posibles: utilizará las mentiras más burdas, los recuerdos más amargos y rencorosos del pasado y las actitudes más perdidamente cínicas sobre el futuro (y en fin, sobre el propio valor de la vida). Pero tú perseveras, haces distinciones y juicios de valor y decides exactamente por qué lo que hiciste estuvo mal. Así empiezas a entender, por contraste, qué habría sido lo correcto. Entonces optas por empezar a actuar como dicta tu conciencia. Decides que es una socia, pese a parecer una rival. Pones en práctica todo lo que has descubierto que estaba bien y empiezas la escalada. Comienzas a vigilar con más y más atención tus pasos para asegurarte de que haces lo correcto: te escuchas al hablar; te observas actuar; intentas no apartarte del estrecho camino. Ese se convierte en tu objetivo.

Empieza a gestarse una idea: «Voy a vivir mi vida como es debido. Intentaré hacer el bien. Voy a aspirar a lo mejor que pueda». Ya has reclutado a todas las partes de ti que cuidan de tu versión futura. Todas reman en la misma dirección. Ya no son una casa escindida en su contra. Te sostienes sólidamente sobre una base firme. Ya no es tan fácil disuadirte o desalentarte. Tu resolución es más fuerte que tu nihilismo y desánimo. La pugna que has librado contra tu propia tendencia a dudar y disimular te protege de las críticas injustificadas y cínicas de los demás. Existe una meta elevada, una cumbre montañosa, una estrella que brilla en la oscuridad y te atrae hacia el horizonte. Su mera existencia te infunde esperanza; y ese es el propósito sin el cual no puedes vivir.

¿Se acuerdan de Pinocho? Cuando Geppetto quiere transformar su títere de cabeza hueca en algo real, primero alza la mirada al horizonte y pide un deseo a una estrella. Es la misma estrella que anuncia el nacimiento de Pinocho al comienzo de la película; y su luz se refleja en la medalla de oro que se concede a Pepito Grillo al final. Es la misma estrella, en términos simbólicos, que anuncia el nacimiento de Cristo en la oscuridad más espesa. Geppetto se fija en la estrella y pide un deseo. Su deseo es que la marioneta, controlada con cuerdas por otra persona o ente, se vuelva real. El cuento del títere y de las tentaciones y pruebas que va superando es un drama psicológico. Todos lo comprendemos, aunque no siempre seamos capaces de verbalizar esa identificación. Si quieres dejar de ser una marioneta, de ser un pelele a manos de cosas que no entiendes y quizá no quieras entender, tienes que alzar los ojos por encima del horizonte, proponerte un objetivo trascendental. Entonces, todos los subsistemas o subpersonalidades que, de lo contrario, buscarían su propia satisfacción fragmentaria se someterán a los auspicios de lo verdaderamente ideal. La consecuencia será un compromiso que acerque lo fundamental o total. En esas condiciones, todas las partes de ti se subirán al carro. Ese es el equivalente psicológico del monoteísmo. Ese es el surgimiento del yo superior, que podría ser el auténtico servidor de Dios, en cualquier realidad metafísica que pueda esconderse bajo lo que nos resulta obvio a los ciegos y débiles mortales.

¿Cuál es el antídoto del sufrimiento y la maldad de la vida? El objetivo más eminente posible. ¿Y cuál es el prerrequisito para perseguir el objetivo más eminente posible? La disposición a adoptar el máximo grado de responsabilidad, incluyendo las responsabilidades que otras personas se quitan de encima o no asumen. «¿Por qué tendría que cargar yo con eso? Me estaría sacrificando y solo me buscaría problemas», podrías decir. Pero ¿por qué estás tan seguro de que no quieres llevar algo pesado a cuestas? Es innegable que necesitas distraerte con algo pesado, profundo y difícil. Así, cuando te despiertes en medio de la noche y te asalten las dudas, tendrás algo en lo que escudarte: «Tendré muchos defectos, pero al menos estoy haciendo esto. Al menos cuido de mí mismo. Al menos soy de utilidad para la familia y otras personas de mi entorno. Al menos me muevo, escalo con dificultades y con la losa que he aceptado». De esta forma puedes lograr cierto nivel de autoestima real; no es un mero constructo psicológico superficial que guarda relación con cómo te ves a ti mismo en el momento. Y no es solo psicológico; también es real.

Tu vida adquiere un propósito de manera directamente proporcional al grado de responsabilidad que estás dispuesto a asumir. La razón es que ahora estás comprometido de verdad con mejorar las cosas. Estás minimizando el sufrimiento innecesario. Estás animando a quienes te rodean, predicando con el ejemplo y la palabra. Estás refrenando la maldad en tu propio corazón y en el corazón de los demás. Un albañil puede cuestionar la utilidad de colocar ladrillos monótonamente, uno detrás de otro. Pero tal vez no esté solo colocando ladrillos. Quizá esté construyendo una pared. La pared puede ser parte de un edificio; y el edificio, de una catedral. Y el fin de la catedral es glorificar el bien supremo. Por tanto, cada ladrillo colocado es un acto que participa en lo divino. Y si lo que haces en tu día a día no es suficiente, es que no estás intentando construir la catedral que corresponde. Y el motivo es que no estás aspirando lo bastante alto. Porque, si lo hicieras, experimentarías el significado relacionado con tu objetivo (suficientemente elevado), lo cual justificaría las desgracias y limitaciones de tu vida. Si tienes algo lo bastante significativo que perseguir, estás absorto en la vida. Estás en un camino con significado. El instinto más profundo y fiable para el significado —si no está pervertido por el autoengaño y el pecado, pues no se puede decir de otra forma— se manifiesta cuando eliges la senda de la máxima virtud.

Encontrar significado es señal de que estás en ese camino. Es señal de que toda la complejidad que te compone está enfilada, dentro de ti, y consagrada a algo que vale la pena; algo que equilibra el mundo; algo que genera armonía. Es algo que oyes manifestarse en la música, y en el profundo significado que esta produce intrínsecamente. Quizá seas un punk nihilista al que le gusta el *death metal*. Eres muy escéptico y pesimista. No encuentras significado en ninguna parte. Lo odias todo, por norma. Pero entonces el guitarrista y el resto de los miembros de tu banda de *death metal* nihilista favorita empiezan a tocar a todo volumen las sinfónicas melodías —todas bien acopladas— y... ¡te atrapan! «Uf, no creo en nada, pero, Dios..., ¡vaya música!» Y las letras son destructivas, nihilistas, cínicas, amargas y llenas de desesperación, pero poco importa, porque la música te llama y apela a tu alma y la llena de un atisbo de significado. Te conmueve hasta que te fundes con las sinfonías, mueves la cabeza arriba y abajo y sigues el compás con el pie, participando en el espectáculo sin querer. Son esos patrones sonoros que están dispuestos uno encima del otro armónicamente, nadando en la misma dirección de forma predecible e impredecible, en perfecto equilibrio: el orden y el caos en su danza eterna. Y bailas al ritmo, por más desdén que sientas en tu interior. Entras en simbiosis con esa armonía cadente y teledirigida. Y allí encuentras el significado que te sustenta.

Te embriaga un instinto —un espíritu— que te orienta hacia el bien supremo. Saca a tu alma del infierno y la pone rumbo al cielo. Y como está allí, a menudo te sientes desilusionado. La gente te decepciona. Te traicionas a ti mismo; pierdes un vínculo importante en el trabajo: un jefe o un compañero. «El mundo está patas arriba. Me incomoda muchísimo.» No obstante, ese mismo desencanto puede ser indicador del destino. Denota la responsabilidad a la que se ha renunciado, cosas dejadas sin hacer, cosas que hay que hacer igualmente. Esa necesidad te irrita. Estás disgustado con el Gobierno, estás amargado y triste con tu trabajo, estás descontento con tus padres y estás frustrado con todas esas personas a tu alrededor que no asumen responsabilidades. Al fin y al cabo, hay cosas que hay que hacer con gran urgencia. Te ofende muchísimo que no se haga lo que se tiene que hacer. Sin embargo, esa ira —esa indignación— es una puerta. Esa observación de la responsabilidad abdicada es la señal del destino y del significado. Esa parte de ti que apunta al bien supremo está denunciando la desconexión entre el ideal que imaginas —el ideal que te posee— y la realidad que experimentas. Ahí hay una laguna que expresa su necesidad de ser satisfecha. Por tanto, puedes ceder a la furia y culpar a otra persona, porque sí hay otras personas que están echando leña al fuego, o puedes llegar a la conclusión de que tu decepción es una señal de lo más íntimo de tu ser de que hay algo malo que se debe corregir, y que tal vez debas corregirlo tú. ¿Qué es esa inquietud, esa atención, esa irritación, esa distracción? No es la llamada a la felicidad. Es la llamada a la acción y a la aventura que componen una vida auténtica. Recuerda la historia bíblica de Abraham. Dios se acerca a Abraham y dice:

> Vete de tu tierra y de tu parentela, y de la casa de tu padre, a la tierra que te mostraré.
> Y haré de ti una nación grande, y te bendeciré, y engrandeceré tu nombre, y serás bendición.
> Bendeciré a los que te bendijeren, y a los que te maldijeren maldeciré; y serán benditas en ti todas las familias de la tierra. (Génesis 12:1-3)

Abraham es una flor tardía que ha pasado demasiados años en la tienda de su padre sin hacer nada, por decirlo suavemente. Pero si llega la llamada de Dios, más vale atenderla, por muy tarde que sea. Y he aquí una esperanza real para aquellos que creen que se han demorado demasiado. Abraham abandona su país, a su gente y el hogar de su padre y recorre el mundo siguiendo la vocecita apacible, siguiendo la llamada de Dios. Y no es una llamada a la felicidad. Es la calamidad sangrienta y absoluta que hemos descrito antes: hambruna, guerra y pugnas domésticas. Una persona sensata a la que le ocurriera eso (por no decir el propio Abraham) dudaría de la prudencia de escuchar a Dios y la conciencia, así como de adoptar la responsabilidad de la autonomía y la carga de la aventura. Mucho mejor yacer en una hamaca zampándose unas uvas peladas al amparo de la tienda de papá. Pero lo que te llama a recorrer mundo —a tu destino— no es la calma. Son los tira y afloja y los conflictos. Es la contienda desapacible y el juego mortal de los contrarios. Es probable —inevitable— que la aventura de tu vida te frustre, decepcione y desconcierte cuando atiendas a la llamada de la conciencia, asumas la responsabilidad y te propongas corregir el rumbo de ti mismo y del mundo. Pero allí es donde se halla el significado profundo que te encauza y te protege. Es donde las cosas encajan para ti; donde las cosas que se han esparcido y quebrado se juntan; donde el propósito se manifiesta; donde lo apropiado y bueno se vigorizará y lo débil, envidioso, arrogante y destructivo se derrotará. Allí es donde se puede hallar siempre la vida que vale la pena vivir; y donde la puedes encontrar tú mismo, siempre que estés dispuesto a hacerlo.

Piensa que la oportunidad reluce allí donde se ha renunciado a la responsabilidad.

REGLA 5

NO HAGAS LO QUE ABORRECES

EL ORDEN PATOLÓGICO EN SU APARIENCIA DIARIA

Una vez tuve a una clienta que trabajaba en una empresa gigantesca donde la idiotez campaba a sus anchas. Ella era una persona sensata y honrada que había tenido una vida difícil y solo quería contribuir y trabajar de buena fe y con honradez. Pero se encontró en medio de una disputa: en persona y por correo electrónico, la gente llevaba largo tiempo discutiendo si el término *flip chart* (en español, 'rotafolio', un gran block de hojas apoyado normalmente sobre un tripié) era realmente una palabra peyorativa. Para aquellos a los que les cueste creer que los empleados de las empresas puedan llenar las horas con esta clase de conversaciones, hagan una búsqueda rápida en Google. Con buscar *flip chart derogatory* bastará. Verán enseguida que hay un debate sincero y bastante amplio sobre el tema. Sus superiores celebraron muchas reuniones en el trabajo para abordar esta cuestión.

Al parecer, *flip* fue en su día un término despectivo en inglés para referirse a alguien filipino (encontré pocos casos actuales de su uso). Aunque esa palabra antigua peyorativa no tiene nada que ver con *flip chart,* los directivos de su empresa pensaron que valía la pena invertir el tiempo en hablar de la naturaleza vejatoria de la expresión y en buscar un término para sustituirla cuyo uso acabó siendo obligatorio para los empleados. Todo ello a pesar de que ningún empleado de Filipinas o de ascendencia filipina se había quejado jamás de que se usara la palabra en la empresa. Según el Global Language Monitor (languagemonitor.com), que supervisa aunque no defiende el uso de palabras políticamente correctas, el término adecuado hoy es *writing block* (literalmente, 'block para escribir'), pese a que un rotafolio no se parece en nada a un block.

En cualquier caso, la empresa acordó usar *easel pad* (literalmente, 'cuaderno en caballete'), que parece describir mejor lo que es; si bien esta solución relativamente elegante no quita el hecho de que sea todo un sinsentido. A fin de cuentas, aún quedan palabras como *flipflopped, flippant, flipflops, flippers,* etc., y si vamos a rompernos la cabeza con cosas así, las dos primeras parecen más peyorativas que *flip chart,* al menos a simple vista. Tal vez se pregunten: «¿Para qué sirve realmente este cambio nimio de la terminología? Es un problema trivial. ¿A quién le importaría que se debatiera un cambio como este? ¿Por qué no ignorarlo, como es mejor ignorar tantos disparates, y pensar en cosas más importantes?». Porque, evidentemente, se podría aducir que prestar atención a alguien que se ocupa de estas cuestiones es una pérdida de tiempo, tanto como lo es ocuparse de ellas. Para mí, este es el enigma que trata de desentrañar la regla 5. ¿Cuándo hay que dejar de participar en un proceso inquietante que ves, o crees, que está teniendo lugar ante ti?

La primera vez que me escribió mi clienta, dijo que sus compañeros de trabajo no solo habían recibido con buenos ojos el debate sobre el uso de *flip chart,* sino que pronto afloró una especie de pugna por identificar y comunicar otras palabras que podrían ser ofensivas.* Se mencionó *blackboard* ('pizarra') y *master key* ('llave maestra'): en el primer caso, tal vez porque referirse a cualquier cosa como *negra (black),* aunque lo sea, es considerado racista en los tiempos ultrasensibles en que vivimos; en el segundo caso, por la hipotética relación del término con otras palabras históricamente asociadas con la esclavitud. Mi clienta estaba intentando comprender lo que veía: «Estos debates dan a la gente la sensación superficial de que son buenas, nobles, compasivas, honradas y sabias. Por tanto, si una persona discrepa, ¿cómo podrá entrar en el debate sin ser considerada cruel, estrecha de miras, racista y perversa?».

También le incomodaba que no hubiera nadie en su empresa a quien le pareciera molesto que un grupo determinado de personas se arrogara la autoridad de prohibir palabras (y de menospreciar o incluso disciplinar a quienes seguían usándolas) sin percibir ninguna extralimitación ética por su parte; y sin percibir el peligro de esa censura, que se podría extender fácilmente a las opiniones personales, a los temas de conversación... o, puestos a considerar, a los libros. Al final, creyó que todo el debate constituía un excelente ejemplo de *diversidad, inclusión* e *igualdad,* términos que se han convertido en verdaderos mantras para los departamentos de recursos humanos o aprendizaje y desarrollo (para el que ella trabajaba). Los consideraba «máquinas de adoctrinamiento corporativo y propaganda ideológica», ejemplos de cómo la corrección política tan típica de muchos programas universitarios despliega sus ten-

---

* Me ha dado su permiso expreso para referir toda esta información de esta forma.

táculos sobre la cultura general. Ahora bien, lo más importante fue lo que me preguntó en una de sus cartas: «¿Es este un caso en el que decir basta? ¿Cuándo y dónde paramos? Si una minoría diminuta de gente encuentra hipotéticamente ofensivas algunas palabras, ¿qué? ¿Seguimos prohibiendo palabras hasta el infinito?».

Lo que percibía mi clienta —al menos en lo que a ella le atañía— no era un hecho concreto que, en teoría, podría impulsar a los interesados a seguir una senda peligrosa; lo que percibía era una variedad o secuencia de hechos fáciles de identificar y causalmente relacionados, todos ellos encauzados en la misma dirección. Esos hechos parecían formar un patrón coherente, asociado a una ideología con un fin concreto, tanto de forma explícita como implícita. Es más, parecía que el efecto de esa direccionalidad se había manifestado durante bastante tiempo, no solo en el mundo empresarial en que vivía mi clienta, sino también en el mundo de las convenciones sociales y políticas que rodeaban a la empresa para la que trabajaba. Aunque estaba bastante sola en su departamento (el epicentro de la batalla ideológica que se estaba librando en la empresa), por todas partes veía indicios de que los procesos que la estaban perturbando también estaban surtiendo un efecto perjudicial en otras personas. Y luego estaba el efecto sobre su conciencia. Es importante entender que estas cuestiones no eran conceptos filosóficos menores para ella. La estaban fastidiando muchísimo y le estaban amargando la vida.

Sin duda, que te exijan hacer cosas estúpidas y odiosas te mina la moral. Una persona a la que asignen una tarea absurda o incluso contraproducente se desanimará, si tiene cierto cerebro, y le costará mucho encontrar las ganas de cumplir el cometido. ¿Por qué? Porque su auténtico ser luchará hasta el último aliento contra esa necesidad. Hacemos lo que hacemos porque pensamos que esas cosas son más importantes que todas las demás que podrían serlo. Aquello que valoramos, lo consideramos digno de sacrificio y persecución. Esa valía nos insta a actuar, aunque esa acción sea difícil y arriesgada. Cuando nos piden que hagamos cosas que nos parecen odiosas y absurdas, nos obligan a actuar contra la estructura de valores que nos motivan a seguir adelante con tesón y que nos protegen de caer en la confusión y el terror. «Sé fiel a ti mismo»,[1] señala Polonio en *Hamlet,* de Shakespeare. Ese ser *mismo* —esa mente equilibrada— es en verdad el arca que nos cobija cuando arrecia la tormenta y el nivel del agua sube. Contravenir sus preceptos —sus creencias fundamentales— es llevar nuestro propio barco hacia el iceberg. Infringir los preceptos de ese ser esencial es como hacer trampas en el juego que jugamos con nosotros mismos, sufrir el vacío de la traición y percibir abstractamente y luego experimentar de forma tangible la pérdida que ha de llegar de forma inevitable.

¿Qué precio pagó mi clienta por empezar sucumbiendo a los dictados arbitrarios de sus jefes? Ella era una inmigrante de un país del antiguo bloque soviético y ya había tenido experiencias más que suficientes en su vida con la ideología autoritaria. En consecuencia, el no ser capaz de determinar cómo podía oponerse a lo que estaba pasando la hizo sentir débil y cómplice. Además, ninguna persona medianamente sensata podía seguir motivada para esforzarse en un lugar de trabajo como el suyo, en el que los absurdos conceptuales no solo eran constantes, sino que se fomentaban o, incluso peor, se exigían. Esa *acción* pone en ridículo el propio trabajo productivo; incluso la misma noción del trabajo productivo. De hecho, eso es parte de la auténtica motivación para comportarse así: los que tienen celos de la verdadera competencia y productividad tienen todas las razones para criticar y denigrar el mismísimo concepto de ambas. Así pues, ¿qué hizo con el estado de desmoralización en el que se encontraba?

Mi clienta no confiaba lo suficiente en su puesto ni en la capacidad de sus jefes para entablar una conversación sincera con ellos acerca de sus objeciones, aunque, a juzgar por mis conversaciones con ella, era obvio que tenía muchas ganas de escapar de su situación. Por tanto, empezó a mover los hilos de su retaguardia, por así decirlo. Como trabajaba diseñando proyectos de formación interna para la compañía, como hemos mencionado, pudo empezar a diversificarse ofreciendo sus servicios como ponente en conferencias de empresa. Aunque nunca trató de frente el tema del *flip chart* (y quizá fuera inteligente no hacerlo), alzó la voz contra esta especie de pseudociencia que aqueja a muchas de las opiniones que los directivos, sobre todo en recursos humanos, consideran válidas. Por ejemplo, presentó una serie de pláticas en las que criticaba la popular moda de los *estilos de aprendizaje:* una teoría basada en la premisa de que hay entre cuatro y ocho modalidades diferentes de aprendizaje, y que las personas prefieren unas u otras según sus habilidades a la hora de adquirir nuevas ideas. Entre otros, existen el visual, el auditivo, el verbal, el físico, el lógico, etc.

¿Cuál es el problema de la teoría de los estilos de aprendizaje? Pues, para empezar, que no hay ninguna prueba de su validez. Primero, aunque los estudiantes expresen una preferencia por que se les dé la información de una forma, en vez de otra, hacerles caso y proporcionársela de esa forma no mejora su rendimiento académico.[2] Segundo, no hay pruebas de que los profesores puedan discernir con fidelidad el *estilo de aprendizaje* de sus alumnos, lo cual tiene sentido, dado el primer problema.[3] Así pues, aunque para mi clienta no fue posible afrontar el absurdo particular que la incomodaba, tras planificar y trabajar mucho, sí consiguió hacer frente a la ignorancia que se hacía pasar por conocimiento psicológico entre una parte significativa de la plantilla (y también de otras empresas en que estaba sucediendo lo mismo). En otra época había trabajado como periodista para uno de los periódicos más eminentes de Albania, su país de origen, y decidió marcarse como prioridad el seguir haciéndolo. El sueldo no era para tirar cohetes, pero se ganó una reputación profesional estelar luchando con uñas y dientes por publicar sus ideas, avisando a los compatriotas de su país, antes dominado por los comunistas, de cómo las opiniones totalitarias empezaban a seducir a los occidentales.

¿Qué precio pagó por su decisión de alzar la voz y luchar? Para empezar, se encontró con el miedo a las represalias y con el hecho de que ese miedo —unido al asco que le daban las estratagemas ideológicas incesantes de su lugar de trabajo— estaba disipando su interés por su puesto de oficina y la hacía sentir inepta y cobarde. Tenía que extender sus actividades profesionales: primero, asumiendo el riesgo de ofrecerse como ponente en congresos de empresas (y la gente suele ser muy reacia a hablar en público, un miedo habitual que muchas veces es lo bastante grave para frenar el progreso de una carrera);[4] segundo, aprendiéndose la nomenclatura para hablar de manera creíble e informada; y tercero, presentando material que, dada su naturaleza crítica, amenazaba con ofender a una parte considerable del público (en especial a quienes habían aceptado y estaban difundiendo las teorías que ella desacreditaba). Todo ello la obligaba a hacer frente a su miedo: tanto a la inacción como a la acción. Estos cambios le planteaban un enorme reto, pero la consecuencia fue una expansión de su personalidad y de sus habilidades, además del hecho de saber que estaba contribuyendo de verdad a la sociedad.

Creo que el bien que hacemos, por nimio que parezca, tiene más relación de lo que la gente cree con el bien general del mundo; y lo mismo pienso del mal. Todos somos más responsables de lo que creemos —o de lo que nos sentiríamos cómodos creyendo— del estado en que se encuentra el mundo. Sin la debida atención, la propia cultura tiende hacia la corrupción. La tiranía se agranda poco a poco y nos insta a retroceder dando pasos relativamente cortos. Pero cada paso atrás hace más probable el siguiente. Cada traición a nuestra conciencia, cada acto de silencio (pese al rencor que sentimos cuando se nos silencia) y cada racionalización minan nuestra resistencia y hacen más probable la siguiente restricción. Esto es cierto sobre todo cuando los que abanderan el cambio se deleitan con el poder que han adquirido; y siempre hay personas así. Es mejor dar un paso adelante, con los ojos abiertos, cuando los costos son relativamente bajos y, quizá, cuando las posibles recompensas no se han agotado. Es mejor dar un paso adelante antes de que se haya puesto en entredicho irrevocablemente la capacidad para hacerlo. Por desgracia, la gente a menudo actúa sin hacer caso a su conciencia —incluso a sabiendas— y el infierno se va materializando poco a poco, traición a traición. Y habría que recordar que es raro que las personas se rebelen contra lo que saben que está mal incluso cuando las consecuencias son bastante inanes. Y esto es algo que conviene considerar a fondo si te interesa llevar una vida moralmente responsable: si no alzas la voz cuando las trasgresiones contra tu conciencia son nimias, ¿qué te hace pensar que, cuando se salgan de control, no participarás adrede?

En parte, *Más allá del orden* implica saber cuándo tienes una razón para ello. En parte, *Más allá del orden* implica entender que tu conciencia debe llevar la voz cantante en lo que haces, que se impone a tu obligación social convencional. Si decides alzarte y negarte a cumplir una orden; si haces algo que los demás no aprueban pero crees firmemente que es lo correcto, tienes que poder confiar en ti mismo. Esto quiere decir que tienes que haber intentado vivir una vida honesta, relevante y productiva (precisamente como la de alguien en quien confiarías). Si has actuado de forma honorable y eres una persona de fiar, podrás optar por no acatar, o por actuar de una forma contraria a la generalmente esperada, para ayudar a la sociedad a mantenerse en pie. Al hacerlo, puedes formar parte de la fuerza de la verdad que detiene la corrupción y la tiranía. El individuo soberano, despierto y que escucha a su conciencia es la fuerza que impide que el grupo, en cuanto que estructura necesaria que guía las relaciones normativas sociales, se vuelva ciego y letal.

No quiero concluir este apartado en un tono falsamente optimista. Por las cartas que mi clienta y yo nos seguimos enviando, sé que cambió de trabajo varias veces en los años subsiguientes, de una gran organización a otra. Una vez llegó a tener un buen puesto, en el que podía trabajar en cosas productivas, serias y relevantes. Le iba bien, pero la corrieron tras una reorganización empresarial y, en las empresas en que ha trabajado desde entonces, ha encontrado un clima igual de impregnado de las actuales modas de terminología y política identitaria que en su lugar de trabajo original. Algunos dragones son omnipresentes y no son fáciles de derrotar. Pero sus intentos de hacer frente —su esfuerzo por tumbar teorías pseudocientíficas; su labor como periodista— la protegieron de la depresión y mejoraron su autoestima.

REFUERZA TU POSICIÓN

Cuando la cultura se desintegra porque se niega a admitir su propia patología, o porque no hay héroe visionario, se sume en el caos que lo subyace todo. En esas condiciones, la persona puede decidir sumergirse tanto como se atreva en las profundidades y redescubrir los principios eternos que renuevan la visión y la vida. La alternativa es la frustración, la corrupción y el nihilismo: una sumisión irreflexiva a las falsas palabras del utopismo totalitario y la vida como un esclavo miserable, mentiroso y rencoroso.

Si en vez de eso deseas emprender una gran cruzada —aunque te consideres un mero engranaje—, no tienes por qué hacer cosas que aborrezcas. Debes reforzar tu posición, por más humilde y mezquina que sea, afrontar el fariseísmo organizativo que te mina la moral, hacerle frente al caos subsiguiente, rescatar a tu padre moribundo de las profundidades y vivir una vida auténtica y sincera. De lo contrario, la naturaleza ocultará su rostro, la sociedad se pudrirá y seguirás siendo una marioneta a merced de las fuerzas demoníacas que jalan los hilos tras bambalinas. Y otra cosa: no es culpa tuya. Nadie está predestinado a seguir siendo un títere.

No somos impotentes. Incluso en los escombros de las vidas más descompuestas se pueden encontrar armas útiles. De igual modo, incluso el gigante de aspecto más formidable puede no ser tan omnipotente como dice o parece ser. Piensa que podrías hacer frente; que podrías resistirte y conservar tu alma e incluso tu trabajo. La vida incluso podría depararte un trabajo mejor, si eres capaz de tolerar la idea de la transformación… Si estás dispuesto a verte como alguien que podría —y debería, cosa que quizá es más importante— mantenerse en pie, podrías empezar a detectar las armas a tu disposición. Si lo que haces te lleva a arremeter contra los demás impulsivamente; si lo que haces está acabando con tu motivación para avanzar; si lo que haces y dejas de hacer te hace odiarte a ti mismo y, peor aún, al mundo; si la manera en que vives te impide despertarte feliz por las mañanas; si te asola una sensación ineludible de autoengaño: tal vez estés optando por ignorar esa vocecita ahora apenas perceptible, quizá porque piensas que es algo que solo escuchan los débiles e ingenuos.

Si estás en un trabajo en el que te instan a hacer algo que te hace odiarte —que te hace sentir débil y avergonzado, propenso a estallar contra las personas a las que amas, reacio a ser productivo y harto de tu vida—, es posible que sea la hora de meditar, pensar, planificar y colocarte en una posición en la que puedas decir no.* Tal vez te ganes más respeto de las personas a las que te opones en términos morales, aunque podrías pagar un alto precio por tus actos de todas formas. Quizá hasta lleguen a replantearse su postura; si no ahora, más adelante (puesto que ellos también podrían tener algunos remordimientos de conciencia).

SOLUCIONES PRÁCTICAS

Quizá también deberías prepararte para dar un paso al lado; cambiar de trabajo, por ejemplo, y decir: «Este trabajo me es-

---

* Quizá no solo una vez, porque tu reacción sería demasiado impulsiva; quizá no solo dos veces, porque no sería una prueba de suficiente peso para arriesgarte a iniciar una auténtica guerra; sino claramente tres veces, cuando se ha establecido sin duda un patrón.

tá embotando los sentidos y la verdad es que no es para mí. Es la hora de dar los pasos duros y necesarios para organizar mi currículum e iniciar la búsqueda difícil, agotadora y a menudo estéril de un nuevo trabajo» (aunque solo tienes que conseguirlo una vez). Quizá puedas encontrar algo mejor pagado, más interesante y donde trabajes con personas que no solo no te minen la moral, sino que te rejuvenezcan. Es posible que seguir los dictados de la conciencia sea el mejor plan posible. De lo contrario, te vas a ver obligado a vivir como mínimo sintiendo que te engañas a ti mismo y sabiendo que estás aguantando algo que realmente te supera. No tiene nada de bueno.

Me podrían despedir. Pues bien, prepárate para buscar y aprender otro trabajo, con suerte mejor (o prepárate para saltarte la cadena de mando y presentar un argumento bien definido y articulado). Y no asumas de buenas a primeras que dejar el trabajo, o ser despedido, es necesariamente lo peor.

Me da miedo cambiar. En fin, claro que te da miedo, pero ¿en comparación con qué? ¿Más miedo que continuar en un trabajo donde está en juego la esencia de tu ser; donde los años te van volviendo más débil, deleznable, huraño y propenso a la presión y la tiranía? Hay pocas elecciones en la vida en que ninguna de las opciones entrañe algún riesgo. A menudo hay que sopesar con el mismo esmero los peligros de quedarse que los de cambiar. He visto a muchas personas cambiar de trabajo, a veces tras varios años de trazar planes, y acabar en un estado psicológico y pragmático mejor después de su travesía por el desierto.

Tal vez no me quiera nadie más. A ver, el índice de rechazo en nuevas solicitudes de trabajo es sumamente elevado. Yo digo a mis clientes que esperen un índice de cincuenta a uno para crearse unas expectativas razonables. En muchas ocasiones te van a descartar para puestos para los que sí estás cualificado. Pero pocas veces será algo personal. Lo cierto es que es una condición de la existencia; una consecuencia inevitable de la sujeción un tanto arbitraria a las condiciones ambivalentes del valor que caracterizan a la sociedad. Es la consecuencia de que los currículums sean fáciles de diseminar y difíciles de procesar; de que en muchos trabajos hay candidatos internos que no conocemos (y que simplemente se presentan por presentarse); y de que algunas compañías guardan un registro actualizado de solicitantes en caso de que necesiten contratar enseguida. Este es un problema actuarial, un problema estadístico; un problema numérico, y no tiene por qué ser indicio de un defecto propio. Debes tener en consideración ese realismo pesimista a la hora de crearte expectativas para no descorazonarte sin motivo. Ciento cincuenta solicitudes cuidadosamente elegidas; entre tres y cinco entrevistas. La misión te podría llevar un año o más. Es mucho menos que una vida entera de miseria y espiral negativa. Pero tampoco es nada. Tienes que fortificarte para ello, planificar y recabar apoyos de las personas que entienden qué te propones y que están al tanto de la dificultad y de las opciones.

También puede que tengas subdesarrolladas tus habilidades y que puedas mejorar el rendimiento laboral para aumentar las probabilidades de que te contraten. No tienes nada que perder. Ante una fuerza corrupta, no puedes decir que no con brío si no tienes opciones para cambiar. Por tanto, tienes la obligación moral de colocarte en una posición de fuerza relativa y de hacer lo necesario para usarla. También es posible que tengas que valorar los peores escenarios y comentarlos con quienes se van a ver afectados por tus decisiones. Pero has de saber que quedarte donde no deberías estar podría ser el auténtico peor escenario: uno que te arrastra y te mata lentamente durante décadas. No es una buena muerte, aunque sea lenta, y la mayor parte de ella denota la impotencia que hace a la gente envejecer con rapidez y desear el fin de su carrera y, peor, de su vida. No es ninguna mejora. Y como dice el antiguo y cruel cliché: si tienes que cortarle la cola a un gato, no lo hagas de centímetro en centímetro. Es probable que tengas que esperar penosamente unos cuantos años para que te reconozcan, que tengas que mandar cuatro, cinco o diez solicitudes de trabajo a la semana, sabiendo perfectamente que la mayoría serán rechazadas de un plumazo. Pero solo te tiene que tocar la lotería una vez; y es mejor unos años de estrechez abrigando esperanzas que una vida entera de desánimo por tener una carrera degeneradora y opresiva.

Aclaremos una cosa: no se trata solo de odiar el trabajo porque te fuerza a levantarte temprano por la mañana, o a ir a la oficina cuando hace demasiado calor, frío, viento o sequedad, o cuando estás abatido y solo quieres acurrucarte en la cama. No se trata de la frustración que aparece cuando te piden hacer cosas penosas o necesarias como vaciar los botes de la basura, barrer, limpiar los baños u ocupar de cualquier otra manera el lugar humilde, pero merecido, al pie de la jerarquía de competencias, o incluso ser el trabajador de menos antigüedad. El rencor que despiertan estas labores necesarias suele ser solo la ingratitud; la incapacidad de aceptar un puesto modesto al principio; la reticencia a aceptar el puesto del Loco; la arrogancia y falta de disciplina. La negativa a escuchar a la conciencia no tiene nada que ver con la irritación por ocupar un estatus tristemente bajo.

En verdad, ese rechazo —esa traición del alma— es el hecho de que te pidan desempeñar un trabajo ostensiblemente contraproducente, absurdo o inútil; tratar a los otros de manera injusta y mentir sobre ello; engañar, traicionar a tu yo del futuro; soportar torturas y abusos innecesarios y observar en silencio cómo otros sufren el mismo trato. Ese rechazo es hacer la vista gorda, aceptar decir y hacer cosas que contravienen tus valores más fundamentales y convertirte en un tramposo en tu propio juego. Y no cabe duda de que la vía al infierno, personal y socialmente, no se asfalta con buenas intenciones, sino más bien adoptando actitudes y haciendo cosas que perturban sí o sí a tu conciencia.

No hagas lo que aborreces.

REGLA 6

ABANDONA LA IDEOLOGÍA

DONDE NO TOCA

Después de publicar mi último libro, mi esposa Tammy y yo nos embarcamos en una larga gira de conferencias por el mundo anglosajón y buena parte de Europa, sobre todo por el norte. La mayoría de los teatros en los que hablé eran antiguos y bonitos. Me encantó visitar edificios con una historia arquitectónica y cultural tan rica, donde habían tocado muchas de las bandas que adorábamos y donde otros artistas habían vivido grandes momentos. Reservamos ciento sesenta teatros, normalmente con aforos de entre dos mil quinientas y tres mil personas (aunque en Europa había locales más pequeños y en Australia, más grandes). Me quedé pasmado al ver que mis pláticas reunían a tantos oyentes y que pareciera haber público en todas partes. Y sigo sin creerlo. Mis apariciones en YouTube y en pódcast me sorprenden igual; y en mis propios canales, en entrevistas de otros canales y en un sinfín de videos cortos que la gente ha decidido cortar de mis pláticas y extensos debates con periodistas. Se han visto o escuchado cientos de millones de veces. Y, por último, está el libro mencionado, que cuando se publique este volumen habrá vendido unos cuatro millones de ejemplares en inglés y se habrá traducido a cincuenta idiomas más, si las cosas continúan como hasta ahora. No es nada fácil saber qué pensar de tener un público como ese.

¿Qué ocurre? Es algo que causaría desconcierto, cuando menos, a cualquier persona con dos dedos de frente. Parece que mi trabajo consiste en hablar de algo que falta en la vida de mucha gente. Como he mencionado antes, baso buena parte de lo que digo en las ideas de grandes psicólogos y otros pensadores, cosa que debería valer para algo. Pero también he estado dando muchas vueltas a qué otras cosas más específicas, si las hay, podrían atraer la atención de la gente. Para discernir exactamente qué, me he basado en dos fuentes de información. La primera es la respuesta de las personas que conozco justo al terminar una de mis pláticas, o cuando me paran por la calle, en cafés de aeropuerto u otros sitios públicos.

En una ciudad norteamericana del Medio Oeste (creo que pudo ser Louisville), un joven se me acercó tras una conferencia y dijo: «Seré breve. Hace dos años salí de la cárcel. No tenía casa y estaba arruinado. Empecé a escuchar sus pláticas y ahora tengo un trabajo de tiempo completo, tengo departamento propio y mi esposa y yo acabamos de tener a nuestra primera hija. Gracias». Dijo ese *gracias* mirándome directamente a los ojos, dándome un firme apretón de manos, y contó su relato con convicción. Y aunque la historia que acabo de narrar fuera quizá un poco más peculiar de lo normal, hay otros que me cuentan anécdotas similares por la calle, a menudo entre lágrimas. Me cuentan sus buenas noticias, esas noticias privadas que solo compartes con personas a quienes puedes contar estas cosas sin miedo. Y me siento de lo más privilegiado por ser una de esas personas, aunque te agota un poco a nivel emocional ser el destinatario de continuas revelaciones personales, por más que sean tan positivas (o quizá incluso porque lo son). Me parece desgarrador ver qué poco ánimo y orientación han recibido tantas personas y cuánto bien puede surgir de dárselo. «Sabía que lo conseguirías» es un buen comienzo y contribuye mucho a aliviar parte del dolor innecesario en el mundo.

Así pues, la gente me cuenta sin parar historias de ese tipo, en muchas versiones distintas. Cuando nos conocemos en persona, también descubro que les gustan mis pláticas y lo que he escrito porque lo que digo y escribo les aporta las palabras que necesitan para expresar cosas que ya saben, pero que son incapaces de articular. A todo el mundo le viene bien poder representar explícitamente lo que ya entiende de forma implícita. A menudo me asaltan dudas sobre el papel que desempeño, y el hecho de que la gente piense que mis palabras coinciden con sus ideas de fondo —aunque no materializadas o verbalizadas hasta entonces— me tranquiliza y me ayuda a conservar la fe en lo que he aprendido, reflexionado y ahora compartido tan públicamente. Ayudar a la gente a cerrar la brecha entre lo que intuye en lo más íntimo y lo que es capaz de expresar parece una función lógica y valiosa para un intelectual conocido. Y luego está la información final que guarda relación con lo que sea que estoy logrando. Lo he extraído como fruto directo de las pláticas que he tenido tantas oportunidades de dar. Es un privilegio y un regalo poder hablar tantas veces a grandes asambleas. Es una oportunidad de juzgar en vivo el *zeitgeist*, el espíritu del tiempo. También me permite formular y juzgar de inmediato la transmisibilidad y la capacidad de llamar la atención de las nuevas ideas, de modo que puedo valorar su calidad, al menos en parte. Esto ocurre cuando observo cómo responde el público durante la plática.

En la regla 9 de *12 reglas para vivir*, «Da por hecho que la persona a la que escuchas puede saber algo que tú no sabes», sugiero que, al hablar con una gran concurrencia, hay que fijarse también en personas concretas, pues la muchedumbre es una especie de ilusión. No obstante, puedes incrementar tu atención visual individualizada haciendo dos cosas al unísono: escuchar a todo el grupo, de forma que oyes como se revuelven, ríen, tosen o hacen lo que sea que estén haciendo, y centrarte en individuos específicos. Lo que te interesa ver de la persona que tienes delante es una atención embelesada. Lo que esperas oír de la muchedumbre es un silencio sepulcral. No quieres oír ni una mosca. Si lo logras, significa que tus oyentes no se han distraído con cualquiera de las muchas cosas que podrían estar pensando. Si vas a un espectáculo y lo que ves no te fascina por completo, empiezas a darte cuenta de que no estás del todo cómodo donde estás sentado y no dejas de moverte. Te adentras en tus pensamientos. Te pones a pensar en lo que tienes que hacer mañana. Susurras algo al oído de la persona que tienes al lado. Todo eso se convierte en malestar entre el público y en un ruido de fondo. Pero si tú, el conferencista, al hablar estás bien colocado en el escenario, tanto física como anímicamente, nadie te quitará los ojos de encima mientras hables, nadie hará ni un ruidito. Y todo eso te dice qué ideas tienen fuerza.

A medida que observaba y escuchaba así al público en las conferencias que daba, iba dándome cuenta de que todos los oyentes, sin excepción, se quedaban en un silencio absoluto cuando mencionaba un tema concreto: la responsabilidad, el mismo tema que hemos destacado en este libro como la regla 4: «Piensa que la oportunidad reluce allí donde se ha renunciado a la responsabilidad». La respuesta era fascinante y nada predecible. La responsabilidad no es fácil de vender. Los padres siempre se han esforzado mucho por que sus hijos sean responsables. La sociedad intenta hacer lo mismo por medio de sus instituciones educativas, las becas formativas, las organizaciones de voluntariado y los clubs. Incluso podrías considerar la inculcación de responsabilidad el propósito fundamental de la sociedad. Pero algo ha salido mal. Hemos cometido un error, o una serie de errores. Hemos invertido demasiado tiempo (buena parte de los últimos cincuenta años) en reclamar ávidamente derechos, por ejemplo, pero ya no pedimos suficiente de los jóvenes a quienes estamos socializando. Llevamos décadas diciéndoles que exijan a la sociedad lo que se les debe. Les hemos estado mandando el mensaje de que, al hacer esas exigencias, se les revelarán los significados importantes de la vida, cuando deberíamos haber estado haciendo lo contrario: hacerles saber que el significado de la vida en toda su tragedia y decepción se encuentra llevando una carga noble. Como no lo hemos hecho, han crecido buscando donde no toca. Y por eso son vulnerables: vulnerables a las respuestas fáciles y susceptibles a la fuerza entumecedora del rencor. ¿Qué ha ocurrido en la historia para que estemos en esta situación? ¿Cómo aparecieron esta vulnerabilidad y susceptibilidad?

QUIZÁ SOLO ESTÉ DURMIENDO

En el último cuarto del siglo XIX, el filósofo alemán Friedrich Nietzsche proclamó su famosa frase: «Dios ha muerto». Esta afirmación se ha vuelto tan famosa que incluso se puede encontrar garabateada en los baños públicos, donde a veces se presenta de la forma siguiente: «"Dios ha muerto", Nietzsche. "Nietzsche ha muerto", Dios». Nietzsche no hizo esta afirmación en un tono narcisista o triunfante. La opinión del gran pensador provenía de su miedo a que todos los valores judeocristianos en que se basaba la civilización occidental hubieran sucumbido peligrosamente a la crítica racional casual, y que el axioma más importante en el que se fundamentaba —la existencia de una deidad trascendental y todopoderosa— se había puesto seriamente en duda. De ello, Nietzsche extrajo la conclusión de que todo se iba a desmoronar al cabo de poco, con catastróficas consecuencias psicológicas y sociales.

No hay que ser un lector muy atento para darse cuenta de que, en *La gaya ciencia,* Nietzsche describía a Dios como «lo más sagrado y poderoso que poseía el mundo»; y a los seres humanos, como «asesinos entre todos los asesinos».[1] No son las descripciones que esperarías de un racionalista triunfante que celebrara la muerte de la superstición. Era más bien una declaración de absoluta desazón. En sus otras obras, sobre todo en *La voluntad de poder,* Nietzsche describió lo que ocurriría en el siglo siguiente y en los subsiguientes debido a este acto homicida.[2] Según su profecía (el término correcto para ello), acarrearía dos consecuencias principales —presuntamente antitéticas, aunque ligadas de forma inseparable y causal— asociadas a la muerte del ritual, la historia y la fe tradicional.

Según Nietzsche, como el propósito de la vida humana se volvía nebuloso fuera de la estructura clara del pensamiento monoteísta y del sentido vital que propugnaba, viviríamos un auge existencialmente desolador de nihilismo. Como alternativa, decía, la gente recurriría a una ideología rígida y totalitaria: el sustituto de las ideas humanas para el trascendente Padre de Toda la Creación. La duda que nos carcome y la certidumbre que nos aplasta: esas fueron las dos alternativas que pronosticó Nietzsche para lo que iba a suceder tras la muerte de Dios.

El sensacional novelista ruso Fiódor Dostoyevski abordó el mismo tema que Nietzsche —más o menos al mismo tiempo— en su obra maestra *Los demonios*.[3] El protagonista de esa novela, Nikolái Stavrogin, abriga los mismos ideales que acabaron dando pie al comunismo revolucionario, aunque en la ficción vive décadas antes de que estallen los fuegos artificiales que desembocaron en la formación de la Unión Soviética. Para Dostoyevski, la aparición de estos ideales no era una buena noticia. Según su opinión, la adopción de una ideología utópica rígida e integral, fundamentada en unos pocos axiomas aparentemente evidentes, entrañaba un riesgo político y espiritual que podía superar de lejos la brutalidad de todo lo ocurrido en el pasado religioso, monárquico o incluso pagano. Dostoyevski, como Nietzsche, lo vio venir casi cincuenta años antes de la revolución leninista en Rusia. ¡Ahí es nada! Ese nivel incomprensible de capacidad profética sigue siendo un ejemplo fantástico de cómo el artista y su intuición arrojan luz sobre el futuro mucho antes de que lo vean los demás.

Tanto Nietzsche como Dostoyevski predijeron que el comunismo parecería terriblemente atractivo —una alternativa en apariencia racional, coherente y moral a la religión y el nihilismo— y que las consecuencias serían letales. El primero escribió lo siguiente con su inconfundible estilo mordaz, irónico y brillante: «De hecho, deseo incluso que se hagan varios experimentos para demostrar que, en la sociedad socialista, la vida se niega a sí misma y cercena *motu proprio* sus raíces. La tierra es lo bastante grande y el hombre aún tiene el vigor suficiente para que, a mi entender, valga la pena una lección práctica de este tipo y una *demonstratio ad absurdum* —incluso si solo se consiguiera gastando una cantidad ingente de vidas—».[4] El socialismo al que se refería Nietzsche no era la versión más o menos atenuada que luego se hizo popular en el Reino Unido, los países escandinavos y Canadá, que a menudo tenía un interés sincero en mejorar la vida de la clase trabajadora, sino el colectivismo a gran escala de Rusia, China y una infinidad de países más pequeños. Aún está por ver si hemos aprendido de verdad la «lección práctica», la demostración de lo absurdo de la doctrina, a raíz de la predicción de Nietzsche sobre la «cantidad ingente de vidas» que se perderían.

Al parecer, Nietzsche adoptó sin reparos la idea de que el mundo era objetivo y carecía de valor, tal como postulaban las nacientes ciencias físicas. Esto solo le dejó una vía para escapar del nihilismo y el totalitarismo (criticada, sobre todo por los psicoanalistas): la aparición de un individuo lo bastante fuerte para forjar sus propios valores, proyectarlos sobre una realidad sin valor y regirse por ellos. Sugirió que, con la muerte de Dios, habría de aparecer un nuevo tipo de hombre —el *Übermensch* (el superhombre)— para que la sociedad no acabara yendo a la deriva y chocando contra los rocosos bajíos de la desesperación y del exceso de teorías políticas. Por consiguiente, las personas que toman esta ruta, esta alternativa al nihilismo y al totalitarismo, deben producir su propia jerarquía de valores.

Sin embargo, los psicoanalistas Freud y Jung pusieron fin a esa noción, al demostrar que no tenemos suficiente control sobre nosotros mismos para crear valores a conciencia. Es más, hay pocos indicios de que ninguno de nosotros tenga el talento para crearse *ex nihilo* —de la nada—, sobre todo atendiendo a las extremadas limitaciones de nuestra experiencia, los sesgos de nuestra percepción y lo efímero de nuestras vidas. Conociendo nuestra naturaleza —que tantas veces nos domina—, solo un necio se atrevería a afirmar que tenemos un control suficiente de nosotros mismos para crear, en vez de descubrir, qué valoramos. Somos capaces de la experiencia reveladora espontánea, tanto artística como inventiva y religiosa. Descubrimos nuevas cosas sobre nosotros mismos constantemente, para nuestro deleite; y también a nuestro pesar, porque muchas veces nos vencen nuestras emociones y motivaciones. Luchamos contra nuestra naturaleza. Negociamos con ella. Pero no está nada claro que el individuo llegue alguna vez a ser capaz de idear los nuevos valores que Nietzsche ansiaba con tanto fervor.

El argumento de Nietzsche adolece de otros problemas. Si cada uno vive conforme a los valores que él mismo ha creado y proyectado, ¿qué queda que nos una? Este es un dilema filosófico de primer orden. ¿Cómo podría una sociedad de *Übermensch* impedir que todo el mundo estuviera siempre en conflicto, a menos que hubiera algo comparable acerca de los valores que hubieran creado? Por último, no está nada claro que hayan existido jamás superhombres así. Antes bien, en el último siglo y medio, con la crisis moderna del sentido vital y el auge de países totalitarios como la Alemania nazi, la Unión Soviética y la China comunista, parece que hemos acabado en el mismo estado nihilista o ideológicamente monopolizado que Nietzsche y Dostoyevski temían, acompañado precisamente por esas catastróficas consecuencias sociológicas y psicológicas que predijeron.

Tampoco está nada claro que el valor, por más subjetivo que parezca, no sea una parte integral de la realidad, pese a la utilidad innegable del método científico. La máxima científica primordial que nos legó la Ilustración —que la realidad es el dominio exclusivo de lo objetivo— plantea un reto fatal para la experiencia religiosa, si es que esta es en esencia subjetiva (y parece que es así). Sin embargo, hay algo que complica la situación y que reside entre lo subjetivo y lo objetivo: ¿y si hay experiencias que se suelen manifestar a una persona en un instante (como se dice de muchas de las revelaciones), pero parecen formar un patrón relevante cuando se analizan en conjunto? Esto indica que ocurre algo que no es solo subjetivo, aunque no sea fácil de precisar con los actuales métodos científicos. También podría ser que el valor de algo sea demasiado idiosincrático —es decir, que dependa lo suficiente de las particularidades del tiempo, del lugar y del individuo que lo experimenta— como para poder fijarlo y replicarlo de la forma necesaria para que exista como objeto científico. En definitiva, esto no significa que el valor no sea *real:* solo significa que es tan complejo que aún no puede amoldarse a la visión científica, y quizá nunca pueda. El mundo es un lugar muy extraño. A veces, la descripción metafórica o narrativa de la cultura y la representación material tan propia de la ciencia parecen tocarse; es cuando todo encaja, cuando la vida y el arte se reflejan entre sí.

La psique —el alma— que produce o recibe esas experiencias parece inequívocamente real; la prueba esencial de ello radica en nuestros actos. Por norma, todos asumimos la realidad de nuestra existencia individual y de nuestras experiencias conscientes y concedemos la misma cortesía a los demás (o a las demás cosas). No es nada irracional sugerir que esa existencia y experiencia están sustentadas por una profunda estructura biológica y física. Las personas con gusto por el psicoanálisis seguro que lo piensan, igual que muchos que estudian la psicología biológica, sobre todo si hacen hincapié en la motivación y la emoción.[5] Esa estructura, dada por sentada por científicos y gente común y corriente por igual, parece manifestar la experiencia religiosa como parte de su función básica; y esa función religiosa es lo bastante común en las personas para que podamos al menos comprender qué significa *experiencia religiosa,* sobre todo si hemos tenido una vivencia de ese tipo en algún momento de nuestra vida.

¿Qué implica esto? Quizá, que cada individuo puede descubrir en solitario el verdadero significado de la vida, aunque en comunicación con otras personas, pasadas y presentes. Por tanto, podría muy bien ser que el verdadero significado de la vida no se hallara en lo objetivo, sino en lo subjetivo (aunque también universal). La existencia de la consciencia, por ejemplo, lo respalda un poco, igual que el hecho de que las experiencias religiosas se pueden inducir químicamente de forma fiable, así como a través de prácticas como la danza, el canto, el ayuno y la meditación. Asimismo, el hecho de que las ideas religiosas puedan aunar a una multitud de gente bajo un único paraguas moral (aunque esas ideas también se pueden dividir en sectas) denota algo universal que nos llama desde dentro. ¿Por qué asumimos tan deprisa que nada de ello es real, dado su carácter aparentemente común y necesario?, ¿dada también la seguridad casi absoluta de que la capacidad de atribuir valor es una función inmemorial que ha ido evolucionando, seleccionada por la propia realidad que estamos intentando definir y entender?

Hemos visto las consecuencias de aquellas alternativas totalitarias por las que, en teoría, el colectivo debe soportar los pesos de la vida, señalizar el camino correcto y transformar el mundo terrible en la utopía prometida. Los comunistas diseñaron una filosofía atractiva para las personas justas, pero también para las envidiosas y crueles. Quizá el comunismo podría haber llegado a ser una solución viable a los problemas de distribución desigual de riqueza en la edad industrial, si todos los supuestos oprimidos hubieran sido bondadosos y todo el mal se hubiera concentrado, como estipula su hipótesis, en sus cabecillas burgueses. Por desgracia para los comunistas, una parte considerable de los oprimidos eran incompetentes, inconscientes, estúpidos, desobedientes, ansiosos de poder, violentos, rencorosos y celosos, mientras que una parte considerable de los opresores eran educados, capaces, creativos, inteligentes, honestos y atentos. Cuando el frenesí de la deskulakización barrió la recién creada Unión Soviética, la propiedad fue redistribuida por asesinos vengativos y envidiosos que se la estaban arrebatando violentamente a granjeros que, por lo general, eran competentes y dignos de confianza. Una consecuencia imprevista de esa *redistribución* de buena fortuna fue la hambruna de seis millones de ucranianos en los años treinta, en una de las tierras más fértiles del mundo.

Por supuesto, los otros grandes villanos del siglo XX, los nacionalsocialistas de Alemania, también fueron ideólogos convincentes y peligrosos. Se ha planteado que los acólitos de Hitler se inspiraron en la filosofía de Nietzsche. Esta premisa podría tener algo de cierto en un sentido perverso, dado que sin duda estaban tratando de crear sus propios valores, aunque no como los individuos cuyo desarrollo promovía el filósofo. Es más lógico decir que Nietzsche identificó las condiciones culturales e históricas que hicieron muy probable el auge de ideas parecidas a las que propugnaban los nazis. Los nazis intentaban crear un hombre poscristiano y posreligioso perfecto, el ario ideal, y sin duda forjaron ese ideal de una manera que no casaba con los dictados del judaísmo ni del cristianismo. Así, el ario perfecto podía ser un *hombre superior,* y no cabe duda de que los nazis lo concibieron así. Esto no significa que su ideal guardara ningún parecido con el ideal nietzscheano. Más bien lo contrario: Nietzsche era un admirador ferviente del individualismo y habría considerado la idea del hombre superior como una creación estatal tan absurda como aborrecible.

LA ATRACCIÓN FATAL DEL FALSO ÍDOLO

Piensen en aquellos que no han llegado al extremo de adoptar las ideologías refutadas de los marxistas leninistas y los nazis, pero que siguen teniendo fe en los ismos comunes del mundo moderno: el conservadurismo, el socialismo, el feminismo (y todo tipo de doctrinas de raza y género), el posmodernismo y el ecologismo, entre otros. Todos son monoteístas, en términos prácticos; o adoradores politeístas de un pequeño elenco de dioses. Estos dioses son los axiomas y las creencias básicas que se tienen que aceptar, *a priori,* más que demostrar, antes de poder adoptarse el sistema de creencias. Y cuando esos dioses se aceptan y se aplican en el mundo, avalan la ilusión de que se ha generado conocimiento.

En sus fases iniciales, el proceso por el que se puede generar un sistema *ista* es simple, pero su aplicación es lo bastante barroca para imitar (y reemplazar) la auténtica teorización productiva. El ideólogo empieza eligiendo unas cuantas abstracciones que, representadas en baja resolución, ocultan trozos enormes e indiferenciados del mundo. Algunos ejemplos son *la economía, la nación, el medio ambiente, el patriarcado, la gente, los ricos, los pobres, los oprimidos* y *los opresores.* El uso de términos paraguas hipersimplifica fenómenos que, en verdad, son muy diversos y complejos. Esa complejidad enmascarada explica, en parte, por qué los términos acaban teniendo tanto peso emocional. Hay muchas razones, por ejemplo, por las que las personas son pobres. La falta de educación, las familias desestructuradas, los barrios con altos índices de delincuencia, el alcoholismo, la drogadicción, la criminalidad y la corrupción (con la explotación política y económica consiguiente), los trastornos mentales, la carencia de un plan vital (o incluso el hecho de no darse cuenta de que es posible o necesario elaborar ese plan), la poca seriedad, la mala fortuna geográfica, el cambio del sistema económico y la consiguiente desaparición de sectores laborales enteros, la alta propensión para que los ricos se hagan más ricos todavía y los pobres se hagan más pobres, la poca creatividad/el interés empresarial, el desánimo… Estas son solo algunas de las muchas fuerzas que generan pobreza. La solución para cada una de ellas, asumiendo que exista, no es para nada la misma y los villanos que se ocultan detrás de cada presunta causa diferenciable no son los mismos, asumiendo también que haya villanos.

Todos estos problemas exigen análisis concienzudos y concretos, seguidos por una serie de múltiples soluciones posibles y una evaluación cuidadosa de esas soluciones para garantizar que están surtiendo el efecto deseado. No es habitual que se aborde ningún problema social grave de forma tan metódica. También es raro que las soluciones, aunque generadas con un proceso metódico, produzcan el resultado deseado. La enorme dificultad de sopesar los problemas con suficiente detalle para dilucidar sus causas, seguida por la dificultad igualmente extrema de generar y probar soluciones concretas, basta para disuadir incluso a las personas más decididas de atreverse a afrontar un verdadero cáncer de la humanidad. Como el teórico se puede colocar en el lado moral de la ecuación sin el esfuerzo real necesario para hacerlo válidamente, es mucho más fácil y gratificante a nivel personal reducir el problema a algo simple y proveerlo de un malhechor al que se pueda hacer frente desde la moral.

Después de desgranar el mundo en trozos grandes e indiferenciados, de describir el/los problema/s que los caracteriza/n y de identificar a los villanos pertinentes, el teórico *ista* plantea una pequeña cantidad de premisas o fuerzas explicativas que, en realidad, sí podrían contribuir a la comprensión o la existencia de esas entidades abstractas. Entonces, les concede un poder causal primordial, al tiempo que ignora otros factores de igual o mayor importancia. Para ello, lo más eficaz es utilizar un sistema motivacional principal o un hecho o supuesto sociológico a gran escala. También es bueno seleccionar esos principios explicativos por una razón tácita negativa, resentida y destructiva; y, después, convertir en tabú esta última y la razón de su existencia tanto para el ideólogo como para sus seguidores (por no decir nada de los críticos). A continuación, el falso teórico firma una teoría *post hoc* sobre cómo cada fenómeno, por más complejo que sea, se puede considerar una secuela del nuevo sistema integral. Por último, surge una escuela de pensamiento que propaga los métodos de esta reducción algorítmica, sobre todo cuando el pensador espera ganar un dominio en el mundo conceptual y real, y se criminaliza implícita o explícitamente a quienes se niegan a adoptar el algoritmo o critican su uso.

En estas prácticas y estos juegos, los intelectuales incompetentes y corruptos se mueven como peces en el agua. Los primeros en jugar un juego de este tipo suelen ser los más hábiles. Tejen una historia alrededor del principio causal elegido, demostrando cómo esa fuerza motivacional presuntamente primaria contribuyó en gran medida a un aspecto determinado de la actividad humana. A veces es incluso útil, pues esta actividad podría arrojar luz a cómo una motivación —no debatida o sopesada hasta el momento por ser considerada tabú— podría desempeñar un papel más relevante en la conducta y la percepción humana de lo que antes se consideraba aceptable (esto es lo que pasó, por ejemplo, con Freud y su énfasis en el sexo). Sus prosélitos, desesperados por entrar en una nueva jerarquía hegemónica en la que puedan escalar, pues la antigua está a rebosar de inquilinos, se enamoran de esa historia. Al hacerlo, y al ser menos espabilados que aquellos a quienes siguen, pasan sutilmente de usar *contribuyó* o *afectó* a *causó*. El creador original, satisfecho con la aparición de seguidores, también da alas a esa tendencia. O se opone, pero da igual. El culto ya ha comenzado.

Esta clase de teorización es particularmente atractiva para personas inteligentes pero perezosas. El cinismo también ayuda, como la arrogancia. Se convencerá a los nuevos adeptos de que la educación consiste en aprender este juego y se les enseñará a criticar teorías alternativas, métodos diferentes y, con el tiempo, la propia noción del hecho. Y si se viste la teoría de vocabulario impenetrable, aún mejor. Los posibles críticos necesitarán un tiempo valioso para aprender simplemente a descodificar los argumentos. Y un aura de la conspiración impregna enseguida la escuela en que se produce esa *educación.* Poco a poco, esa actividad se convierte en lo único permitido: no critiques la teoría y no destaques. Protege tu renombre. No saques malas notas ni recibas malos comentarios por expresar una opinión tabú. E incluso cuando esto no ocurre en la práctica, el miedo por que pueda suceder mantiene callados a muchos alumnos y profesores, o a empleados y jefes.

Freud, como hemos señalado, trató de reducir la motivación a la sexualidad, a la libido. Cualquiera que sea lo bastante culto, inteligente y hábil con las palabras puede hacer lo mismo con bastante acierto. El motivo es que *sexualidad* (como cualquier término poliédrico) es una palabra que se puede definir con la flexibilidad necesaria para propósitos ampliamente explicativos. Se defina como se defina, el sexo es un fenómeno biológico crucial —clave para la propia vida compleja— y, por tanto, es posible detectar y es plausible inventar su influencia en cualquier campo importante de estudio y, luego, exagerarla, al tiempo que se quita importancia a otros factores significativos. De esta manera, el único principio explicativo se puede expandir indefinidamente, con arreglo a las exigencias que van apareciendo.

Marx hizo lo mismo cuando describió al hombre con su filosofía esencialmente económica y de clase; y cuando describió la historia como el eterno campo de batalla entre la burguesía y el proletariado. Todo se puede explicar mediante un algoritmo marxista. Los ricos son ricos porque explotan a los pobres. Los pobres son pobres porque son explotados por los ricos. Toda desigualdad económica es reprobable, improductiva y una consecuencia de la injusticia fundamental y de la corrupción. Por supuesto, las observaciones de Marx —como las de Freud— tienen cierto valor. La clase es un elemento importante de las jerarquías sociales y tiende a mantener cierta estabilidad a lo largo del tiempo. El bienestar económico, o la ausencia de él, es vital. Y el hecho execrable de la distribución de Pareto[6] —la tendencia de los que más tienen a acumular más, lo cual parece concurrir en todos los sistemas económicos— sí significa que la riqueza se va amontonando en manos de una minoría de personas. No obstante, la gente que conforma esa minoría sí cambia drásticamente, al margen de la estabilidad de clase citada.[7] Esa es una idea crucial, pero, por desgracia, el hecho de que los supuestos ricos siempre sean minoría —y una minoría pequeña, cabe decir— parece inmutable.

Sin embargo, más allá de sus presuntas virtudes, la aplicación del marxismo fue un desastre en todos los sitios donde se probó; y eso ha espoleado intentos de sus supuestos adeptos de hoy, que no han aprendido nada y que presentan sus ideas bajo nuevas fachadas, y siguen como si nada importante hubiera cambiado. Pensadores sumamente influenciados por Marx y con un peso enorme en el mundillo académico actual, como Michel Foucault y Jacques Derrida, modificaron la simplificación marxista. En esencia, lo hicieron reemplazando *economía* por *poder*, como si el poder fuera la única fuerza motivadora detrás de todo lo que hacemos los humanos (en vez de la autoridad competente, por ejemplo, o la reciprocidad de actitud y acción).

La reducción ideológica de este tipo es el sello distintivo de los pseudointelectuales más peligrosos. Los ideólogos son el equivalente intelectual de los fundamentalistas: son inflexibles y rígidos. Su arrogancia y la autoridad moral de la que presumen para la ingeniería social es igual de profunda y peligrosa. Podría ser incluso peor: los ideólogos se agencian la propia racionalidad. Así, tratan de justificar sus premisas como lógicas y sensatas. Al menos los fundamentalistas admiten su devoción por algo que simplemente creen de forma arbitraria. Son mucho más honestos. Es más, los fundamentalistas tienen lazos que los unen con lo trascendente. Esto quiere decir que Dios, el centro de su universo moral, está fuera y por encima del entendimiento completo, según el propio credo del fundamentalista. Si se les fuerza, los judíos de derechas, los extremistas islámicos y los cristianos ultraconservadores tienen que admitir que Dios es en esencia misterioso. Esta concesión pone algo de límite a sus pretensiones, como individuos, respecto a la superioridad moral y el poder (pues al menos el fundamentalista de verdad se somete a algo que no puede asegurar que entienda del todo, y menos aún que controle del todo). No obstante, para el ideólogo no hay nada que escape al entendimiento o al control. Una teoría ideológica lo explica todo: todo el pasado, todo el presente y todo el futuro. Esto significa que un ideólogo puede pensar que posee la verdad absoluta, algo prohibido para un fundamentalista sincero consigo mismo. No hay una premisa más totalitaria, ni ninguna situación en que los peores excesos del orgullo tiendan más a manifestarse; y no solo el orgullo, sino también el engaño, en vista de que la ideología no consigue explicar el mundo o predecir su futuro.

¿La moraleja de la historia? Ten cuidado con los intelectuales que erigen un monoteísmo con sus teorías de la motivación. En términos más técnicos, ten cuidado con las causas univariables generales para problemas diversos y complejos. Por supuesto, el poder desempeña un papel en la historia, igual que la economía. Pero lo mismo se puede decir de los celos, el amor, el hambre, el sexo, la cooperación, la revelación, la ira, la indignación, la tristeza, la ansiedad, la religión, la compasión, la enfermedad, la tecnología, el odio y el azar; ninguno de los cuales se puede subsumir definitivamente en otro. Con todo, la tentación de hacerlo es obvia: por la simplicidad, la calma y la ilusión de control, que pueden traer consecuencias psicológicas y sociales de lo más útiles, sobre todo a corto plazo; y no lo olvidemos, por el descubrimiento frecuente de un villano, o grupo de villanos, con el que desahogar las motivaciones ocultas para la ideología.

RESSENTIMENT

El *ressentiment*[8] —'resentimiento hostil'— ocurre cuando el fracaso individual o el estatus insuficiente se achacan tanto al sistema como, sobre todo, a las personas que han tenido éxito y han alcanzado un estatus elevado dentro de él. El sistema se tacha de injusto por decreto. Y si lo es, los triunfadores se consideran explotadores y corruptos, pues por lógica se les puede considerar personas injustamente agraciadas, junto con los partidarios voluntarios, conscientes, egoístas e inmorales. Una vez aceptado este razonamiento causal, todos los ataques contra las personas de éxito se pueden vender como intentos moralmente justificados de hacer justicia, más que como manifestaciones de envidia y avaricia que históricamente se habrían descrito como patéticas.

La persecución ideológica exhibe otro rasgo típico: las víctimas a las que defienden los ideólogos siempre son inocentes (a veces es cierto que lo son) y los culpables son siempre malvados (y de culpables malvados hay para dar y tomar). Pero el hecho de que existan víctimas y responsables no excusa las afirmaciones genéricas e imprecisas sobre el estado global de la victimización cándida y la culpabilidad malvada, sobre todo aquellas que ni siquiera respetan la presunción de inocencia de los acusados. *No habría que asumir ninguna culpa colectiva;* y mucho menos, de tipo transgeneracional.[9] Es una seña inconfundible de la mala intención del acusador y un presagio de la debacle social. Pero la ventaja es que, con pocos costos prácticos, el ideólogo se puede presentar a sí mismo a la vez como el némesis del opresor y el defensor de los oprimidos. Cuando nos impele un premio como ese, ¿quién necesita las finas distinciones necesarias para determinar la culpa o inocencia individual?

REGLA 6

Seguir el camino del *ressentiment* es arriesgarse a vivir con una amargura tremenda. En gran medida, es consecuencia de identificar al enemigo fuera, no dentro. Por ejemplo, si el problema es la riqueza y los ricos se perciben como la razón de la pobreza y del resto de los problemas del mundo, entonces se convierten en el enemigo; indistinguibles, en un aspecto fundamental, de un grado de maldad claramente demoníaco en su relevancia psicológica y social. Si el problema es el poder, los que ostentan cualquier tipo de autoridad son la única causa del sufrimiento mundial. Si el problema es la masculinidad, todo hombre (o incluso el concepto de varón) se debe atacar y denigrar.* Esta división del mundo en el diablo exterior y el santo interior justifica el odio maniqueísta, exigido por la moralidad del propio sistema ideológico. Es una trampa terrible: una vez identificada la fuente del mal, es el deber de los hon-

---

* Y no piensen que no se puede jugar (y que no se juega) este juego de la forma contraria. Lo mismo sirve para la feminidad, por ejemplo, en tantos y tantos lugares del mundo: en árabe, por ejemplo, la palabra *awrah* hace referencia a las partes íntimas del cuerpo que deben ir tapadas. La raíz del término, *a-w-r,* quiere decir algo así como 'debilidad', 'imperfección' o 'deficiencia'. Se suele traducir como 'desnudez'. Otros significados son 'falsedad', 'artificialidad' o 'ceguera'. Según el diccionario compilado por Mohammad Moin, un conocido experto iraní de literatura persa y estudios iranios, *awrah* significa tanto 'desnudez' como 'vergüenza' y 'mujer joven'. Enlazando con estas ideas, la palabra *awrat,* proveniente de *awrah,* se ha usado mucho en varias culturas de influencia árabe para referirse a la mujer. Por estas razones, los seguidores de la rama wahabita del islam, por ejemplo, que son ultraconservadores, austeros y puritanos, achacan a las mujeres una parte considerable del mal y la tentación del mundo, por lo que creen que hay que restringir de forma drástica y severa sus movimientos; hasta el punto de que no se les permite mostrarse de ninguna manera significativa en público.

rados erradicarla. Esto espolea tanto la paranoia como la persecución. Un mundo en el que solo tú y las personas que piensan como tú son buenos también es un mundo en el que estás rodeado de enemigos empeñados en destruirte, enemigos que hay que combatir.

A nivel moral, es mucho más seguro buscar en ti mismo los defectos del mundo, al menos en la medida en que alguien honesto y que no haga la vista gorda a propósito lo consideraría necesario. Cuando veas la viga en tu ojo y no la paja en el ajeno, seguramente tendrás mucha más lucidez para saber qué es qué, quién es quién y dónde recae la responsabilidad de las cosas. Es probable que tus propias imperfecciones sean obvias y múltiples; y sería oportuno que las abordaras como primer paso en tu camino redentor por mejorar el mundo. Arrogarse los pecados del mundo —asumir la responsabilidad por el hecho de que las cosas no anden bien en tu vida y fuera— es parte del camino mesiánico: parte de la imitación del héroe, en el sentido más auténtico. Esta es una cuestión psicológica o espiritual, más que sociológica o política. Piensen en los personajes creados por escritores de ficción de segunda: simplemente se dividen entre los que son buenos y los que son malos. En cambio, los escritores sofisticados trasladan la escisión al interior de los personajes que crean, de forma que cada persona se convierte en el campo de batalla eterno entre la luz y la oscuridad. En términos psicológicos, es mucho más adecuado (y encarna muchos menos peligros sociales) asumir que tú eres el enemigo —que son tus debilidades y deficiencias las que dañan el mundo— que asumir la bondad santurrona de ti y los tuyos y perseguir al enemigo que tenderás a ver por todas partes.

Es imposible combatir el patriarcado, reducir la opresión, promover la igualdad, transformar el capitalismo, salvar el medio ambiente, eliminar la competitividad, disminuir la intervención del Gobierno o llevar cualquier organización como un negocio. Dicho llanamente, estos conceptos son demasiado ambiguos. Recuerdo un *sketch* satírico del grupo de cómicos de Monty Python en que daban clases para tocar la flauta: soplas por un extremo y deslizas los dedos por los agujeros, decían.[10] Cierto, pero inútil. Simplemente faltaba detalle. De forma similar, los procesos y sistemas sofisticados a gran escala no son lo bastante reales para hacer posible su transformación unitaria integral. La idea de que sí lo son es fruto de los cultos del siglo XX. Las creencias de esos cultos son infantiles y narcisistas; y el activismo que promueven es lo que una persona resentida y perezosa usa para sustituir el logro genuino. Los axiomas únicos de las personas poseídas por una ideología son como dioses, servidos a ciegas por sus proselitistas.

Sin embargo, la ideología ha muerto, como Dios. Los excesos sanguinarios del siglo XX la mataron. Deberíamos librarnos de ella y empezar a abordar y sopesar problemas más pequeños y mejor definidos. Deberíamos imaginárnoslos a una escala en que podamos empezar a resolverlos no culpando a otros, sino intentando solventarlos nosotros mismos mientras nos responsabilizamos del resultado.

Ten un poco de humildad. Ordena tu cuarto. Cuida de la familia. Haz caso a lo que te dicta la conciencia. Endereza tu vida. Encuentra algo productivo e interesante que hacer y comprométete a hacerlo. Cuando tengas todo eso resuelto, busca un problema más grande y trata de solucionarlo si te atreves. Si también lo consigues, pasa a proyectos aún más ambiciosos. Y como primer paso para ello… abandona la ideología.

REGLA 7

AL MENOS ESFUÉRZATE AL MÁXIMO EN UNA COSA Y ESPERA A VER QUÉ PASA

EL VALOR DEL CALOR Y LA PRESIÓN

Cuando el carbón se somete a un intenso calor y presión, en lo más hondo de la Tierra, sus átomos se recolocan y forman la estructura cristalina perfecta del diamante. El carbono del material también alcanza la máxima durabilidad en la forma del diamante (pues es la sustancia más dura que existe) y se vuelve capaz de reflejar la luz. Esta combinación de durabilidad y brillo son las cualidades que explican que el diamante sea un símbolo de valor. Lo valioso es puro, está bien ordenado y centellea con la luz; y esto sirve tanto para una persona como para la gema. La luz, obviamente, encarna el brillo de la conciencia elevada y determinada. Los seres humanos son conscientes durante el día, cuando hay luz. Buena parte de esa consciencia es visual, por lo que depende de la luz. Ser un iluminado o ilustrado significa estar excepcionalmente despierto y consciente: alcanzar un estado que se suele asociar con la divinidad. Llevar un diamante es emular el brillo del sol, igual que el rey o la reina cuyo perfil se estampa en la moneda de oro, símbolo cuasi universal del valor y que imita al disco solar.

El calor y la presión transforman la materia base del carbón común en la perfección cristalina y el raro valor del diamante. Pues pasa lo mismo con las personas. Sabemos que las múltiples fuerzas que imperan en el alma humana no siempre están armonizadas. Hacemos las cosas que desearíamos no hacer y no esas que sabemos que deberíamos hacer. Queremos estar delgados, pero nos recostamos en el sofá a comer Cheetos y a lamentarnos. Andamos sin rumbo, confundidos y presos de la indecisión. Las tentaciones nos impelen en todas direcciones, a pesar de nuestra supuesta voluntad, y malgastamos el tiempo, aplazamos las cosas y nos sentimos fatal por ello, pero no cambiamos.

Por estos motivos, los pueblos arcaicos tendían a pensar que el alma humana estaba a la merced de los fantasmas —espíritus ancestrales, demonios y dioses—, que no tenían por qué actuar en los mejores intereses de la persona. Desde la época de los psicoanalistas, esas fuerzas contrarias, esos espíritus obsesivos y en ocasiones malévolos, se han concebido psicológicamente como impulsos, emociones o estados motivacionales; o como complejos que actúan como personalidades independientes, unidas dentro de la persona por la memoria, pero no por la intención. Lo cierto es que nuestra estructura neurológica es jerárquica. Los instintos más básicos y poderosos —la sed, el apetito, la ira, la tristeza, la alegría y la lujuria— pueden ascender con facilidad y adueñarse de nosotros, así como pugnar entre ellos. No es fácil lograr la resiliencia y la fuerza de un espíritu unido.

Una casa dividida contra sí misma, como suele decirse, no se sostiene. De igual modo, una persona poco equilibrada es incapaz de afrontar la tempestad. El nivel superior de organización psicológica se deshilvana. Pierde la mezcla equilibrada de propiedades que definen al alma bien templada y es incapaz de llevar las riendas de su espíritu. Es lo que queremos decir con «ha perdido los estribos» o «se ha derrumbado». Antes de recoger los pedazos y volverlos a colocar, es probable que esa persona caiga presa de la dominación de una o más personalidades parciales. Podría ser un arrebato de ira, ansiedad o dolor que invada a la persona en un abrir y cerrar de ojos cuando pierde la calma. Esto se ve con la máxima claridad en el caso de los niños de dos años que hacen un berrinche. Pierden el dominio de sí mismos por un tiempo y son pura emoción. Es algo que suele conmocionar mucho al propio niño; y si se manifestara en un adulto, sería de una intensidad aterradora para quienquiera que la presenciara. Los sistemas motivacionales arcaicos que rigen la ira simplemente barren la personalidad del pequeño, aún en desarrollo, y se apoderan como quieren de su mente y de sus actos. Esta es una derrota total y desafortunada para el ego todavía frágil, que se está centralizando y que lucha contra fuerzas poderosas por el equilibrio psicológico y social.

La desunión interna también se entrevé en el aumento del sufrimiento, la magnificación de la ansiedad, la ausencia de motivación y la falta de placer que acompañan la indecisión e incertidumbre. La incapacidad para decidir entre diez cosas, incluso cuando son buenas, equivale a ser atormentado por todas ellas. Sin objetivos claros, bien definidos y que no sean contradictorios, es muy difícil conseguir esa sensación de colaboración positiva que hace que la vida merezca la pena. Los objetivos claros también limitan y simplifican el mundo, al reducir la incertidumbre, la ansiedad, la vergüenza y las fuerzas fisiológicas autodevoradoras liberadas por el estrés. Por tanto, la persona poco equilibrada es volátil y anda sin rumbo; y esto es solo el comienzo. Con suficiente volatilidad y falta de rumbo, enseguida se puede generar la impotencia y la depresión que caracterizan la futilidad prolongada. Este no es solo un estado psicológico. Las secuelas físicas de la depresión, a menudo precedida por una secreción excesiva de cortisol (la hormona del estrés), no distan mucho del envejecimiento acelerado (aumento de peso, problemas cardiovasculares, diabetes, cáncer y alzhéimer).[1]

Las secuelas sociales son igual de graves que las biológicas. Una persona que no está bien compensada reacciona de forma exagerada ante la más mínima señal de frustración o de fracaso. No puede entablar negociaciones fructíferas, ni siquiera consigo misma, porque no tolera la incertidumbre de hablar de posibles futuros alternativos. No se le puede satisfacer porque no puede conseguir lo que quiere; y no consigue lo que quiere porque no quiere elegir una cosa en vez de otra. El argumento más débil la puede paralizar. Una de sus subpersonalidades múltiples y contradictorias se aferrará a esos argumentos, muchas veces contrarios a su mejor interés, y los usará en forma de dudas para afianzar la postura contraria. Así pues, a una persona con graves conflictos, aunque arremeta con cólera y se revuelva, se le puede detener metafóricamente poniéndole un solo dedo en el pecho. Para avanzar con decisión hay que estar organizado; proponerse algo concreto e identificable.

Apunta. Señala. Todo es parte de la maduración y la disciplina y es algo digno de ser valorado. Si no te propones nada, todo te atormenta. Si no te propones nada, no tienes adónde ir, nada que hacer ni nada de valor en tu vida, dado que el valor exige catalogar las opciones y sacrificar las inferiores por las superiores. ¿De verdad quieres ser todo lo que podrías ser? ¿No es demasiado? ¿No sería mejor ser algo específico (y luego, tal vez, ir progresando)? ¿No sería un alivio, a pesar de ser también un sacrificio?

LA PEOR DECISIÓN DE TODAS

Cuando me estaba doctorando en Psicología Clínica en la escuela de posgrado de la Universidad McGill, en Montreal, todos los que continuaron con el programa de cinco a seis años exhibieron una notable mejora de carácter. Con ese programa de creciente dificultad se tornaron personas más sociables. Aprendieron a expresarse mejor y encontraron una honda sensación de propósito personal. Cumplían una función útil en relación con los demás. Se volvieron más disciplinados y organizados. Disfrutaban más. Y eso que los cursos de posgrado solían ser de peor calidad de lo que podrían haber sido, las prácticas clínicas no estaban pagadas y eran difíciles de conseguir y las relaciones con los tutores de la universidad a veces eran malas, aunque no siempre. Los que empezaban los estudios de posgrado todavía solían ser inmaduros y andaban confundidos. Pero la disciplina impuesta por la necesidad de investigar —y más concretamente, de preparar la tesis— les hizo mejorar el carácter enseguida. Escribir algo largo, sofisticado y coherente implica, al menos en parte, forjar una personalidad más compleja, articulada y profunda.

Cuando me convertí en profesor y empecé a hacer de guía y tutor de mis alumnos de licenciatura y posgrado, me percaté de lo mismo. Los alumnos de la carrera de Psicología que colaboraban con un laboratorio (y asumían trabajo adicional) sacaban mejores calificaciones que los que aceptaban menor carga. Asumir las funciones de investigadores júnior les ayudaba a establecer un sitio y una comunidad, al tiempo que los forzaba a disciplinarse, sobre todo porque necesitaban aprovechar mejor el tiempo. Observé un proceso parecido mientras trabajaba como psicólogo clínico. Normalmente animaba a mis clientes a elegir el mejor camino que se les ofreciera, aunque estuviera lejos de ser el que más deseaban. En ocasiones, esto los obligaba a aceptar una rebaja, aunque fuera temporal, de la ambición o el orgullo, pero tenía la ventaja de permitirles sustituir algo real por algo que solo existía en sueños. Casi siempre desembocaba en mejoras para su salud mental.

¿Hay algo con lo que valga la pena comprometerse? Soy lo bastante mayor para haber visto qué sucede cuando se manifiestan las diversas respuestas posibles a esta pregunta. En mi trayectoria como estudiante, psicólogo clínico e investigador, así como en mis demás incursiones vitales, he visto manifestarse en repetidas ocasiones las mismas vías gemelas de desarrollo. En principio, ambas están al alcance de todo el mundo: para todos los locos que, de jóvenes y al filo de la adultez, estamos en mayor o menor medida a medio hacer, distraídos, prematuramente cínicos, inquisitivos, escépticos y optimistas. Al final he visto claro que muchos compromisos tienen un valor duradero: entre los que destacan el carácter, el amor, la familia, la amistad y la carrera (tal vez en ese orden). Los que no pueden o no quieren plantar un jardín bien cuidado, por decirlo así, en alguno o todos esos dominios sufren inevitablemente por ello. Sin embargo, el compromiso exige su pago en especie. Para sacar una carrera hay que sacrificarse y estudiar, y elegir una disciplina determinada significa renunciar a la posibilidad de seguir otras ramas de estudio. A la hora de elegir una pareja o un grupo de amigos, igual. El cinismo con esas cosas, o la mera indecisión o duda, encuentra un aliado impagable y de lo más conflictivo en la racionalidad irreflexivamente nihilista que lo socava todo: ¿por qué molestarse? ¿Qué cambiará dentro de mil años? ¿Qué hace que un camino sea preferible a otro, o a ninguno?

Uno puede estar satisfecho, o incluso feliz, con una pareja o con otra, o con cualquier grupo de amigos, o con la carrera que sea. En cierta medida, hay elecciones diferentes que podrían generar satisfacción. También es cierto que cada una de ellas tiene graves defectos: las parejas sentimentales pueden ser inestables y complejas, como los amigos, y todas las carreras o los trabajos entrañan frustración, decepción, corrupción, jerarquía arbitraria, políticas internas y la soberana idiotez de la toma de decisiones. Atendiendo a esa falta de valor específico o ideal, podríamos concluir que no hay nada que importe más que cualquier otra cosa; o podríamos extraer la conclusión similar, aunque todavía más pesimista, de que nada importa un comino. Pero los que extraen esas conclusiones pagan un alto precio, por más que se armen con argumentos racionales coherentes. Si la gente se rinde antes de acabar una carrera, o antes de acabar de estudiar un oficio, sufre por ello. Y hablamos de *rendirse,* no de fracasar, aunque a veces sea difícil distinguir entre ambos conceptos. A veces, las personas fracasan solo porque no son capaces de hacer su trabajo, pese a tener buenas intenciones y la disciplina necesaria. Hace falta cierta capacidad de dicción para ser un buen abogado; o ser un poco hábil con las herramientas, por ejemplo, para ser carpintero. A veces, la persona y su elección casan tan poco que ni siquiera el compromiso bastará para lograr el fin deseado. Pero la mayor parte del tiempo el fracaso es fruto de la irresolución, de una racionalización elaborada pero absurda y del rechazo de la responsabilidad. Y poca cosa buena sale de eso.

Las personas que no eligen un trabajo o una carrera suelen terminar yendo a la deriva. Tal vez intenten justificarlo luciendo una fachada de rebeldía sentimental o un cinismo de hastío prematuro con el mundo. Pueden recurrir a la identificación casual con la exploración artística vanguardista, o tratar la consiguiente desesperación y falta de rumbo abusando de las bebidas alcohólicas fuertes y de las drogas y sus recompensas inmediatas. Pero así no serás un treintañero de éxito; y si tienes una década más, no digamos. Lo mismo cabe decir de las personas que no pueden elegir y luego comprometerse con una única pareja sentimental, o que no pueden o no quieren ser leales a sus amigos. Se vuelven solitarios, marginados y desdichados, y ello no hace más que acentuar el sabor amargo del cinismo que indujo el aislamiento en primera instancia. No es un círculo vicioso que quieras para tu vida.

Las personas que sé que terminaron la carrera o un programa de formación profesional mejoraron por ello. No siempre estaban *bien*. No funcionaban de forma óptima. Sus elecciones no tenían por qué llenarlos de ilusión, ni eran inmunes a las dudas y los recelos. Ni siquiera tenían claro que fueran a continuar con lo que habían estudiado. Pero estaban mucho mejor que los que tiraron la toalla. Los compromisos y los sacrificios consiguientes convirtieron a los que aguantaron en personas más maduras y mejores. Así pues, ¿cuál es la conclusión? Nos podemos comprometer con muchas cosas. Se puede defender la naturaleza arbitraria —e incluso absurda— de cualquier compromiso, vista la infinidad de alternativas y dada la corrupción de los sistemas que exigen ese compromiso. Pero no se puede defender igual el hecho del propio compromiso: los que no eligen un rumbo están perdidos. Convertirse en algo es mucho mejor que seguir siendo cualquier cosa pero sin convertirse en nada, a pesar de todas las limitaciones y decepciones reales que conlleva convertirse en algo. Para desazón del cínico, las malas decisiones abundan. Pero alguien que ha superado ese cinismo (o más concretamente, que lo ha sustituido con una duda aún más profunda; es decir, la duda de que la propia duda sí es una guía fiable) se opondrá: la peor decisión de todas es no tomar ninguna decisión.

DISCIPLINA Y UNIDAD

La disciplina que nos permite concentrarnos en una cosa empieza pronto. A una edad muy temprana, los niños comienzan a ordenar voluntariamente todas las emociones y motivaciones que conforman sus instintos básicos de supervivencia en las estrategias de cooperación y competencia que implican a otros; y los niños bien constituidos y afortunados lo consiguen de un modo socialmente óptimo y psicológicamente sano. Cuando la experiencia autónoma de un niño se interrumpe por la aparición de un sistema instintivo (cuando tiene hambre, está enojado, está cansado o tiene frío), el buen padre da un paso al frente y resuelve el problema perturbando la frágil unidad infantil, o mejor aún, enseña al niño a resolver el problema por sí solo. Cuando se ha completado el segundo proceso con suficiente rigor, el niño está preparado para entrar en el mundo social. Tiene que ocurrir antes de los cuatro años o podría no suceder jamás.[2] Un niño tiene que ser capaz de organizarse solo en suficiente medida para caer bien a sus iguales antes de los cuatro años, o se arriesgará a sufrir un ostracismo social permanente. Un niño que a esa edad aún haga berrinches correrá ese mismo riesgo.

Los iguales —los amigos— dan continuidad al proceso de integración para que el niño con suficiente educación o fortuna sea aceptado. Cuando un niño juega a algo con otros niños, se está disciplinando. Está aprendiendo a subordinar sus distintos impulsos a las normas del juego —a una cosa, a pesar de la posible variedad de normas—, y está aprendiendo a someterse voluntariamente a sus reglas y objetivos bien definidos. Para jugar así, se tiene que transformar en una subunidad de una máquina social más grande. Esto se puede interpretar como un sacrificio de la individualidad, en caso de definirla como la elección ilimitada de la gratificación impulsiva. Pero es mucho más exacto llamarla *desarrollo de la individualidad*, considerada superior: el individuo que funciona y está bien equilibrado compensa los deseos del presente con las necesidades del futuro, incluida la necesidad de jugar bien con otros. Así es como los varios juegos de la niñez atenúan los chillidos cacofónicos de la infancia tardía. La recompensa por ese desarrollo, por descontado, es la garantía de la inclusión social y el goce del juego.

Conviene señalar que esto no es represión. Que quede claro, porque parte de lo que impide a la gente elegir algo y atenerse a ello es la idea de que, de alguna forma, se perderán para siempre las cosas que no podemos hacer impulsivamente por culpa de la disciplina impuesta por la elección. En gran medida, esta idea —a menudo expresada en relación con la creatividad— es la que hace que tantos padres tengan miedo de lastimar a sus hijos al disciplinarlos. Pero la disciplina adecuada organiza, más que destruye. Un niño que obedece porque está aterrorizado, o al que se protege de cualquier posibilidad de portarse mal, no está siendo sometido a disciplina, sino a abuso. Un niño al que se ha disciplinado como es debido, en cambio —vía sus padres, otros adultos y, sobre todo, otros niños—, no combate, derrota e inhibe permanentemente su propia agresividad, como sugieren en esencia los freudianos. Ese niño ni siquiera sublima esa agresividad ni la transforma en algo diferente. Lo que hace es incorporarla a su habilidad lúdica, cada vez más sofisticada, con lo que alimenta su competitividad y su capacidad de atención. Es decir, la obliga a servir a los fines superiores de su mente en vías de desarrollo. Por tanto, un niño con una buena socialización no carece de agresividad. *Lo que pasa es que se vuelve extremadamente hábil a la hora de ser agresivo,* trasmudando el que sería un impulso perjudicial en la perseverancia resuelta y la competitividad controlada que hacen falta para ser un buen jugador. Al llegar la adolescencia, ese niño se puede organizar para participar en juegos cada vez más complejos; en actividades conjuntas, con un objetivo y en las que todo el mundo juega porque quiere, de las que todo el mundo disfruta y se beneficia, aun cuando solo pueda ganar una sola persona o un solo equipo. Esta habilidad es la forma incipiente de la propia civilización, al nivel del jugador individual y del grupo. Es el momento en que tanto la cooperación como la oportunidad de competir y ganar se manifiestan a la vez. Todo lo mencionado es una preparación necesaria para las decisiones más permanentes que hay que tomar para ser adultos funcionales.

Obviamente, es posible y lógico tener ciertas reservas y discutir sobre cuál puede ser el mejor juego para jugar en un momento dado; pero no es lógico afirmar que todos los juegos son innecesarios. De igual modo, aunque se pueda discutir sobre qué moralidad es la necesaria, no se puede aducir que la moralidad en sí misma sea innecesaria. La duda sobre qué juego es adecuado ahora mismo no es relativismo. Es un análisis inteligente del contexto. Por ejemplo, el hecho de que la felicidad no sea apropiada para un funeral no significa que la propia felicidad carezca de valor. Asimismo, la premisa de que la moralidad es a la vez necesaria e inevitable no es totalitaria. Solo es la observación de que hay que subsumir valores unidimensionales básicos y primitivos en estructuras socialmente organizadas para que existan y se mantengan la paz y la armonía. Europa se pudo civilizar gracias a que se aunaron múltiples facciones en guerra bajo las doctrinas unificadoras del cristianismo. Tal vez podría haber sido el budismo, el confucianismo o el hinduismo, pues la mayor parte de Oriente también está civilizado y unificado. Pero no podría haber sido la falta total de doctrina. Sin un juego no hay paz; solo caos. Además, al juego se tiene que poder jugar, como comentábamos en la regla 4: «Piensa que la oportunidad reluce allí donde se ha renunciado a la responsabilidad». Esto significa que se tiene que estructurar mediante un conjunto de normas aceptables por una comunidad; solo mediante restricciones que muchas personas están dispuestas a respetar durante un largo tiempo. En teoría es posible que existan muchos juegos así, pero es al menos igual de posible que solo haya unos pocos. En cualquier caso, las reglas del cristianismo y del budismo no tienen nada de arbitrarias, ni son una superstición disparatada, igual que las reglas de un juego no son solo arbitrarias ni absurdamente supersticiosas. Si piensas que puede existir la paz sin el juego global y aceptado por voluntad propia, estás malinterpretando el peligro perenne del tribalismo fragmentado, al que podemos retroceder con tanta facilidad y con efectos tan devastadores.

Una vez que el mundo social ha obligado al niño a nivelar sus múltiples subpersonalidades, puede jugar con otros. Después de eso, debería estar preparado para participar en los juegos más serios del trabajo o la profesión, con expectativas, destrezas y normas muy estructuradas. Tiene que aprenderlas, igual que tiene que aprender la danza de los sexos cuando es mayor. Tiene que compaginar su personalidad socializada con la de otro, a fin de que la pareja que forme con ese otro pueda vivir en paz y, a la larga, dar frutos dentro de la sociedad, al tiempo que mantiene la disposición voluntaria para hacerlo. Este es el proceso dual del equilibrio psicológico y social inherente al aprendizaje, que está vinculado con la externalización de la cordura. Al adherirse a este proceso, el niño se convertirá en un adulto socialmente sofisticado, productivo y cabal, capaz de la verdadera reciprocidad y, quizá, de la suspensión pasajera de la demanda de reciprocidad que hace falta para cuidar a los niños.

Pero la historia del equilibrio y la socialización no termina aquí. El motivo es que durante un aprendizaje con todas las de la ley pasan dos cosas a la vez, del mismo modo que aprender a jugar un juego y aprender a ser una buena persona suceden al mismo tiempo, mientras se juega. Primero, el aprendiz debe convertirse en un sirviente de la tradición, de la estructura y del dogma, igual que el niño que quiere jugar debe seguir las normas del juego. En su máxima expresión, esta servidumbre significa aliarse con gratitud, de una forma u otra, con las instituciones que por costumbre se consideran patriarcales. El aprendizaje implica calor y presión (igual que los nuevos obreros son puestos a prueba por sus iguales; igual que los estudiantes de Derecho en prácticas son puestos a prueba por sus jefes; igual que los médicos residentes son puestos a prueba por los médicos, los enfermeros y los pacientes). El objetivo de este calor y esta presión es la subordinación de una personalidad subdesarrollada (que, llegada a este punto, no tiene nada de *individual*) a un solo camino, a fin de transformar a un novato sin disciplina en un maestro consumado.

Con todo, el maestro, que es el producto legítimo del aprendizaje, ya no es el servidor del dogma. Ahora el dogma es el que lo sirve a él, pues tiene tanto la responsabilidad de mantenerlo como el derecho a cambiarlo, cuando el cambio es necesario. Esto convierte al maestro, que en su día se dejó esclavizar, en un seguidor emergente del espíritu: el espíritu que sopla donde quiere (Juan 3:8). El maestro se puede permitir sus intuiciones, pues el conocimiento obtenido por la disciplina que ha adquirido le permitirá criticar sus propias ideas y sopesar su verdadero valor. Por consiguiente, podría percibir mejor los patrones o principios fundamentales que sustentan los dogmas de su disciplina e inspirarse en ellos, en lugar de adherirse ciegamente a las normas tal como están articuladas o materializadas hoy. Podría incluso basarse en la unión equilibrada de su personalidad y su educación para modificar o transformar hasta los principios más fundamentales e intuitivos, a fin de afianzar una unión aún mayor.

DOGMA Y ESPÍRITU

Al hablar de las disciplinas coartadoras que sirven tanto como condición previa para un juego como para desarrollar la unidad del ser, puede ser conveniente verlas como mandamientos: reglas que ponen de relieve lo que no hay que hacer en absoluto, mientras lo que sea que haya que hacer está teniendo lugar. Acatar estas reglas hace que se desarrolle nuestro carácter; un carácter con una naturaleza o esencia concreta (ya lo hemos debatido, por ejemplo, como el desarrollo del atractivo personal como jugador de muchos juegos, o series de juegos). Como pasa en muchas otras situaciones, parece que esta idea ya está implícita en las historias que forman la base de nuestra cultura. Esto se ve especialmente claro en el Evangelio de Marcos, que en sí mismo es un comentario sobre unas de las reglas de juego más influyentes que se hayan redactado jamás: los diez mandamientos mosaicos y, en términos aún más generales, un comentario sobre las propias reglas. Los mandamientos dicen:

1. No tendrás dioses ajenos delante de mí.
2. No te harás imagen.
3. No tomarás el nombre de Dios en vano.
4. Acuérdate del día de reposo para santificarlo.
5. Honra a tu padre y a tu madre.
6. No matarás.
7. No cometerás adulterio.
8. No hurtarás.
9. No hablarás contra tu prójimo falso testimonio.
10. No codiciarás.

El primero alude a la necesidad de buscar la máxima unidad posible; el segundo, al peligro de adorar falsos ídolos (al confundir la representación, o la imagen, con lo inefable que supuestamente encarna); el tercero significa que está mal alegar una inspiración moral de Dios mientras se cometen actos que se sabe que son pecados; el cuarto significa que es necesario reservar un tiempo para reflexionar sobre qué es verdaderamente valioso o sagrado; el quinto mantiene unidas a las familias, al exigir honor, respeto y gratitud de los hijos, así como recompensa para los sacrificios de los padres; el sexto previene el asesinato, obviamente, pero con ello también protege a la comunidad de la posible caída en disputas constantes que podrían salpicar a múltiples generaciones; el séptimo subraya la santidad del voto matrimonial, y su predicación se basa en la idea de que la estabilidad y el valor de la familia son cruciales, igual que señala el quinto mandamiento; el octavo permite a las personas honestas y trabajadoras cosechar los frutos de su esfuerzo sin miedo a que se les quite de forma arbitraria lo que han producido con tanto sacrificio, con lo que se vuelve posible la sociedad civilizada; el noveno ampara la integridad de la ley, al reducir o eliminar su uso como arma; y el décimo es un recordatorio de que la envidia —y el rencor que genera— es una fuerza de enorme destrucción.

Vale la pena ver estos mandamientos como las reglas mínimas para que haya una sociedad estable: un juego social repetible. Los mandamientos son reglas que dispone el libro del Éxodo y son parte de esa inolvidable historia. Pero también simbolizan otra cosa: algo que surge de la esencia de las reglas y, al mismo tiempo, la trasciende y la conforma. El quid es el siguiente: si te sometes por voluntad propia a un conjunto de reglas socialmente determinadas y que gozan de cierta tradición, aflorará una unidad que trascenderá esas reglas. Esa unidad es lo que podrías llegar a ser si pones tu empeño en un objetivo concreto e insistes hasta conseguirlo.

En el Evangelio de Marcos aparece una historia relevante para esta idea. El apartado en cuestión empieza narrando el viaje de Cristo al templo de Jerusalén, donde echa a los cambistas y mercaderes y habla a la multitud con un carisma irresistible. El texto dice así: «Y lo oyeron los escribas y los principales sacerdotes, y buscaban cómo matarle; porque le tenían miedo, por cuanto todo el pueblo estaba admirado de su doctrina» (Marcos 11:18). En consecuencia, empiezan a conspirar y a cuestionar a este extraño profeta, con la esperanza de tentarlo para que haga una afirmación sacrílega —y, por tanto, tal vez castigada con la muerte—, y le envían «algunos de los fariseos y de los herodianos, para que le sorprendiesen en alguna palabra» (Marcos 12:13). Cristo lidia maravillosamente, cuando menos, con sus inquisidores, hasta sumirlos en un silencio ofendido y resentido. El apartado termina con una pregunta de lo más enrevesada y traicionera. La formula un interlocutor bastante avispado, que quizá también admire a escondidas al profeta (Marcos 12:28-34):

> Acercándose uno de los escribas, que los había oído disputar, y sabía que les había respondido bien, le preguntó: «¿Cuál es el primer mandamiento de todos?».
>
> Jesús le respondió: «El primer mandamiento de todos es: "Oye, Israel; el Señor nuestro Dios, el Señor uno es".
>
> »"Y amarás al Señor tu Dios con todo tu corazón, y con toda tu alma, y con toda tu mente y con todas tus fuerzas". Este es el principal mandamiento.
>
> »Y el segundo es semejante: "Amarás a tu prójimo como a ti mismo". No hay otro mandamiento mayor que estos.»
>
> Entonces el escriba le dijo: «Bien, Maestro, verdad has dicho, que uno es Dios, y no hay otro fuera de él; y el amarle con todo el corazón, con todo el entendimiento, con toda el alma, y con todas las fuerzas, y amar al prójimo como a uno mismo, es más que todos los holocaustos y sacrificios».
>
> Jesús entonces, viendo que había respondido sabiamente, le dijo: «No estás lejos del Reino de Dios». Y ya ninguno osaba preguntarle.

¿Qué quiere decir todo esto? La personalidad que exhibe un respeto disciplinado por una serie de reglas adecuadas sigue o imita el ideal más elevado posible, quizá sin saberlo. Precisamente hablamos del ideal que constituye el elemento común de la «moral» que hace buenas, justas y necesarias todas las reglas. Ese ideal, según la respuesta de Cristo, es algo singular (el «único Señor») que se acepta íntegramente (amado con «todo el corazón», «alma», «entendimiento» y «fuerza») y que se manifiesta como un amor idéntico por uno mismo y por toda la humanidad.

La cultura occidental se sustenta «inconscientemente» en un drama muy profundo que refleja todo esto debido a su origen en la concepción judeocristiana. En términos psicológicos, Cristo es una representación, o una encarnación, del dominio del dogma y la (consiguiente) aparición del espíritu. El espíritu es la fuerza creadora que da pie a lo que se acaba convirtiendo en dogma. También es eso que, cuando puede, trasciende constantemente esa asentada tradición. Es por eso que el aprendizaje termina con una obra maestra, cuya creación no solo simboliza la adquisición de la destreza necesaria, sino la adquisición de la habilidad para crear nuevas destrezas.

Aunque Cristo perpetra muchos actos que se podrían considerar revolucionarios, como debatíamos en la regla 1, en los Evangelios se le describe explícitamente como el maestro de la tradición. De hecho, dice esto de sí mismo: «No penséis que he venido para abrogar la ley o los profetas; no he venido para abrogar, sino para cumplir» (Mateo 5:17). Así pues, se presenta a sí mismo como producto de la tradición y como ente que la crea y la transforma. El Antiguo Testamento está impregnado del mismo patrón de conflicto creativo, al ser en gran medida una serie de historias sobre el espíritu, proféticamente opuesto a la inevitable corrupción del dogma utilizado para servir al poder. La personalidad que emula ese modelo podría considerarse auténticamente occidental, en el sentido psicológico más profundo.

Si te esfuerzas al máximo en una cosa, cambiarás. También empezarás a convertirte en una sola cosa, en vez del revoltijo disonante que fuiste en su día. Esa única cosa, bien desarrollada, no solo es la entidad disciplinada gestada por el sacrificio, el compromiso y la concentración. Es la entidad que crea, destruye y transforma la propia disciplina —civilización— expresando su unidad de personalidad y sociedad. Es la propia Palabra de la verdad, de cuya función depende siempre todo orden habitable arrancado del caos.

Al menos esfuérzate al máximo en una cosa y espera a ver qué pasa.

REGLA 8

INTENTA TENER UNA HABITACIÓN DE TU CASA LO MÁS BONITA POSIBLE

NO BASTA CON LIMPIAR TU HABITACIÓN

Se me conoce por instar a la gente a ordenar su habitación. Quizá sea porque me tomo en serio este prosaico consejo y porque sé que es una tarea mucho más difícil de lo que parece. Yo llevo unos tres años sin poder limpiar bien la que es mi habitación, mi despacho de casa, que suelo tener impecable. Durante este periodo, mi vida se ha visto sumida en tal caos y he vivido tantos cambios —polémicas políticas, cambios en mi carrera, viajes constantes, pilas de correo, una serie de trastornos— que simplemente me he sentido sobrepasado. La desorganización se agravó porque mi esposa y yo justo acabábamos de hacer obras en buena parte de la casa y todo lo que no conseguimos colocar en alguna parte terminó en mi despacho.

Hay un meme que circula por internet en el que se me acusa de hipócrita por ello: un fotograma de un vídeo que grabé en mi despacho en el que se veía un buen desorden al fondo. Y la verdad sea dicha, yo no tengo mucha mejor facha. ¿Quién soy yo para decir a la gente que limpie su habitación antes de intentar arreglar el resto del mundo cuando, al parecer, yo mismo no soy capaz de hacerlo? Y esa objeción tiene algo de oportuna y cierta, dado que en ese momento yo no salgo muy bien arreglado y mi condición se refleja claramente en el estado de mi despacho. A medida que viajaba, las cosas se iban amontonando y cercándome. Debo alegar que mis circunstancias eran excepcionales y que arreglé muchas otras cosas durante el tiempo en que mi despacho fue degenerando, pero eso no me quita la obligación moral de volver y ordenarlo. Y el problema no es solo que quiera poner en orden todo el desastre. También quiero dejar bonita mi habitación, mi casa y, tal vez, en la medida de lo posible, la comunidad. Dios sabe que lo necesita urgentemente.

Hacer algo bonito es difícil, pero vale muchísimo la pena. Si aprendes a hacer que algo en tu vida sea realmente bonito —aunque sea una sola cosa—, habrás entablado una relación con la belleza. A partir de ahí puedes empezar a ensanchar esa relación para que abarque otros elementos de tu vida y del mundo. Es una llamada a lo divino. Esa es la reconexión con la inmortalidad de la niñez y la verdadera belleza y majestuosidad del Ser que ya no puedes ver. Has de ser osado para intentarlo.

Si estudias arte (y literatura y humanidades), lo haces para impregnarte de la sabiduría acumulada de nuestra civilización. Es una idea fantástica —una verdadera necesidad— porque la gente lleva mucho tiempo averiguando cómo vivir. Los frutos son extraños, pero de una riqueza sin parangón, ¿así que por qué no usarlos como guía? Tu visión será más amplia, y tus planes, más integrales. Serás más inteligente y exhaustivo al pensar en otras personas. Cuidarás mejor de ti mismo. Entenderás mejor el presente, enraizado como está en el pasado, y llegarás a conclusiones con mucho más tiento. También terminarás tratando el futuro como una realidad más concreta, porque desarrollarás cierta noción verdadera del tiempo, y serás más reacio a sacrificarlo para satisfacer tus impulsos. Adquirirás cierta seriedad, *gravitas* y auténtica madurez. Hablarás con mayor acierto y los demás estarán más dispuestos a escucharte y cooperar contigo, igual que tú con ellos. Te irás volviendo más y más la persona que eres en verdad, y cada vez serás menos ese monigote torpe y desventurado a manos de la presión de grupo, las modas y la ideología.

Cómprate una obra de arte. Busca una que te diga algo y cómprala. Si es una producción artística auténtica, permeará tu vida y la cambiará. Una auténtica obra de arte es una ventana a lo trascendente y eso es algo que necesitas en tu vida, porque eres finito y estás limitado y ceñido por tu ignorancia. A menos que puedas establecer una conexión con lo trascendente, no tendrás la fuerza para prevalecer cuando los desafíos vitales se vuelvan abrumadores. Tienes que establecer un vínculo con el exterior, igual que un hombre que ha caído por la borda en alta mar necesita un salvavidas, e introducir la belleza en tu vida es una forma de lograrlo.

Por estos motivos necesitamos entender el papel del arte y dejar de verlo como una opción, un lujo o, lo que es peor, una afectación. El arte es el cimiento de la propia cultura. Es la base del proceso con el que nos unimos mentalmente y firmamos una paz productiva con los demás. Como se suele decir: «No solo de pan vivirá el hombre» (Mateo 4:4). Amén. Vivimos de la belleza. Vivimos de la literatura. Vivimos del arte. No podemos vivir sin cierta conexión con lo divino —y la belleza es divina— porque, sin ello, la vida es demasiado corta, deprimente y trágica. Y debemos ser avispados, abrir los ojos y estar preparados para sobrevivir, orientar el mundo y no destruir las cosas, o a nosotros mismos. La belleza nos puede ayudar a apreciar lo asombroso del Ser y motivarnos a buscar la gratitud cuando sintamos la atracción del resentimiento destructivo.

MEMORIA Y VISIÓN

> El orgullo del pavo es la gloria de Dios.
> La lujuria del chivo es la largueza de Dios.
> La cólera del león es la sabiduría de Dios.
> La desnudez de la mujer es la obra de Dios.
> El exceso de pena, ríe. El exceso de alegría, llora.
> El rugido de los leones, el aullido de los lobos, el furor del mar tormentoso, y la espada destructora son porciones de eternidad demasiado grandes para los ojos del hombre.*[1]

De niño, me sabía el perfil y los detalles de todas las casas del barrio en que vivía. Conocía los callejones, lo que había detrás de las vallas, dónde estaba cada grieta de la acera y los atajos que había para ir de un sitio a otro. Mi mundo no era grande, pero lo había explorado a fondo y lo conocía perfectamente. Ahora que soy un adulto, la cosa es distinta. En Fairview, el pueblo donde pasé la mayor parte de mi infancia y adolescencia, solo viví nueve años, pero aún recuerdo con todo lujo de detalles la calle donde residía. En Toronto he vivido el

---

* Blake, W., *Proverbios del infierno*.

doble de tiempo, y en la misma calle, pero apenas tengo una vaga idea de las casas que rodean a la mía.

No creo que sea algo bueno; me hace sentir mucho menos como en casa. Es como si, al pasear por la calle y echar un vistazo a una casa de la zona, pensara en *casa* como en un icono (porque, en verdad, ¿en qué me afectan a efectos prácticos las particularidades de cada casa?). Y entonces presto atención a otra cosa. No veo la casa con sus tejas, colores, flores y detalles arquitectónicos específicos, a pesar del interés que habrían despertado en mí si les hubiera prestado atención de cerca. A estas alturas de mi vida, he visto tantas casas en tantos sitios que sé qué esperar de una casa cuando paso a su lado: muy poca cosa. Así, ignoro las peculiaridades y bellezas atractivas de los detalles —su carácter único, para bien o para mal— y veo solo lo justo para no desorientarme mientras camino y continúo pensando y divagando. Me pierdo muchas cosas. En resumen, en mi vecindario de adulto no *existo* igual que cuando era niño y estaba en mi pueblo. Estoy separado de la realidad del mundo. Y por esa razón, carezco de un verdadero sentimiento de pertenencia.

En mi caso, la percepción se ha reemplazado con una memoria funcional y pragmática. En algunos sentidos me ha hecho más eficiente, pero el costo ha sido una experiencia desprovista de la riqueza del mundo. Recuerdo cuando empecé a trabajar como profesor asociado en Boston, cuando mis hijos tenían dos y tres años. Estaba absorbido por el trabajo. Intentaba aguantar y que mi carrera prosperara, ganar suficiente dinero para mantener a mi familia con mi sueldo, que era el único que entraba por la puerta. Cuando llegaba a casa, salía a pasear con mi esposa, Tammy, y nuestros hijos, Mikhaila y Julian. Me costaba mucho tener paciencia con ellos. Siempre tenía demasiado trabajo —o eso creía yo— y llevaba años esforzándome en disciplinarme para concentrarme en ese trabajo. Si salíamos a pasear, quería saber exactamente adónde íbamos, cuánto íbamos a tardar en llegar y a qué hora exacta volveríamos. Esta no es la actitud óptima cuando se quiere pasar un rato agradable y razonable con los pequeños. Siempre y cuando quieras sumergirte en la experiencia. Siempre y cuando quieras observar y participar en el placer que extraen durante su eterno proceso de descubrimiento. Siempre y cuando no quieras arriesgarte a perderte algo vital.

Me resultaba muy difícil relajarme y vivir el presente, observar a mis hijos pequeños vagar por el vecindario sin un destino, propósito o plan concreto, verlos totalmente abstraídos cuando encontraban un perro, un insecto o una lombriz, o verlos jugar a algo que se acababan de inventar. Sin embargo, de vez en cuando conseguía irrumpir brevemente en su mismo marco de referencia (es uno de los preciosos regalos que te hacen los niños pequeños) y ver el mundo puro que habitaban: eterno, todavía libre de la memoria ejercitada y eficiente, capaz de generar pura alegría por lo nuevo que era todo. Sin embargo, los miedos respecto al futuro me seguían poseyendo sin querer y llevaban mi cabeza a la siguiente de las tareas que me preocupaban.

Era muy consciente de que me estaba perdiendo belleza, significado y entusiasmo, por más eficiente que me estuviera volviendo mi impaciencia. Era estrecho de miras, perspicaz y decidido, de esas personas que no pierden el tiempo, pero el precio que pagué fue la ceguera que exige la eficiencia, el éxito y el orden. Ya no veía el mundo. Solo veía lo justo y necesario para navegar a máxima velocidad y al menor costo. Nada era sorprendente. Tenía las responsabilidades de un adulto. Tenía un trabajo duro. Tenía que cuidar de mi familia y eso significaba sacrificar el presente para pensar en el futuro. Pero al tener cerca a niños pequeños y al ver con qué intensidad vivían el presente, así como la fascinación que sentían por todo lo que los rodeaba, me volví muy consciente de la pérdida que acompaña a la madurez. Los grandes poetas son expresamente sabedores de esto y hacen lo posible para recordárnoslo al resto:

> Hubo un tiempo en que el prado, el huerto y los arroyos,
> la tierra y cada paisaje corriente,
> me parecían
> ataviados de luz celestial,
> con la gloria y la frescura de un sueño.
> Ahora ya no sucede como en tiempos pasados;
> vaya adonde vaya,
> de día o de noche,
> las cosas que solía ver ya no soy capaz de verlas.
>
> Vosotras, benditas criaturas, he oído la llamada
> que os hacéis las unas a las otras; veo
> los cielos sonreír con vosotras en vuestro júbilo;
> mi corazón pertenece a vuestra fiesta,
> mi cabeza tiene su coronal,
> la amplitud de vuestra bondad,
> yo la siento, la siento en todo.
> ¡Oh, diabólico día! Si yo estuviera hosco
> mientras la tierra engalana
> esta dulce mañana de mayo,
> y los niños recogen
> en cada ladera,
> en mil valles lejanos y extensos,

flores frescas; mientras el sol brilla templado,
y el bebé salta en el regazo de su madre:
¡oigo, oigo, con alegría oigo!
Pero hay un árbol, entre muchos, uno,
un simple prado sobre el que yo había puesto mis ojos,
ambos hemos hablado de algo que se ha ido:
el pensamiento, caído a mis pies,
repite el mismo estribillo:
¿adónde huyó el destello visionario?
¿Dónde están ahora, la gloria y los sueños?*²

Algunos, de hecho, no pierden nunca la gloriosa mirada de la niñez. Esto es especialmente cierto de los artistas; en verdad, parece una parte vital de lo que los convierte en tales. William Blake, pintor, grabador y poeta inglés, fue uno de ellos. Vivía en un mundo quimérico sin igual. Blake percibía «la cosa en sí»,³ término introducido por el filósofo Immanuel Kant, con mayor claridad que la mayoría de los mortales, que nos contentamos con el tenue reflejo del entorno que nos brindan nuestras percepciones maduras cada vez más limitadas. Blake también tenía una sensibilidad exquisita para percibir el significado alegórico o dramático de cada suceso aparentemente aislado; la forma en que cada hecho rebosa de connotaciones poéticas:

Es algo que todo granjero comprende.
Cada Lágrima de Cada Ojo
se convierte en un Niño en la Eternidad;

---

* Wordsworth, W., *Oda: Insinuaciones de inmortalidad en los recuerdos de temprana infancia.*

y radiantes Mujeres lo recogen
y a su propio deleite lo devuelven.
El Balido, el Ladrido, el Grito y el Rugido,
son Olas que Golpean en la Orilla del Cielo.
El Niño que solloza bajo la firme Vara
Venganza escribe en los dominios de la muerte.
Los andrajos del Mendigo, ondeando en el Aire,
a Andrajos reducen el Cielo.
El Soldado, de Espada y Rifle armado,
golpea impotente el Sol de Verano.
El Penique del Pobre vale más
que todo el oro en las costas de África.
Una moneda arrancada de las manos del Labrador
comprará y venderá las Tierras del Avaro,
o si lo protegen desde lo alto
compra y vende la Nación entera.
Quien se burle de la Fe de un Niño
de burlas será objeto en su Vejez y Muerte.
Quien enseñe a un Niño a Dudar
jamás saldrá de su tumba corrupta.
Quien respeta la fe de un Niño
triunfa sobre el Infierno y la Muerte.[*4]

La visión de un auténtico artista como Blake es realmente excesiva, porque lo que escapa a nuestras percepciones restringidas por la memoria es demasiado. Es la totalidad insondable del mundo, la unión de pasado, presente y futuro: cada nivel está conectado con el resto, sin que nada exista por sí solo, todo insinúa algo vital que escapa a nuestra comprensión y todo

[*] Blake, W., *Augurios de inocencia*.

denota el arrollador misterio del Ser. El visionario pone su acento en algo que supuestamente vemos todos: un vaso de flores, quizá, en toda su complejidad y belleza, en el que cada flor brota de la nada antes de su disolución y rebrote; un pajar en primavera y su aspecto en verano, otoño e invierno, que observa y plasma el absoluto misterio de su existencia, con las diferentes tonalidades de luz y de color, además de la subyacente forma común, que podemos confundir fácilmente con la realidad plena e incomprensible de lo que ahí hay.

> ¿No ves que todos los pájaros que surcan del aire los caminos son un inmenso mundo de deleite, encerrado por tus cinco sentidos?*5

Contemplar el cuadro de *Los lirios* de Van Gogh —en el que se basa la ilustración con la que empieza este capítulo— es, por ejemplo, mirar por una ventana a la eternidad que en su día revelaron nuestras percepciones. Podemos recordar qué tan imponente y milagroso es el mundo en realidad, bajo la familiaridad mundana a la que lo hemos reducido. Compartir la mirada del artista nos reúne con la fuente de inspiración que puede reencender nuestro júbilo terrenal, incluso si la monotonía de la vida diaria ha reducido lo que vemos a la más simple y pragmática de las visiones.

> Por esos primeros afectos,
> esos recuerdos imprecisos
> que, fuesen lo que fuesen,
> no han dejado de ser la fuente de luz de nuestros días,

* Blake, W., *Un capricho memorable*.

la luz maestra de cuanto alcanzamos a ver;
que nos sostiene y acoge, y tiene poder suficiente para
convertir nuestros ruidosos años en instantes del ser
del silencio eterno; verdades que despiertan
para no morir nunca;
¡que ni la apatía, ni los esfuerzos excesivos,
ni el hombre ni el muchacho,
ni todo cuanto está enemistado con la alegría
puedan suprimirlo ni destruir por completo!"[6]

Todo esto es aterrador. Da miedo ver la sombra en que hemos degenerado. Da miedo vislumbrar, aun por un instante, la realidad trascendente que existe más allá. Creemos que encuadramos nuestras mejores pinturas en marcos lujosos y ornamentados para glorificarlos, pero lo hacemos al menos en igual medida para recordarnos que la gloria del propio cuadro concluye en el marco. Ese límite, ese ribete, deja cómodamente intacto e inmune el mundo que conocemos. No queremos que la belleza rebase las limitaciones que se le han impuesto e importune todo lo que nos es conocido.

Hacemos lo mismo con los museos, los asilos para el talento: acogen todo lo sensacional, todo lo que en principio se podría esparcir por el mundo. ¿Por qué no hacer un altar consagrado a una gran obra de arte en cada pueblo, en vez de condensar todas las obras en un lugar para que sea imposible para nadie asimilarlas a la vez? ¿Acaso no basta una obra maestra por sala, o incluso por edificio? Es absurdo congregar diez grandes obras de arte, o cien, en una sola sala, pues cada una

---

* Wordsworth, W., *Oda: Insinuaciones de inmortalidad en los recuerdos de temprana infancia.*

de ellas es un mundo en sí misma. Esta recopilación masiva degrada la particularidad y la valía única y singular de lo inestimable e irremplazable. El miedo es lo que nos induce a encarcelar el arte. Y no es de extrañar.

> ¿Qué creíais? ¿Que me conformaría con mil hectáreas de tierra nada más? ¿Pensasteis que toda la tierra sería demasiado para mí?
>
> ¿Para qué habéis aprendido a leer si no sabéis ya interpretar mis poemas?
>
> Quédate hoy conmigo, vive conmigo un día y una noche y te mostraré el origen de todos los poemas.
>
> Tendrás entonces todo cuanto hay de grande en la Tierra y en el Sol (existen además millones de soles más allá)
>
> y nada tomarás ya nunca de segunda ni de tercera mano, ni mirarás más por los ojos de los muertos, ni te nutrirás con el espectro de los libros.
>
> Tampoco contemplarás el mundo con mis ojos ni tomarás las cosas de mis manos.
>
> Aprenderás a escuchar en todas direcciones
>
> y dejarás que la esencia del Universo se filtre por tu ser.*[7]

Abrirnos a la belleza del mundo que, como adultos, hemos revestido de simplicidad puede ser agobiante. Pero, si no lo hacemos —si no damos un buen paseo con un niño pequeño, por ejemplo—, perdemos de vista la grandeza y la admiración que nos puede despertar constantemente el mundo sin ataduras, y reducimos nuestras vidas a la triste necesidad.

---

* Whitman, W., *Canto a mí mismo*.

LA TIERRA QUE CONOCES, LA QUE NO CONOCES Y LA QUE NI SIQUIERA IMAGINAS

Habitas el territorio que conoces, pragmática y conceptualmente. Pero imagina lo que hay más allá. Existe un espacio inmenso de cosas que no conoces, pero que otras personas podrían comprender, al menos en parte. Y fuera de lo que sabe cualquier persona, hay un espacio de cosas que no conoce nadie en absoluto. Tu mundo es territorio conocido, rodeado de lo relativamente desconocido y de lo desconocido por completo; y un poco más lejos, de lo absolutamente incognoscible. Juntos, conforman el paisaje canónico y arquetípico. Lo desconocido se manifiesta ante ti en medio de lo conocido. Esa revelación —a veces fascinante, pero muchas otras veces bastante dolorosa— es la fuente del nuevo conocimiento. Sin embargo, todavía hay que responder a una pregunta fundamental: ¿cómo se genera ese conocimiento? Lo comprendido y comprensible no brinca de golpe desde lo absolutamente desconocido a lo que podemos articular de forma detallada y clara. El conocimiento debe superar muchas fases de análisis —un montón de transformaciones— antes de volverse un tópico, por decirlo de algún modo.

La primera fase es la de la acción pura: el acto reflejo, al nivel más básico.[8] Si algo te sorprende, primero reaccionas con el cuerpo. Te agazapas para defenderte, te quedas de piedra o huyes presa del pánico. Todas son formas incipientes de representación y clasificación. Agazaparse significa que te ataca un peligro. Quedarse petrificado significa que te acecha un peligro. El pánico significa el terror que te obligará a escapar. El mundo de la posibilidad se empieza a hacer realidad con ese acto instintivo y corporal, inconsciente e incontrolable. La primera posibilidad, o el potencial, que se hace realidad no es conceptual. Es física, pero aun así es figurativa (ya no es la cosa en sí misma a la que hemos aludido antes, sino la trasmutación de esa cosa en una respuesta física proporcional. Es una representación).

Imagina que estás en casa por la noche a solas. Es tarde y está oscuro. De repente, te asusta un ruido que no esperas y te quedas parado. Esta es la primera trasmutación: del ruido desconocido (un patrón) a un estado de parálisis. El corazón se te acelera, preparándote para la acción (la que sea).[9] Esa es la segunda trasmutación. Te preparas para moverte. Luego, tu imaginación llena la oscuridad con lo que podría estar produciendo el ruido.[10] Esa es la tercera trasmutación, parte de una secuencia completa y práctica: respuestas corporales (la parálisis y el aumento del ritmo cardiaco) y, *a posteriori,* la representación visual e imaginativa. La segunda es parte de la exploración, que podrías ampliar superando el terror y la parálisis ulterior (si asumimos que no sucede nada más demasiado imprevisto) e investigando la zona de donde pareció provenir el ruido, antes parte de tu acogedora casa. Has iniciado una exploración activa: un preludio de la percepción directa, presumiblemente nada grave; luego, del conocimiento explícito de la fuente; y luego, de la vuelta a la rutina y la paz, siempre que el ruido resulte no ser nada importante. Así es como la información pasa de lo desconocido a lo conocido, salvo cuando el ruido no resulta ser algo insignificante. Entonces sí hay un problema.

Los artistas son las personas que viven en la linde de la transformación de lo desconocido en conocimiento. Hacen su incursión voluntaria a lo desconocido, se llevan con ellos un pedazo y lo transforman en una imagen. Quizá lo hacen con una coreografía o un baile, representando la manifestación del mundo en un formato físico, comunicable a los demás, aunque no con palabras. Quizá lo hacen actuando, que es una forma sofisticada de personificación e imitación, o pintando o esculpiendo. Quizá lo consiguen escribiendo un guion, o una novela. Al final de todo llegan los intelectuales, que, con filosofía y crítica, resumen y articulan las representaciones y reglas de la obra.

Piensa en el papel que desempeñan las personas creativas en las ciudades. Suelen pasar penurias, pues es virtualmente imposible ganarse muy bien la vida como artista, y esa estrechez es parte de lo que los motiva (no subestimen la utilidad de la necesidad). Siendo pobres, exploran la ciudad y descubren alguna zona ruinosa o con cierto índice de delincuencia que ha vivido tiempos mejores. La van a ver, observan y fisgonean. Y luego piensan: «Pues con un poquito de esfuerzo, esta zona podría gustarme». Se mudan allí, abren algunas galerías y exhiben arte. No ganan dinero, pero civilizan un poco el espacio. Y con ello, elevan y transforman algo peligroso en algo vanguardista. Luego aparece una cafetería y, tal vez, una tienda de ropa poco convencional. Y en cuanto menos te lo esperas, llegan los gentrificadores. También son tipos creativos, pero son más conservadores (quizá estén menos desesperados y sean más reacios al riesgo, cuando menos, por lo que no son los primeros en dar el paso). Entonces se presentan los promotores inmobiliarios, surgen las franquicias y se asienta allí la clase media y alta. Al final, los artistas se tienen que mudar porque ya no pueden pagar la renta. La vanguardia sale derrotada, pero, aunque es duro, no pasa nada, porque con tanta estabilidad y predictibilidad los artistas ya no encajan. Tienen que rejuvenecer otra área. Necesitan otro horizonte que conquistar. Ese es su hábitat natural.

Esa frontera, donde los artistas están transformando siempre el caos en orden, puede ser un lugar muy inhóspito y peligroso. Viviendo allí, un artista se arriesga constantemente a precipitarse del todo en el caos, en vez de transformarlo. Pero los artistas han vivido siempre allí, al borde del entendimiento humano. El arte es a la sociedad lo que el sueño es a la vida mental. Cuando soñamos, tenemos mucha imaginación. Por eso cuando recuerdas un sueño piensas: «¿De dónde demonios ha venido eso?». Es muy extraño e incomprensible que algo pueda ocurrir en tu cabeza y que no tengas ni idea de cómo llegó ahí o de lo que significa. Es un milagro: la voz de la naturaleza se manifiesta en tu psique. Y pasa cada noche. Como el arte, el sueño media entre el orden y el caos. O sea que es mitad caos. Por esa razón no es comprensible. Es una visión, no una producción del todo articulada. Los que materializan esas visiones truncadas en producciones artísticas son los que empiezan a transformar lo que no entendemos en aquello que, al menos, podemos empezar a ver. Ese es el rol del artista: llevar la voz cantante. Es su sitio natural. Son los primeros agentes civilizadores.

Los artistas no entienden del todo lo que hacen. Si están haciendo algo nuevo de verdad, no pueden entenderlo. De lo contrario, simplemente podrían explicar qué quieren decir y qué han hecho con ello. No necesitarían expresarse con la danza, la música y la imagen. Pero se dejan llevar por los sentidos, por la intuición y por su facilidad para detectar pautas; y todo eso es somático, más que articulado, al menos en las fases iniciales. Al crear, los artistas pugnan con un problema —tal vez incluso con un problema que no entienden del todo— e intentan llamar la atención de todo el mundo sobre algo nuevo. De lo contrario, son meros propagandistas que invierten el proceso artístico, tratando de transformar algo que ya pueden articular en imagen y arte en aras de una victoria retórica e ideológica. He aquí un gran pecado: someter lo elevado a los propósitos de lo inferior. Es una táctica totalitaria, la subordinación del arte y la literatura a la política (o la difuminación deliberada de la distinción entre ellos).

Los artistas tienen que vérselas con algo que no comprenden. De lo contrario no serán artistas, sino impostores, románticos (o frustrados sentimentales), narcisistas o actores (y no en el sentido creativo). Cuando son artistas de verdad, es probable que tengan una obsesión excéntrica y particular con su intuición, que estén poseídos por ella y que estén dispuestos a seguirla incluso cuando hallan resistencia y hay una probabilidad abrumadora de encontrar rechazo, crítica y fracaso práctico y económico. Cuando triunfan, hacen más comprensible el mundo; o bien destruyen algo que en su día era comprendido, pero que ha quedado anticuado, y lo sustituyen por algo nuevo y mejor. Acercan lo desconocido al mundo consciente, social y articulado. Y entonces la gente contempla esas obras de arte, asiste a las representaciones y escucha las historias y se empieza a impregnar de ellas, sin saber cómo ni por qué. Y la gente encuentra en ello un gran valor, quizá más que en ninguna otra cosa. No es casual que los artefactos más caros del mundo —los que literal, o casi literalmente, no tienen precio— sean las grandes obras de arte.

Una vez visité el Met de Nueva York para ver una colección de extraordinarios y conocidos cuadros renacentistas. Cada uno habría valido cientos de millones de dólares, en caso de haberse puesto a la venta. Estaban almacenados en un santuario, un hogar de lo divino, tanto para ateos como para creyentes. Se trataba del más caro y prestigioso de los museos, en un paraje estupendo y bonito, en la que podría ser perfectamente la ciudad más viva y animada del mundo. Para armar la colección se había tardado una eternidad y había costado mucho trabajo. Estaba a rebosar de gente, buena parte de la cual había viajado hasta allí en lo que podríamos llamar *una peregrinación*.

Me pregunté qué pretendía la gente yendo a ese lugar tan bien montado, por qué recorría esas grandes distancias para observar unos cuadros. ¿Qué creían que estaban haciendo? Una de las maravillosas pinturas mostraba la inmaculada concepción de la Virgen. La composición era majestuosa. La Madre de Dios estaba ascendiendo al cielo en un estado beatífico, encerrada en una mandorla de nubes incrustadas con rostros de *putti*. Toda la gente contemplaba la obra ensimismada. Pensé: «No saben lo que significa esa pintura. No entienden el significado simbólico de la mandorla, o la importancia de los *putti*, o la idea de la glorificación de la Madre de Dios. Y bueno, Dios ha muerto, o al menos eso se dice. ¿Por qué la pintura conserva igualmente su valor? ¿Por qué está en esta sala y en este edificio con el resto de los cuadros, en esta ciudad, bien custodiados y sin poderlos tocar? ¿Por qué esta pintura —y todas estas otras— no tiene precio y es fruto del deseo de los que ya lo tienen todo? ¿Por qué estas creaciones se guardan con tanto celo en un santuario moderno y son visitadas por personas de todo el mundo, como si fuera una obligación; incluso como si fuera deseable o necesario?».

Tratamos estos objetos como si fuesen sagrados. Al menos es lo que sugieren nuestros actos cuando estamos a su lado. Los observamos, ignorantes y asombrados, y recordamos lo que hemos olvidado; percibimos muy levemente lo que ya no somos capaces de ver (lo que tal vez ya no queremos ver). Lo desconocido se vislumbra en las obras de los grandes artistas de una forma más o menos articulada. Lo inefable e imponente empieza a hacerse realidad, pero conserva una parte aterradora de su poder trascendente. Este es el papel del arte y el papel de los artistas. Es lógico que guardemos sus obras peligrosas y mágicas bajo llave, enmarcadas y separadas de todo lo demás. Y si una gran obra sufre un daño en alguna parte, la noticia recorre todo el mundo. Notamos cómo tiemblan los cimientos de nuestra cultura. El sueño del que depende nuestra realidad se zarandea. Nos sentimos inquietos.

UNA HABITACIÓN

Yo vivo con mi esposa en una casita semiadosada. La sala no medirá más de tres metros y medio, tanto de largo como de ancho. Sin embargo, nos esmeramos para que la sala quedase preciosa y tratamos de hacer lo mismo con el resto de la casa. En la sala había algunos cuadros enormes que, seguramente, no serán del gusto de todo el mundo. Había cuadros impresionistas y del realismo soviético: algunos mostraban escenas de la Segunda Guerra Mundial; otros, el triunfo del comunismo. También había una serie de miniaturas cubistas y cuadros sudamericanos muy influenciados por la tradición nativa. Con esas quince pinturas pequeñitas (de treinta por treinta centímetros), en la sala había al menos veinticinco cuadros. Incluso había uno que colgaba del techo, donde lo até con imanes. Recordaba a un aguafuerte medieval, pese a estar pintado sobre un lienzo, y venía de una iglesia de Rumanía.

El más grande medía un metro ochenta de alto por dos metros cuarenta de largo, más o menos. (Sí, ya sé que congregar todas estas pinturas en un espacio diminuto contradice lo que he dicho antes de consagrar una sala, o incluso un edificio, a una sola obra de arte, pero yo solo tengo una casa, así que alego motivo de necesidad: si quería coleccionar cuadros, tenía que meterlos donde pudiera.) En el resto de la casa usamos treinta y seis colores diferentes, además de una serie de tonos distintos de brillo para las paredes y los acabados del edificio. Los sacamos todos de una paleta que hacía juego con una enorme pintura realista de una cochera de Chicago de los cincuenta, creada por el mismo artista que nos ayudó a diseñar y renovar nuestro hogar.

En cuanto a los cuadros soviéticos, se los compré por eBay a anticuarios y vendedores ucranianos especializados en objetos de la época soviética. Llegué a tener una red de unos veinte ucranianos que me mandaban fotos de cualquier cuadro que rescataban de las ruinas de la burocracia soviética. La mayoría eran feísimos, pero algunos eran geniales. Por ejemplo, tengo un gran cuadro en el que sale Yuri Gagarin, el primer hombre en ir al espacio, de pie delante de un cohete y un sistema de radar; y otro de los setenta en el que aparece un soldado que escribe a solas a su madre delante de una radio enorme. En verdad, es alucinante ver hechos más o menos modernos inmortalizados al óleo por artistas de talento. Hay que decir que los soviéticos mantuvieron en funcionamiento sus academias desde el siglo XIX y, a pesar de las tremendas restricciones que se impusieron sobre lo que se podía crear, los que estudiaron en ellas se convirtieron en grandes pintores.

Las pinturas soviéticas acabaron apoderándose de nuestra casa. La mayoría eran pequeñas y una auténtica ganga, así que las compraba a docenas. La época soviética tuvo su propio impresionismo, consistente sobre todo en cuadros de paisajes. El estilo es más hosco y agresivo que la versión clásica francesa, pero resulta muy de mi agrado y me recuerda al lugar donde crecí: la zona occidental de Canadá. Mientras los buscaba, me gusta pensar que vi más pinturas que nadie en la historia. Como mínimo durante cuatro años, a partir de 2001, busqué en eBay y analicé unos mil cuadros al día,[*] todo para encontrar uno o dos que fueran realmente buenos. Lo más habitual era que se tratara de un paisaje ruso o soviético que se vendía por cuatro cuartos; y eran mejores pinturas que las que había visto jamás en las galerías y colecciones de los museos de Toronto. Los añadía a una lista de objetos que me interesaban —una función de eBay—, los imprimía, colocaba sobre el suelo las fotos de los cuadros y pedía a Tammy que me ayudara a acotar mis opciones. Tiene buen ojo y bastante formación como artista. Descartábamos los que veíamos que tenían defectos o imperfecciones y comprábamos el resto. Debido a esto, mis hijos crecieron rodeados de arte, lo cual les dejó sin duda una huella. Muchas de mis pinturas ahora están colgadas en sus respectivos hogares (aunque solían evitar la propaganda soviética más política, que a mí me atraía por su significado histórico y por la guerra que libraban en los lienzos el arte —fruto del innegable talento del pintor— y la propaganda que ese arte estaba condenado a servir. Y les aseguro que, a medida

---

[*] 1,000 fotos de cuadros x 300 días al año x 4 años = 1,200,000 cuadros. Tiene que ser un récord (no es que tenga importancia, pero me hace gracia pensarlo), sobre todo porque no creo que fuera posible ver tantos cuadros antes de que la tecnología de internet permitiera crear bases de datos tan gigantescas.

que pasan los años, el arte se interpone al fin propagandístico. Es algo muy interesante de observar).

Por aquella época también intenté arreglar mi despacho en la universidad, después de que me sacaran de un despacho que ya tenía decorado a medias. Lo hice con el mismo artista que nos ayudó a rediseñar el interior de casa, y al que compré muchas pinturas grandes que cuelgan en nuestro hogar. Juntos transformamos mi nuevo despacho, de aspecto fabril y luces fluorescentes —un horripilante agujero de los setenta con las ventanas selladas—, en un lugar donde un ser humano pudiera trabajar treinta años sin arder en deseos de morir. Los miembros del profesorado tenían prohibido hacer grandes cambios en esos espacios, debido a las normas sindicales, o a la interpretación administrativa de esas normas. Así pues, mi amigo artista y yo trazamos un plan.

Optamos por clavar unos ganchos pesados y niquelados en el bloque de hormigón. Los queríamos colocar de dos en dos, a dos metros del suelo y separados por poco más de un metro. De ellos colgaríamos unas buenas planchas de madera lijada y barnizada de dos centímetros, con chapa de cerezo en uno de los lados. Y *voilà:* tendríamos un despacho revestido de madera por solo ocho láminas contrachapadas de setenta y cinco dólares cada una, más la mano de obra. Íbamos a instalarlas en fin de semana, cuando no hubiera nadie. Luego teníamos pensado pintar el falso techo. El infierno es un sitio lleno de falsos techos, rejillas de ventilación oxidadas y luces fluorescentes. De esto no cabe duda: la caída de la productividad debida a la deprimente fealdad, la monotonía y la depresión general del ánimo que resultan de estos elementos económicos supera holgadamente el dinero que se ahorra con las técnicas arquitectónicas más baratas y la luz más mortecina (todo el mundo parece un cadáver bajo un fluorescente). Poco dinero, poco meneo.

También íbamos a pintar el techo (con cuidado, porque había asbesto sobre los azulejos) con una pintura llamada Hammerite, que una vez seca parece metal amartillado. Así habríamos transformado una estética inapelablemente industrial, que puede resultar bonita si se maneja con inteligencia, en algo cuidado y único. También habría salido por un costo mínimo. Una buena alfombra, tal vez persa (también las había muy económicas en eBay), cortinas de buena calidad y un escritorio industrial decente: un fin de semana de trabajo en secreto y tendría un despacho en el que cualquier persona civilizada podría vivir sin rencor ni desprecio por sí mismo.

Pero cometí un error de bulto: le conté a una de las jefas del Departamento de Psicología lo que me traía entre manos. Ya habíamos hablado antes de lo monstruoso que era el piso en que estaba nuestro departamento y el pésimo estado de todos los despachos; y pensé que habíamos convenido en que hacía falta una mejora. Creía que podía contar con ella. Incluso habíamos hablado de transformar su superdespacho. Entusiasmado, me puse a contarle mis planes. Parecía descontenta, en vez de complacida, y de repente dijo:

—No puedes hacer eso.

Meneé la cabeza incrédulo, y pensé: «¿Cómo? Quiero mejorar algo extremadamente feo, deprisa y sin problemas, por un módico precio..., ¿y tu respuesta es: "¡No puedes hacer eso!"?».

—¿A qué te refieres? —dije.

—Es que, si lo haces, todos los demás lo querrán hacer —dijo.

Por lo pronto se me ocurrieron cuatro respuestas: primero, «no, no querrán»; segundo, «todos podrían hacerlo, porque sería baratísimo»; tercero, «pensaba que éramos adultos sensatos que estaban hablando en serio sobre mejorar una cosa importante de la universidad, no niños que se pelean en el patio de la guardería»; y cuarto, «pensaba que hablaba con alguien cuerdo y razonable, pero es evidente que estaba equivocado». Terminó la conversación con una amenaza directa:

—No me provoques.

Qué estúpido fui al pedir permiso. Bueno, en realidad no es eso lo que había hecho: estaba intentando contar algo motivador, bonito y emocionante, pero la conversación se había convertido en un mero pulso.

No compartí ninguna de esas cuatro respuestas, aunque estuve muy tentado de exponerlas todas, y recalibré de inmediato mi estrategia.

Mi amigo artista y yo ya estábamos muy familiarizados con la demencia y la intransigencia de las burocracias de nivel intermedio, así que ya habíamos esbozado un plan B más modesto. El plan consistía en escoger una buena pintura para las paredes (en lugar de la madera, muy preferible), poner colores que resaltaran donde fuera posible y alfombras y cortinas a juego. Tuve que pelearme con la dirección para conseguir los colores exactos que había elegido y que concordaban con el aire industrial del despacho, pero gané esa batalla. El plan B no era tan bueno como el A, pero seguía siendo mucho mejor que el *statu quo*. Después añadí un falso techo de cobre con azulejos adheribles y ligeros de plástico, que imitan bastante bien el metal decorativo, colgué algunos cuadros y coloqué un par de estatuas. Los alumnos, colegas y visitantes entran y se quedan maravillados. Mi despacho es un templo de creatividad y belleza, no una horripilante fábrica iluminada con fluorescentes. Los visitantes se sorprenden; salen de allí admirados, aliviados y satisfechos.

Al cabo de poco, supe que el departamento estaba llevando a posibles candidatos a profesor a mi despacho para enseñarles la libertad creativa que se permitía en la Universidad de Toronto. Me pareció una broma divertidísima. Le di muchas vueltas durante largo tiempo. La resistencia que encontré tenía una fuerza incomprensible. Pensaba: «Dios, parece que la gente tiene miedo de lo que estoy haciendo en este despacho. Quizá hay algún motivo —un motivo importante— que desconozco». Entonces oí una anécdota del biólogo Robert Sapolsky sobre los ñus.[11] Los ñus son animales que viven en manada y son muy difíciles de distinguir unos de otros; quizá no para los propios ñus, pero sí para los que quieren estudiarlos. Se camuflan juntándose. En el pasado había sido un problema grave para los biólogos, que necesitaban observar ejemplares concretos durante un tiempo suficiente para extraer ciertas conclusiones de su comportamiento. Veían un ñu, desviaban la vista un momento para anotar algo y, cuando volvían a alzar la mirada, no localizaban al mismo animal.

Al final decidieron probar una cosa. Los biólogos se subieron a una camioneta todoterreno, se pusieron al lado de un rebaño y, con un bote de pintura roja y un harapo atado a un palo, marcaron las ancas de uno de los ñus. Así podrían seguir las actividades de ese ejemplar concreto y, con suerte, descubrir algo nuevo de la conducta de la especie. Pero ¿a que no adivinan qué le pasó a ese ñu, ahora que estaba diferenciado de la manada? Los depredadores, que siempre acechaban al grupo, lo cazaron. A los leones, una gran amenaza para la especie, les cuesta derribar a un ñu concreto a menos que lo puedan identificar. No son capaces de cazar una manada imprecisa de animales. No pueden perseguir cuatro ñus a la vez. Tienen que organizar la caza en torno a un ejemplar identificable. Así pues, cuando los leones persiguen a los que son pequeños o cojean, no están seleccionando a los débiles en una especie de exhibición natural de altruismo. Preferirían cenar un buen ñu sano, delicioso y jugoso que uno pequeñito, viejo o enfermo. Pero tienen que poder identificar a su presa. ¿Cuál es la moraleja de la historia? Si te vuelves llamativo y destacas, los leones acaban contigo. Y leones siempre hay.

Si alzas el cuello, te encontrará el filo de la espada. Muchas culturas tienen un dicho parecido. ¿Por ejemplo? «Donde veas a todos cojear, debes, al menos, renquear.» En Japón tienen uno que dice: «El clavo que sobresale es el primero en recibir el martillazo». No se trata de una observación insignificante: de ahí que sea tan común. La labor artística y creativa entraña un alto riesgo, y la probabilidad de sacarle partido es baja. Pero sí es posible sacarle un rédito excepcional y, pese a ser peligrosa y tener pocas posibilidades de cuajar, la labor creativa también es absolutamente vital para la transformación que nos permite seguir en pie. Todo cambia. Justo por eso el tradicionalismo puro está condenado a morir. Necesitamos lo nuevo, solo para mantener nuestra posición. Y necesitamos ver qué es lo que nuestro conocimiento y especialización nos impide ver, a fin de no perder el contacto con el Reino de Dios y no morir de aburrimiento, hastío, arrogancia, apatía ante la belleza y amargo cinismo. Además, ¿somos animales de presa indefensos que se acobardan y se protegen ocultándose y camuflándose?, ¿o somos seres humanos?

DECORACIÓN NO

El arte abstracto nos conturba, igual que el arte que parece dedicado a despertar reacciones negativas como el asco o el horror solo con el fin de violentar. Yo siento un gran respeto por los ideales de la belleza tradicional y, por tanto, cierta simpatía por esa respuesta; y es casi innegable que muchos de los que desprecian la tradición enmascaran ese sentimiento bajo la pretensión artística. Sin embargo, el paso del tiempo diferencia —aunque sea con imperfecciones— la obra de inspiración genuina de la fraudulenta, de forma que lo irrelevante suele caer en el olvido. También es fácil cometer el error contrario: pensar que el arte debería ser bonito y fácil de apreciar, sin esfuerzo ni dificultad; creer que debería ser decorativo, ir a juego con los muebles de la sala. Pero el arte no es decoración. Esa es la actitud de un inexperto que no sabe nada, o de alguien que no deja que su terror por el arte le permita progresar y aprender.

El arte es exploración. Los artistas enseñan a la gente a ver. Ahora, la mayoría de las personas con cierta exposición al arte consideran la obra de los impresionistas, por ejemplo, como naturalmente bella y relativamente tradicional. En buena medida es porque, durante la segunda mitad del siglo XIX, solo los impresionistas percibían el mundo como lo percibimos ahora nosotros. No lo podemos evitar, pues la estética impresionista lo ha saturado todo: anuncios, películas, pósteres ilustres, cómics, fotografías…, todas las formas de arte visual. Ahora todos vemos la belleza de la luz que, en su día, solo los impresionistas podían capturar. Nos la enseñaron ellos. Pero la primera vez que exhibieron sus cuadros en el Salon des Refusés de 1863, dado que el tradicional Salón de París los había rechazado, los lienzos fueron objeto de burla y desdén. La idea de percibir de esa manera (prestando especial atención a la luz, en esencia, más que a la forma) era tan radical que hubo personas que se lo tomaron como una afrenta personal.

Muchas veces me asombra cómo incluso las técnicas del cubismo, en algunos aspectos mucho más extremo y extraño que el impresionismo, se han vuelto parte esencial de nuestro lenguaje visual. He encontrado las caras multidimensionales pero aplanadas del género hasta en los cómics. Lo mismo pasa con el surrealismo, que se ha incrustado tanto en el imaginario popular hasta convertirse casi en un cliché. Vale la pena repetirlo: los artistas enseñan a la gente a ver. Es muy complicado percibir el mundo y tenemos la gran suerte de contar con genios que nos enseñan a hacerlo, que nos reconectan con lo que hemos perdido y que nos explican el mundo. Por estas razones psicológicas haríamos bien en sopesar frases como las que pronuncia Cristo en Mateo 18:1:

En aquel tiempo los discípulos vinieron a Jesús, diciendo: «¿Quién es el mayor en el reino de los cielos?».

Y llamando Jesús a un niño, lo puso en medio de ellos, y dijo: «De cierto os digo, que si no os volvéis y os hacéis como niños, no entraréis en el reino de los cielos».

La belleza te reconduce hasta lo que has perdido. La belleza te recuerda lo que siempre es inmune al cinismo. La belleza te hace seguir el camino recto; te recuerda que hay cosas de menor y mayor valor. Hay muchas cosas por las que vale la pena vivir: el amor, el juego, el coraje, la gratitud, el trabajo, la amistad, la verdad, la cortesía, la esperanza, la virtud y la responsabilidad. Pero la belleza es una de las más grandes.

> Aunque el resplandor que una vez fue tan luminoso
> sea ahora retirado para siempre de mi vista,
> aunque nada pueda devolver la hora

del esplendor en la hierba, de la gloria entre las flores;
no lloraremos, sino que encontraremos
fuerza en lo que queda atrás;
en la comprensión original
que al haber sido una vez debe permanecer para siempre;
en los lenitivos pensamientos que se levantan
del sufrimiento humano;
en la fe que mira a través de la muerte,
en los años que traen la mente filosófica.*[12]

Intenta tener una habitación de tu casa lo más bonita posible.

---

* Wordsworth, W., *Oda: Insinuaciones de inmortalidad en los recuerdos de temprana infancia.*

REGLA 9

SI AÚN TE CORROEN VIEJOS RECUERDOS, ESCRIBE SOBRE ELLOS FIELMENTE Y CON TODO LUJO DE DETALLES

¿EL AYER YA ESTÁ SACIADO DE TI?

Imagina que en el pasado cometiste atrocidades. Traicionaste o heriste profundamente a personas. Dañaste su reputación con habladurías e insinuaciones. Te llevaste el mérito por su labor. Les robaste material o anímicamente. Los engañaste. O imagina que, en vez de eso, has sido la víctima de actos como estos; y asumamos también que estás lo bastante curado de espanto como para tratar de no repetir la experiencia. En ambas circunstancias, como culpable y como víctima, lo que pasó en realidad y los recuerdos asociados evocaron miedo, culpa y vergüenza. ¿Por qué?

En el primer caso te traicionaste a ti mismo. No jugaste como corresponde al juego a medio-largo plazo y ahora sufres las consecuencias. No eres la clase de persona de la que los demás eligen rodearse. Quizá incluso no seas la clase de persona de la que tú mismo quieres rodearte. En el segundo caso alguien te maltrató gravemente. No obstante, en cierto sentido, no importa si sufriste porque te saboteaste a ti mismo o por culpa de otros. Lo que sí importa es que no quieres que se repita.

Si piensas en ese recuerdo, o si te viene a la mente espontáneamente y te inunda de terror, vergüenza y culpa, tiene un significado específico. Significa que caíste en un agujero —un pozo, para ser más exactos— o que te arrojaron a él. Y eso no es bueno. Pero lo peor es que no sabes por qué. Quizá confiaste demasiado deprisa en otras personas. Quizá fuiste muy ingenuo. Quizá no quisiste verlo venir. Quizá te encontraste con una maldad genuina de otra persona o de ti mismo (y esa es la peor situación y la más difícil de superar). Pero a la hora de analizarlo, poco importa si te caíste o si te tiraron, al menos en lo que concierne a los sistemas emocionales que han aparecido durante la historia evolutiva y que ahora te protegen. Esos sistemas solo se preocupan de una cosa: de que no vuelvas a cometer un error.

Las alarmas que activan dichas estructuras se basan en el miedo, aunque eso es quedarse corto. Sería más preciso decir que se basan en el terror (un terror no limitado por el tiempo ni el espacio) y lo único que les interesa es recordarte que aún persiste el peligro. Una parte peligrosa de la realidad ha seguido inexplorada, en baja resolución, sin el suficiente detalle; igual que una parte de ti. No eres lo bastante avispado, despierto, peligroso, consciente, sabio o bueno —¿quién sabe?—, o sea que los sistemas de terror que te protegen están seguros de tu habilidad para encontrar el camino de salida del mismo laberinto, en caso de que vuelva a manifestarse ante ti.

Aprende del pasado o revivirás sus horrores en tu imaginación durante toda la eternidad.

Muchas veces, no es tanto que reprimamos las cosas terribles que han sucedido en el pasado, sino que la gente se niega a especular sobre ellas y las expulsa de su mente, distrayéndose con otras actividades. Sus razones tendrán. Y, a veces, las personas traumatizadas parecen por completo incapaces de entender qué les sucedió. Por ejemplo, para los niños que han sufrido abusos, puede ser casi imposible hilar una filosofía de vida lo bastante compleja para abarcar todo el espectro de la motivación humana. Simplemente no entienden por qué alguien podría maltratarlos a nivel físico o sexual. Si son lo bastante jóvenes, es probable que ni siquiera comprendan del todo qué está pasando. Comprender estas cosas es muy duro, incluso para los adultos. Pero aunque sea aciago y posiblemente injusto decirlo, no importa. La negación y la incapacidad dejan una zona del recuerdo sin explorar, repleta de peligros. La psicología sabe que es imposible olvidar cualquier cosa lo bastante amenazadora o dañina con que nos hayamos topado si antes no la hemos entendido.[1]

Para orientarnos en el mundo, necesitamos saber dónde estamos y adónde vamos. Dónde estamos: en el mejor de los casos, ese concepto debe incluir un relato íntegro de nuestra experiencia en el mundo hasta la fecha. Si no sabes qué caminos has cruzado, es difícil hacerte una idea de dónde estás. Adónde vamos: esa es la proyección de nuestro ideal definitivo, que no es para nada una mera cuestión de éxito, amor, riqueza o poder, sino el desarrollo del carácter que allana el camino de todos los resultados felices y previene los funestos. Cartografiamos el mundo para poder movernos del lugar donde estamos, el punto A, hasta el lugar al que vamos, el punto B. Utilizamos nuestro mapa para encauzar nuestro movimiento y encontramos éxitos y obstáculos por el camino.

Los éxitos nos infunden confianza y nos estimulan. No solo nos acercamos a nuestro deseo final, sino que parecemos avanzar por el buen camino (y, por tanto, no solo avanzamos, sino que validamos el mapa). Los obstáculos y las caídas, en cambio, nos provocan ansiedad, nos deprimen y nos duelen. Dan fe de nuestra profunda ignorancia. Indican que no entendemos lo suficiente dónde hemos estado, dónde estamos y adónde vamos. Denotan que algo que nos ha costado horrores construir, y que deseamos proteger más que nada en el mundo, tiene defectos; defectos graves y, al mismo tiempo, no entendidos del todo.

Tenemos que recordar nuestras experiencias y sacar de ellas su moraleja. De lo contrario, seguimos atascados en el pasado, asolados por los recuerdos, atosigados por la conciencia y desolados por perder lo que podría haber sido; no nos perdonamos a nosotros mismos ni podemos aceptar los retos y las tragedias que tenemos delante. Debemos recobrarnos o sufriremos en su justa medida por nuestra ignorancia y evasión. Debemos recordar todo lo que evitamos del pasado. Debemos reavivar cada oportunidad perdida. Debemos arrepentirnos por errar el tiro, reflexionar sobre nuestros errores, adquirir ahora lo que deberíamos haber adquirido entonces y recomponernos. Y no digo que siempre se pueda. He visto a gente tan perdida que la chispa no era suficiente para sobrevivir. La persona del presente se había vuelto demasiado insignificante para afrontar aquello que había evitado su versión (sana) del pasado. Y el cinismo sobre el futuro racionaliza la evitación y el engaño. Es un infierno de una profundidad sin límites. La humildad necesaria para escalar fuera de ese abismo es exactamente proporcional a la magnitud de los errores no correspondidos del pasado. Y eso basta para estremecer de verdadero terror a cualquiera que esté mínimamente despierto. Parece que no se nos permite eludir la responsabilidad de hacer realidad el potencial. Y si hemos cometido un error en el pasado y no manifestamos lo que podría haber sido —sea cual sea la razón—, lo pagamos con la incapacidad para olvidar y con el remordimiento por la mala conducta pasada.

Imaginen que, cuando son muy jóvenes, el mapa del mundo que usan para guiar a su yo inmaduro está infradesarrollado, como es natural, igual que el dibujo de una casa de un niño. El dibujo siempre está recto y centrado y muestra solo la fachada; siempre (o casi siempre) tiene una puerta y dos ventanas, un cuadrado que representa la fachada exterior y un triángulo para el tejado; siempre con una chimenea y humo (lo cual es sorprendente, porque las chimeneas humeantes no son tan habituales). El sol, un círculo del que salen rayos, brilla sin compasión. Hay unas cuantas flores: líneas simples con unos pétalos esbozados encima y dos hojas en medio del tallo. Es una representación muy pobre de una casa. Es más un jeroglífico que un dibujo; más un concepto que un esbozo. Es algo que representa la idea de la casa, o tal vez del hogar, en términos generales, como las palabras *casa* y *hogar* en sí mismas. Sin embargo, casi siempre es suficiente: el niño que hace el dibujo sabe que es una casa y los otros niños y adultos que lo ven también lo saben. El dibujo sirve. Cumple su objetivo. Es un mapa bastante bueno.

Pero, muchas veces, dentro de las casas ocurren cosas espantosas que no son tan fáciles de representar. Quizá en la casa hay adultos —padres, abuelos, tíos o tías— que dicen cosas como: «Nunca —y digo nunca— le cuentes a nadie lo que pasa aquí». Unos cuantos cuadrados, un triángulo, unas flores mal dibujadas y un orbe solar benevolente ofrecen una representación sesgada de los horrores que hienden un hogar así. Quizá lo que sucede dentro de la casa es intolerable e incomprensible. Pero ¿cómo puede ser incomprensible lo aterrador? ¿Cómo puede siquiera existir el trauma sin comprensión? ¿Acaso el hecho de entender no es una especie de prerrequisito de la propia experiencia? Estos son grandes misterios. Aunque no todo se concibe de la misma manera. Todos nos hemos quedado petrificados ante lo desconocido, aunque parezca contradictorio. Pero el cuerpo sabe lo que la mente todavía no entiende. Recuerda y exige que se produzca esa comprensión. Y simplemente es imposible satisfacer esa demanda. Si nos ocurre algo —o si incurrimos en un acto, lo cual podría ser peor— que nos aterra y nos repugna recordar, el destino implacable nos insta a transformar el horror crudo en comprensión, o a sufrir las consecuencias.

NO CAIGAN DOS VECES EN EL MISMO POZO

Una vez tuve una clienta que, al cabo de nada de conocernos, me empezó a hablar de la agresión sexual que había sufrido de niña a manos de un primo mayor con quien vivía. Cuando narraba sus experiencias, siempre se ponía a llorar y se afectaba mucho. Le pregunté cuántos años tenía cuando se produjo la agresión y me dijo que cuatro. Describió a su atacante como alguien mucho más corpulento, fuerte y mayor que ella. Mientras hablaba, yo dejé volar mi imaginación libremente, dando por sentadas cosas que, a mi entender (o al entender de mi mente), se sobreentendían por la naturaleza de su descripción. Me imaginé las maquinaciones infames, sádicas y criminales de un adolescente mayor o de un joven adulto. Pero luego le pregunté qué diferencia de edad había entre ella y su agresor y respondió: «Dos años. Tiene dos años más que yo». Me tomó desprevenido de verdad. El retrato en mi mente cambió casi por completo.

Le relaté lo que había estado imaginando, porque quería que supiera qué suposiciones había estado haciendo mientras me contaba su historia. Luego dije: «Como ya sabes, ahora eres una adulta hecha y derecha, desde hace tiempo. Pero me contaste la historia igual que me la habrías contado si tuvieras cuatro años y los abusos aún estuvieran produciéndose; o al menos con muchas emociones idénticas. Y no cabe duda de que recuerdas a tu primo como alguien mucho más corpulento, fuerte y mayor que tú. Al fin y al cabo, un niño de cuatro años ve a uno de seis como si le llevara media vida de ventaja y, desde el punto de vista de ese niño, quizá más como un adulto. Pero tu primo tenía seis años; era casi igual de niño que tú. Así que esta es otra forma de ver lo que pasó. Para empezar, piensa en los niños de seis años que conoces ahora. Sabes que aún son inmaduros y que no se les puede exigir responsabilidades por sus actos igual que a los adultos, aunque quizá tampoco sean del todo inocentes. No estoy intentando minimizar la gravedad de lo que te pasó ni cuestiono la intensidad de tus emociones. Lo que sí te pido es que valores la situación como si descubrieras que ha sucedido entre dos niños que conoces ahora mismo. Los niños tienen curiosidad. Juegan a médicos. Y si los adultos que tienen cerca no les prestan la debida atención, esos juegos se pueden salir de control. ¿Te verías capaz de barajar la posibilidad de que no abusó de ti una fuerza invencible y maliciosa, como pensarías si te violaran hoy? Quizá la verdad es que tú y tu primo fueron niños supervisados de forma pésima».

Los recuerdos que conservaba de sus vivencias de la niñez no habían cambiado mucho al crecer. Todavía experimentaba el terror de una niña de cuatro años que está a merced de alguien lo bastante mayor para ser percibido como un adulto. Pero ahora que tenía veintisiete años, tenía que revisar ese recuerdo. Ya no corría el riesgo de que la volvieran a tratar así de forma obvia. Y la alivió muchísimo poder reinterpretar lo que había sucedido. Ahora podía considerarlo una posible consecuencia de la curiosidad sin supervisión adulta. Eso la hizo cambiar de opinión respecto a su primo, sus padres, la situación y ella misma. Pudo ver el hecho desde el punto de vista de un adulto, cosa que la liberó de buena parte del terror y la vergüenza asociados a los recuerdos, y lo hizo con una rapidez asombrosa. Decidió afrontar los horrores del pasado por voluntad propia y encontró una explicación causal mucho menos traumática, una que no la obligaba a ver a su primo como el culpable malicioso y fuerte, ni a ella como la víctima inevitablemente desamparada de dicha fuerza. Toda esta transformación tuvo lugar en una sola sesión. Esta es la fuerza que puede tener la historia sobre los horrores de nuestro pasado.

Esta experiencia me suscitó un profundo dilema filosófico. Mi clienta llevaba décadas sin alterar los recuerdos que me refirió en la consulta, pero aquellos con los que salió habían cambiado drásticamente. Así pues, ¿cuáles eran los auténticos? Sería fácil alegar que su narración original se acercaba con más exactitud. A fin de cuentas, era la huella más directa que podría dejar en el libro abierto de la mente de un niño de cuatro años. No se había alterado mediante ninguna intervención terapéutica previa. Entonces, ¿no era lo auténtico? También puede suceder que lo que un día significa una cosa pase a significar algo bastante diferente al siguiente. ¿Es tan extraño que, al convertirnos en padres, entendamos mejor lo que motivó la conducta a todas luces inexplicable de nuestros padres, por ejemplo? ¿Y qué recuerdo es más fiel: el retrato parcial de la motivación adulta que tenemos como niños, o los recuerdos revisados gracias a la madurez? Si son estos últimos —cosa que no parece carecer de lógica (y sin duda parecía cierto en el caso de mi clienta)—, ¿cómo puede ser que un recuerdo alterado se vuelva más fiel a la realidad que el original?

POSEÍDO POR LOS FANTASMAS

Recuerdo a otro cliente que demostró una capacidad asombrosa para recordar y cambiar. Sus recuerdos estaban envueltos en un espeso halo de misterio y accedía a ellos más despacio, con mayor pasmo y dificultad. Era un hombre afroamericano joven y homosexual que había estado padeciendo una serie de síntomas mentales y físicos incomprensibles. Hacía poco un psiquiatra le había diagnosticado esquizofrenia, pero su tía, que lo había llevado al hospital para que lo evaluaran, creía que no se había dedicado el tiempo suficiente en el diagnóstico. Se puso en contacto conmigo para una segunda opinión y lo llevó a mi consultorio. Lo vi a solas.

Era tímido y reservado, pero vestía con elegancia y esmero y parecía estar perfectamente orientado cuando empecé a recabar su historia. Además, llevaba unos lentes impolutos, sin cinta en el puente ni en las varillas, y los lentes estaban como una patena. Para mí, estas observaciones eran relevantes. Los esquizofrénicos no son capaces de cuidar de su aspecto, así que la ropa desaliñada y los lentes rotos —sobre todo con lentes muy sucios— son rasgos reveladores (no siempre: o sea que no va por los que usan lentes en un pobre estado). También tenía un trabajo de tiempo completo de una complejidad considerable, otra rareza para alguien con esquizofrenia, y podía mantener una conversación sin problemas pese a su timidez. Lo acepté como cliente y empezamos a vernos con regularidad.

Tuve que verlo unas cuantas veces antes de saber por qué el psiquiatra le había diagnosticado un trastorno grave. Empezó contándome que llevaba cuatro años sufriendo depresión y ansiedad. Eso no tenía nada de especialmente atípico. Sus síntomas aparecieron a raíz de una fuerte pelea con su novio y del cese definitivo de su relación, que había durado varios años. Tampoco había nada raro. Habían vivido los dos juntos. Su unión había sido importante para él a nivel emocional y práctico; y la disolución de una relación sentimental genera infelicidad y confusión a casi todo el mundo y, en las personas propensas a ello, puede ocasionar una ansiedad y una depresión más graves y duraderas. Sin embargo, en el caso de este hombre esos síntomas duraban más de lo normal. La gente suele recomponerse y salir adelante en menos de un año. No se trata de una regla inflexible, pero cuatro años es mucho tiempo. Me picó la curiosidad. También reveló algo que se salía mucho de lo normal. Me dijo que cada noche, al intentar dormir, tenía unas extrañas convulsiones. Su cuerpo se contorsionaba y adoptaba una posición fetal, y cruzaba los brazos para taparse la cara. Después se relajaba, pero los movimientos volvían de forma indefectible. El episodio duraba horas y, además de ser preocupante porque era incomprensible, le estaba dificultando mucho conciliar el sueño. Esto llevaba sucediendo tanto tiempo como la ansiedad y la depresión; y su falta de sueño, si no las propias convulsiones, era seguramente un factor que influía en ello. Le pregunté qué creía que estaba pasando y, riendo, dijo: «Mi familia piensa que estoy poseído. Y no sé si se equivocan».

Mi cliente provenía de un entorno muy curioso. Sus padres habían emigrado a Canadá desde el sur de los Estados Unidos y habían recibido una educación muy pobre. Eran muy supersticiosos y religiosos y, al parecer, creían de verdad que su hijo estaba poseído por espíritus.

—¿No le contarías al psiquiatra esto que estabas poseído? —le pregunté.

—Sí —dijo.

—Bueno, ya sabemos por qué te diagnosticaron esquizofrenia —pensé.

Esa explicación, unida a los extraños síntomas físicos, habría bastado, según mi experiencia.* No obstante, después de ver a este hombre en varias sesiones, tuve claro que lo que le atormentaba no era la esquizofrenia. Era muy racional y lúcido. ¿Qué diantres podía estar provocando estas extrañas con-

---

* Un consejo para cualquiera que solicite ayuda psicológica en un hospital de una gran ciudad. Puede que el psiquiatra que te visite solo tenga quince minutos para evaluar tu vida y determinar la naturaleza de tu enfermedad, o sea que no dejes caer ninguna experiencia o creencia extraña. Podrías acabar arrepintiéndote. Se necesita poco para elaborar un diagnóstico de esquizofrenia en las condiciones de saturación en que se encuentra el sistema de salud mental; y una vez confirmado el diagnóstico, es muy difícil impugnarlo. Para uno, es difícil no tomarse en serio una descripción médica. Y aún resulta más complicado de lo que podrías pensar no creer a un psiquiatra titulado (que, al fin y al cabo, debería saber de lo que habla), sobre todo si tienes síntomas peculiares. También hay una dificultad práctica, pues una vez ese diagnóstico entra en tu historial clínico permanente, es muy difícil modificarlo. A partir de entonces, cualquier cosa sobre ti que esté fuera de lo ordinario atraerá excesiva atención (incluso de ti mismo) y le quitará importancia a cualquier muestra de normalidad. Digo todo esto siendo plenamente consciente de que hay personas con creencias extrañas que sí son esquizofrénicas. No obstante, por lo general hay que escarbar bastante para llegar a ese diagnóstico. Y los ajetreados psiquiatras que trabajan en los hospitales públicos no suelen tener el tiempo para hacer pesquisas a fondo.

vulsiones nocturnas cuasi epilépticas? Nunca había visto nada parecido. Mi primera hipótesis fue que padecía una forma de parálisis del sueño muy grave. Es una condición bastante habitual entre la gente que duerme boca arriba, cosa que él tendía a hacer. Una persona con parálisis del sueño se despierta a medias, pero no lo bastante para dejar de soñar ni para recuperar la capacidad de moverse que se pierde durante la fase REM del sueño. Al soñar, a menudo se estimulan las mismas áreas del cerebro que rigen el movimiento activo cuando se está despierto. Tu sensación es que te mueves durante el sueño. Y no te mueves en sincronía con esa activación cerebral porque hay un mecanismo neuroquímico concreto que, cumpliendo precisamente esa función, desconecta tu facultad fisiológica para controlar la musculatura.[2] De lo contrario, te levantarías de la cama, actuarías igual que en el sueño y enseguida te meterías en un buen problema.

En un episodio de parálisis del sueño, el paciente se despierta lo suficiente para tener una consciencia parcial del mundo real, pero sigue en el estado de parálisis de la fase REM y sigue soñando. En ese estado pueden vivirse todo tipo de experiencias místicas. Por ejemplo, muchas personas han afirmado haber sido abducidas y examinadas médicamente por alienígenas.[3] Este fenómeno nocturno más bien inexplicable (salvo la existencia de extraterrestres curiosos y con vocación quirúrgica) se ha achacado a esta condición de inmovilidad y a las fantasías a menudo extrañas y aterradoras que la acompañan.[4] Mi cliente era bastante inteligente, culto y curioso, por lo que le di un libro titulado *The Terror That Comes in the Night* [El terror que llega de noche],[5] que explica los extraños fenómenos que aparecen durante la parálisis del sueño. El autor, David Hufford, describe el terror nocturno al que alude el título como una variante de la experiencia de la *Vieja Bruja,* u *Old Hag,* un término del folclore. Los que han vivido una experiencia como esta (hasta el quince por ciento de la población) describen miedo y parálisis, sensaciones de asfixia y encuentros con entidades malignas. Mi cliente leyó el libro, pero me dijo que no creía que las descripciones de Hufford reflejaran fielmente su experiencia. En general, pensaba lo mismo de la hipótesis de la parálisis del sueño. Primero, tenía las convulsiones antes de dormirse; y segundo, no era incapaz de moverse.

A medida que nos fuimos conociendo descubrí muchas más cosas de él. Por ejemplo, supe que había estudiado historia y que había terminado la carrera. Descubrí que sus padres habían sido muy estrictos con él durante sus años de infancia y adolescencia. Nunca lo dejaron pasar la noche en casa de sus amigos y vigilaron de cerca todos sus pasos hasta que huyó a la universidad. También habló bastante más de la pelea que había precedido inmediatamente a la ruptura de su última relación. Había vuelto con su novio al departamento que compartían tras tomar unas copas y discutir en público. En casa, la pelea fue *in crescendo* hasta llegar a los golpes. Se empezaron a empujar, cada vez con mayor violencia. Su novio le dio un empujón especialmente violento que lo tiró al suelo de la sala. Para voltearse, cuando todavía estaba en el suelo, mi cliente barrió a su novio para hacerlo caer, se levantó y se fue hacia la puerta. Al cabo de varios días, volvió cuando sabía que él no iba a estar en casa, recogió sus cosas y se fue. Fue el fin de su vida como pareja.

En ese conflicto había un rasgo de su personalidad que desempeñaba un papel oculto. En consecuencia, la agresión de su novio lo conmovió muchísimo. Mientras comentábamos esta serie de acontecimientos, me dijo que, en su opinión, la gente no podía ser violenta.

—¿Qué quieres decir? Terminaste la carrera de Historia. Seguro que has leído cosas sobre los horrores y las atrocidades que han cometido los humanos. Ves las noticias…

—Lo cierto es que no veo las noticias.

—Bueno —contesté—, pero ¿qué hay de todo lo que aprendiste en la universidad? ¿Con eso no viste que la agresividad humana es real y de lo más común?

—Leía los libros, pero todo lo que aprendía, simplemente, lo colocaba en un cajón y no le daba mayor importancia. —La respuesta me pareció sorprendente, sobre todo si se sumaba a otra cosa que me contó—: Cuando era niño, asimilé la idea de que las personas solo eran buenas. Mis padres me enseñaron que los adultos eran ángeles.

—¿A qué te refieres? ¿A que los adultos nunca hacen nada mal ni nada malo? —pregunté.

—No, no me entiende. Mis padres nos enseñaron a mi hermana, a mi hermano y a mí que los adultos eran literalmente ángeles de Dios y que solo eran buenos —dijo.

—¿Y lo creíste? —repuse yo.

Dijo que lo había creído completamente; en parte, porque se le había protegido mucho; en parte, porque sus padres habían insistido mucho; y en parte, por supuesto, porque era reconfortante.

Sugerí que había que hacer algo con su candidez. No le estaba haciendo ningún bien. Era demasiado mayor e inteligente para seguir teniendo fe en un sueño tan infantil. Lo debatimos a fondo y hablamos de las atrocidades del siglo XX y de los tiroteos y demás horrores del pasado más reciente. Le pedí que explicara esos hechos y que estuviera más atento a cualquier muestra de su propia ira y hostilidad. Sin embargo, negó la mera existencia de estas y no dio con ninguna explicación convincente para los primeros.

Así que le encargué leer un libro titulado *Aquellos hombres grises*,⁶ una obra horripilante que detalla cómo unos policías comunes alemanes se convirtieron en sádicos asesinos durante la ocupación nazi de Polonia. El relato es cuando menos escalofriante. Le dije con toda la gravedad posible que tenía que leer el libro como si hubiera sucedido de verdad y, además, como si él y las personas que conocía fueran capaces de cometer las mismas barbaridades. Ya era hora de que madurara. En aquel entonces habíamos entablado una relación muy sólida y, cuando le dije que su filosofía candorosa entrañaba un riesgo que amenazaba con arruinarle la vida, me tomó en serio. Cuando volvimos a vernos, una semana más tarde, ya había terminado el libro. Tenía mala cara. Parecía mayor y más sabio. En mi práctica clínica había visto suceder eso mismo muchas veces cuando un paciente incorporaba las partes más lúgubres de sí mismo, en vez de compartimentarlas, por decirlo así. Uno deja atrás el aspecto habitual de animalito asustado para parecer alguien que toma decisiones, no alguien a quien simplemente le ocurren cosas. Luego le pedí que leyera *La violación de Nanking*,⁷ sobre las atrocidades que cometieron los japoneses en China en 1937. Es un libro terrorífico. La mujer que lo escribió se suicidó. Mi cliente también lo leyó y lo comentamos. Salió más triste de la experiencia, pero también más sabio. Aun así, sus síntomas nocturnos no remitían.

Aun así, sus comentarios de que veía a los adultos como ángeles, la idea de que había compartimentado su conocimiento del mal y la presencia de las inexplicables convulsiones habían encendido un interruptor en los recovecos más profundos de mi cerebro. Muchos años antes había tenido otra clienta (en aquel caso, una mujer joven, lo cual es más habitual) que padecía epilepsia histérica: un caso clásico de la histeria femenina de Freud, en que los síntomas corporales reflejaban problemas psicológicos. Había crecido en un entorno rural del Medio Oeste, en un clima fundamentalista cristiano y victoriano muy represivo. Tuvo uno de sus supuestos ataques en la consulta, una crisis convulsiva tónico-clónica. Me quedé paralizado al verlo. La observé impasible durante varios minutos, mientras daba violentas sacudidas y convulsiones con los ojos en blanco. Pero no me preocupé ni sentí lástima por ella. No sentí nada. Pensé: «¿Por qué no me está afectando esto? Mi clienta está teniendo claramente un episodio grave de convulsiones». No llamé a una ambulancia. Cuando volvió en sí y se sentó aturdida, le dije que no había respondido a su arrebato ni física ni emocionalmente como si fuera algo real, pese a ser una manifestación plausible en todos los sentidos. Ya había hecho locuras similares antes (¿a sabiendas?, ¿sin ser consciente?, ¿un poco de ambas?) y se había librado por poquito de que la enviaran a una institución psiquiátrica. También había corrido el peligro de que le diagnosticaran psicosis y le prescribieran la correspondiente medicación. Tuvimos varias conversaciones serias sobre lo que estaba haciendo. Le hice saber que no creía en su epilepsia; que la había vivido como falsa, aunque a ella le parecía muy real. Por cierto, le habían hecho pruebas para la epilepsia y los resultados habían salido dudosos.

Por tanto, era plausible que fuera una persona que *somatizaba,* o que representaba físicamente sus síntomas psicológicos. Freud señaló que esta somatización era muchas veces simbólica; que la forma en que se manifestaba la discapacidad o la manía física guardaba una estrecha relación con el trauma que la había precipitado. Al parecer, su epilepsia histérica provenía de su ambivalencia e ignorancia respecto al sexo, de una considerable inmadurez infantil y de los peligrosos juegos que jugaba. En nuestras sesiones hicimos grandes progresos. No tenía ni un pelo de tonta y se impuso su parte más sabia. Sus ataques se acabaron, junto con su dramatismo igual de peligroso. Y lo que fue aún mejor, se salvó de acabar en un pabellón psiquiátrico y continuó su carrera universitaria. En cualquier caso, descubrí que la histeria de Freud existía porque acababa de trabajar con un caso.

Empecé a barajar la hipótesis de que mi nuevo cliente también padeciese un trastorno de somatización. Yo sabía de la pelea que había puesto punto final a su última relación, justo antes de que aparecieran sus síntomas. ¿Podía ser que sus extrañas convulsiones tuvieran alguna relación con ese suceso? A juzgar por sus explicaciones, también sabía que compartimentaba: es decir, que colocaba cosas en un rincón de su mente para no volver a pensar en ellas. Yo no tenía mucha experiencia con la hipnosis, pero sabía que las personas capaces de compartimentar solían ser muy fáciles de hipnotizar y que la técnica se había usado con cierto éxito (aunque hacía muchos años) para tratar trastornos de somatización. Freud usaba la hipnosis para tratar a sus clientas histéricas, que parecían ser numerosas durante la época victoriana, al menos entre la clase alta, y que estaban obsesionadas con lo sexual, lo teatral y lo dramático.[8] Así que pensé que podía probar la hipnosis para tratar a mi cliente.

Con mis clientes solía usar técnicas guiadas de relajación: los sentaba cómodamente en el sillón del consultorio y les pedía que prestaran atención a diferentes partes de su cuerpo, que fueran subiendo poco a poco desde las plantas de los pies, por las piernas y el torso, dando un breve rodeo por los brazos, y hasta la coronilla. Les pedía que escucharan su respiración y que se relajaran. Al cabo de siete u ocho minutos de darles instrucciones de relajación, contaba de diez hasta uno, pidiéndoles que se relajaran aún más después de cada número o cada par de números. Era un tratamiento bastante decente y rápido para la agitación, la ansiedad y el insomnio. La hipnosis utiliza más o menos la misma técnica, pero añade preguntas sobre traumas pasados u otras cuestiones relevantes tras conseguir el estado de relajación. Su efectividad varía bastante según la persona.[9] Por eso los artistas que utilizan la hipnosis con miembros del público ponen a veinte personas en la primera fila del teatro, hacen unas sugerencias hipnóticas iniciales y solo se quedan con las pocas que obviamente responden a ellas. En todo caso, le dije a mi cliente que veía con buenos ojos la idea de hipnotizarlo y hablar sobre la noche en la que se peleó con su novio. Le dije por qué, sugiriendo que sus movimientos nocturnos podían estar relacionados con ese suceso. Le conté exactamente cómo íbamos a hacerlo y que era libre de negarse o de aceptar. Pararía cuando me lo pidiera, si es que me lo pedía, y al terminar se acordaría de todo.

Le pareció bien intentarlo, así que empecé:

—Siéntate tranquilamente en la silla. Coloca las manos en los descansabrazos o en el regazo, como estés más cómodo. Cierra los ojos. Escucha con atención el mundo a tu alrededor y luego sumérgete en ti mismo, prestando atención a tu respiración. Inhala hondo… Aguanta la respiración… Exhala. Ve bajando por el cuerpo, desde la boca a los muslos, las pantorrillas y los pies. Reposa los pies en el suelo con calma. Presta atención a los dedos y las plantas de los pies y a los tobillos y acuérdate de respirar hondo y despacio, con regularidad. Que toda la tensión te salga por los pies. No olvides respirar hondo y despacio, con regularidad. Presta atención a los gemelos y a las espinillas… —Y así con todo el cuerpo. Normalmente.

Mi cliente cayó de repente en un profundo trance hipnótico antes de pasar de sus pies. Recostó la cabeza pesadamente y le pregunté si me oía. «Sí», dijo en una voz apenas audible. Tuve que acercar la silla y colocar la oreja a pocos centímetros de su boca para discernir lo que estaba diciendo. Le pregunté si sabía dónde estaba.

—En su consultorio.

—Bien. Vamos a volver al momento en que te peleaste con tu novio, antes de mudarte. Quiero que me cuentes lo que pasó.

—Acabábamos de volver al departamento. Los dos habíamos estado bebiendo. En el bar habíamos discutido de dinero y de nuestro futuro y nos habíamos enojado. Cruzamos la puerta del departamento... ahí —dijo con un gesto vago del brazo, que estaba bastante flácido, como el resto del cuerpo. Los ojos se le movían de arriba abajo debajo de los párpados, casi totalmente entornados, como se le mueven a alguien en la fase del sueño REM—. Yo andaba hacia atrás. Íbamos hacia la sala. De repente lo empujé. Él también me empujó, así que lo empujé de nuevo. Me lanzó de espaldas contra la mesita del comedor y me hizo caer al suelo. Agarró la lámpara de suelo y la sujetó encima de la cabeza. Lo miré directamente a los ojos. No había visto nunca una expresión tan hostil. Me hice bolita y me cubrí la cabeza con los brazos para protegerme.

Lo dijo todo muy despacio, gesticulando con ligereza y torpeza, apuntando a una zona del piso que estaba imaginando. Lo curioso es que parecía estar reviviendo la experiencia en tiempo real. Eché un vistazo al reloj. Entre la explicación, la preparación, la relajación y la lenta narración se había consumido la hora que solían durar nuestras sesiones. Dije:

—No te quiero presionar demasiado. Se nos acaba el tiempo. Cuando estés preparado y tranquilo, puedes abrir los ojos y despertarte completamente. Podríamos seguir la semana que viene.

No respondió. Su cabeza seguía inclinada hacia delante y los ojos no paraban de moverse. Lo llamé por su nombre, pero no reaccionó.

Me preocupé, la verdad. Nunca había oído hablar de alguien que no saliera de un estado de trance cuando se le instaba a hacerlo. No sabía muy bien qué hacer. Tuve la suerte de que era el último cliente que consultaba esa tarde, así que tenía cierto margen. Pensé: «Pues parece que está en un profundo trance y muy inmerso en la historia. Quizá necesita contarlo todo. Continuemos y veamos qué pasa. Cuando termine de hablar, intentaré volver a llamarlo». Salí al vestíbulo para hablar con su tía, que estaba esperando, y le informé que necesitábamos un poco más de tiempo. Volví al consultorio y me senté otra vez, igual de cerca que antes. Dije:

—¿Y qué pasó luego?

—La expresión de su cara… Nunca había visto a nadie mirarme así. Me di cuenta de que mi novio podía querer hacerme daño, que una persona, aunque fuera adulta, podía desear en serio hacer daño a otra. Fue la primera vez que vi que esas cosas podían pasar de verdad. —Empezó a llorar, pero prosiguió su relato—: Lo hice caer con un golpe a los tobillos, me levanté y empecé a correr. Me persiguió por la sala, el vestíbulo y la puerta de entrada. Pero yo corría más y tomé ventaja. Eran las cuatro de la madrugada y todavía estaba oscuro. Estaba aterrorizado. Me adelanté lo suficiente para esconderme detrás de unos coches. No me encontró. Lo vi buscarme durante un buen rato. Al final se rindió y dio media vuelta. —A estas alturas estaba llorando a lágrima viva—. Cuando estuve seguro de que se había ido, fui a casa de mi madre y me quedé ahí. No podía dar crédito a lo que había pasado. Me podría haber matado y lo iba a hacer a propósito. No lo pude soportar. Lo aparté de mi mente y traté de no volver a pensar en ello.

Cayó en un silencio. Lo llamé por su nombre y respondió. Le pregunté:

—¿Sabes que estás en mi consultorio, sentado en la silla donde te sientas normalmente? —Asintió con la cabeza—. ¿Has acabado de contarme la historia? —Respondió con un sí y dije—: Lo has hecho bien. Fuiste muy valiente al vivir todo eso. ¿Estás listo para abrir los ojos? —Dijo que sí lo estaba—: Tómate tu tiempo. Cuando estés preparado, despiértate completamente poco a poco. Te sentirás relajado y bien. Recordarás todo lo que me acabas de contar y todo lo que ha pasado.

Asintió y, al cabo de unos momentos, abrió los ojos. Le pregunté qué había pasado, qué recordaba. Relató brevemente los hechos de la tarde, incluida nuestra plática inicial sobre la hipnosis. Luego invité a entrar a su tía y le dije que necesitaba descansar en casa con alguien que velara por él, porque la sesión había sido intensa. Los adultos no eran ángeles y las personas no solo podían hacerse daño unas a otras, sino que podían desear herirse con todo su corazón. Pero mi cliente no sabía qué hacer con esa información, pues sus padres lo habían protegido y engañado, y él había permitido seguir ciego con su «compartimentación». A pesar de eso, los elementos inarticulados de su existencia representaron dramáticamente —y, por tanto, le recordaron— tanto el ataque frustrado como, en un sentido más amplio, todo lo malo que implicó esa tentativa. Se sentía forzado a replicar precisamente los movimientos corporales que había hecho para defenderse durante la pelea con su novio.

La semana siguiente, mi cliente no se presentó a la sesión. Pensé: «Dios..., quizá le he hecho demasiado daño». Sin embargo, a la semana siguiente llegó a la hora. Se disculpó por faltar a la sesión anterior, pero dijo que había estado muy afectado y que no había encontrado las fuerzas para venir, o incluso para contactarme. Le pregunté por qué y dijo:

—Al día siguiente de vernos, ¡estaba en un restaurante del centro y vi a mi exnovio! —Fue una misteriosa coincidencia. Siguió diciendo—: Me turbó mucho, la verdad, aunque no pasó nada y me calmé en un día o dos. ¿Y sabe qué?

—¿Qué?

—¡Esta semana solo he tenido convulsiones una noche! ¡Y solo duraron unos minutos!

—¡Estupendo! ¡Es realmente estupendo! ¡Qué alivio! ¿Qué crees que ha cambiado? —dije.

—Lo que de verdad me superó de esa pelea no fue el desacuerdo por qué futuro queríamos. No fue el contacto físico ni los empujones. Fue ser consciente de que realmente había querido hacerme daño. Lo vi en sus ojos. Su mirada me horrorizó de verdad. Me superó. Pero ahora lo entiendo mejor.

Le pregunté si podía hipnotizarlo otra vez.

—Está claro que estás mejor, pero quiero asegurarme de que lo destapamos todo.

Aceptó y empezamos. Cayó en un estado de trance con la misma facilidad. Pero esta vez resumió la historia. Relató todo lo sucedido en quince minutos, no en los noventa que había necesitado en la otra ocasión. Había sintetizado lo importante: el hecho de que estuvo en peligro; el hecho de que alguien había querido lastimarlo; el hecho de que había podido defenderse; el hecho de que el mundo era un lugar habitado por demonios, por decirlo así, igual que por ángeles. Cuando le pedí que saliera del trance igual que la otra vez, abrió los ojos casi en el acto. Estaba calmado y del todo consciente.

Su condición cambió radicalmente. Volvió a la semana siguiente y dijo que sus síntomas habían desaparecido por completo. Ya no tenía más convulsiones ni creía en la bondad inmaculada de la humanidad. Había madurado y afrontado la realidad de su propia experiencia, así como la naturaleza del mundo. Fue digno de ver. La aceptación consciente de que existe la maldad le curó un sufrimiento que había durado años. Entendió y admitió una cantidad suficiente de los posibles peligros que le rodeaban para recorrer el mundo con las necesarias garantías. Eso que había aprendido pero se había negado a asimilar ya no necesitaba forzar su entrada a través de una manifestación dramática y física. Convirtió lo que ahora sabía en parte de su personalidad —en parte del mapa que le guiaría en sus actos subsiguientes— y se liberó de los fantasmas que lo subyugaban.

MALDAD INCOMPRENDIDA

En otra ocasión ayudé a un joven que había sido víctima de un acoso terrible en su primer curso de formación profesional. La primera vez que vino a verme apenas podía hablar y estaba tomando una dosis elevada de un antipsicótico. Cuando se sentó en la silla de mi consultorio, delante del escritorio, empezó a mover las manos arriba y abajo y a sacar los codos de una forma muy anormal y mecánica. Cuando le pregunté qué estaba haciendo, me dijo que intentaba ahuyentar las líneas. Resultó que veía ante sí imágenes geométricas de algún tipo y sentía la obligación de manipularlas. Nunca llegué a entender del todo qué significaba; solo sabía que estaba en un mundo propio.

Trabajé con él varios meses y lo hice de una forma más estructurada que antes, pues había ido adquiriendo los recursos para ello. Cuando empezamos a trabajar juntos, este cliente solo podía comunicar un poquito, pero fue suficiente para echar el balón a rodar. Una chica de la escuela donde estudiaba se había enamorado de él, pero él le dijo que no sentía lo mismo. Ella se lo tomó muy a pecho y se propuso convertir su vida en un infierno. Difundió rumores sobre sus hábitos sexuales y animó a algunos de sus amigos a amenazarlo físicamente en el colegio. Instó a las personas que tenía bajo su influjo para que lo humillaran sin pausa ni compasión. Notando su angustia, sus padres alertaron a la escuela, pero no se hizo nada para poner freno al tormento. Sin poder o sin querer tolerar la creciente presión de grupo, sus amigos lo abandonaron. Empezó a derrumbarse y, a medida que su comportamiento fue haciéndose más extraño, su estatus de marginado cristalizó. Y se vino abajo.

Le pedí que me contara con pelos y señales qué pasaba y que se remontara mucho para dar la respuesta. Quería entender qué lo hizo vulnerable, si es que había algo, a la situación en que se encontraba, y qué había pasado exactamente mientras su admiradora no correspondida lo atosigaba. Y lo planeé de forma que pudiera escribir y hablar (o mejor dicho, de forma que pudiera hablar sobre lo que escribía). Mis colegas y yo habíamos ideado un ejercicio de redacción en línea* para pro-

---

* El Past Authoring Program, en <www.selfauthoring.com>. El doctor James Pennebaker, de la Universidad de Texas, en Austin, y un sinnúmero de compañeros que trabajan codo a codo con él o de forma independiente han demostrado que los escritos que reducen la incertidumbre existencial (no hay un modo más simple de expresarlo en

veer de una estructura útil a los que se sumergían en su pasado e intentaban comprenderlo. Le pedí a mi joven cliente que lo intentara. Como estaba demasiado desmotivado y perdido para completar el proceso en casa, lo hice escribir en el consultorio. Lo senté en mi computadora y le pedí que me leyera cada pregunta del ejercicio en voz alta antes de escribir la respuesta. Después también le pedí que leyera la respuesta en voz alta. Si yo no entendía algo de lo que había escrito o consideraba que hacía falta más detalle, le sugería que aclarara las cuestiones escribiendo más y leyéndome las modificaciones.

El ejercicio empezaba pidiéndole que dividiera su vida en épocas clave: secciones de su pasado que se podían clasificar de

---

términos generales) reducen la ansiedad, mejoran la salud mental e impulsan la función inmunológica. Todos estos efectos se asocian a una reducción general del estrés inducido por la complejidad, así como de las hormonas generadas a raíz de ese estrés, que son perjudiciales en grado excesivo. Por ejemplo, Pennebaker demostró que los alumnos que escribían durante tres días consecutivos sobre los peores acontecimientos de su vida empezaban experimentando mal humor (sin duda por el hecho de recordar esas cosas), pero acababan mejorando durante los meses siguientes. Otros investigadores mostraron efectos parecidos cuando los alumnos escribían sobre su futuro. Al principio, Pennebaker asumió que era algo así como la expresión emocional, o la catarsis (según Freud), lo que surtía estos efectos positivos: la oportunidad de expresar ira, arrepentimiento o tristeza. Sin embargo, a raíz de un esmerado análisis semántico, descubrió que se estaba generando un entendimiento cognitivo y causal de la razón por la que los hechos y su relevancia fueron curativos. Los efectos de escribir sobre el futuro parecían similares, pues los planes generados reducían la incertidumbre y dotaban de una estructura más simple y mejor definida a las semanas y meses que se cernían y que, de lo contrario, habrían resultado terriblemente difíciles de afrontar. Para una crítica, véase Pennebaker, J., y Evans, J., *Expressive Writing: Words that Heal*, Idyll Arbor Inc, Enumclaw (Washington), 2014.

forma natural por unidades o temas. Por poner un ejemplo, podían ser de los dos años hasta terminar la guardería, la primaria, la preparatoria, la universidad, etc., aunque hay personas que tienen la tendencia de agrupar sus vivencias según las diversas relaciones de las que fueron miembros, sobre todo cuando se hacen mayores. Tras subdividir el pasado como quisiera, el ejercicio le pedía que identificara experiencias clave de cada una de esas épocas: sucesos que, vistos en retrospectiva, lo podrían haber moldeado como persona, para bien o para mal. Por descontado, es probable que los acontecimientos del segundo tipo estén grabados en el recuerdo por emociones negativas como la ansiedad, la ira o el deseo de venganza, y, tal vez, por una fuerte tendencia a evitar recordarlos y sopesarlos, en líneas generales.

Mi cliente dividió su vida en las épocas que le parecieron relevantes y, luego, destacó los acontecimientos clave, tanto positivos como negativos, que marcaron cada periodo. Después analizó sus causas y acabó entendiendo por qué algunas cosas habían salido bien y otras habían empeorado tanto. Puso su máxima atención a lo que provocó los hechos más inquietantes del pasado, analizando los pormenores de su propia conducta, las motivaciones de otras personas y las características del momento y el lugar. Valoró qué efectos produjeron para bien o para mal (porque podemos aprender cosas de las experiencias difíciles) y reflexionó sobre lo que podría haber pasado o hecho de otra manera. El objetivo era, al menos en principio, extraer de las vivencias pasadas su auténtico significado perceptivo y conductual, así como un renovado mapa autobiográfico.

A medida que su relato pasó de la guardería a los años de escolarización pública —había dividido su vida por cursos escolares—, se volvió cada vez más articulado. Recordar su vida lo estaba enderezando. Al escribir, leer lo que escribía y responder a las preguntas que a mí se me ocurrían mientras escuchaba, su relato del pasado se fue haciendo más detallado y él fue entendiéndolo más. Comentamos las vilezas que los niños cometen unos contra otros y eso nos llevó al tema de la maldad y del mal, también en el mundo adulto. Era muy inocente en ese aspecto. Expresó la idea de que todas las personas eran buenas (aunque tenía pruebas de lo contrario). No tenía ninguna teoría para explicar el anhelo de destrucción, crueldad y caos.

Repasamos su vida y dibujamos una imagen muy detallada de todo lo que había sufrido a manos de su verdugo. Se volvió lo bastante complejo para articular un entendimiento imberbe de las motivaciones de ella. La rechazaron y, en consecuencia, se sintió herida, avergonzada y enojada. Él tampoco se había dado cuenta del terremoto que podía provocar su rechazo, o del terremoto que puede provocar el rechazo en la gente en general. No parecía entender que él tenía derecho a defenderse. Hablamos de lo que podría haber hecho diferente, o de lo que podía hacer diferente en el futuro, para protegerse. Cayó en la cuenta de que había tolerado demasiados insultos en la escuela sin pedir ayuda. Podría haberles comunicado mucho antes lo que estaba sucediendo al personal administrativo. Podría haber hecho frente antes y en público a quien lo estaba flagelando y haberle pedido que parara. Podría haber hecho saber a sus compañeros de clase que el único motivo por el que se le estaba martirizando era porque se había negado a tener una cita, que ella era tan frágil e insegura que no había soportado el rechazo y se estaba inventando mentiras para vengarse. Llegado al extremo, podría haberla denunciado por acoso y difamación. No tenía garantía de que ninguna de estas estrategias fuera a funcionar, pero habría valido la pena intentarlas y, dadas las circunstancias, no cabía duda de que estaban justificadas y eran necesarias.

Analizando los recuerdos del último mes en la escuela, sus síntomas psicóticos menguaron muchísimo. En cada sesión a la que venía tenía la mente más despejada. Dejó de manifestar sus extraños comportamientos. Se inscribió en las clases de verano y acabó el temario que le quedaba. Fue una recuperación casi milagrosa.

DEL POTENCIAL A LA REALIDAD

No tiene nada de extraño que la gente se preocupe, a menudo hasta flagelarse, por lo que le deparará el futuro. Esa inquietud es a la vez una consecuencia y una investigación de los múltiples caminos que parten del presente hacia el futuro. Los temas que nos inquietan hacen fila, a menudo de forma involuntaria, para que les demos vueltas: percances molestos en el trabajo, problemas con amigos y seres queridos, cuestiones prácticas para la supervivencia económica y material. Cada inquietud exige tomar varias decisiones: ¿qué problemas habría que solucionar? ¿En qué orden deberíamos actuar? ¿Qué estrategia habría que emplear? Todo esto requiere algo parecido a una elección: una elección libre, o un acto de libre albedrío. Y la decisión de actuar parece voluntaria; es fácil, aunque muy desagradable para nuestra mente, sucumbir a la parálisis de la voluntad.

En cambio, decidir voluntaria y libremente es difícil y agotador. No se parece en nada a los procesos automáticos de actos reflejos o habituales que nos impulsan hacia delante sin pensar. Por dentro, no pensamos que el pasado nos impulse de forma esencialmente determinista, como un reloj mecánico en que el resorte mueve los engranajes que hacen girar las agujas y marcan la hora. Más bien, cuando decidimos, afrontamos el futuro de frente. Parecemos destinados a afrontar una especie de potencial sin formar y a determinar cuál acabará siendo el presente, y luego el pasado.

Construimos el mundo a partir de las muchas cosas que vemos que podría ser. Hacerlo podría ser el fin principal de nuestro ser, y quizá del Ser en sí mismo. Afrontamos una infinidad de posibilidades —de diversas realidades, todas casi tangibles— y, al elegir un camino en vez de otro, reducimos ese abanico a una sola realidad. Así, conseguimos que el mundo pase de transformarse a ser. Es el misterio más insondable de todos. ¿Qué es ese potencial que afrontamos? ¿Y cuál es nuestra extraña habilidad para moldear esa posibilidad y convertir en algo real y concreto lo que, en cierto sentido, empieza siendo solo imaginario?

Esto se suma a otra cosa que quizá sea igual de importante, aunque parezca imposible, dada la propia improbabilidad del rol que parecemos desempeñar a la hora de configurar la realidad. Nuestras elecciones no solo cumplen un papel determinante para transformar la diversidad del futuro en la realidad del presente, sino que —siendo más específicos— la moralidad de nuestras elecciones desempeña ese papel. Los actos basados en el deseo de asumir responsabilidad, mejorar las cosas, evitar la tentación y afrontar lo que preferiríamos evitar, actuar con voluntad, coraje y sinceridad… Estas cosas hacen que lo que acaba materializándose sea mejor en todos los sentidos que lo que deriva de la evasión, el rencor, la búsqueda de la venganza o el deseo de que reine el caos. Esto significa que, si actuamos con rectitud, en el sentido más profundo y universal de la palabra, la realidad tangible que surge del potencial que se extiende ante nosotros será buena, en vez de terrible; o al menos todo lo buena que podamos hacerla.

Todo el mundo parece saber esto. Nuestra conciencia nos remuerde a todos por aquello que sabemos que deberíamos haber hecho pero no hicimos. A todos nos flagela por igual eso que hicimos pero que sabemos que no deberíamos haber hecho. ¿Acaso no es una experiencia universal? ¿Hay alguien que pueda salvarse de los remordimientos a las cuatro de la madrugada después de haber hecho algo inmoral o pernicioso, o de no haber actuado cuando era necesario? ¿Y de dónde vienen esos remordimientos implacables? Si fuéramos la fuente de nuestros propios valores y los dueños de nuestra propia casa, podríamos actuar o no actuar como quisiéramos, sin sufrir arrepentimiento, tristeza ni vergüenza. Pero no he conocido nunca a nadie que lo consiga. Incluso las personas más psicopáticas parecen al menos tener ganas de ocultar sus fechorías bajo un mar de mentiras, cuya profundidad es directamente proporcional a la gravedad de la falta en cuestión. Al parecer, incluso los más malvados deben encontrar algo que justifique su maldad.

Si no nos exigimos a nosotros mismos un nivel de responsabilidad, las otras personas considerarán que no tenemos principios ni integridad. Y la cosa no acaba ahí. Igual que pedimos cuentas a las personas (incluidos nosotros mismos) por los deslices que han cometido, o por el bien que no han hecho, también creemos que aquel que ha decidido tomar una buena decisión merece lo bueno que pueda salir de ella; o al menos eso mostramos frente a los demás. Por eso consideramos justo que cada persona reciba el fruto de su trabajo honesto y voluntario. Parece que estas opiniones tienen algo de natural e inevitable; algo en ellas es universal e ineludible desde un punto de vista psicológico y social. Lo que significa esto es que todo el mundo —niños, adultos, tú, los demás— se rebelará si se le trata como una pieza más de la máquina, incapaz de elegir y desprovisto de libertad, y (de igual forma) que es casi imposible entablar una relación positiva con cualquier otro, o incluso con nuestro ser privado, sin atribuir esa acción personal, ese libre albedrío y esa responsabilidad.

LA PALABRA COMO SALVADORA

Como individuos soberanos, todos participamos voluntariamente en el acto de la propia creación y todos determinamos la calidad de esa creación con la ética de nuestras elecciones. Estas nociones gemelas se reflejan de mil maneras diferentes en nuestras relaciones públicas y privadas. Del mismo modo, estas ideas también se encierran y representan en las narrativas fundamentales sobre las que se asienta nuestra cultura. Sea cual sea su relevancia metafísica, dichas crónicas son fruto, al menos en parte, de haber observado nuestra conducta a lo largo de la eterna historia humana, así como de haber extraído de esa observación los patrones esenciales de nuestras acciones. Somos cartógrafos, dibujantes de mapas; geógrafos que se interesan por la disposición del terreno. Pero, siendo más precisos, también somos trazadores de rumbos, marineros y exploradores. Recordamos los lugares de los que zarpamos; los sitios que ocupábamos cuando empezaron nuestras historias. Recordamos los tropiezos y éxitos del pasado para poder evitar los primeros y reeditar los segundos. Para ello necesitamos saber dónde hemos estado, dónde estamos ahora y en qué dirección nos movemos. Reducimos esa historia a su estructura causal: necesitamos saber qué pasó y por qué, y necesitamos saberlo de la forma más simple y práctica posible.

Por estos motivos nos cautiva tanto la gente que sabe contar cuentos, que sabe compartir sus experiencias con sobriedad y exactitud y que va al grano. El tema —la moraleja del relato— es lo que aprendió esa gente sobre quién era y dónde estaba, sobre el lugar al que iba y por qué. Esa información nos resulta irresistible a todos. Este es el medio y el motivo por el que extraemos sabiduría de los riesgos de quienes nos han precedido y han vivido para contarlo: «Así es como era la vida entonces. Esto es lo que queríamos y por qué lo queríamos. Esto fue lo que imaginamos y cómo lo planeamos, lo planificamos y después actuamos. A veces nos salimos con la nuestra y logramos nuestros objetivos. Pero muchas otras veces, y esta es la clave de una gran historia, decimos: así es como sucedió lo que no esperábamos; así es como nos apartaron del camino; así son las tragedias que sufrimos y los errores que cometimos; y así es como devolvimos el orden al mundo, o como fracasamos en nuestro intento». Valoramos sobre todo esas historias que han llegado a la cumbre de la universalidad, de modo que representan batallas heroicas con lo desconocido, o la disolución del orden tiránico en un caos revivificante y la (nueva) fundación de la sociedad benévola.[10] Se puede ver siempre que la gente cuenta y escucha con avidez una historia, lo cual sucede absolutamente en todas partes.[11]

Para bien o para mal, las historias fundamentales de Occidente se encuentran en el corpus bíblico. Esa antología de libros antiguos y tan influyentes empieza con el mismísimo Dios, bajo su apariencia paternal, retratado como la entidad disciplinada que hace frente al caos y crea el orden habitable: «Y la tierra estaba desordenada y vacía, y las tinieblas estaban sobre la faz del abismo, y el Espíritu de Dios se movía sobre la faz de las aguas» (Génesis 1:1-2). Este amorfismo, este vacío de tinieblas y agua (un conglomerado confuso de atributos) es consecuencia de la traducción de la expresión del hebreo bíblico *tohu va-bohu* (וּבֹ֖הוּ וָתֹ֙הוּ֙), compuesto de las dos palabras *tohuw* y *bohuw*. *Tohuw* es algo aún más complicado que el mero desorden; también significa 'lo devastado', 'vanidad' (que probablemente sería algo susceptible de ser devastado, en términos psicológicos) y 'desierto' (inhabitable y vacío).[12] Igualmente se asocia con otra palabra hebrea, *tehom* (תְּהוֹם), que es el origen de la frase 'lo profundo'. *Tehom*, a su vez, significa 'el abismo' y se asocia con un término sumerio anterior, Tiamat,[13] que es la gran madre diosa/el dragón que vive en el agua salada y crea el mundo con su consorte, Apsu, en el mito de la creación mesopotámico *Enûma Elish*.

Según el relato del Génesis, existe algo que podríamos llamar *potencial* y que se asocia con los símbolos del abismo y de las profundidades del mar, pero también con el desierto, los dragones, la maternidad y el matriarcado, el vacío, el amorfismo y la oscuridad.[14] En general, es el intento de la poesía y la metáfora por dar una forma conceptual inicial ordenada a lo que era amorfo. El abismo es lo que aterra, lo que hay al final de la tierra, aquello a lo que nos asomamos cuando contemplamos nuestra mortalidad y fragilidad, lo que nos desbarata la esperanza. El agua es profundidad y la mismísima fuente de la vida. El desierto es un lugar de abandono, aislamiento y soledad, así como el interregno entre la tiranía y la tierra prometida. El dragón es el antiguo símbolo del depredador —el pájaro-serpiente-gato que trepa a los árboles y escupe fuego—,[15] acechando siempre en el bosque que hay tras los confines conocidos de la tribu y del pueblo. También es el leviatán oculto en el agua salada, en las profundidades; el monstruo terrible a cuya derrota alude Jehová en Job 41:25-34 y en muchos otros apartados del Antiguo Testamento.[16]

Dios tiene un atributo, una Persona alternativa, una facultad o un recurso que le ayuda —o en quien confía— a afrontar la posibilidad y el vacío. Se trata de la Palabra, desde el punto de vista cristiano, aunque sería más bien la capacidad de hablar, sea cual sea el sistema religioso: judío o cristiano. En el Génesis se remarca continuamente la importancia del habla. El acto de la creación de cada día comienza con la fórmula «y dijo Dios» (con un énfasis adicional en el hecho de invocar: «Y llamó Dios»). Los siete días de la creación empiezan así: «Y dijo Dios: "Sea la luz"; y fue la luz. Y vio Dios que la luz era buena; y separó Dios la luz de las tinieblas. Y llamó Dios a la luz Día, y a las tinieblas llamó Noche. Y fue la tarde y la mañana un día» (Génesis 1:3-5). Casi después de revelarse Dios por primera vez, de sus actos creativos y de la creación inicial (es decir, tan pronto como lo conocemos), crea a los seres humanos. Además de su inmediación, destacan tres características de esa creación: la insistencia en que la humanidad debe tener dominio* sobre el resto de la creación; la insistencia impresionante e incomprensiblemente moderna e igualitaria en que Dios creó al hombre y a la mujer iguales, a su propia imagen (se dice dos veces; Génesis 1:27); y la insistencia igualmente

---

* Responsabilidad, mando, servicio; no con la fuerza física (Cambridge Bible for Schools and Colleges); el poder de gobernar y controlar; pero, por encima de todo, el mismo dominio que Dios tiene sobre el hombre y para el hombre.

improbable y milagrosa en que la creación de la humanidad fue, como el resto de la creación, buena. Si Dios es bueno, ante todo, como se describe en un principio, significa que los hombres y las mujeres creados a su imagen comparten con él un rasgo importante; o, para ser más exactos, comparten un destino, una necesidad o una responsabilidad análogos.

La Palabra —la herramienta que usa Dios para transformar los abismos del potencial— es el discurso auténtico. Sin embargo, para que la propia realidad se haga patente, la Palabra parece tener que aliarse con el valor para afrontar la posibilidad no cumplida en todo su horrible potencial. Es posible que tanto esta Verdad como el Coraje se tengan que acabar subsumiendo, a su vez, en el principio más amplio del Amor: el amor por el Ser mismo, pese a su fragilidad, su tiranía y su traición; el amor que tiene como objetivo lo mejor de lo mejor en todo. Es esa combinación de Verdad, Coraje y Amor la que conforma el Ideal, cuya encarnación activa en cada individuo saca lo mejor de todos los futuros posibles. ¿Y quién lo negaría? Nadie enseña a su querido hijo a encogerse y acobardarse ante lo que se avecina. Nadie enseña a su querida hija que la falsedad vaya a arreglar las cosas y que hay que llevar a cabo, venerar e imitar todo lo que funcione y sea conveniente. Y nadie le dice a un ser querido que la respuesta adecuada ante la vida sea el odio ni el deseo de causar dolor y sufrimiento o de sembrar el caos y la destrucción. Por tanto, si analizamos nuestra conducta, podemos deducir que sabemos diferenciar entre la senda del bien y la senda del mal y que, a pesar de que decidamos resistirnos y nos opongamos con orgullo, creemos por encima de todo en la existencia de ambos. Pero aún hay más: la insistencia de Dios en la bondad de la creación refleja el hecho de que la Verdad, el Coraje y el Amor se fusionaron en su acto creativo. Así pues, en el relato de la creación del Génesis está muy arraigada una premisa ética: todo lo que surge del reino de la posibilidad en el acto de la creación (en teoría, o bien divino, o bien humano) es bueno, visto que el motivo de su creación es bueno. Para mí, no hay argumento más osado en toda la filosofía o teología: creer esto, actuar como si fuera cierto, es el acto de fe por antonomasia.

Hay una premisa que se presenta mucho más adelante en la narrativa bíblica, en el Nuevo Testamento. Cristo dice estas palabras a sus discípulos (Lucas 11:9-13). Se trata de un comentario sobre el potencial para completar tu vida; para reclamar lo que has perdido, o incluso para descubrir lo que no sabías que estaba ahí:

> Y yo os digo: «Pedid, y se os dará; buscad, y hallaréis; llamad, y se os abrirá. Porque todo aquel que pide, recibe; y el que busca, halla; y al que llama, se le abrirá. ¿Qué padre de vosotros, si su hijo le pide pan, le dará una piedra? ¿o si pescado, en lugar de pescado, le dará una serpiente? ¿O si le pide un huevo, le dará un escorpión? Pues si vosotros, siendo malos, sabéis dar buenas dádivas a vuestros hijos, ¿cuánto más vuestro Padre celestial dará el Espíritu Santo a los que se lo pidan?».

No es algo dicho a la ligera. No es una ingenuidad. No se trata de pedir un regalo que no te has ganado. Dios no concede caprichos.[*] Primero, se trata de Pedir de verdad. Esto significa estar dispuesto a sacrificar cualquier cosa que no coincida con lo que se desea. De lo contrario, no se está Pidiendo.

---

[*] Quizá sea por esta razón que Cristo insiste en que «escrito está también: "No tentarás al Señor tu Dios"» (Mateo 4:7).

Solo es un antojo y un anhelo veleidoso, a menudo fruto del rencor: «Ojalá pudiera tener lo que quiero sin hacer lo necesario». No será suficiente. O sea que pedir, buscar y llamar es hacer todo lo necesario para recoger lo que se ha dejado a medias y acabarlo ahora. Y pedir, buscar y llamar también es determinar lo que hay que solicitar. Y eso tiene que ser algo digno de Dios. ¿Por qué otra razón se te habría de conceder? ¿De qué otra manera se podría conceder?

Imagina por un momento que se te ha dado todo lo que necesitas. Dentro de ti hay posibilidad a la espera de que se haga una petición adecuada para liberarse. Fuera de ti hay todo lo que está a la espera de informarte y enseñarte. Pero todo es necesario: lo bueno, lo malo y lo insoportable. Sabes que, cuando algo no sale bien, deberías analizar el problema, resolverlo, pedir perdón, arrepentirte y cambiar. Es raro que un problema no resuelto se quede de brazos cruzados. Le crecen nuevas cabezas, como a una hidra. Una mentira —un acto de evitación— genera la necesidad de contar otras. Un acto de autoengaño exige reforzar esa creencia engañosa con nuevos delirios. Una relación hecha trizas y sin abordar daña tu reputación —y tu fe en ti mismo— y reduce la probabilidad de iniciar una relación nueva y mejor. Por tanto, el hecho de que no quieras, o incluso no puedas, afrontar los errores del pasado amplifica el origen de ese error, amplía lo desconocido que te rodea y lo transforma en algo cada vez más amenazante.

Y en tanto pasa eso, te vas debilitando. Eres menos de lo que podrías ser porque no cambiaste. No te convertiste en quien te podrías haber convertido con ese cambio; y lo que es peor: con tu propio ejemplo, te has demostrado a ti mismo que es aceptable dar media vuelta, por lo que tienes más posibilidades de caer en el mismo error en el futuro. Y lo que no quisiste afrontar ahora se ha agrandado. No te interesa quedar atrapado en este tipo de proceso causal, en este tipo de bucle de retroalimentación positiva. O sea que tienes que confesarte, al menos a ti mismo, y arrepentirte, al menos en tu fuero interno. Y tienes que cambiar, porque estabas equivocado. Y debes ser humilde y pedir, llamar y buscar. Esa es la gran barrera a la iluminación de la que, en principio, todos somos capaces. Con esto no quiero decir que sea fácil reunir el coraje necesario para afrontar todos los horrores de la vida. Pero la alternativa es peor.

Transformar el caos en orden es nuestro destino. Si no se ha puesto orden al pasado, sigue siendo un caos que nos acecha. Hay información —información vital— que dormita en los recuerdos y que nos afecta negativamente. Es como si parte de la personalidad siguiera latente en el mundo exterior y solo se manifestara en momentos de desequilibrio emocional. Lo traumático pero inexplicable denota que, en un aspecto vital, el mapa del mundo que guía nuestra navegación es insuficiente. Si no queremos que el pasado siga atormentándonos, hemos de entender en suficiente medida lo negativo para poderlo esquivar cuando nos adentremos en el futuro. Y lo que tiene un poder curativo no es expresar la emoción asociada con hechos desagradables. Es erigir una teoría causal sofisticada: ¿por qué estaba en peligro? ¿Qué tenía de peligroso el mundo? ¿Qué estaba haciendo o dejando de hacer para contribuir a mi vulnerabilidad? ¿Cómo puedo cambiar la jerarquía de valor que ocupo para tener en cuenta lo negativo y poderlo ver y entender? ¿Qué parte del viejo mapa debo dejar desmoronarse y arder —con todo el dolor que genera ese tejido muerto— antes de poder cambiar lo suficiente para tener en consideración todo mi campo de experiencia? ¿Tengo fe para decir adiós a lo que debe morir y permitir que aflore una personalidad nueva y más inteligente? En gran medida, somos quello que damos por sentado. Estructura nuestro mundo. Cuando se cuestionan las máximas fundamentales de la fe («la gente es eminentemente buena»), los cimientos tiemblan y las paredes se derrumban. Tenemos mil razones para no afrontar la cruda realidad. Pero averiguar qué está —y estaba— claro y perfectamente entendido solo nos puede proteger. Si estás sufriendo por recuerdos que no dejan de atormentarte, existen posibilidades —posibilidades que podrían ser tu propia tabla de salvación— a la espera de ser descubiertas.

Si aún te corroen viejos recuerdos, escribe sobre ellos fielmente y con todo lujo de detalles.

REGLA 10

PLANIFICA Y ESFUÉRZATE POR POR MANTENER VIVA LA LLAMA DE TU RELACIÓN

LA CITA INSOPORTABLE

Yo no hago terapia para parejas. Pero hay veces que, cuando trato a un cliente, es necesario que su pareja sentimental venga a una o varias sesiones. Solo lo hago cuando me lo piden expresamente. También recalco que, si es su objetivo primordial, la pareja debería buscar asesoramiento de un experto en temas matrimoniales. Sin embargo, si uno de los problemas principales de mi cliente es la infelicidad en el matrimonio, muchas veces es contraproducente hablar con un solo miembro de la pareja. Por último, es habitual y lógico que la pareja en cuestión no se fíe del terapeuta de su media naranja —yo— y un encuentro de tres puede ayudar mucho a rectificarlo.

Antes de ver a una pareja, comento con mi paciente algunas reglas básicas para mejorar la relación. Pongamos por caso que haya decidido buscar un rato para tener relaciones: cuatro horas a la semana o así (hablamos de adultos, con todas sus responsabilidades). Quizá se puede encontrar ese tiempo. Quizá hasta se pueda dedicar más tiempo. Pero siete días a veces no dan para tanto y hay que organizar el acto con propiedad y esmero. Y la primera vez que se haga todo esto —toda esta negociación y puesta en práctica consciente— será con torpeza y estupidez, con el consiguiente dolor, rencor y sed de venganza. Y es posible sentir esa emoción negativa y dañar la relación, a veces de forma permanente.

Cuando empezamos a hablar de su situación, es posible que un cliente y su pareja lleven varios años distanciados. No están contentos y me odian; quizá más aún que el uno al otro. Se sientan alejados, con los brazos cruzados y los ojos en blanco. Esperemos que esto último no, porque es una mala señal.[1] Ninguno quiere ceder ni un ápice. Les pregunto cuándo fue la última vez que hicieron algo romántico juntos, cuándo fue su última cita. Si las cosas no han degenerado mucho sonríen con tristeza; a veces se ríen directamente. Aun así, los insto a salir juntos, o incluso a hacer de las citas una práctica habitual. La primera sugerencia ya les crispa; la segunda les parece intolerable.

—No vamos a salir, carajo. Ya salimos antes de casarnos, cuando tocaba. Además, no hacemos otra cosa que discutir —esgrimen.

Y esto es lo que saco en limpio de esa respuesta enojada, amarga y superficial:

—Esta es su teoría: nunca van a volver a salir en todo el tiempo que les queda de matrimonio. Un hurra por el amor y la intimidad. Lo que van a hacer es renunciar a ello. Así pues, ¿por qué no arriesgarse a tener una cita? Vayan a algún lugar lindo. Atrévanse a rodear con el brazo a su pareja, o a ponerle la mano en la rodilla. Y no en la suya, ¿eh? Ya sé que están enojados el uno con el otro, y probablemente por una buena razón. Los conozco a los dos; entiendo por qué se sienten así.

Pero inténtenlo. No les tiene que gustar. No tienen por qué esperar que se les dé bien, o que vayan a dejar de estar enojados, o que se lo vayan a pasar bien. Solo lo tienen que soportar.

Los dos se van encolerizados por que haya planteado una idea tan irritante. Pero ceden a regañadientes y en su siguiente sesión me informan:

—Pasó lo que dijimos que iba a pasar: fue un calvario. Discutimos antes de salir, cuando estábamos fuera y otra vez al volver a casa. No nos arriesgaremos a salir otra vez, eso está claro.

A menudo muestran cierto orgullo por llegar a esa conclusión, pues, por lo común, ambos habían decidido de antemano que la idea era absurda. Así que pregunto:

—¿Ese es el plan, pues? Van a estar casados sesenta años. Han accedido de mala gana a una sola cita. Ya no se llevaban bien de antes, o sea que había una probabilidad nimia de que la fueran a disfrutar. Además, estaban enojados conmigo por haber sugerido algo tan infantil, así que tenían ganas de que fuera fatal. Y acabó yendo todavía peor. O sea que se toparon con pared. Han decidido que así es como van a hacer las cosas durante las décadas que han jurado estar juntos: ¿con rencor y amargura, en vez de consideración mutua?

»En lugar de eso, tratemos de pensar así: a ninguno de los dos se les dan bien las citas. Por tanto, con un intento no bastará. Quizá necesiten quince citas —o cuarenta— porque están oxidados, necesitan practicar y adquirir el hábito y la buena intención. Para empezar, quizá ninguno de los dos sea muy romántico; o si lo fueron algún día, de eso hace mucho tiempo. Es una habilidad que deben aprender, no un regalo arbitrario de Cupido.

»Asuman que están casados; o algo parecido. Asuman también que dos veces a la semana tienen, o podrían tener, un interludio romántico. Puede ser menos y puede ser más, pero haremos la media de dos veces a la semana. Eso son cien veces al año. Supongamos que van a estar casados treinta años más. Treinta multiplicado por cien son tres mil veces. ¿No hay ninguna posibilidad de que inviertan una fracción de todo ese tiempo en perfeccionar su técnica, el arte de la seducción, la comunicación y el acto sexual? Visto así, ¿qué importa si tienen quince citas espantosas antes de conseguir tener una que sea más o menos aceptable? Eso son quince veces de unas tres mil posibles. Es un 0.5 por ciento del tiempo que podrían llegar a pasar juntos. Quizá hasta podrían atreverse a determinar si pueden arreglar las cosas. ¿Por qué asumen que podrán mantener algo tan complejo como un matrimonio sin compromiso, práctica y esfuerzo?

»Igual la primera cita es un desastre. No quieren que se vuelva a repetir, pero lo hacen porque prefieren salvar el matrimonio que darse por vencidos. Y tal vez la próxima sea un cinco por ciento mejor. Y tras algunas tentativas, tal vez recuerden por un breve momento por qué en su día les gustó la persona con quien se casaron. Tal vez puedan hacer algo más excitante que rodearla con el brazo; tal vez reciban una respuesta tímida de alguien que, en algún lugar de su corazón enfriado y marchito, los quiere de verdad. Y si su intención es seguir hasta el final, como dicen los votos matrimoniales, tal vez inviertan el tiempo para dar en el blanco.

Y es posible que la pareja tenga la cabeza para hacer números y valorar todo ese tiempo perdido, así como la amargura, el rencor y la apatía de la vida sin amor. Es posible que acepten salir otra vez, o dos, o tres o diez veces más; y a la décima sesión conmigo, llegan con una sonrisa y me dicen que se lo han pasado genial. Y entonces tenemos una plática aún más seria sobre qué hace falta para mantener el amor y el respeto y despertar el deseo y la respuesta. ¿Cómo encuentras el misterio en la otra persona a largo plazo? ¿Puedes reunir la voluntad suficiente, la imaginación romántica y la alegría para lograrlo cada vez que estén juntos, en un momento de intimidad, durante las próximas tres mil ocasiones? Habrá que esforzarse a conciencia.

Pues cada persona es, en realidad, un enigma indescifrable. Con esmero, es posible que sigan redescubriendo suficiente misterio en la pareja que han elegido para mantener la chispa que los unió en un principio. Con esmero, pueden evitar encerrarse mutuamente en una buena cajita, amenazándose con el castigo si se atreven a salir y con el desprecio por la consiguiente predictibilidad que ambos afrontan y que acecha cerca de la superficie. Si tienen suerte, pueden reencender esa llama que atisbaron la primera vez que se sintieron atraídos el uno por el otro, que reflejaba lo que podría ser la vida si fueran mejores personas de lo que son. Eso es lo que pasa cuando dos personas caen hechizadas por el amor. Por un tiempo, las dos se vuelven mejores y se dan cuenta de ello, pero esa magia acaba desvaneciéndose. Ambas reciben esa experiencia como un regalo. Las dos tienen los ojos abiertos y ven lo que nadie más es capaz de vislumbrar. Ese amor es un destello de lo que podría ser si la relación siguiera siendo auténtica. Al principio se concede como un regalo del destino, pero hay que hacer un esfuerzo titánico para hacerlo realidad y mantenerlo. Una vez entendido eso, el objetivo es claro.

CIMIENTO

El aspecto sexual de una relación suele revelarnos mucho sobre el conjunto, pero no siempre. He conocido a parejas que discutían como perros y gatos y que tenían una vida sexual de lo más satisfactoria (al menos a corto plazo) y otras que hacían buena pareja en términos de carácter, pero que eran incapaces de encontrar la chispa. Las personas y sus relaciones son demasiado complejas para reducirlas a un solo aspecto, pero aun así es lógico señalar que un buen matrimonio va acompañado de un deseo mutuo y correspondido. Por desgracia, el deseo no es algo que se pueda manejar a solas: «Vamos a arreglar nuestra vida sexual» es una determinación demasiado poco ambiciosa para cumplir su propósito.

Hay que adoptar una estrategia más amplia, de relación, para ir cultivando el amor con tu pareja. Sea cual sea esa estrategia, el éxito dependerá de tu habilidad para negociar. Para negociar, tú y la persona con quien negocies tienen que saber ante todo lo que necesita y quiere cada uno; y segundo, deben abrirse a comentarlo sin tapujos. Hay muchos obstáculos enormes que impiden saber lo que necesitas y quieres, así como debatirlo. Si te permites saber lo que quieres, cuando no lo consigas también lo sabrás exactamente. Te vendrá bien, por supuesto, porque también sabrás si has tenido éxito. Pero también podrías fracasar y la perspectiva de no conseguir lo que necesitas y quieres podría asustarte lo bastante como para no concretar tus deseos. Y la posibilidad de conseguir lo que quieres sin proponértelo es muy remota.

Sin duda, proponerte algo te supone un problema. Y cuando tienes pareja, el problema es doble. Es improbable que la persona que has escogido te conozca mejor que tú mismo, salvo en pequeñas circunstancias. Y, de hecho, es probable que sea aún más ignorante de tus deseos más íntimos. Si no especificas cuáles son tus deseos, esa desdichada persona tendrá que adivinar qué te gusta y te disgusta, por lo que es plausible que se le castigue de algún modo por no acertar. Además, atendiendo a todas las cosas que podrías querer —y no querer—, es casi una certeza que tu pareja no acertará. En consecuencia, querrás culparla —al menos implícita, tácita o inconscientemente— por no mostrar el interés suficiente para darse cuenta de lo que ni siquiera tú estás dispuesto a ver. «Si realmente me quisieras —pensarás, o sentirás, sin pensarlo—, no tendría que decirte lo que me hace feliz.» No es un buen sistema para un matrimonio feliz.

Lo cierto es que ya pinta mal, pero es que a la vuelta de la esquina acecha un segundo problema igual de grave. Si has resuelto el enigma de saber lo que quieres, te lo has admitido a ti mismo con palabras y has hecho saber a otra persona cuáles son tus deseos, le has dado una cantidad de poder peligrosa. La persona a quien has convertido en confidente está en posición de satisfacer tus deseos, pero también podría privarte de lo que quieres, avergonzarte por desearlo o herirte de alguna otra forma, porque te has colocado en una posición vulnerable. Los inocentes están poseídos por la ilusión de que todo el mundo es bueno y de que nadie —y mucho menos alguien amado— podría querer causar dolor y miseria, sea por venganza, por ceguera o simplemente por el placer de hacerlo. Pero las personas que han madurado lo suficiente para trascender esa inocencia han aprendido que pueden ser víctimas de daño y traición, tanto a manos de sí mismos como de otros. ¿Por qué, pues, aumentar las posibilidades de que nos hagan daño dejando que alguien se nos acerque? Para defendernos de esa traición, muchas veces se sustituye la inocencia por el cinismo, cosa que supone una gran mejora, la verdad sea dicha. Pero esa sustitución no es la parada final de nuestro camino a la sabiduría, gracias a Dios. La confianza vence al cinismo, y la auténtica confianza no es inocencia. La confianza entre personas que no son inocentes es una forma de coraje, porque la traición siempre es una posibilidad y porque esto se entiende por completo. Esto es especialmente cierto en una relación sentimental. Confiar es abrir la puerta a que se manifieste lo mejor en tu pareja, ofreciendo como incentivo tu propia persona y la confianza que decides dar libremente. Hay riesgos, pero la alternativa es dar un portazo a la intimidad real. La alternativa es sacrificar lo que podrían haber sido dos mentes que dialogaran y trabajaran juntas para afrontar los enrevesados problemas de la vida por una sola vida que avance en soledad.

El amor exige confianza; y cuanto más profunda sea la confianza, más factible es el amor. Pero la confianza también tiene sus requisitos, aparte del coraje que requieren los individuos lo bastante inteligentes para desconfiar, pero también lo bastante valientes para arriesgarse a tener fe en una pareja. El primero de esos requisitos es la sinceridad. No puedes seguir confiando en ti si mientes. Tampoco si actúas de una forma que te obligaría a mentir en caso de ser descubierto. De igual modo, no puedes seguir confiando en tu pareja si miente o si te traiciona con sus actos o su silencio. Así pues, el voto que hace que un matrimonio pueda preservar su componente romántico es, ante todo, la decisión de no mentirle a tu pareja.

Esto también encierra inmensas ventajas prácticas, si se hace bien. Llegará un momento en tu vida en que habrás hecho algo que no deberías haber hecho, o en que no habrás hecho algo que sí deberías haber hecho. Tal vez necesites consejo.

Tal vez necesites apoyo. Tal vez necesites exactamente lo que te podría aportar tu pareja, si te atrevieras a pedirle ayuda. Y en algún momento ella se encontrará justo en la misma posición. La vida es demasiado complicada para vivirla solo. Si le dices a tu pareja la verdad y tratas de actuar de forma que puedas ser sincero respecto a cómo actúas, tendrás a alguien en quien confiar cuando suba el nivel del mar y el barco amenace con hundirse. Esto puede llegar a ser una cuestión de vida o muerte. Para que el amor de una relación siga intacto, debe imperar la sinceridad.

CRISTO EN LA VELA

Tengo un amigo que tiene sangre escandinava, aunque es canadiense. Está casado con una mujer canadiense que también tiene sangre escandinava y decidieron casarse en Suecia, como tributo a su linaje común. Los dos eran cristianos, al menos a título nominal, así que se casaron con una ceremonia conforme a los principios de esa confesión. Al intercambiar los votos, el novio y la novia sostuvieron juntos en alto una vela encendida. Dediqué mucho tiempo a pensar sobre el significado de ese ritual.

En el libro del Génesis (2:21-22) se plantea la idea antigua de que Eva salió de Adán, de que fue creada a partir de su costilla. La mujer nacida del hombre es una idea de cierto misterio, pues invierte la secuencia biológica normativa en que los varones salen de las hembras al nacer. También dio pie a una línea de especulación mitológica que intentaba explicar la rareza de este acto creativo, basada en la suposición de que Adán, el hombre original producido por Dios, era hermafrodita

—medio masculino y medio femenino— y que no fue separado en dos sexos hasta más tarde.

Esto no solo implica la partición de una unidad de producción divina, sino la imperfección del hombre y de la mujer hasta que se juntan.[2] El hecho de que la vela se sostenga conjuntamente indica la unión de los dos cónyuges. El hecho de que la vela se sostenga en alto encendida implica que algo superior —algo superordinado— representa o perfecciona la unión. Luz; luz en los cielos; luz en las tinieblas; iluminación; ilustración. Antes de inventarse los focos modernos, se solían usar velas para iluminar. Los árboles de hoja perenne, los que tienden a emplearse como árboles de Navidad, representan la vida que no termina, puesto que no *mueren* cada año como sus homólogos caducifolios. Por tanto, esos árboles simbolizan el Árbol de la Vida, que sirve como mismísima base del cosmos.[3] Así, iluminamos el Árbol de la Vida el 21 de diciembre, más o menos, el día más oscuro del año, al menos en el hemisferio norte.[4] Por eso la Navidad cae en la fecha que cae en el calendario; la reaparición de la luz se asocia con el nacimiento del Salvador Universal: el resurgimiento eterno de la luz en la negrura estigia.

Cristo se ha considerado durante mucho tiempo un segundo Adán perfeccionado. E igual que se especuló sobre la naturaleza hermafrodita del primer Adán antes de que Dios creara los sexos independientes, hay una línea que especula sobre la perfección espiritual de Cristo a consecuencia del equilibrio ideal entre los elementos masculino y femenino.[5*] Para las per-

---

* Los alquimistas escribieron durante siglos sobre la misma idea, pues eran muy propensos a representar a la persona perfecta (el poseedor de la piedra filosofal, en un sentido espiritual o psicológico) a raíz

sonas que se unen, resulta muy difícil desesperarse lo suficiente para dejar de ocultarse y evadirse, para vivir con honestidad y para repararse en la luz que arroja su existencia conjunta. Por este motivo, ambas partes juran el temido voto de permanencia («lo que Dios juntó, no lo separe el hombre», Mateo 19:6). «Me uno a ti», dice una parte del pacto, «y yo a ti», dice la otra, y ambas piensan, si tienen cierta sensatez, que deberían cambiar y transformarse la una a la otra para prevenir cualquier sufrimiento innecesario. Así pues, ¿cuál es el principio superordinado al que deben rendirse ambos cónyuges? No es la iluminación como mera abstracción verbal. No es que en teoría solo tengan que pensar y decir la verdad. Es que se supone que deben atenerse a lo dicho. Y esa es la antigua idea de que la Palabra se debería convertir en carne.

Los integrantes de una pareja casada podrían iniciar una pelea eterna sobre una sola cuestión mal planteada: «¿Quién se subordina a quién en un matrimonio?». Ambos podrían razonar, como suele hacer la gente, que ese pacto es un juego de suma cero: alguien gana y alguien pierde. Pero en una relación no tiene por qué haber, ni debería haber, un ganador. De hecho, las partes ni siquiera deberían alternarse en ese estatus, en un intento por acercarse a la igualdad. En vez de eso, la pareja puede decidir que los dos se subordinan a un principio, un principio de orden superior, que constituye su unión en el espíritu de la iluminación y la verdad. Esa figura espiritual, la unión ideal de lo mejor de ambas personalidades, se debería considerar en

---

del matrimonio místico entre los elementos femeninos y masculinos de la psique. Esto se comenta con cierto detalle en el capítulo de la regla 2: «Imagina quién podrías ser y pon todo tu empeño en serlo», relativo a la figura del Rebis.

todo momento el juez del matrimonio; y, en verdad, lo más cercano a la divinidad que pueden lograr las personas falibles. Esto es lo que representa la ceremonia de la vela: ningún participante gobierna al otro. En vez de eso, ambos se someten al principio de la iluminación. En esa circunstancia, no es que uno deba amoldarse a lo que quiere el otro, o viceversa. Lo que debería pasar es que ambos persiguieran el futuro más positivo posible y acordaran que decir la verdad es el mejor camino para avanzar. Esa orientación y sinceridad engendrarán un diálogo transformador, tanto verbal como no verbal, si los socios del pacto se comprometen a respetar los frutos de ese diálogo. La subordinación voluntaria a este principio de la iluminación de orden superior unifica y revitaliza a la vez.

Imagina que acabas de participar en una ceremonia así. ¿Qué significa tu participación? ¿Crees en la lógica de lo que acabas de hacer? ¿Crees que en su día el hombre y la mujer estuvieron juntos como un único ser, que luego se separaron y que se deben restituir como unidad? Lo puedes creer en un sentido dramático, poético y metafórico, no solo racional y mecánico, y eso te puede revelar profundas verdades. ¿Quieres encontrar a tu alma gemela? Es un cliché romántico, por supuesto, pero hay motivos de peso para que existan ficciones románticas. Puede que lleves a tu cita a ver una película de amor. Los dos ven al héroe y a la heroína del filme encontrar a su alma gemela. Si tienen suerte, mientras la ven piensan: «Tal vez la persona que tengo al lado también está hecha para mí». En el mejor de los casos, también es lo que espera tu cita. En la vida real, quizá sea pedir la luna, pero la parte romántica de ti lo ansía de todas formas.

Por naturaleza, nos es imposible no añorar la compleción que nos podría aportar otra persona. De lo contrario, uno siente que le falta algo y que solo una unión sentimental adecuada se lo dará. Es verdad: te falta algo. Si no, el sexo nunca habría evolucionado. Desde que la reproducción superó la mera división celular, todo nuestro destino biológico parece impulsado por el hecho de que era mejor que dos criaturas diferentes se juntaran para producir una versión relativamente nueva de sí mismos que la mera clonación de su cuerpo actual. Tienen sus personalidades, sus puntos ciegos, sus prejuicios. Algunos son implícitos. A menudo se combinan de forma inextricable con sus talentos únicos: es raro conseguir una ventaja sin la correspondiente desventaja, y tú eres una persona particular, con atributos particulares. Si estamos solos, es inevitable estar desnivelados, desequilibrados. Normalmente no es lo óptimo.

La institución matrimonial, que ahora vemos con cinismo por culpa de nuestra inmadurez e ingenuidad, tiene una utilidad no aprovechada. Un matrimonio es una promesa y tiene un propósito. Lo que hacen es anunciar juntos y en público: «Me entrego a ti en la salud y en la enfermedad, en la prosperidad y en la pobreza, y tú te entregas a mí». En verdad, es una amenaza: «No nos vamos a abandonar, pase lo que pase». Están maniatados, como dos gatos enojados al fondo de un barril con la tapa puesta. En principio no hay escapatoria. Si tienes dos dedos de frente (además del optimismo por el nuevo amor), también piensas: «Por Dios, es una posibilidad espantosa». La parte de ti que afirma ansiar la libertad (pero que en realidad quiere evitar cualquier responsabilidad permanente y, por tanto, aterradora) se desvive por una trampilla por la que escapar en caso necesario. Tener esa opción parece conveniente —y es cierto que hay matrimonios insufribles—, pero en realidad entraña graves peligros. ¿De verdad quieres preguntarte durante el resto de tu vida (puesto que te habrías dado a ti mismo la opción de marcharte) si tomaste la decisión correcta? Casi seguro que no. Hay siete mil millones de personas en el mundo. Pongamos que al menos cien millones podrían haber encajado contigo. Seguro que no tuviste tiempo de intentarlo con todas; y la probabilidad de que encontraras a la persona teóricamente óptima es casi nula. Pero lo que haces no es *encontrar,* sino más bien *crear;* y si no te has dado cuenta, lo tienes muy difícil. Es más, si tienes una vía de escapatoria, en la cámara donde se encontrarán atrapados juntos no se generará suficiente calor para encauzar el cambio necesario en ambos —la maduración, la adquisición de sabiduría— porque la maduración y la adquisición de sabiduría requieren cierto grado de sufrimiento; y del sufrimiento se puede escapar, siempre y cuando haya una salida.

Tú y tu pareja no van a hacer buenas migas sin problemas —a menos que acepten callar y que los tiranicen, e incluso en ese caso acabarán buscando venganza—, porque son personas diferentes. Nadie se lleva bien porque sí, precisamente por esa razón. Y no solo eres diferente de tu pareja, sino que estás repleto de defectos, igual que él o ella. Además, lo malo no acaba ahí. También está el hecho de que incluso las personas bienintencionadas y simpáticas que se encierran juntas en matrimonio van a afrontar lo mundano, cotidiano, monótono, trágico y terrible juntas, porque la vida puede resultar —y sin duda resultará en algún momento— difícil hasta más no poder. Será dura. Aunque traten de recomponerse y lo logren de forma admirable, habrá momentos brutales y no tienen por qué ser fugaces. Quizá la vida sea mejor si permanecen juntos —según mi experiencia, es lo más probable y lo que se puede esperar—, pero los momentos difíciles llegarán. ¿Por qué van a querer limar asperezas y llegar a un acuerdo genuino, a un auténtico consenso? Van a tener que negociar de buena fe, todo el tiempo, para llegar a un acuerdo pacífico y fructífero. ¿Y si no lo logran? Pues se lanzarán los trastes a la cabeza durante sesenta años.

En mi práctica clínica, he visto a familias enteras en esa situación. Imagínense a cinco personas en un círculo. Imagínense que cada una está agarrando del cuello a la persona que tiene delante. Todas están apretando con la fuerza exacta como para matar al adversario a lo largo de unas pocas décadas. Se trata de una decisión tomada durante años de discusiones tácitas y negativa a negociar: «Te voy a matar y voy a tardar una vida». Es muy posible que haya alguien de tu familia a quien te gustaría estrangular poco a poco, o alguien que te lo está haciendo a ti. Quizá no —y esperemos que no (quizá no lo admitirías aunque supieras que fuera verdad)—, pero se trata de algo bastante común. Si no negocias la paz con tu pareja, esa es la situación en la que te encontrarás. Hay tres estados fundamentales del ser social: la tiranía (hago lo que quiero), la esclavitud (hago lo que tú quieres) y la negociación. Como es lógico, la tiranía no conviene mucho a la persona esclavizada, pero tampoco al tirano, pues se convierte en tirano, lo cual no tiene nada de ennoblecedor. Para el tirano no hay más que cinismo, crueldad y un alud de ira e impulsividad sin control. La esclavitud tampoco es buena, ni para el esclavo ni para el tirano. El esclavo es alguien desgraciado, infeliz, enojado, resentido y vengativo, una persona que no dudará ni un mísero segundo en aprovechar cualquier oportunidad para desfogarse con el tirano, al que, por tanto, maldice. Tal vez la única venganza de los oprimidos consista en ser mucho menos de lo que podrían ser. No es fácil sacar lo mejor de alguien si siempre esgrimimos un bastón contra él, sobre todo cuando intentan hacer algo bueno (y esa práctica de comerle la moral es la técnica más cruel del tirano). Pero den por hecha una cosa, aspirantes a tiranos: sus esclavos se vengarán tan pronto como puedan, aunque eso signifique ser mucho menos de lo que podrían ser.

Una vez, mi esposa me contó una historia terrible sobre una pareja a la que había observado mientras hacía de voluntaria en una unidad de cuidados paliativos. El marido se estaba muriendo y la esposa le estaba cortando las uñas, pero se las cortaba demasiado cortas. Con cada tijeretazo brotaba sangre, porque procuraba llegar a la piel. Cuando ves algo así, la sabiduría se manifiesta en su aspecto más terrible: «Sé de buena fuente lo que está pasando». Es la fase final de una relación de lo más engañosa y brutal. Es sutil. No se anuncia a viva voz como algo fatal. Nadie lo sabe excepto la pareja (aunque tal vez pongan todo su esfuerzo, dadas las circunstancias, en no saberlo) y el observador atento que ve a un hombre moribundo y a una mujer que, por las razones que sean, está decidida a empeorar un poquito más su muerte. No es un resultado que deseemos. No quieres acabar en esa situación, ni en ninguna parecida. Te interesa negociar. La duda es: «¿Qué te desesperará lo suficiente como para llegar a la negociación?». Y ese es uno de los misterios que hay que abordar si quieres mantener vivo el idilio en tu relación.

NEGOCIACIÓN, TIRANÍA O ESCLAVITUD

Negociar es dificilísimo. Ya hemos hablado de los problemas que conlleva determinar lo que quieres y, luego, armarte de valor para decírselo a alguien. Y también están los ardides que utiliza la gente para evitar la negociación. Tal vez preguntes a tu pareja qué quiere; tal vez durante una situación complicada. «No lo sé» es una respuesta habitual, la misma que te dan los niños y, sobre todo, los adolescentes. Ahora bien, en una discusión que no se puede evitar de buena fe, no es aceptable. A veces, «no lo sé» quiere decir justo lo que se supone que quiere decir —la persona que pronuncia la frase está perdida de verdad—, pero a menudo lo que significa es: «No quiero hablar de ello. Vete y déjame en paz». Esta respuesta suele ir acompañada por una irritación, o directamente una ira, suficiente para disuadir a quien pregunta. Es posible que ponga freno a la discusión, que se puede quedar congelada para siempre. Quizá haya pasado una, dos o doce veces de más, así que tú —en este caso, la persona que pregunta— ya te has hartado del rechazo de tu pareja, o has decidido que estás cansado de ser un cobarde o una víctima de tu inoportuna compasión, y no vas a aceptar un «no lo sé» por respuesta. Así pues, persistes en tu objetivo. «Pues di lo primero que te pase por la cabeza», podrías decir. «Di algo, por Dios. No me importa qué. Aunque te equivoques, al menos es un comienzo.» «No lo sé» no solo significa «vete y déjame en paz». Muchas veces también significa: «Si tan listo eres, ¿por qué no te vas, haces todo lo necesario para averiguar qué va mal y vuelves para contármelo?», o: «Es muy muy feo de tu parte que no me dejes seguir en mi deliberada o peligrosa ignorancia, dado que es obvio que me fastidia mucho pensar en mis problemas». Pero no está feo; o, si lo está, igualmente necesitas saber lo que quiere tu pareja (del mismo modo que lo necesita él o ella). ¿Y cómo demonios van a averiguarlo, uno de ustedes o los dos, si ni siquiera logran que la conversación despegue? No es que esté feo. Es que es un acto cruel de amor.

Persistir en estas condiciones es una necesidad, una necesidad terrible parecida a la cirugía. Es difícil y dolorosa porque hace falta coraje, o incluso cierta temeridad, para proseguir una discusión cuando tu pareja te ha mandado a freír espárragos (o algo peor). Sin embargo, es algo bueno —y un acto admirable— porque una persona molesta por algo de lo que no tiene ganas de hablar tiene muchas posibilidades de sufrir una escisión interna sobre la cuestión. La parte que quiere evadirse es la parte que se enoja. Hay una parte que también quiere hablar y resolver las cosas. Pero será un proceso exigente a nivel cognitivo, moralmente enrevesado y estresante para la paz emocional de esa persona. Además, hará falta confianza, y eso es algo que la gente pone a prueba, sobre todo manifestando ira cuando se le aborda con algo sensible. Esa ira solo pretende determinar si quien da el primer paso tiene el interés suficiente para superar una barrera imponente (o dos o tres o diez) y llegar al horrible fondo de la cuestión. Y la evitación seguida de ira no es la única treta que existe.

La siguiente valla importante son las lágrimas. Es fácil confundirlas con la aflicción debida a la tristeza, y son muy efectivas a la hora de paralizar a las personas de buen corazón apelando a su inoportuna compasión (¿inoportuna por qué? Pues porque, si dejas en paz a una persona porque está llorando, para de sufrir en ese momento, pero el problema sigue sin resolverse, quizá para siempre). Eso sí, las lágrimas pueden ser tanto de ira (quizá lo más habitual) como de tristeza o aflicción. Si la persona a quien estás persiguiendo y acorralando tiene la cara colorada, por ejemplo, además de tener lágrimas en los ojos, es probable que esté enojada, no dolida. No tiene por qué ser el caso, pero es una señal bastante común. Las lágrimas son un buen mecanismo de defensa, pues hay que tener un corazón de bronce para aguantarlas, pero suelen ser un último recurso para la evitación. Si logras superar las lágrimas, tendrás una conversación auténtica, pero hay que ser un interlocutor muy resuelto para evitar el insulto y el dolor que genera la ira (primera defensa) y la lástima y compasión que evocan las lágrimas (segunda defensa). Tienes que haberte convertido en alguien que ha equilibrado su sombra (la tenacidad, la rigurosidad y la capacidad para mostrar el necesario y frío carácter implacable) y la puede usar provechosamente a largo plazo. No seas ingenuo y confundas la amabilidad con la bondad.

Recuerda las opciones que hemos comentado antes: negociación, tiranía o esclavitud. De esas, la negociación es la menos terrible, aunque negociar no es ninguna broma y tal vez sea la más difícil de las tres a corto plazo, dado que la tienes que acometer ahora, y solo Dios sabe lo lejos que vas a tener que llegar; cuánto tejido muerto vas a tener que extirpar. Por lo que sabemos, podrías estar peleando con el espíritu de la abuela de tu esposa, que fue tratada a palazos por su marido alcohólico, y las consecuencias de ese abuso no resuelto y la desconfianza entre los sexos se podrían estar reflejando generaciones más tarde. Los niños son imitadores sensacionales. Aprenden de forma implícita buena parte de lo que saben mucho antes de hablar; e imitan tanto lo malo como lo bueno. Por eso se ha dicho que la maldad de los padres visita sobre los hijos hasta la tercera y la cuarta generación (Números 14:18).

Como es lógico, la esperanza nos puede guiar por el doloroso sendero de la negociación, pero por sí sola no basta. También necesitas desesperación. De ahí, en parte, la utilidad del «hasta que la muerte nos separe». Están atados el uno al otro si vas en serio; si no, es que aún eres un niño. Ese es el fin del voto: la posibilidad de la salvación mutua, o lo más parecido que se puede lograr en la tierra. En un matrimonio maduro de verdad, si les sonríe la salud van a tener esos cuarenta años mencionados, los que pasó Moisés en el desierto en busca de la tierra prometida. Antes de poder firmar la paz, hay infinitos problemas que resolver —y hay que resolverlos todos—. Por tanto, creces cuando te casas y buscas la paz como si tu alma dependiera de ello (lo que quizá sea más serio que si tu vida dependiera de ello), y haces que funcione o sufres lo indecible. Sentirás la tentación de la evitación, la ira y las lágrimas, o de tomar la trampilla del divorcio para no tener que hacerle frente a lo que tienes delante. Pero el fracaso te hostigará mientras estés enojado, llorando o en proceso de separación, igual que te hostigará en la siguiente relación en la que caigas; tus problemas sin resolver seguirán intactos y tus habilidades de negociación no habrán mejorado ni una pizca.

Puedes guardar en la trastienda de tu mente la posibilidad de escapar. Puedes evitar el compromiso de la permanencia. Pero entonces no lograrás la transformación, cosa que exige todas tus fuerzas. Sin embargo, la dificultad inherente a la negociación ofrece una recompensa tremenda, parte de una vida de enorme éxito: *podrías tener un matrimonio que funcionara.* Podrías hacer que funcionara. Es una hazaña; una hazaña tangible, estimulante, excepcional e improbable. En la vida no hay muchas hazañas genuinas de esa magnitud; podríamos estimar la mísera cifra de cuatro. Si te has esforzado, tal vez hayas asegurado un matrimonio sólido. Esa es la primera hazaña. Debido a eso, has creado un hogar sólido y fiable, honesto y divertido al que podrías atreverte a traer a niños. Así, tienes hijos y, con un matrimonio sólido, la cosa puede funcionar. Esa es la segunda hazaña. Habrás asumido un volumen mayor de esa responsabilidad que exige lo mejor de ti. Y tendrás nuevas relaciones de la mayor calidad, si eres afortunado y cuidadoso. Después tendrás nietos, con lo que te rodearás de vida nueva cuando la tuya empiece a apagarse. En nuestra cultura, vivimos como si fuéramos a morir a los treinta. Pero no morimos. Vivimos una vida muy larga, pero, al mismo tiempo, todo se acaba en un abrir y cerrar de ojos, y deberías haber logrado lo que logran los seres humanos que viven una vida plena; el matrimonio, los hijos, los nietos y todas las dificultades y congojas consiguientes son mucho más que media vida. Si decides perdértelo, corres un grave peligro.

Es habitual conocer a personas jóvenes e inexpertas que rebosan del cinismo inmotivado que sustituye a la sabiduría en los años de juventud. Son las que dicen con un tono categórico —e incluso orgulloso— que no quieren tener hijos. Muchos chicos de diecinueve años lo dicen, lo cual no es tan grave, porque tienen la edad que tienen y aún les queda tiempo. Y en cualquier caso, ¿qué van a saber con diecinueve años? Y algunas personas de veintisiete lo dicen, aunque no tantas, sobre todo si son chicas y son mínimamente honestas consigo mismas. Y algunas de cuarenta y cinco años dicen lo mismo, en pasado. Y aunque la mayoría celebran que se les haya pasado el tiempo, puede que unas pocas digan la verdad. Sobre este tema nadie es sincero. Denunciar sin rodeos que mentimos a las mujeres jóvenes, en concreto, sobre lo que es más probable que ansíen en la vida es un tema tabú en nuestra cultura, incomprensible y extrañamente obsesionada con que la principal satisfacción en la vida de una persona común y corriente se halla en su carrera (una rareza en sí misma, pues la mayoría de la gente tiene trabajos, no carreras). Pero más allá de factores como la excepcionalidad o el talento, la formación, la disciplina, el instinto maternal, el delirio juvenil o el lavado de cerebro cultural, en mi experiencia clínica y profesional son pocas las mujeres que no harían cualquier sacrificio necesario para traer a un niño al mundo después de cumplir los veintinueve, los treinta y cinco o, peor aún, los cuarenta.

Esta es una senda a la miseria que les recomendaría encarecidamente que evitaran. Es algo que dedico sobre todo a las mujeres que leen este libro, aunque los novios y maridos juiciosos también deberían tomar nota. Decidir que quieren hijos cuando tienen veintinueve o treinta años y luego ser incapaces de tenerlos: es algo que no recomendaría. No se recuperarán. Somos demasiado frágiles para jugar con lo que nos ofrece la vida. Cuando uno es joven y necio, siempre piensa: «Es que el embarazo se puede dar por hecho». Eso solo es verdad si no quieres para nada, ni debes, tener un hijo y mantienes relaciones sexuales en el asiento trasero de un coche con quince años. Entonces seguro que lo fastidiarás. Pero un embarazo deseado no es algo inevitable, bajo ningún concepto. Puedes aplazar el intentar tener hijos hasta la franja de mayor edad de ese espectro —y se insta a mucha gente a hacer justo eso, o mucha gente se insta a sí misma—, pero hasta el treinta por ciento de las parejas tienen dificultades para concebir un hijo.[6]

Algo similar —la imprudencia respecto a lo que deparará o dejará de deparar la vida— es lo que vemos cuando los integrantes de un matrimonio estancado empiezan a creerse el delirio de que una aventura satisfará sus necesidades incumplidas. Cuando tenía a clientes que estaban valorando esa opción o que incluso habían consumado ya la aventura, intentaba que dejaran de andar por las nubes.

—Pensémoslo bien. No pensemos solo en esta semana, o en este mes. Tú tienes cincuenta años y hay una chica de veinticuatro que está dispuesta a arruinarte el matrimonio. ¿En qué piensa? ¿Quién tiene que ser? ¿Qué es lo que sabe?

—A ver, me siento muy atraído por ella.

—Sí, pero tiene un trastorno de la personalidad. Lo digo en serio. ¿Qué demonios hace contigo?, ¿por qué quiere arruinar este matrimonio?

—Bueno, no le importa si sigo casado.

—Ah, ya. O sea que no quiere una relación de verdad con alguien, con cierta estabilidad a la larga. Por arte de magia, te saldrá todo a pedir de boca, ¿no? Razónalo. Para tu esposa será un mal trago. Habrá que decir muchas mentiras. Tienes hijos: ¿cómo van a reaccionar cuando todo salga a la luz?, porque seguro que saldrá. ¿Y qué me dices de los diez años que, por lo que todo indica, vas a pasar en los tribunales? Te costarán trescientos mil dólares y te arrastrarán a una batalla por la custodia que te ocupará todo tu tiempo y atención.

He visto a personas luchar por la custodia de sus hijos que, sin exagerar, hubieran preferido tener cáncer. Quedar atrapado en la peligrosa maquinaria de los tribunales no es cualquier cosa. Inviertes gran parte del tiempo en desear estar muerto. Eso sí es una aventura, por Dios santo. Es un delirio aún más grande porque, obviamente, si estás casado con alguien, ves la peor versión de esa persona, porque tienes que compartir los auténticos conflictos de la vida con ella. Las partes fáciles las guardas para tu amante: cero responsabilidad, solo restaurantes caros, noches emocionantes para romper las reglas, un idilio preparado con sumo celo y la ausencia general de realidad que acompaña al privilegio de hacer pagar a una persona por las trabas reales de la existencia, mientras la otra se beneficia falsamente de la ausencia de ellas. Cuando tienes una aventura con alguien, no tienen una vida juntos. Disponen de una serie infinita de postres, al menos al principio, y lo único que tienen que hacer es rebañar con una cucharita la crema de cada uno de ellos y comérsela. Y vamos. Se ven en las mejores condiciones posibles, pensando solo en sexo y sin que nada interfiera en su vida. Tan pronto como eso se transforma en una relación con cierta estabilidad, una parte inmensa de la aventura se vuelve a convertir en eso que te estaba fastidiando de tu matrimonio. Una aventura no ayuda y la gente termina viviendo un suplicio. En especial los niños; y tu principal deuda es con ellos.

No trato de ser irracionalmente categórico en lo concerniente al matrimonio y la familia. Es absurdo esperar que todas las instituciones sociales funcionen para todo el mundo. A veces, una persona está casada con un animal y un psicópata, un mentiroso congénito y compulsivo, un delincuente, un alcohólico o un sádico (o quizá las cinco cosas a la vez). Entonces tienes que escapar. Pero eso no es salir por la puerta de atrás. Es una catástrofe, como un huracán, y tienes que apartarte de su trayectoria. Quizá sientan la tentación de concluir: «¿Y si vivimos juntos, en vez de casarnos? Como un periodo de prueba. Es lo más sensato». Pero cuando propones a alguien que viva contigo, en vez de comprometerse, ¿qué quieres decir exactamente? Seamos lo rotundos y realistas que hay que ser con nuestra apreciación; no finjamos estar probando un coche de segunda mano. Esto es lo que quieres decir: «Por ahora me sirves; y supongo que tú sientes lo mismo por mí. De lo contrario, nos casaríamos y ya está. Pero apelando a un sentido común que ninguno de los dos posee, vamos a reservarnos el derecho de intercambiarnos por una opción mejor en cualquier momento». Y si eso no es lo que crees que quiere decir vivir juntos —como declaración ética totalmente articulada—, intenta idear algo más plausible.

«Doctor, ¡qué cínico es usted!», pensarán. Bien, ¿por qué no miramos las estadísticas, en vez de confiar en la opinión de un anticuado como yo, aunque no lo soy tanto? La tasa de separación entre las personas que no están casadas pero viven juntas —es decir, que están casadas en todos los aspectos salvo el formal— es bastante mayor que la tasa de divorcios entre las parejas casadas.[7] E incluso si te acabas casando y transformando en una persona honesta a aquel con quien convives, por decirlo así, es mucho más probable (no menos) que te divorcies que si no se hubieran ido a vivir juntos en un primer momento.[8] Así pues, ¿qué conclusión sacamos de la idea del periodo de prueba? Suena tentador, pero no funciona.

Por supuesto, es posible que las personas más propensas a divorciarse, por motivos de carácter, también sean más propensas a vivir juntas antes de casarse, o sin casarse, más que (o además de) la posibilidad de que vivir juntas simplemente no funcione. No es sencillo discernir entre los dos factores causales. Pero en términos prácticos no importa. La cohabitación sin la promesa del compromiso permanente oficializado, ratificado en ceremonia y valorado en serio no produce matrimonios más robustos. Y eso no tiene nada de bueno, sobre todo para los niños, que sufren mucho más en familias monoparentales (por lo común, sin padre).[9] Punto final. Por tanto, no lo veo como una alternativa social justificable. Y lo digo como alguien que vivió con su mujer antes de casarse con ella. No soy inocente en este sentido. Pero eso no significa que estuviera en lo cierto. Y hay otra cosa que no tiene nada de banal. No tienes muchas oportunidades en la vida para procurar que tu relación sentimental cuaje, así de claro. Puede que necesites dos o tres años para conocer a don o doña Ideal, y otros dos o tres para determinar si es de veras la persona que crees que es.

Eso son cinco años. Te haces viejo mucho más deprisa de lo que piensas, tengas la edad que tengas ahora, y la mayor parte de lo que podrías hacer con tu familia —con matrimonio, hijos y demás— va de los veintipocos a los treinta y cinco, más o menos. Por tanto, ¿cuántas buenas posibilidades de cinco años tienes? ¿Tres? ¿Cuatro?, si tienes suerte.

Esto significa que tus opciones decrecen mientras esperas; no aumentan. Si eres viudo o viuda y tienes que volver al mundo de las citas cuando tienes cuarenta o cincuenta, bueno. Te ha golpeado una tragedia y así es la vida. Pero he visto a amigos hacerlo y no es el destino que desearía a nadie a quien quiero. Sigamos siendo razonables: todas las personas de entre dieciséis y dieciocho años tienen mucho en común. Están por hacer. Son maleables. Y no lo digo como insulto. Es un simple hecho. También es por eso que pueden ir a la universidad y hacerse amigos para siempre (no pretendo ser sarcástico, en absoluto) con un compañero de departamento en un solo semestre. Ahora bien, cuando tienes cuarenta y pico, te has vuelto una persona un tanto singular y única, si has vivido un poco. Hay gente a la que conocí con esa edad, y que lleva en mi vida una década o más, y a la que aún parezco considerar nuevos conocidos. Ese es un efecto natural de la complejidad del aumento de la edad. Y eso que hablamos de una mera amistad, no de amor; no de una vida conjunta, ni siquiera quizá de la unión de dos familias distintas.

Así, tienes matrimonio e hijos. Todo va viento en popa porque eres obstinado y estás lo bastante aterrado por el infierno que le espera a cualquiera que no negocie la paz y haga los sacrificios necesarios para firmarla. No cabe duda de que ahora estás más preparado para tu carrera; o más probablemente, para tu trabajo. Esa es la tercera de las cuatro hazañas que podrías conseguir, con buena fortuna y sin titubeos, durante tu fugaz existencia. Has aprendido a establecer una armonía productiva en tus relaciones más íntimas y privadas, y parte de esa sabiduría se vierte en el lugar de trabajo. Eres un mentor para los más jóvenes, un buen compañero y un subordinado leal; en vez de armar el escándalo que podrías armar allí por donde pasas, mejoras las cosas. Y si todos hiciéramos eso, el mundo sería un lugar mucho menos trágico e infeliz. Quizá podría ser incluso un lugar manifiestamente bueno. Y quizá aprendas a aprovechar tu tiempo alejado de la familia y del trabajo —los momentos de ocio— y sacarle un sentido y un partido. Y esa es la cuarta hazaña; un hito que, al igual que los otros, puede crecer: tal vez estas cosas se te van dando cada vez mejor y puedas esforzarte por solucionar problemas más y más difíciles, convertirte en un orgullo, a tu manera, para el mismo espíritu de la humanidad. Y eso es la vida.

Volvamos al matrimonio. ¿Cómo planificas y conservas el idilio en tu relación? Pues tienes que decidir si quieres amor en tu vida o no. Si piensas en ello sin rencores —sin la alegría de privar a tu pareja, ahora distanciada, del posible placer de intentarlo—, la respuesta suele ser que sí. Un idilio sexual: la aventura, el placer, la intimidad y la emoción que la gente sueña con vivir cuando sienten la necesidad de que les toque lo divino. Quieres eso. Los placeres de la vida son raros y muy valiosos; no te interesa renegar de ellos sin una causa fundada. ¿Cómo lo conseguirás? Con suerte, sucederá entre tú y alguien que te gusta; con algo más de suerte y un compromiso lo bastante sólido, sucederá entre tú y alguien a quien amas. No tiene nada de fácil. Si fundas un hogar con alguien, vas a tener que negociar un montón para mantener vivos tanto la estima como el amor.

LA ECONOMÍA DOMÉSTICA

He aquí algunas reflexiones prácticas. Quizá parezcan no tener nada que ver con el amor, pero es necesario hablar de ellas porque trascendimos —o perdimos— nuestros roles tradicionales y no hemos generado nada para sustituirlos. Antes de eso —quizá antes de que se inventara la píldora anticonceptiva, que fue una revolución biológica— los hombres hacían cosas de hombres, las que fueran, y las mujeres hacían cosas de mujeres, las que fueran. Los roles tradicionales son mucho más útiles de lo que suelen pensar las personas modernas, que sobrestiman enormemente su tolerancia por la libertad y la elección. En una sociedad que cambia más despacio, todo el mundo tiene más o menos presentes sus obligaciones respectivas. Eso no elimina la tensión (nada elimina la tensión), pero al menos hay un modelo que seguir. Si no hay modelo para lo que cada uno debería hacer al convivir con alguien, entonces hay que departir sobre ello; o negociar sobre ello, si se les da bien, cosa improbable. A poca gente se le da bien.

Si vas a crear un hogar en paz con alguien que amas y, si todo va bien, te gusta, si deseas seguir amándolo y sintiendo aprecio, van a tener que decidir de algún modo quién va a hacer qué. Esa es la sustitución de los roles. ¿Quién hace la cama? ¿Cuándo habría que hacerla? ¿Con qué grado de perfección tiene que estar hecha la cama para que ambas partes se den por satisfechas? Y si esto no se gestiona bien, la conversación se tuerce enseguida:

—La hice yo, la cama.

—Pues no la hiciste muy bien.

—Para ti nunca hay nada perfecto. Si crees que no hice muy bien la cama, ¡igual dejo de hacerla y la puedes hacer tú!

—Pues igual podrías esforzarte un poco más, ¡y no solo con la cama!

Van a tardar días en resolverlo —si es que lo acaban logrando—, y eso solo con la cama. Son solo los primeros diez minutos de la mañana. O sea que puede que se quede sin hacer, mal hecha o hecha a disgusto durante los siguientes sesenta años (aquí está otra vez ese periodo de tiempo del que hablábamos). Y hay muchas otras cuestiones del hogar que hay que abordar, aparte del tema de la cama. Pero si eso no se resuelve, será un problema matutino de cada día de cada semana, mes y año. Y todo el mundo se pone de mal humor al despertarse, al menos por dentro, o cada vez que entra en el dormitorio y ve las cosas desordenadas. No hay nada bueno en ello.

¿Qué carrera va a ser prioritaria? ¿Cuándo y por qué? ¿Cómo se educará y disciplinará a los niños, y quién? ¿Quién limpia? ¿Quién pone la mesa? ¿Quién saca la basura? ¿O limpia el baño? ¿Cómo se abren y gestionan las cuentas del banco? ¿Quién hace el súper? ¿La ropa? ¿Los muebles? ¿Quién paga qué? ¿Quién se hace cargo de los impuestos? Etcétera, etcétera, etcétera. Quizá hay doscientas cosas que hablar para llevar bien un hogar. Es un problema tan complejo como llevar un negocio, con la dificultad adicional de intentar llevarlo con un miembro de la familia, y en este caso los problemas se repiten cada día. Al fin y al cabo, tu vida está compuesta sobre todo de rutinas. O bien negocian la responsabilidad por cada una de estas obligaciones o jugarán a un tira y afloja que durará para siempre, en el que pelearán sin decir nada, con tozudez, silencios y falsos intentos por *cooperar*. Esto no le irá nada bien a tu situación sentimental. Por tanto, es vital sentar bien las bases de la faceta doméstica de la economía del hogar.

Se trata de problemas increíblemente difíciles de resolver, porque significa que tienen que pactar a conciencia la jerarquía de responsabilidades entre los que viven en el hogar. Deben negociar hasta el último dichoso detalle, por más trivial que parezca (aunque la aparente trivialidad es una ilusión): ¿quién cocina? ¿Cuándo se prepara la comida? ¿Qué otras tareas hay que dejar de hacer como compensación por cocinar? ¿Cómo le das las gracias a alguien por hacer lo que toca en la cocina? ¿Quién mete los platos en el lavavajillas? ¿Quién lava los platos? ¿Cuándo hay que quitar la mesa después de comer? ¿Qué platos vamos a utilizar? ¿Qué vamos a comer? ¿Qué papel desempeñarán los niños? ¿Comemos juntos? ¿Tenemos horas fijas para comer? Cada una de estas preguntas se puede convertir en una guerra sin cuartel. Una persona piensa una cosa y la otra piensa otra…, ¿quién sabe quién tiene razón? Así que deben echar un *round* y llegar a un consenso. Es difícil. Puede que tengan que discutir cientos de veces. Unas docenas no te las quita nadie. Pero son peleas con un fin, y ese fin es batirse hasta que surge una solución, de forma que ya no hace falta seguir discutiendo sobre ese tema. Esto quiere decir que la paz es el objetivo y no se puede determinar si no es negociando. Y esto exige un compromiso lo bastante firme para tolerar un conflicto grave y descarnado.

Lo siguiente que tienes que hacer —esto lo sé por mi experiencia clínica y matrimonial, de treinta años cada una— es hablar con tu pareja unos noventa minutos a la semana sobre temas puramente prácticos y personales. «¿Cómo te va en el trabajo?» «¿Qué tal te va a ti con los niños?» «¿Qué hay que hacer en la casa?» «¿Hay algo que te preocupe y que podamos comentar?» «¿Qué tenemos que hacer para que nos salgan las cuentas la semana que viene?» Una mera comunicación pura y pragmática: en parte porque tú tienes una historia, tu pareja tiene otra y, juntos, tienen la suya. Para conocer tu historia tienes que contarla y, para que tu pareja la sepa, la tiene que escuchar. Esa comunicación se tiene que dar de forma periódica. No tienen por qué ser noventa minutos de golpe. Quizá puedan ser quince minutos al día. Pero deben mantener abiertas esas vías de comunicación pragmática, de forma que tú sepas dónde está la otra persona, y viceversa. Si caen por debajo de los noventa minutos semanales, empieza a acumularse la información y su historia en común se deshilvana. Llegados a un punto, ese retraso es tan grande que ya no sabes quién eres. Y aún sabes menos quién es tu pareja, así que se alejan el uno del otro. Su relación pierde consistencia y la situación se vuelve nociva.

Cuando estoy ayudando a alguien a reconducir su matrimonio, por ejemplo, hacemos cosas muy terrenales. No me interesan las vacaciones, las ocasiones especiales ni nada que se salga de lo normal. No es que esas cosas carezcan de importancia, pero no son vitales en el mismo sentido que las rutinas diarias. Son esas las que hay que corregir. Quiero saber qué interrelaciones forman el grueso de su día normal. Tal vez se despiertan juntos; o comen juntos. Eso lo hacen cada día. Puede que levantarse, prepararse para el día y comer sume cinco horas al día. Es una tercera parte del tiempo que estás despierto y, por ende, una tercera parte de tu vida. Son treinta y cinco horas cada siete días: una semana entera de trabajo, o una carrera profesional entera. No te equivoques. Pregúntense a ustedes mismos y el uno al otro: ¿cómo queremos estructurar estos momentos? ¿Cómo procuramos que sea agradable despertarse por la mañana? Mientras comemos, ¿nos podemos hacer caso el uno al otro, mostrando educación e interés, y quizá sin distraernos con dispositivos electrónicos? ¿Podemos conseguir que las comidas estén riquísimas y el clima sea agradable? Piensen en la llegada a casa por la tarde. Pongamos por caso que la rutina son diez minutos. Es otra hora a la semana; cincuenta horas al año, una semana y media de trabajo. Cada año, la bienvenida que se te da al entrar en casa equivale a una semana y media de trabajo. Es una fracción considerable de tu existencia. ¿Alguien te recibe en la puerta y muestra cierto grado de felicidad por verte, se te ignora porque todo el mundo está usando su celular o se te recibe con una letanía de quejas? ¿Cómo te gustaría organizarlo para que no tuvieras miedo al momento de llegar a casa? Hay cosas que hacen juntos y que son mundanas; esas que haces cada día. Pero resulta que son toda tu vida. Si aciertan con esas cosas, ya tendrán medio camino hecho, aunque no lo crean. Si pueden librar la guerra para pactar la armonía en la economía doméstica, ambos habrán firmado una gran victoria. Entonces ya podrán prestar atención a lo que van a hacer en la escapada romántica a un hotel encantador, o a la casa de campo de tus padres, o a un complejo turístico con todo incluido, o durante las vacaciones de aventura que se van a dar; o solo a esas dos citas semanales de las que hemos hablado antes y que los dos son tan reacios a intentar.

Empiecen por resolver estas cuestiones y a ver qué pasa. Entonces podrán comer en paz, por ejemplo, sin morir de frustración o de hipertensión. Tendrán que luchar para ello. Ahora bien, lo que importa no es si luchan (porque hay que hacerlo), sino si acabarán haciendo las paces. Hacer las paces es llegar a una solución negociada. Quieres y necesitas llegar a una solución negociada sobre cada obligación y oportunidad que comparten como pareja; y sobre cada obstáculo que encuentran. Así, al menos tendrás alguien con quien hablar las cosas cuando tu vida se tuerza, cosa que sucederá sí o sí. Y parten con la ventaja de pensar por dos, aunque no tengan el mismo punto de vista. Lo que significa todo esto es que deben resolver la problemática de saber lo que quieren y hablarlo con su pareja antes de poder mantener el idilio de la relación.

El resto del mundo te mantiene cuerdo. Por eso también es buena idea casarse. ¿Por qué? Bueno, tú estás medio loco, igual que tu pareja (igual no medio, pero bastante). Sin embargo, es de esperar que no estén locos en el mismo sentido. A veces, conocemos a parejas con la misma debilidad que se agravan ese defecto el uno al otro. Tal vez a los dos les gusta demasiado el vino, por ejemplo, y se precipitan juntos hacia el alcoholismo. Para evitar esa suerte, lo interesante sería que a una persona de la pareja le gustara el alcohol, pero no a las dos. Esto generará bastante conflicto a corto plazo, en situaciones en que se bebe o es habitual beber, pero las consecuencias a largo plazo (evitar que cualquiera de los dos se vuelva un alcohólico) seguramente sean beneficiosas. El que no bebe se tomará una o dos copas en una velada social, solo para no ser demasiado rígido y desagradable, y la persona a quien le gusta beber recibirá, con suerte, una reprimenda por no saber controlarse.

En términos generales, es una feliz casualidad que sus maneras de ser estén distribuidas de forma más bien aleatoria; que, al unirte con otra persona, seguramente halles fuerza donde eres débil, y viceversa. Cuando se unen los dos para recrear ese ser original —la idea simbólica—, tienen una oportunidad de generar un ser lógico y cuerdo. Es bueno para los dos; y aún mejor para sus hijos, que ahora tendrán una remota posibilidad de adaptarse a lo que constituye un comportamiento más bien cuerdo. También es bueno para la amistad y el mundo en general.

Gran parte de ese avance hacia la unidad funcional es fruto del diálogo y la comunicación. Si has vivido lo suficiente, sabes que las personas están gravemente heridas. Cuando eres joven y tienes poca experiencia, es probable que, de una forma bastante incondicional e implícita, creas en dos cosas que simplemente no son ciertas. La primera es que hay alguien por ahí que es perfecto. Es probable incluso que encuentres a esta persona hipotéticamente perfecta, a la que verás en un estado de delirio, y te enamores perdida y locamente de ella (digo locamente porque amas una imagen de la perfección, más que a la persona, lo cual es muy confuso para quien recibe tu afecto). La segunda suposición es que hay alguien por ahí que es perfecto para ti. Al suponer estas cosas, estás cometiendo al menos tres errores, lo cual tiene mérito, dado que solo has supuesto dos cosas.

En primer lugar, no hay nadie perfecto. Solo existen personas que han sufrido un daño bastante grave, aunque no siempre irreparable, y en cualquier caso, no olvidemos que cada persona es un mundo. Aparte de eso, si hubiera alguien que fuera perfecto, te echaría un vistazo y se iría corriendo. A menos que estés haciendo algo para engañarlo, ¿por qué ibas a terminar con alguien mejor que tú? Deberías sentir auténtico pavor si te han dicho que sí a una cita. Una persona sensata pensaría esto de su posible nueva pareja sentimental: «¡Ay, Dios mío! ¡Estás tan ciego, desesperado o dañado como yo!». Es una idea aterradora esto de aceptar a alguien que tiene cuando menos los mismos problemas que tú. No es en absoluto igual de negativo que estar solo, pero sigue siendo huir del fuego para caer en las brasas; y al menos el fuego te podría transformar. Así pues, te casas, si tienes un poco de agallas —si tienes una visión a largo plazo y la capacidad de asumir y jurar una responsabilidad; si tienes un mínimo de madurez— y empiezan a transformarse a ambos en una persona razonable. Incluso puede que participar en un proceso tan turbio los convierta a los dos en personas razonables capaces de crecer un poco. O sea que hablan. Acerca de todo. No importa cuánto duela. Y hacen las paces. Y dan las gracias a la providencia si lo logran, porque reñir es lo normal.

Y AL FINAL: EL IDILIO

En este capítulo, no tenía mucho sentido hablar sobre el idilio de inmediato; al menos no sobre su conservación. El idilio es el juego, y no es fácil jugar cuando surgen problemas de cualquier clase. Para jugar hace falta paz, y la paz requiere negociación. E incluso en ese caso tendrás suerte si puedes jugar.

La cuestión del amor conyugal —la intimidad y el sexo— es compleja, pues bajo cada cuestión acecha un dragón. Por ejemplo, ¿qué es lo que se deben el uno al otro en términos sexuales, si están entrelazados en un matrimonio? La respuesta no es *nada de sexo*. Esa no es la respuesta, porque parte del acuerdo implica organizar la vida sentimental de forma satisfactoria para ambos. Es una condición previa implícita para la estabilidad del matrimonio. Seguramente no sea tener relaciones sexuales quince veces al día, ni tampoco tenerlas de mala gana una vez al año. Sería algo en medio de los dos extremos, y allí es donde tienen que empezar a negociar.

Según he observado, la pareja adulta típica —con un trabajo, hijos y la economía doméstica que ya hemos comentado, además de toda esa preocupación y responsabilidad— podría llegar a uno o dos paréntesis sexuales por semana, o incluso tres (improbable). Esa asiduidad, si se gestiona bien, parece satisfacer a ambas partes. He advertido que dos veces es mejor que una, pero una es mucho mejor que cero. Cero es una mala noticia. Si llegan a cero, es que uno está sometiendo al otro y el otro se está rindiendo. Si llegan a cero, uno de ustedes tendrá una aventura física, emocional, ilusoria o una combinación de las tres. No lo digo por decir. Eso al final sale por alguna parte, y en el fondo lo sabes: cuando desaparece el amor y la frecuencia de las relaciones sexuales toca fondo, tiene que haber una señal decidida de que «esto no es suficiente para mí». Yo no recomiendo tener una aventura, pero si tu vida sexual desaparece, es lo que te estás buscando. Quizá quieras seguir por ese derrotero y facilitar la aventura para poder hacerte el mártir:

—Mi esposa me dejó para tener una aventura. Qué desgraciado soy.

—¿Y por qué lo hizo?

—La verdad es que nuestra vida sexual no era lo mejor.

—Y esta es una respuesta en la que podría haber que indagar bastante.

—¿Qué quieres decir exactamente con que «no era lo mejor»?

—Pues que no habíamos hecho el amor en dos años. Y ella decidió tener una aventura.

Nada nuevo bajo el sol. Deberías empezar por asumir que tu pareja es un ser humano relativamente normal y que cierto grado de satisfacción sexual es un requisito razonable; digamos una o dos veces a la semana, en condiciones de mucho ajetreo. Durante la fase inicial del matrimonio, podría ser que expresar interés amoroso por tu pareja no suponga ningún problema, pero hay que hacer muchas cosas en la vida. Tener citas es una lata, incluso siendo soltero. Sé muy bien que también tiene algo de aventura, pero gran parte de eso solo pasa en las películas, no en las páginas web de citas y en los chats, las cafeterías, los restaurantes y los bares donde se dan los primeros encuentros violentos. Te tienes que esforzar bastante, y si estás soltero lo harás, porque te sentirás solo, tendrás mucha sed de atención y estarás desesperado por intimar. De media, las personas solteras tienen muchas menos relaciones sexuales que las casadas, aunque supongo que un pequeño porcentaje de ellas las tiene en abundancia. Eso sí, salvo por la gratificación del placer impulsivo, no veo de qué manera se están haciendo ningún favor, ni siquiera aquellos a los que les va bien siguiendo ese estilo de vida.

Así que, como persona soltera, intentarás salir, porque estás sola y necesitada, pero no es sencillo. Tienes que sacar tiempo para ello. Tienes que planificar. Debes usar tu imaginación, gastar dinero, encontrar una pareja aceptable con quien salir y, como se suele decir, besar a muchas ranas hasta encontrar a un príncipe (o a una princesa). La gente tiende a sentir alivio cuando se casa, porque ya no tiene que hacer todo ese esfuerzo, muchas veces contraproducente. Pero eso no significa en absoluto que ya lo tengas hecho; que puedas simplemente recostarte en ropa interior y calcetines blancos y desgastados y suponer que todos los hipotéticos placeres de Hugh Hefner se van a hacer realidad en tu casa automáticamente. Hay que hacer un gran esfuerzo de todas formas, a menos que quieras que el amor se desvanezca. Tienen que hablar sobre ello. Deben tener esa conversación difícil y vergonzosa: «Cariño, ¿cuándo será entonces? ¿Martes y jueves? ¿Miércoles y viernes? ¿Lunes y sábado?». «Dios mío, esto es muy frío y directo. Tan mundano y rutinario… Está tan planificado y es tan predecible, burgués, antirromántico y robótico. Es denigrante y restrictivo y convierte el sexo en un deber. ¿Qué tiene de divertido? ¿Dónde está la espontaneidad, el *jazz* suave, los cocteles y la emoción de la atracción repentina e inesperada? ¿Dónde están el esmoquin y el vestidito negro?», pensarán. ¿Eso es lo que esperas? ¿Incluso inconscientemente, en tus fantasías disparatadas? ¿Cuántas veces lo lograste cuando salías? ¿Alguna vez? Y ahora recuerden que estamos hablando de adultos: ¿quieren dos trabajos (dos carreras y dos fuentes de ingresos), dos hijos, un nivel de vida acomodado… y encima espontaneidad? ¿Y no se van a *contentar* con menos?

Pues buena suerte. No va a pasar —no según mi experiencia clínica y personal—, no sin un esfuerzo tremendo. Lo que sucederá es que las necesidades inaplazables de la vida empezarán a anteponerse a las necesidades antojadizas de forma inexorable. Quizá las cosas que haces en un día son diez, y el sexo es la número once. No es que no creas que el sexo es importante, pero nunca llegas más allá del número cinco de la lista. Tienes que hacer tiempo y espacio y, por lo que yo sé, tienes que hacerlo a propósito. «¿Cómo sería invertir cierto tiempo con esta persona por la que me sentí atraída sentimentalmente hace tiempo?», pueden pensar. Tienen que reflexionar. Puede que solo tengan tiempo para ver media horita de un programa de televisión antes de acostarse. Puede que tengan una hora y media, o una hora, porque la vida es demasiado frenética. No sería tan descabellado darse un baño. Un poco de labial…, eso estaría bien. Algo de perfume. Ropa bonita y erótica. Si eres un hombre, cómprale lencería a tu esposa; y si eres una mujer, póntela y úsala con descaro. Si eres un hombre, quizá puedas encontrar algo sensual que usar en una tienda para hombres, o en algún sitio donde vendan ropa erótica que no sea demasiado extremada y que no sea una oda al mal gusto ni genere una timidez intensa y contraproducente. Y ante esa demostración de valor, no está de más un halago o dos. Es algo que puede que solo pase una vez al año. Estás intentando crear algo de confianza. Prueben con un poco de luz tenue y agradable; quizá unas velas (alguien tiene que comprar las velas, y hay que animarlo a que lo haga; y el cinismo se debería mantener al mínimo, a menos que quieras ahogar completamente lo que ya es frágil). He aquí una regla: no castigues jamás a tu pareja por hacer algo que quieres que siga haciendo. Sobre todo si tuvo que mostrar un poco de valentía, si hizo de verdad algo más de lo que se supone que hay que hacer.

¿Qué tal si lo preparan todo con el romanticismo que piensan que tendría una aventura? Porque eso es lo que la gente con cierta imaginación concibe al pensar en una aventura. Intenta tener una aventura con tu esposa o tu marido. Quizá el segundo puede acondicionar el dormitorio mientras la primera se prepara en el baño. Ya hemos mencionado las velas. ¿Y un poco de música? ¿Y procurar que la habitación esté limpia y, si Dios quiere, bonita? Podría ser un comienzo. Así, tal vez los dos no envejecerán ni engordarán, ni se volverán malsanos ni hipocondríacos lo más deprisa posible solo para herir al otro, como sin duda hacen muchas parejas. Si lo logran, es posible que ambos tengan lo que necesitan, e incluso lo que quieren. Pero tendrías que admitir tus deseos y tendrías que negociar con tu pareja. ¿Qué te gusta a ti? ¿Qué le gusta a ella? ¿Se lo van a decir el uno al otro? ¿Te arriesgarás a practicar una y otra vez? ¿Vas a aprender nuevos trucos, aunque te sientas un idiota la primera vez que lo intentas?

Nada de esto es fácil. Las personas se hacen cosas de las que no hablan, cosa que no ayuda en nada cuando están casadas. Quizá, si tuvieran ganas de negociar y lo hicieran de buena fe, podrían decidir qué necesitan y quieren, y llegar exactamente al pacto adecuado. «A ver, ¿cómo le tengo que hacer para que, dentro de veinte años, siga teniendo un interés romántico en mi esposa o mi marido? ¿Cómo me las ingenio para no desviarme y hacer alguna estupidez, como tanta gente hace? ¿Cuál es la condición previa mínima que necesito para satisfacer mi apetito sexual?», podrías preguntarte. Puede que intentes convencerte de que no es necesario; que te puedes contentar con lo que tienes, aunque no sea nada. Pero no puedes. No si tienes un mínimo de autoestima o de sentido común. Será algo que vas a querer y a necesitar. Si hablas sin tapujos de qué es ese algo y, al mismo tiempo, te abres a escuchar lo que te diga sobre ese tema tu pareja, es posible que ambos obtengan no solo lo que quieren el uno del otro, sino incluso más de lo que anhelan.

Reserven algunos días y practiquen teniendo citas hasta que se conviertan en expertos. Negocien y pónganlo en práctica. Procuren tener presente qué quieren y necesitan y tengan la decencia de revelar ese secreto a su pareja. Después de todo, ¿a quién más se lo van a contar? Busquen el ideal superior del que depende necesariamente una relación honesta y valiente; háganlo con la seriedad que dejará intacta su alma. Respeten sus votos matrimoniales; así se sentirán lo bastante desesperados para negociar con honestidad. No cedan cuando su pareja se escape diciendo que están diciendo tonterías o cuando se niegue a comunicarse. No sean ingenuos y piensen que la belleza del amor se sostendrá sola sin un esfuerzo incondicional de su parte. Distribuyan las tareas que necesita su hogar de un modo que ambos encuentren aceptable y no opriman ni se esclavicen. Decidan lo que necesitan para sentirse satisfechos tanto en la cama como fuera. Y tal vez, solo tal vez, conservarán al amor de su vida y tendrán a un amigo y confidente, y esta fría roca en la que vivimos en este rincón remoto del cosmos será un poco más cálida y acogedora de lo que sería en caso contrario. Lo van a necesitar, porque siempre vendrán tiempos de vacas flacas. Y es mejor tener algo con que hacerles frente o les ganará el desánimo y nunca se librarán de él.

Planifica y esfuérzate por mantener viva la llama de tu relación.

REGLA 11

NO TE VUELVAS RENCOROSO, MENTIROSO O ARROGANTE

LA HISTORIA ES LA CLAVE

Tienes tus razones para ser rencoroso, mentiroso y arrogante. Te enfrentas, o te vas a enfrentar, a fuerzas terribles y caóticas que en ocasiones te van a someter. La ansiedad, la duda, la vergüenza, el dolor y la enfermedad, la angustia de la conciencia, la desgarradora ola de la tristeza, los sueños rotos y la decepción, la realidad de la traición, la sumisión a la tiranía del ser social y la humillación de envejecer hasta la muerte... ¿Cómo no vas a degenerar, enfurecerte, pecar y acabar odiando a la mismísima esperanza? Quiero que sepas cómo resistirte a esa espiral, a esa degeneración hacia el mal. Para hacerlo —para entender tu propia personalidad y la tentación de las tinieblas—, necesitas saber a qué te enfrentas. Necesitas entender las motivaciones del mal, y no he sido capaz de desglosar mejor qué constituye el mal que por medio de la tríada del rencor, la arrogancia y el engaño.

¿Se puede entender el mundo de manera que nos proteja contra la tentación de emprender el más infame de los caminos? He aquí un axioma de la sabiduría humana: formular con mayor claridad y entender mejor un problema es saludable. Empezaremos intentando justo eso con un cambio de tema, un cambio de tema difícil y desconcertante para los materialistas comprometidos que somos los modernos. Primero lanzaremos una pregunta: ¿de qué está hecho el mundo? Para responder a ella necesitaremos valorar la realidad —el mundo— tal como lo experimenta al cien por ciento una persona viva y despierta, con toda la riqueza de lo subjetivo intacta: sueños, experiencias sensoriales, sentimientos, motivaciones y fantasías. Este es el mundo que se manifiesta ante tu consciencia individual única; o mejor dicho, aquel con el que esta se topa de frente.

Piensa en el acto de despertarte por la mañana. Si te preguntaran qué percibes en ese momento, podrías mencionar perfectamente los mismos objetos concretos que vería cualquier otra persona que se despertara en la cama contigo. Podrías describir todo lo que hay en el dormitorio: el escritorio, las sillas, la ropa (tirada por ahí o bien guardada, según tu carácter, tu preferencia y, tal vez, la condición en que te encontraras la noche anterior). Es probable que respondas de esta manera tan objetiva y realista, señalando, en esencia, que ves los muebles de la sala. Es obvio que tu respuesta encierra parte de la verdad, aunque puede que prestes menos atención de la que crees a las cosas conocidas de tu alrededor. ¿Por qué malgastar tiempo y energía en percibir algo que simplemente puedes recordar?

No obstante, lo cierto es que los muebles y los demás contenidos de tu habitación no son lo que percibes nada más despertarte. El lugar donde duermes y lo que contiene ya te es familiar. No hay razón para seguir esforzándote e intentando abarcar lo que ya comprendes. En vez de eso, es probable que percibas lo que te rodea psicológicamente. Comienzas a pensar en cómo te vas a comportar en el escenario que vas a ocupar de forma inevitable y, en consecuencia, en lo que va a pasar. Lo que ves al despertarte es una serie de posibilidades, muchas de ellas relativas al día en cuestión, y otras asociadas a las semanas, los meses y los años venideros. Lo que de verdad ocupa tu mente al despertarte es la respuesta a una pregunta: «¿Qué conclusión sacaré de las posibilidades que veo relucir ante mí, tanto si son complejas como preocupantes, emocionantes, insulsas, restringidas, ilimitadas, dichosas o catastróficas?».

Fuera, en el potencial, está todo lo que podrías poseer. Es un mar de posibilidades no realizadas, del que nadie conoce la envergadura total. Al parecer, lo que puede hacerse con eso que aún no se ha manifestado no tiene límite. Es hogar de todo aquello que podría llegar a existir. Podrías concebir lo que falta por descubrir como una mina eterna, como una cornucopia. De hecho, son dos de sus representaciones... Pero eso es solo la mitad de la historia (y he ahí su mayor escollo). Si el potencial al que te enfrentas se manifiesta de forma indebida (por culpa de un error tuyo o del carácter puramente arbitrario del mundo), puede que te encuentres entre la espada y la pared en un abrir y cerrar de ojos. Fuera, en lo desconocido —en el futuro, que es a lo que de verdad te enfrentas, cuando tu conciencia vuelve a despertar—, espera todo lo bueno, pero también todo lo terrible, doloroso, infernal y letal. Por tanto, sea cual sea el potencial, no sigue las reglas simples de la lógica material. Los objetos que se rigen por las reglas del juego que consideramos realidad (cuando asumimos que lo real también es lógico) solo pueden ser una cosa a la vez; no ellas mismas y su contrario. Ahora bien, el potencial no es así. No se puede clasificar de esa forma. Es al mismo tiempo tragedia, comedia, bien y mal, así como todo lo que hay en medio. También es intangible, mientras que las cosas que consideramos tienen que ser tangibles. Ni siquiera existe, salvo por la forma en que existe lo posible. Quizá sea más apropiado considerarlo la estructura de la realidad antes de que la realidad se manifieste concretamente en el presente, cuando parece existir de forma más patente. Pero las criaturas como nosotros no nos las vemos con el presente. Así pues, es posible que el presente no sea lo más real, al menos en lo que atañe a nuestra conciencia. Tenemos que luchar por «estar aquí en el ahora», como aconsejan los sabios. Si nos dejan a los mandos, empezamos a indagar en el futuro: *¿cuál podría ser?* Tratar de responder a esa pregunta; eso es la vida. Ese es el auténtico encuentro con la realidad. *¿Qué es?* Eso es un pasado ya muerto y cumplido. *¿Qué podría ser?* Ese es el surgimiento de un nuevo ser, una nueva aventura, instado por la unión de la conciencia viva con la inmensidad de la posibilidad paradójica.

Y si lo posible es lo más real, más que la realidad misma (como pone de manifiesto el hecho de que la posibilidad es lo que estamos destinados a afrontar), lo posible es lo más importante en lo que se puede indagar. Pero ¿cómo investigamos algo que no está aquí, allí ni en ninguna parte? ¿Cómo analizamos lo que todavía no se ha manifestado? ¿Cómo exploramos lo que podría ser, pero todavía no es? ¿Y cómo nos podemos comunicar unos con otros de forma inteligible sobre ese proyecto?, ¿o intercambiar información sobre las concepciones, técnicas y estrategias? La respuesta a eso, por lo que sé, es comunicarse mediante historias sobre qué es y, de igual forma, qué puede ser. Y eso implica que, si la posibilidad es el elemento clave de la realidad con que nos vemos las caras, las historias son las que engloban la sabiduría que más necesitamos.

Como es natural, pensamos en nuestra vida como si fuera una historia y nos comunicamos sobre nuestra experiencia de la misma forma. Contamos automáticamente a la gente dónde estamos (para contextualizar) y adónde vamos, para poder crear el presente a partir de la posibilidad que germina mientras avanzamos hacia nuestro destino. Este relato no se le antoja extraordinario a nadie. Pero hacemos más que retratar nuestras vidas —y las de los demás— como una secuencia de hechos. Se trata de algo más profundo. Cuando escenificas los actos de una persona en el mundo, describes cómo percibe, valora, piensa y actúa; y, al hacerlo, se revela una historia. Y cuanto mejores son esas descripciones, más novelescos son tus relatos. Es más, al experimentar el mundo, lo vemos lleno de figuras que representan exactamente aquello a lo que debemos enfrentarnos. Lo desconocido, lo inesperado y lo nuevo —el mundo de la posibilidad— se representa como drama, igual que el mundo que esperamos y aspiramos a hacer realidad; y nosotros somos los actores que hacen frente a lo desconocido y lo predecible a la vez. Utilizamos las historias para representar todo esto.

¿El hecho de que nos comuniquemos a través de historias (y que todo el mundo las entienda) podría deberse a que lo que hacemos en el mundo es, en esencia, una historia? ¿Podría ser que el mundo de la experiencia fuera, en verdad, indistinguible de una historia?, es decir, ¿que no se pudiera representar con mayor precisión que una historia? En principio, estamos adaptados al mundo y a sus realidades. Por tanto, si nos resulta natural interpretar el mundo como una historia, quizá lo más preciso —o al menos lo más práctico— sea hacer justo eso (y *preciso* y *práctico* no son fáciles de distinguir). Por el contrario, podrías aducir que la visión científica del mundo es más precisa en cierto sentido, y que la visión científica no es en su esencia una historia. Pero, que yo sepa, anida dentro de una historia: una que consiste más o menos en «la búsqueda concienzuda e imparcial de la verdad, que hará del mundo un lugar mejor para todas las personas, reduciendo el sufrimiento, prolongando la vida y generando riqueza». De lo contrario, ¿por qué cultivar la ciencia? ¿Por qué iba alguien a sudar sangre para formarse como científico sin esa motivación? Hay formas más efectivas de ganar dinero en especial para alguien con la inteligencia y disciplina que suelen tener los auténticos investigadores. Y en términos de motivación intrínseca, el amor por la ciencia no es precisamente un aprendizaje desinteresado. Los expertos en temas de experimentos y literatura científica que he conocido tenían pasión por su labor. Hay algo emocional que les impele. Por más desinteresado que sea su aprendizaje, pues por ahora no tiene ningún fin específico más allá del aprendizaje, esperan que acabe dando frutos positivos: que haga del mundo un lugar mejor. Esto impregna toda la labor de un elemento narrativo, el motivo que enhebra cualquier buena trama y la transformación de la personalidad que define las mejores historias.

Aquello que experimentamos lo imaginamos como una historia. *Grosso modo,* esa historia es la descripción del lugar donde estamos ahora, así como el lugar al que vamos, las estrategias y aventuras que vamos aplicando y experimentando y nuestras caídas y reconstrucciones durante el trayecto. Percibes y actúas dentro de una estructura como esa todo el tiempo, dado que siempre estás en algún sitio y siempre estás sopesando dónde estás y qué avances está habiendo en relación con tu meta. Parte de esta mentalidad a base de historias radica en nuestra tendencia a ver el mundo como una selección de personalidades, cada una de las cuales representa dónde estamos o adónde vamos y los imprevistos que podríamos encontrar, o en la tendencia a vernos a nosotros mismos como actores. Vemos intentos animados de ello en todas partes;[1] y sin duda es como presentamos el mundo a nuestros hijos. Por eso el tren Thomas, de *Thomas y sus amigos,* tiene cara y sonríe y el Sol tiene cara y sonríe. Por eso —incluso entre los adultos— hay un hombre en la luna y deidades esparcidas por las estrellas. Todo está animado. Es un reflejo de nuestra propensión por tratar cosas como si fueran personalidades con intención, sean lo que sean, tanto si son animadas como inanimadas. Por eso te parece bien que tu coche tenga un rostro, pues casi seguro que lo tiene. Y lo tendrá delante, donde tienen que estar los rostros.

Actuamos (percibimos, pensamos y reaccionamos) de esta forma porque cada miembro de la especie humana lo hace casi todo en presencia de otras personas, para bien o para mal. Y siempre ha sido así. Casi todo lo que encontramos en la larga escalada biológica hasta nuestra forma actual fue social. Cuando no interactuábamos con personas, lo hacíamos con animales. Quizá los cazábamos, los cuidábamos como ganado o jugábamos con ellos una vez domesticados; o quizá eran ellos los que nos cazaban y tuvimos que entenderlos para huir o defendernos. Toda esa interacción de tribu, entre tribus y entre especies moldeó nuestro cerebro; dio forma a nuestras categorías fundamentales y las hizo sociales, no objetivas; no como las categorías de la ciencia. No nacemos con un instinto para la tabla periódica de los elementos. No. No la descubrimos hasta hace unos pocos cientos de años; y se tuvo que andar un buen trecho e invertir muchos esfuerzos. Es más, aunque fueron otras personas las que sudaron la gota gorda para crear este excelente sistema de clasificación química, es difícil de aprender. No reviste un interés especial en sí misma, al menos para la mayoría, porque no hay ninguna historia asociada a ella. Es una representación precisa y útil de la realidad objetiva, sin atisbo de duda, pero es complicado dominar una percepción tan abstracta.

En cambio, si alguien te está contando una historia, atrae tu atención de inmediato. Puede ser una historia enrevesada o difícil de entender, algo que necesite horas de concentración. Puede ser incluso la historia de cómo se descubrió la tabla periódica de los elementos y de los triunfos y tropiezos que acompañaron a ese proceso. Da igual. Si está bien contada, te atrapa y es fácil que la recuerdes. Si quieres enseñar algo a un niño y que te haga caso, cuéntale una historia. Te lo pedirá una y otra vez. No te agarrará del pantalón y te suplicará: «Papá, ¡léeme una línea más de la tabla periódica antes de acostarme!». Pero sí se morirá de ganas de escuchar una historia; a veces incluso la misma cada noche. Es una señal de lo profundas e importantes que son las historias. Puede que pienses que la historia es simple, pero tu hijo escuchará con atención y procesará los múltiples niveles de significado representados en cualquier cuento decente; significados de los que es muy improbable que tengas constancia, si la historia que estás contando es tradicional y profunda.

Todos somos humanos. Eso significa que hay algo sobre nuestra experiencia que es común. De lo contrario, no todos seríamos humanos. Ni siquiera seríamos capaces de comunicarnos. Paradójicamente, para comunicarse tiene que haber cosas entre tú y los demás que no haga falta decir. Imagina decirle a alguien: «Esta mañana me enojé un montón». Si das algún indicio de querer continuar la conversación y si la otra persona es simpática, te podría preguntar por qué, pero es improbable que te pregunte: «¿A qué te refieres con "enojado"?». No preguntan lo segundo porque, gracias a su propia experiencia, ya saben qué significa *enojado*. Se puede asumir, más que explicar. De hecho, el único motivo por el que puedes hablar sobre algo en absoluto es porque hay algunas cosas de las que no tienes que hablar jamás. Sencillamente, las puedes dar por sentadas. Por ejemplo, en todo el planeta sabemos que hay una serie de emociones básicas que comparten todos los humanos y muchos animales.[2] Todo el mundo entiende qué hace una osa que, alzada delante de sus oseznos, gruñe y enseña los dientes. Las cosas que precisamente nos hacen humanos son esas de las que no tienes que hablar; las que constituyen la esencia, por más que siga siendo cambiante en los actos de la sociedad y el entorno.

O sea que vayamos a la historia... A la historia de la historia, de hecho. Empezaremos conociendo a los personajes cuya existencia estructura universalmente nuestra comprensión del potencial del mundo. Y, con suerte, al conocerlos empezarán a entender lo bastante su relación con el rencor, la arrogancia y el engaño para poder extraer de ello una cierta protección.

LOS PERSONAJES ETERNOS DEL DRAMA HUMANO

El Dragón del Caos

Cuando mi hijo Julian tenía unos cuatro años, veía la película *Pinocho* compulsivamente, sobre todo la parte en que la ballena, Monstruo, se transforma en un dragón escupefuego. Puede que la viera cincuenta veces. Y tampoco es que le gustara en especial. Era evidente que esa escena apoteósica le daba miedo. Se lo veía en la cara. Y tenía buenos motivos para estar asustado. Los personajes con quienes se había acabado identificando se habían jugado el todo por el todo. Había un tema sólido de peligro y sacrificio, pero era la escena que más le fascinaba.

Pero ¿qué es lo que estaba haciendo viendo la película en bucle? En particular si la emoción que le despertaba era el miedo. ¿Por qué iba un niño a someterse adrede a eso? Julian estaba usando todas las facultades de su mente en formación, tanto las racionales como las inconscientes, para procesar las relaciones en ese cuento. *Pinocho* y los cuentos del mismo estilo son densos, juegan a diversos niveles y son complejos, con lo que atrapan la imaginación de los niños y no la sueltan. No es casual. Los niños son pequeños e inocentes y, en algunos sentidos, no saben nada, porque tienen muy poca experiencia personal. Pero en otro aspecto también son criaturas muy sabias y no tienen nada de estúpidos o de distraídos. El hecho de que se queden absortos con cuentos de hadas e historias como *Pinocho* pone de relieve la profundidad que los niños perciben en esas historias, incluso si tú, un observador adulto, ya no la adviertes.

Esa ballena es el Dragón del Caos. Es la representación simbólica del potencial; de la posibilidad, buena o mala. Hay representaciones de esta figura por todas partes y los niños las ven, aunque no tengan ni idea de lo que significan. En el clásico de Disney de *La bella durmiente,* por ejemplo, la pérfida reina Maléfica secuestra al príncipe Felipe, lo encadena en la mazmorra de su castillo y le cuenta una especie de farsa encantadora. Se deleita en decirle que, al cabo de seis o siete décadas, cuando se digne a liberarlo de su celda, será un hombre frustrado y viejo. Tilda al héroe de triste parodia y se lo pasa en grande. Luego cierra la puerta de la celda y sube las escaleras de vuelta a su palacio sin dejar de reírse maliciosamente. Es la clásica madre devoradora de Edipo que impide a su hijo manifestar su destino prohibiéndole abandonar el hogar.

El príncipe huye de la mazmorra con la ayuda de lo femenino positivo: tres hadas que lo ayudan y que son sin duda las homólogas míticas de Maléfica. La Reina Mala ve cómo Felipe monta encima de su caballo y esquiva al peligroso ejército real. Cruza los destartalados puentes levadizos a punto de alzarse y toma el camino que conduce fuera del castillo, una trampa mortal. Cada vez más desesperada, la reina salta de torre en torre hasta llegar al punto más elevado. Allí, encolerizada, invoca los mismos fuegos del infierno y se transforma en un dragón gigante que escupe fuego. Todo aquel que ve la película lo ve lógico: «Claro que la Reina Mala se convierte en un dragón. No hay problema». ¿Por qué motivo exactamente todo el mundo lo da por normal? A primera vista, la transformación no tiene ni pies ni cabeza. Primero es una Reina Mala muy comprensible, aunque demasiado airada, y al cabo de un segundo da unas cuantas vueltas y, ¡puf!, se vuelve un reptil gigante que echa fuego por las fauces. Al leer esto, es posible que todos piensen: «¿Y eso qué tiene de raro? ¡Hasta mi hijo de cuatro años lo entiende!». No tengo ningún problema con que una Reina Mala se convierta en un dragón. Puede suceder incluso en medio de una película conocida y ser aceptado sin cuestionarlo; y esto es tan obvio que, de hecho, es muy difícil llamar la atención de la gente sobre la idea de que acaba de pasar algo muy extraño.

Ahora bien, si la reina Isabel II se convirtiera de repente en un lagarto gigante que escupe fuego en medio de una de sus interminables galas, cabría esperar y sería lógico que provocara una cierta consternación. La gente —incluso los monarcas de un gran reino— no se transforma como si nada en reptiles peligrosos que atacan a sus invitados (al menos en la mayoría de las fiestas). Pero si sucede en el contexto de un cuento, lo aceptamos. Sin embargo, eso no explica el misterio. En una historia no puede darse simplemente cualquier transformación. No habría tenido ningún sentido que Maléfica se hubiera ataviado con un traje brillante y rosa y se hubiera puesto a arrojar rosas a los pies del príncipe Felipe mientras este se alejaba al galope de su encierro. No estaba en la naturaleza de Maléfica ni en el acervo de expectativas narrativas con que el público llega implícitamente a una película. Y es difícil apreciar que se rompa esa norma, a menos que se haga con una finura excepcional y un propósito ulterior. Pero a ella no le cuesta nada convertirse en dragón. ¿Por qué? En parte, porque la naturaleza puede abandonar su aspecto peligroso, pero comprensible, para recular hacia el caos total; y lo hace en todo momento. Por ejemplo, sucede cuando una ráfaga de aire seco y árido lame la hoguera que hemos encendido para cocinar hot dogs mientras nos entretenemos entonando canciones de campamento. De repente, el bosque reseco que se suponía que protegía nuestras tiendas se enciende y se vuelve un infierno enfurecido. Los peligros que podemos controlar se pueden convertir de golpe en incontrolables. Por eso nadie se sorprende cuando la Reina Mala se convierte en el Dragón del Caos.

Imagina por un momento que eres un protoser humano prehistórico. Has acampado para pasar la noche en un lugar que es territorio definido y sinónimo de seguridad y predictibilidad, por ahora. Están tus amigos, tu tribu. Tienen lanzas. Tienen fuego. Es seguro, o al menos lo que parece seguro en esas condiciones. Pero si te alejas aunque sean sesenta metros de la hoguera, en un acto de temeridad, algo horrible con colmillos y escamas te come. Eso es lo que hay en lo terrible desconocido. Esa idea está muy arraigada dentro de nosotros. Por ejemplo, sabemos que los seres humanos tienen un miedo innato a los reptiles depredadores; y sus motivos tienen. No solo estamos preparados para tenerles miedo, que sin duda lo estamos, sino que el propio miedo es innato.[3] En esencia, dentro de nosotros hay una imagen del terrible cazador que acecha en la noche. Por eso los niños contraen el miedo a la oscuridad cuando son lo bastante mayores para moverse solos.[4] «¡Hay un monstruo en la oscuridad, papá!», reiteran cuando cae la noche. Y papá asegura a su hijo o a su hija que los monstruos no existen. Lo cierto es que el adulto se equivoca y el niño da en el clavo. Quizá no haya un monstruo en esa sección particular de la oscuridad ahora mismo, pero ese no es un gran consuelo cuando no llegas a un metro y estás para chuparse los dedos. En el futuro podría haber un monstruo ahí, y lo habrá. Por eso podría ser más útil hacer saber directamente a tu hijo —y mostrárselo con tus actos— que siempre habrá algo siniestro y peligroso en la oscuridad, y que es la misión del individuo bien preparado hacerle frente y llevarse el arquetípico tesoro que custodia. Es algo que un adulto y un niño pueden hacer con grandes resultados.

Más o menos un año y medio antes de conocer a Pinocho, llevé a Julian al Museo de la Ciencia de Boston. Había un esqueleto de *Tyrannosaurus rex* de un tamaño impresionante, al menos para mí. Pero para él todavía era más grande. No se quiso acercar a más de treinta metros de esa cosa. A cincuenta metros, su curiosidad le atraía. Pero, tras acercarse un poco más, se quedó parado. También fue un fenómeno neurológico. Su curiosidad lo fue atrayendo hacia delante, hacia el monstruo, para poder recabar información útil, hasta que el miedo lo paralizó. Vi exactamente dónde estaba ese límite. Quizá reflejaba lo lejos que tenía que encontrarse para estar a salvo en caso de que esa cosa blandiera la cabeza de golpe para agarrarlo.

Hay una idea muy arraigada en la mentalidad humana que dice que el potencial puede ser un lugar de máximo horror, la guarida de un depredador infinito o de una infinita variedad de depredadores. Es cierto que, en términos prácticos, los seres humanos han sido animales de presa desde el albor de los tiempos, aunque armándonos y formando grupos se lo pusimos muy difícil a los depredadores. (Personalmente me alegro. He acampado en sitios repletos de osos *grizzly* y, aunque me agrada que estén en el planeta y todo eso, prefiero que sean tímidos y no estén muy hambrientos, y que estén lo bastante lejos para resultar pintorescos.) Pero hay fuerzas espirituales y psicológicas que actúan como depredadores y también te pueden destruir, y que pueden entrañar un peligro aún mayor. La maldad en el corazón que hace delinquir a las personas entraría en esa categoría, igual que el mal que alimenta la guerra totalitaria de la venganza, la rapiña, la codicia o el puro gusto por la sangre y la destrucción. Y esa maldad también reside en tu corazón. Ese es el mayor dragón de todos y dominar esa maldad constituye el hito más grande e improbable de una persona.

A nivel neurológico, estás muy preparado para interpretar el mundo de esta manera tan drástica. Una parte antiquísima de tu cerebro, el hipotálamo[5] —una pequeña región encima de la médula espinal—, regula muchas de las respuestas fundamentales que se expresan al conceptualizar el peligro y el potencial. Uno de sus dos módulos es responsable de la autopreservación (el apetito, la sed y el más importante para nosotros:

la agresividad para defenderse de las amenazas) y de la reproducción (la excitación sexual y el comportamiento sexual básico). El segundo es responsable de la exploración.* Una mitad del hipotálamo impulsa nuestro uso de lo que se ha explorado anteriormente para sofocar y satisfacer las necesidades básicas de la vida, incluida nuestra capacidad para protegernos en caso de ataque. La otra mitad está preguntando siempre qué hay ahí fuera. ¿Para qué se podría usar? ¿Qué peligro podría entrañar? ¿Qué hábitos tiene? Es decir, ¿cuál es la historia? Come, bebe y sé feliz hasta que se agoten las provisiones, pero estate siempre alerta por si vienen monstruos. Luego, aventúrate al mundo peligroso pero prometedor y descubre lo que esconde. ¿Por qué? Bueno, ya sabes un montón de cosas que necesitas saber, aunque no sabes lo suficiente en absoluto. Lo sabes porque la vida no va lo bien que podría ir, y porque vas a morir. Como es obvio, en esas condiciones deberías aprender más. O sea, que te sientes instigado a explorar. Por tanto, la representación fundamental de la realidad como una mina eterna custodiada por un depredador eterno es un símbolo perfecto de cómo estás preparado para reaccionar ante el mundo en lo más hondo de tu Ser.

---

* De hecho, se puede extirpar el cerebro entero de una gata —aprovechando un ejemplo habitual de la literatura científica— salvo el hipotálamo y la médula espinal y la gata todavía podría seguir en relativa normalidad, siempre y cuando su entorno estuviera bastante restringido. Es más, se volvería extremadamente curiosa. A mi entender es algo de lo más pasmoso. Piensen en ello: si quitas en una cirugía el noventa y cinco por ciento del cerebro de un gato, no puede dejar de explorar. Lo normal sería pensar que un gato sin cerebro se quedase ahí tirado, pero eso no es lo que sucede. La parte curiosa de su cerebro sigue ahí.

Naturaleza: creación y destrucción

Todos tenemos una imagen de la naturaleza y es posible que sea parecida a un bello paisaje: una naturaleza benevolente y renovadora. Las imágenes de este tipo sustentan la sentimental visión ecologista del mundo. Pero, como yo soy de Northern Alberta, no comparto exactamente la misma visión de la naturaleza. En el septentrional Fairview donde nací, la naturaleza estaba conspirando todo el tiempo para matar de frío a sus habitantes durante seis meses al año; y durante al menos dos meses más, para que fueran devorados por los insectos. Esa es la parte menos bucólica de la naturaleza: con sangre en los colmillos y en las garras. Esa es la parte de la naturaleza que se asocia con el daño, la enfermedad, la muerte, la vesania y todo lo demás que te puede afectar (y te afectará) como criatura biológica en el extremo negativo del continuo.

Existe el potencial del futuro que aún no se ha transformado en realidad (encarnado, como hemos visto, por el Dragón del Caos). Pero luego está la naturaleza que aparece directamente en tu vida y que no puede considerarse del todo desconocida. Existe la bondad de la naturaleza: el hecho de que estés aquí vivo y en ocasiones feliz; el hecho de que haya comida deliciosa que comer y personas atractivas e interesantes con quienes interactuar, y un sinfín de cosas fascinantes que ver y hacer. Hay paisajes espectaculares. Existe la belleza, la inmortalidad y la inmensidad del océano. Existe todo lo bello y maravilloso del Ser natural. Pero también está el horror absoluto que acompaña eso: la destrucción, la enfermedad, el sufrimiento y la muerte. Esos dos elementos de la experiencia coexisten. A decir verdad, el primero no podría existir sin el segundo: incluso dentro de tu propio cuerpo, por más sano que esté, tu pervivencia exige como condición previa un equilibrio muy frágil entre la muerte de cada célula que ha dejado de ser útil y la nueva vida que brota para reemplazarla.

Estos dos elementos de la existencia se manifiestan en nuestra imaginación a través de personificaciones. Una es la Reina Mala, la Diosa de la Destrucción y de la Muerte; la otra es su homóloga positiva, el Hada Madrina, la monarca benevolente, la madre joven y cariñosa que cuida con un amor infinito de los desamparados que tiene a su cargo. Para vivir correctamente, tienes que conocer ambas figuras. Si eres un niño maltratado por su madre y solo conoces a la Reina Mala, la ausencia de amor te marcará a fuego, la falta de atención te cortará las alas y sucumbirás arbitrariamente al miedo, al dolor y a la agresividad. Así no se puede vivir, y es muy difícil crecer y convertirse en alguien funcional, capaz y sin desconfianza, odio ni deseo de venganza. Debes encontrar a alguien que haga el papel de la Reina Buena: un amigo, un familiar, un personaje ficticio, o una parte de tu propia psique que, motivada por la convicción de que tu maltrato está mal, prometa aprovechar cualquier oportunidad que se presente para escapar de tus funestas circunstancias, dejarlas atrás y equilibrar bien tu vida. Quizá el primer paso en esa dirección sea plantear que, a pesar del maltrato, lo cierto es que eres digno de cuidado; y el segundo paso quizá sea ofrecerlo, cuando puedas, aun cuando tú recibas una cantidad irrisoria.

Si entiendes la polaridad de la naturaleza, su terror y su bondad, reconoces dos elementos básicos de la experiencia permanente, eterna e inevitable. Así puedes empezar a entender, por ejemplo, la intensa atracción del sacrificio. Hay un tema religioso que dice que, con los sacrificios, los dioses no se enojan. Entender exactamente quiénes son los dioses enojados, por así decirlo, y lo terribles que se vuelven cuando se enojan es un paso auténtico hacia la sabiduría; un paso auténtico y lleno de humildad. En la actualidad, nos cuesta horrores comprender lo que significa un sacrificio porque pensamos, por ejemplo, en una ofrenda por incineración (holocausto) en un altar, que es una manera arcaica de poner en práctica la idea. Pero no tenemos ningún problema cuando conceptualizamos el sacrificio en nuestra mente, porque todos sabemos que debes renunciar a la gratificación en el presente para llegar a final de mes en el futuro. Así que ofreces algo a la diosa negativa para que se haga patente la positiva. Dedicas muchas horas a formarte y pasas penurias para ser enfermero, médico o trabajador social. Esa actitud de sacrificar cosas es, de hecho, el gran descubrimiento del futuro, unido a la capacidad para negociar, ceder y lidiar con ese futuro: para abandonar la gratificación impulsiva; dejar ir algo que necesitas y quieres; y, en consecuencia, obtener algo de valor a la larga (y poner fin al horror). Renuncias a salir de fiesta y a relajarte, abrazando los aprietos de la vida. Lo haces para que esas dificultades mengüen; para ti, para tener un trabajo bien remunerado, y para todos los demás a los que ayudarás mientras se haga patente la fuerza que adquiriste a través del sacrificio oportuno. Siempre estamos regateando de esta forma. Ponemos en práctica la creencia de que podemos llegar a un acuerdo con la estructura de la realidad. Por extraño que parezca, muchas veces podemos. Si eres sensato, lo haces constantemente. Te preparas para lo peor. Te preparas para la llegada de la Reina Mala. Haces lo que tienes que hacer, conociendo su existencia, y la mantienes a raya; en proporción a tu sabiduría y de acuerdo con tu suerte. Y si lo consigues, la Naturaleza Bondadosa te sonríe, hasta que deja de hacerlo. Pero al menos tienes cierto control sobre la situación. No eres un blanco fácil, un ingenuo ni un campesino en un parque de atracciones; o al menos no más de lo que tienes que serlo.

La naturaleza también es caos, porque siempre está causando estragos en la cultura, su antagonista existencial y el siguiente motivo de nuestra investigación. Al fin y al cabo, como dice Robert Burns, «del hombre y del ratón quedan truncados los proyectos mejores». Y, a menudo, la responsable es la naturaleza bajo un disfraz positivo y negativo. No es fácil equilibrar la fragilidad de la vida y la necesidad de procrear (y toda la incertidumbre del embarazo, el nacimiento y la crianza de los hijos) con el deseo de certeza, predictibilidad y orden. Y eso por no hablar de la muerte; aunque el cáncer, por poner un ejemplo, no sea más que otra forma de vida. Pero esto tampoco significa, en absoluto, que el caos sea menos valioso que el orden. Sin algo de impredecibilidad no hay más que esterilidad, aunque algo menos de impredecibilidad suele parecer eminentemente deseable.

En las representaciones de la cultura pop, es habitual ver esta combinación de naturaleza y caos. Como hemos mencionado, en la película de Disney *La bella durmiente,* por ejemplo, hay una Reina Mala, como la hay en *La sirenita* (Úrsula), *Blancanieves y los siete enanitos* (Grimhilde), *101 dálmatas* (Cruella de Vil), *La Cenicienta* (la madrastra), *Enredados* (madre Gothel) y *Alicia en el país de las maravillas* (la Reina de Corazones). Representa el cariz hosco del mundo natural. El ejemplo de *La bella durmiente* vuelve a venirnos como anillo al dedo. Recuerden lo que pasa al empezar la película. El rey y la reina han esperado mucho y ya están desesperados por tener un bebé. Cuando el destino les sonríe y nace la pequeña, la llaman Aurora, como el amanecer. Todos están que no caben en sí de alegría, como en todo el reino; y con razón, pues ha nacido una nueva vida. Hacen una gran fiesta para el bautizo. La idea es fantástica, pero no invitan a Maléfica, la Reina Mala, a las celebraciones. Y no es por ignorancia. Saben de su existencia y tienen plena constancia de su poder. Es una ceguera deliberada, un mal paso. Quieren proteger a su nueva y preciosa hija de lo negativo del mundo, en vez de dilucidar cómo se le puede proporcionar fuerza y sabiduría para prevalecer pese a la realidad de lo negativo. Lo único que consiguen es que Aurora sea ingenua y vulnerable. Maléfica se acaba manifestando de todos modos, como no podía ser de otra manera, y eso encierra un mensaje: invita a la Reina Mala a la vida de tu hijo. Si no lo haces, tus hijos crecerán débiles y necesitarán protección. Y la Reina Mala se acabará manifestando hagas lo que hagas para detenerla. De hecho, no solo se presenta al bautizo sin que la hayan invitado, sino que se porta de forma ejemplar y ofrece un regalo (en forma de maldición): la muerte de Aurora a los dieciséis años al pincharse con el huso de una rueca. Y todo porque no la había invitado a celebrar el bautismo de la joven princesa. Solo la intercesión de una invitada compasiva y poderosa —una de las tres hadas antes mencionadas, representantes de la feminidad positiva— es capaz de cambiar la muerte por un profundo sueño, un estado casi igual de fatal.

Eso es lo que les pasa a esas bellezas que, por así decirlo, siguen mayormente dormidas al cumplir los dieciséis: no quieren ser conscientes porque no han reunido el valor y la capacidad para afrontar la vertiente negativa del mundo natural. En vez de animárseles a ello, se les ha protegido. Y si proteges a los jóvenes, los destruyes. No invitaste a la Reina Mala, ni siquiera para algunas visitas breves. ¿Qué van a hacer tus hijos cuando se manifieste en todo su esplendor si no están nada preparados? No querrán vivir. Ansiarán la inconsciencia. Y lo que es peor, si sobreproteges a tus hijos, te conviertes justo en eso de lo que estás tratando de protegerlos. Al privarlos de las necesarias aventuras de sus jóvenes vidas, debilitas su personalidad. Te vuelves ese mismo Agente Destructor, la misma bruja que devora su conciencia autónoma.

Hace muchos años tuve una clienta que era una versión en carne y hueso de la bella durmiente. Era alta, rubia y estaba como un fideo, como suele decirse, y era muy infeliz. Estaba inscrita en una *junior college* local y quería sacar mejores calificaciones para poder ir a la universidad. Me vino a ver porque no quería vivir. Lo cierto es que tampoco quería morir; al menos, no de forma activa. Lo que hacía era intentar sumirse en un estado permanente de inconsciencia tomando valium y sus variantes. También tomaba somníferos que obtenía en cantidades suficientes de sus varios médicos, sin duda lo bastante saturados como para no vigilar de cerca lo que hacía. Conseguía dormir unas quince o dieciséis horas al día. Era inteligente y culta y me enseñó un ensayo que había escrito sobre la absurdidad esencial no solo de su vida, sino de la vida en general. Era a todas luces incapaz de tolerar la responsabilidad, pero tampoco podía asimilar la crueldad que veía por todas partes. Era vegana, por ejemplo, lo cual enlazaba directamente con su terror físico agudo de la vida. Era incapaz incluso de andar por los pasillos del supermercado donde se guardaba la carne. Donde otros veían los filetes que iban a cocinar para su familia, ella veía trozos de cadáver puestos en fila. Esa visión solo servía para ratificar su creencia de que la vida era, en esencia, insoportable.

Su madre biológica había muerto durante el parto, así que fue criada por su padre y su madrastra. Ella era más mala que la grasa. Solo la vi una vez en mi consultorio, en la que habría sido una sesión clínica ordinaria con su hijastra. Pasó la hora entera regañándome: primero por ser un inútil como psicólogo clínico y, después, por culpar *claramente* de todos los problemas de mi clienta a su papel como madre (o madrastra). Creo que no me dejó decir más que una docena de palabras. Fue una actuación espectacular, provocada, según sospecho, por mi insistencia en que las dos o tres llamadas al día que le hacía a mi clienta cuando estaba en la escuela —algunas de las cuales había oído grabadas— se tenían que reducir por diez, y que indudablemente tenía que ser más amable. Yo no digo, ni creía entonces, que todo fuera culpa de la madrastra. Estoy seguro de que tenía sus razones para estar frustrada. Su hijastra no estaba contenta con su vida, en absoluto, y ya llevaba cuatro años dilapidando dinero sin obtener resultados, cuando tendría que haberse sacado el certificado en dos años. Pero era obvio que las tres llamadas diarias, compuestas sobre todo de ira e insultos, no contribuían al deseo de vivir de mi clienta. Yo había sugerido que empezaran a hacerse llamadas semanales y la había instado a colgar si veía que la conversación se torcía. Lo empezó a poner en práctica y supongo que todo se conjuró para que la madrastra exigiera conocerme y quejarse.

Nuestra bella durmiente describía su infancia como idílica. Decía que había tenido la vida de una princesa de cuento de hadas, que era hija única y que sus dos padres la adoraban, pero que todo cambió al llegar a la adolescencia. La actitud de su madrastra pasó de la confianza a una desconfianza radical y empezaron las peleas, que en lo sucesivo siguieron marcando su relación (cuando la conocí, tenía treinta y pocos). Había aparecido el desagradable problema del sexo. La madrastra respondió actuando como si su inocente hija hubiera sido reemplazada por una sucia impostora; la hijastra respondió saliendo con un puñado de balas perdidas. Por una parte, seguramente pensaba que se lo merecía, pues había perdido la inocencia inmaculada de la princesa infantil, y, por otra, constituía el castigo perfecto para su madre.

Juntos, urdimos un programa formativo de exposición para ayudarla a superar su miedo a vivir. La primera aventura que hicimos fue ir a una carnicería de la zona. El carnicero y yo nos conocíamos desde hacía años. Con el permiso de mi clienta, le conté el caso y le pregunté si podía llevarla a su tienda, enseñarle la carne expuesta y, cuando estuviera preparada, llevarla a la trastienda para ver cómo sus empleados cortaban los animales muertos que llegaban por el área trasera de carga y descarga. Aceptó enseguida. Le dije a mi clienta que podíamos detenernos en cualquier momento, o pararlo completamente, y que bajo ningún concepto iba a engatusarla o a tentarla para que fuera más lejos de lo que era capaz de tolerar. En la primera sesión, consiguió entrar en la tienda y colocar la mano sobre la vitrina. Estaba temblando y se le veía llorar (algo que tampoco es fácil de hacer en público), pero lo hizo. En la cuarta sesión, fue capaz de observar cómo los carniceros se servían de los cuchillos y las sierras para cortar los trozos de carne para vender, y eso que los cadáveres eran enormes y aún tenían la forma de los animales. No cabía duda de que era algo que le venía bien. Por ejemplo, se volvió menos propensa a medicarse para atontarse y más proclive a asistir a sus clases. Se volvió más fuerte y dura, adjetivos que no siempre se usan como halagos, pero que a veces son precisamente el antídoto a demasiado sentimentalismo, con el que corremos el riesgo de volvernos muy infantiles. También organizamos un viaje de fin de semana a un rancho cercano donde había varios animales típicos de granja y corral: cerdos, caballos, gallinas y cabras. Le pedí al granjero, que también había sido cliente mío, que la dejara acompañarlo mientras cuidaba del ganado. Urbanita hasta la médula, mi clienta no sabía nada de nada sobre los animales y, en consecuencia, tendía a idealizarlos justo con la puerilidad propia de las condiciones de su infancia. Hizo esa excursión de dos días al campo y decidió observar a los animales con atención, con lo que se formó una imagen mucho menos idealizada de la verdadera naturaleza de los animales que criamos y comemos. Son seres parcialmente conscientes y tenemos la responsabilidad de no infligirles un sufrimiento mayor que el necesario, pero no son seres humanos; y mucho menos niños. Esto hay que entenderlo y asimilarlo. El exceso de sensiblería es una dolencia, un defecto de desarrollo y una maldición para los niños y las demás personas que necesitan nuestro cuidado (pero no un exceso de él).

Nuestra bella durmiente era una soñadora empedernida. He tenido clientes que recordaban muchas veces dos o tres sueños por noche, aunque no siempre en gran detalle. Ella no solo recordaba muchos sueños, sino que los recordaba de pe a pa. Además, a menudo se volvía lúcida mientras dormía; era consciente de que estaba soñando. Es la única persona que he conocido que podía preguntar a los protagonistas de su sueño cuál era su significado simbólico, o qué mensaje tenían para ella. Y se lo decían sin rodeos. Un día llegó y me contó uno de sus numerosos sueños: se había adentrado sola hasta lo más profundo de un viejo bosque y, en la penumbra, había conocido a un enano vestido de arlequín. El enano se había ofrecido a responderle una pregunta a mi clienta si la tenía. Ella le preguntó a la extraña figura qué tendría que hacer para terminar el grado que estaba estudiando, una tarea que le había costado los cuatro años mencionados y un montón de negociación con las autoridades pertinentes para que le permitieran continuar. ¿La respuesta que recibió? «Tendrás que aprender a trabajar en un matadero.»

En mi humilde opinión, los sueños son afirmaciones de la naturaleza. No es tanto que los creemos nosotros. Se nos manifiestan. Nunca he visto que un sueño mostrara algo que para mí era falso. Tampoco creo, a diferencia de Freud, que los sueños traten de ocultar su significado. Más bien son una parte anterior del proceso por el que acaban naciendo pensamientos plenamente desarrollados, pues sin duda no aparecen de la nada como por arte de magia. Tenemos que afrontar lo desconocido como tal, el gran Dragón del Caos o la Reina Terrible, y no sabemos cómo empezar. El sueño sirve como primer paso cognitivo —tras las reacciones emocionales, motivacionales y físicas básicas como el miedo, la curiosidad o la parálisis—, transformando a ese desconocido en conocimiento útil e incluso articulable. El sueño es la cuna del pensamiento; y muchas veces es la cuna del pensamiento que a la mente consciente le cuesta generar. No está ocultando nada; simplemente no se le da muy bien ser claro. Aunque eso no quiere decir que no pueda ser profundo, por supuesto.

En cualquier caso, este sueño no era difícil de interpretar, sobre todo porque su protagonista, el enano, simplemente dijo lo que pensaba. Así que escuché con atención el relato de mi clienta (recuerden que esto fue después de lo de la carnicería y el rancho) y le pregunté qué podíamos hacer al respecto. No tenía ni idea de cómo organizar una visita a un matadero de verdad. Ni siquiera sabía si los había en la ciudad donde vivíamos y, en caso de que sí, no pensaba que fueran a estar contentos de recibir visitantes, tuvieran los motivos que tuvieran. Ahora bien, ella estaba convencida de que se le había dicho la verdad y que había que hacer algo semejante. Así que durante el resto de la sesión hablamos de las consecuencias de su endurecimiento y del hecho de que hubiera conseguido dejar en un segundo plano a su hipercrítica madre, y lo dejamos así, aunque acordamos que tanto ella como yo íbamos a pensar en algo que pudiera servir como sustituto razonable de un matadero.

Una semana más tarde, volvió para la sesión que tenía programada y anunció lo último que podría haber imaginado que diría (tanto ella como cualquier otra persona, la verdad): «Creo que necesito ver un embalsamamiento». No supe qué decir. Yo no quería ver un embalsamamiento, todo sea dicho... ¡En absoluto! Ya había visto partes de cuerpos en museos de ciencia y había algo en ellos que no conseguía borrar del recuerdo. También había ido a ver una de esas exhibiciones de cuerpos plastificados y esculpidos tan populares una década antes y había quedado horrorizado. Me hice psicólogo y no cirujano —o forense— por una razón. No obstante, la cosa no iba sobre mí. Iba sobre mi clienta, la bella durmiente, y su deseo de despertar. Y por nada del mundo iba a permitir que mis deseos o mis desidias interfiriesen con la sabiduría que fuera a impartir el enano que habitaba en el bosque profundo de su mente dormida. Le dije que vería lo que se podía hacer. Al final todo resultó mucho más fácil de organizar de lo que había pensado. Simplemente descolgué el teléfono y llamé al director de una funeraria de la zona. Para mi sorpresa, aceptó al momento. Supongo que había visto a un buen número de personas de luto y con miedo y estaba acostumbrado a lidiar con ellas con sosiego y maña. Y así fue. Agendé la visita y mi clienta confirmó que quería ir.

Dos semanas más tarde fuimos a la funeraria. Mi clienta me había preguntado si podía ir con ella una amiga y le dije que sí. El director empezó ofreciéndonos una visita guiada a los tres. Nos enseñó la capilla y la sala donde se exponían los féretros. Le preguntamos cómo podía aguantar su trabajo con esa infinita oleada de muerte, sufrimiento y tristeza. Dijo que era su responsabilidad sincera procurar que los momentos más penosos de sus clientes fueran lo menos dolorosos posible, y que eso lo animaba. Lo vimos sentido y nos ayudó a entender cómo podía proseguir con su trabajo diario. Después de la visita, fuimos a la sala de embalsamamiento. Era un lugar pequeño, tal vez de unos treinta metros cuadrados. En una mesa de acero inoxidable yacía inmóvil, gris y veteado el cuerpo desnudo de un anciano. Como no había espacio en la minúscula sala y queríamos algo de distancia, mi clienta, su amiga y yo nos colocamos en el recibidor que había justo anexo y observamos el procedimiento. Nuestra trivial separación permitió al director de la funeraria operar sin ningún impedimento por nuestra parte. Drenó la sangre y los demás líquidos del cuerpo y estos fluyeron con naturalidad, lo cual en cierta medida era aún más horrible, debido al mundano sistema de drenaje, supongo. Parecía que algo tan precioso y vital merecía un final mejor. Hizo sus retoques quirúrgicos, le cosió los párpados, le maquilló la cara y le inyectó el fluido de embalsamar. Miré y miré a mi clienta. Al principio tenía la vista puesta en el pasillo y se negaba a observar la escena que tenía lugar delante de ella, pero a medida que fueron pasando los minutos, empezó a echar ojeadas al procedimiento. Cuando había transcurrido un cuarto de hora, ya pasaba mucho más tiempo observando que apartando la mirada. Aun así, vi que había tomado de la mano a su amiga y que se la apretaba con fuerza.

Estaba experimentando como algo que había pensado que la aterrorizaría (con razón) no le estaba dando miedo. Era capaz de tolerar la experiencia. No cedió al pánico, no se mareó ni huyó. Ni siquiera lloró. Le preguntó al director de la funeraria si podía tocar el cadáver. Él le ofreció un guante de plástico y se lo puso. Se acercó sin titubeos a la mesa de operaciones, en un estado calmado y meditabundo, colocó la mano con el guante en las costillas del cuerpo y la dejó ahí, como si fuera un consuelo tanto para ella como para la pobre alma difunta. El procedimiento acabó poco después y nos fuimos tranquilamente juntos, después de expresar al director nuestra más genuina y sentida gratitud.

Ya fuera, compartimos nuestro asombro por haber podido hacer esa visita. Mi clienta había aprendido algo crucial sobre su tolerancia a los horrores de la vida. Otra cosa igual de importante fue que tuvo un punto de referencia para sus miedos: a partir de ese momento (y no me atribuyo en absoluto todo el mérito de su tratamiento) dispuso de algo verdaderamente impresionante —algo muy grave, horripilante, gráfico y real— con lo que comparar los otros horrores de la vida, casi inevitablemente menores. ¿Las miserias terrenales de la existencia eran tan duras como la experiencia a la que había decidido someterse? ¿El mostrador de la carnicería daba más miedo que ver tan de cerca la muerte humana, en toda su crudeza? ¿Acaso no se había demostrado a sí misma que podía toparse con lo peor que la Naturaleza Terrible le podía deparar y afrontarlo con valor? Esa fue para ella una fuente paradójica e imborrable de consuelo.

Igual que con la bella durmiente de los cuentos de hadas, la familia de mi clienta no había invitado a la Reina Mala, al aspecto terrible de la naturaleza, a la vida de su hija. Esto no la preparó en absoluto para la dureza esencial de la vida; las complicaciones de la sexualidad y la ley de que todo lo vivo devora las demás vidas y acaba sucumbiendo al mismo destino. La Reina Mala reapareció en la pubertad encarnada en la madrastra de mi clienta, cuya personalidad pareció dar un giro de ciento ochenta grados, así como en su propia incapacidad para gestionar las responsabilidades de la madurez y las crudas obligaciones de la supervivencia biológica. También como la bella durmiente —pues esa narración tiene varios pisos y es profunda como los antiguos cuentos de hadas, que pueden ser milenarios—, necesitaba que la despertaran las fuerzas de la exploración, el coraje y la fortaleza, a menudo representadas por el príncipe redentor, aunque ella lo encontró dentro de sí misma.

Cultura: seguridad y tiranía

Si el Dragón del Caos y el dúo de la Reina Mala y la Buena representan el potencial y lo desconocido, el Rey Sabio y el Tirano Autoritario representan las estructuras sociales y psicológicas que nos permiten revestir de una estructura dicho potencial. Interpretamos el presente a través de la lente de la cultura. Planificamos el futuro tratando de hacer realidad lo que nos han enseñado y lo que hemos estimado valioso. Todo esto parece positivo, pero si somos demasiado rígidos a la hora de entender lo que tenemos delante y lo que deberíamos hacer, nos podemos volver ciegos al valor de la novedad, la creatividad y el cambio. Cuando las estructuras que nos guían son solo seguras, más que inflexibles, nuestro deseo de rutina y predictibilidad es subyugado por la curiosidad que nos atrae y nos hace apreciar lo que hay fuera de nuestros esquemas conceptuales. Cuando esas mismas estructuras degeneran en estancamiento, rehuimos y negamos la existencia de aquello que aún no comprendemos y que aún no hemos encontrado; y esto significa que nos cerramos la puerta al cambio cuando el cambio es necesario. Es vital entender que existen ambas posibilidades a fin de lograr el equilibrio necesario en la vida.

Podríamos usar una metáfora poética para representar los elementos de la experiencia de los que hemos hablado por ahora. Así es como suele considerarse el mundo que estoy describiendo. Imagina el reino del Dragón del Caos como el cielo estrellado. En una noche clara se extiende hasta el infinito, símbolo de lo que permanecerá siempre fuera del dominio de tu entendimiento. Puede que estés en una playa con la mirada perdida en lo alto, contemplando e imaginando. Fijas tu atención en el océano, a su modo igual de inmenso que el firmamento estrellado, pero más tangible, manifiesto y cognoscible. Eso es la naturaleza. No es mero potencial. Ahí está, en su estado inescrutable, pero no totalmente imposible de entender. Sin embargo, aún no está domada; no se ha hincado en el dominio del orden. Y es hermosa, a su misteriosa manera. La luna se refleja en su superficie; las olas rompen sin cesar y te aletargan; puedes bañarte en sus acogedoras aguas. Pero esa belleza tiene un precio. Más te vale estar atento a los tiburones y a las medusas venenosas. La corriente de resaca te puede engullir a ti o a tus hijos y las tormentas podrían arrasar tu bonita casa en la playa.

Imagina también que la playa donde estás es la orilla de una isla. La isla es la cultura. La gente vive ahí, tal vez en armonía y en paz bajo el gobierno de un soberano benévolo; tal vez en un infierno de opresión, hambre e inopia desgarrado por la guerra. Y eso es la cultura: el Rey Sabio o el Tirano Autoritario. Es vital conocer ambos personajes, como en el caso de la Reina Mala y la Diosa Bondadosa, para procurar equilibrar nuestra actitud a fin de adaptarnos a las vicisitudes de la vida. Si ponemos demasiado énfasis en el Rey Sabio, no veremos la injusticia y el sufrimiento innecesario que emanan de las inevitables taras de nuestras estructuras sociales tan humanas. Insistir demasiado en el Tirano Autoritario significa no poder apreciar las estructuras habitualmente frágiles que nos unen y nos protegen del caos que, de lo contrario, seguramente reinaría.

Sería provechoso analizar bajo esta luz los sistemas ideológicos que somos propensos a adoptar, aquellos que nos polarizan en términos políticos y personales. Son narrativas culturales que bien podemos considerar parásitos de una subestructura religiosa, mitológica o dramática más fundamental: antigua, evolucionada y profundamente biológica. Las ideologías se basan en la estructura de una narración esencialmente religiosa, pero lo hacen a medias, incluyendo ciertos elementos de la experiencia o de personajes eternos e ignorando otros. No obstante, el poder reside en la representación, dado que aquello que se incluye conserva su naturaleza mitológica/biológica —su significado instintivo—, pero los elementos que faltan significan que lo que persiste, por más poderosa que sea su expresión, denota un prejuicio que limita su utilidad. El prejuicio es deseable a nivel subjetivo, porque simplifica lo que sería demasiado complejo de entender, pero también es peligroso por culpa de su parcialidad. Si en el mapa que utilizas falta parte del mundo, cuando lo ausente se manifieste andarás totalmente a ciegas. ¿Cómo podemos conservar las ventajas de la simplificación sin caer presos de la consiguiente ceguera? La respuesta se encuentra en el diálogo constante entre tipos de personas muy diferentes.

Buena parte de los principios políticos —o ideológicos, podemos decir— en los que cree la gente dependen de su forma de ser innata. Si sus emociones o motivaciones se escoran hacia un lado (y en gran medida es consecuencia de la biología), suelen adoptar una tendencia conservadora o progresista. No es cuestión de opiniones. Piensen que los animales tienen un ecosistema: un lugar o espacio que les conviene. Su biología concuerda con ese lugar. Los leones no se encuentran en medio del océano y las orcas no deambulan por el *veld* africano. El animal y su hábitat van de la mano.

Los seres humanos son similares, al menos en términos abstractos. Aun así, somos capaces de asentarnos en casi cualquier lugar geográfico, porque cambiamos la geografía según lo que nos conviene y modificamos nuestra propia conducta. Pero tenemos ecosistemas perceptivos o cognitivos. Los progresistas, por ejemplo, reciben con entusiasmo positivo las nuevas ideas. Las ventajas de sentirse atraído por nuevas ideas son obvias. A veces, los problemas requieren soluciones nuevas y las personas que las encuentran son aquellas que gustan de las nuevas concepciones. También es cierto que estas personas no suelen ser muy disciplinadas.[6] Quizá sea porque, si te seducen y te motivan las nuevas ideas y eres proclive a probarlas o a aplicarlas, tendrás que poder tolerar el caos que asoma entre el momento en que se desintegra la vieja idea y la nueva toma el control. Si eres conservador, tienes la ventaja y la desventaja contraria. Tienes recelo de las nuevas ideas y no te atraen en especial; y eso es, en parte, porque sus posibilidades te parecen menos relucientes y te preocupan más sus consecuencias imprevistas. A fin de cuentas, que una idea nueva arregle un problema no significa que no vaya a generar otro, o varios más. Si eres conservador, te gustan las cosas donde se supone que tienen que estar cuando tienen que estar ahí. Estás donde quieres estar cuando la gente actúa de forma convencional, responsable y predecible.

Los conservadores son necesarios para mantener el *statu quo* cuando todo va bien y cuando el cambio podría ser arriesgado. Los progresistas, por su parte, son necesarios para cambiar las cosas cuando ya no van bien. Con todo, no es fácil determinar cuándo algo se tiene que preservar y cuándo se tiene que transformar. Por eso existe la política, si tenemos suerte, y el diálogo que la acompaña, en vez de la guerra, la tiranía o la sumisión. Necesitamos debatir con vigor y pasión sobre el valor relativo de la estabilidad frente al cambio, con tal de poder dilucidar cuándo es adecuado cada uno y en qué dosis.

Es muy interesante señalar que la diferencia en las convicciones políticas básicas parece determinar cuál de los Grandes Padres gemelos se considera fundamentalmente real. El progresista tiene una gran proclividad a ver el mundo como si el Tirano Autoritario suprimiera a la Diosa Benevolente, como si las censuras arbitrarias de la cultura muerta corrompieran y oprimieran al ciudadano y al extranjero por igual, o como si la estructura militar-industrial de la sociedad moderna amenazara a Gaia, el planeta viviente, con la contaminación, la extinción en masa o el cambio climático. Es obvio que este punto de vista resulta útil cuando la cultura sí se ha vuelto tiránica; y eso no es nada raro. El conservador, por otra parte, tiende a ver el mundo como si el Rey Sabio —la seguridad del espacio, el orden y la predictibilidad— metiera en cintura, domara y disciplinara a la Reina Mala, la naturaleza desordenada y caótica. Es evidente que esto también es necesario. Por más bonito que sea el mundo natural, debemos recordar que siempre está maquinando para hacernos pasar hambre, envenenarnos y matarnos. Si no dispusiéramos de la égida que constituye la Cultura como garantía, los animales salvajes nos devorarían, las ventiscas nos congelarían, el calor del desierto nos derrotaría y nos moriríamos de hambre, pues la comida no se presentaría por sí sola para deleitarnos. Así que hay dos ideologías diferentes y ambas son *correctas*, pero las dos cuentan solo la mitad de la historia.[*]

Para forjarse una opinión bien equilibrada del mundo de la experiencia, hay que aceptar la realidad de ambos elementos de la cultura. Las personas con tendencia conservadora y la propensión natural de considerar el *statu quo* como una fuente de protección deben entender que solo con el orden no basta. Como el futuro y el presente difieren del pasado, lo que funcionó antes no tiene por qué funcionar ahora, y hay que entender que la línea entre la estabilidad que nos legaron nuestros antepasados y la tiranía en que fácilmente puede volverse

---

[*] Por supuesto, soy consciente de que los conservadores también son proclives a oponerse al *big government* (término peyorativo para referirse a una intervención excesiva en la actividad privada o a un Estado sobredimensionado). Esto parece contradecir mi argumento principal. Pero, en las democracias occidentales, eso se debe sobre todo a que la fe que manifiestan los conservadores en la cultura se basa más en las verdades eternas de la Constitución y los elementos más permanentes del Gobierno —de ahí la Cultura con ce mayúscula— que en los caprichos veleidosos e impredecibles de quien acabe siendo elegido, sea conservador o progresista. De igual modo, en las mismas democracias, los progresistas suelen recurrir al Gobierno para que solucione los problemas que les atañen, pero la razón es que creen más en el dinamismo de la hornada actual de políticos (sobre todo si también son progresistas, aunque no solo en ese caso) que en las verdades eternas de la estructura subyacente.

cambia y se mueve con las transformaciones de la existencia. Sin embargo, los tipos más progresistas, propensos a ver al Tirano Autoritario por todas partes, también deben esmerarse por ser agradecidos por las estructuras sociales y psicológicas de la interpretación, que nos protegen en todo momento de los horrores de la naturaleza y de lo absoluto desconocido. A todos nos cuesta ver que estamos obcecados por la naturaleza de nuestra personalidad. Por eso tenemos que escuchar siempre a las personas que discrepan de nosotros y que, debido a esa diferencia, son capaces de ver y de reaccionar adecuadamente ante lo que nosotros no podemos detectar.

El individuo: héroe y adversario

Si el cielo nocturno es caos; el océano, naturaleza; y la isla, cultura, entonces el individuo —héroe y adversario— es un hermano enzarzado en un combate con su gemelo en medio de la isla. El caos, el tesoro y el dragón tienen una vertiente negativa y otra positiva, igual que la Naturaleza, formada por la Reina Mala y la Madre Buena, y la Cultura, formada por el Tirano Autoritario y el Rey Sabio. Y con las personas pasa lo mismo. El elemento positivo es la faceta heroica: la persona que puede sacrificarse como es debido por la naturaleza y llegar a un pacto con el destino para que reine el bien; la persona despierta, alerta, atenta, comunicativa y que asume responsabilidad para que la parte tiránica no levante cabeza; y la persona consciente de sus propios defectos y de su propensión a la maldad y el engaño, a fin de mantener una orientación adecuada. El elemento negativo es todo lo deleznable que se hace patente principalmente en ti mismo, si tienes algo de sentido común, pero que también lo manifiestan hasta cierto punto las otras personas y, de forma más evidente, las historias. Esos son los hermanos enemistados, una idea mitológica muy arcaica: el héroe y el adversario. Las representaciones arquetípicas de esas dos fuerzas, esas dos figuras personificadas, son Caín y Abel. Ese es un nivel de representación. Cristo y Satán son una pareja que representa un dualismo aún más fundamental. Caín y Abel, a fin de cuentas, son humanos: de hecho, son los primeros en nacer como nacen los humanos, pues Adán y Eva fueron creados directamente por Dios. Cristo y Satán son elementos de la mismísima eternidad personificada (¿divinizada?).

De modo que existe un héroe y un adversario, un rey sabio y un tirano, una figura maternal positiva y una negativa, y el caos en sí. Esa es la estructura del mundo en seis personajes, además de un séptimo algo extraño: el caos, que en cierta medida es donde acaban naciendo todos los demás. Conviene entender que existen los siete y que todos son conceptos existenciales permanentes: elementos de la experiencia con los que cada alma debe contender sí o sí, sea rica, pobre, bendita, maldita, habilidosa, torpe, masculina o femenina. Eso es la vida; ellos son la vida. Si solo conoces a una parte del elenco, consciente o inconscientemente, estás indefenso y eres ingenuo, vulnerable y propenso a caer preso del engaño, el rencor y la arrogancia. Puede que no sepas que el tesoro está custodiado por un dragón o que la naturaleza, la hermosa naturaleza, se puede volver contra ti en un instante, o que la sociedad pacífica que das por sentada está amenazada en todo momento por el autoritarismo y la tiranía, o que en ti mismo se esconde el adversario que podría ansiar todas esas transformaciones negativas. De no saberlo, en primer lugar eres un acólito que necesita urgentemente una ideología que te aporte una representación parcial e insuficiente de la realidad; y en segundo lugar, estás achacado por una ceguera peligrosa para ti y para los demás. Si eres inteligente, tu filosofía política englobará una representación de los siete, aunque no lo puedas articular en esos términos. Siempre deberíamos tener suficiente juicio para tener en cuenta, por ejemplo, que hay un gran depredador que acecha tras la delgada capa de hielo de nuestra realidad ideada. Recuerdo que, cuando mi hija aún era muy pequeña, tuve una visión sobre ella en la que se reflejaba justo esa realidad. En invierno, en Northern Alberta —donde crecí, como contaba antes— había años que no nevaba hasta que los lagos llevaban semanas congelados. El agua dibujaba una superficie suave, cristalina, dura como una piedra y yerma, aunque de gran belleza y misterio; las piedras lanzadas a esas grandes extensiones repicaban y generaban un eco melódico al resbalar por su escurridiza superficie. En mi visión, imaginé a mi hija Mikhaila —un bebé vestido con un triste pañal— sentada algo lejos de mí sobre el hielo. Debajo de ella vi a un pez gigante: un tiburón ballena, aunque en esta representación era carnívoro. Estaba debajo de ella sin moverse, esperando atentamente en el agua que había bajo el hielo con la boca abierta. Eso es la vida y la muerte y el caos puro que destruye las certezas que tanto trabajo nos ha costado cosechar, pero también es la ballena que se traga al profeta y que concede sabiduría y reencarnación cuando no mata.

¿Y cuál es la actitud adecuada del héroe, digamos, con respecto a los seis personajes restantes, asumiendo que ya hemos tratado suficiente el caos con esta última anécdota? Obviamente, debemos esforzarnos por preservar la Naturaleza, de cuya bondad dependemos en última instancia para todo lo que requiere la vida. Pero también nos conviene mucho advertir y tomarnos en serio el hecho de que la propia Naturaleza está haciendo todo lo posible por matarnos, que tenemos motivos más que suficientes para erigir las estructuras que erigimos pese a sus costos medioambientales, tantas veces funestos.* Algo similar pasa con la cultura. Tenemos razones fundadas para estar agradecidos, en general, por la sabiduría y la estructura que nuestros antepasados nos legaron tras mucho sudor. Esto no significa que esos beneficios se distribuyan de forma equitativa, porque no lo están ni lo estarán jamás, de la misma forma que los beneficios de la Naturaleza no lo están. Esa gratitud tampoco justifica ningún optimismo cándido con respecto a la naturaleza de la sociedad. Como individuos que pugnamos a la vez contra la tendencia enemiga y el Tirano Autoritario, necesitamos tener presente el hecho de que nuestras estructuras jerárquicas funcionales pueden volverse de repente improductivas, tiránicas y cándidas. Tenemos la responsabilidad de procurar que no se vuelvan muy injustas y corruptas y empiecen a repartir las recompensas en función del poder o del privilegio inmerecido, en vez de hacerlo en función de la competencia. Tenemos que estar pendientes de ellas en todo momento y ajus-

---

* Es casi innegable que, al hacerlo, dejamos una huella un tanto *antinatural*, otra noción ideológica basada en la imagen fragmentaria de la Naturaleza como víctima de nuestra rapiña y codicia. Pero tampoco lo hacemos por razones triviales. Por eso tengo cierta simpatía por la humanidad, igual que por las personas que conforman la masa humana, y por eso no soy capaz de perdonar a los que dicen cosas absurdas como: «Al planeta le iría mejor si no existiera la gente». Ese es el cariz genocida del espíritu ambientalista radical y es fruto de una ideología que solo ve al Adversario, al Tirano Autoritario y a la Madre Buena como protagonistas del Ser. Es horrible de ver, si lo piensas con un mínimo de profundidad.

tarlas con esmero para que sigan siendo lo bastante estables y oportunamente dinámicas. Esa es una parte básica de nuestras funciones y responsabilidades como personas que tienen el objetivo de hacer el bien. En parte, en los sistemas democráticos lo hacemos echando a las personas al mando de forma periódica y reemplazándolas con sus antagonistas ideológicos. Esa capacidad y oportunidad es uno de los logros fundamentales de una sociedad democrática. Como somos incapaces de escoger siempre a personas sabias y buenas como líderes (si las buscas, buena suerte), vale la pena elegir en un ciclo a una facción que no vea la mitad de la realidad y, en el siguiente ciclo, a la otra facción. Así, al menos se escuchan la mayoría de los intereses de la sociedad durante más o menos una década.

En mi opinión, esa estrategia un tanto pesimista, aunque también bastante realista, liga con la mentalidad de las personas que fundaron el sistema norteamericano, así como con los actos y las actitudes de los ingleses y otros demócratas y parlamentarios pioneros, cuyos sistemas evolucionaron poco a poco y sentaron las bases para las premisas explícitas de esos fundadores. Su punto de vista esencial no era utópico. Para ellos, las personas que forzosamente iban a sucederlos serían igual de imperfectas que ellos e igual de imperfectas que las personas que habían vivido antes. ¿Qué haces ante eso, cuando no estás cegado por la ideología y ves con claridad el mundo y todos los personajes que actúan en él? Pues no esperar la perfección absoluta de la humanidad ni dar alas a un sistema que persiga una especie de utopía inalcanzable. Tratas de diseñar un sistema que los pecadores como tú no puedan dañar en exceso —ni de forma permanente—, aunque solo vean a medias y estén resentidos. Siendo de tendencia conservadora, creo en la sabiduría de esa visión. Considero que es la forma más adecuada de ver las cosas. No queramos abarcar mucho. Podemos diseñar sistemas que nos permitan un mínimo de paz, seguridad y libertad y, tal vez, la posibilidad de ir mejorando. Eso es un milagro en sí mismo. Deberíamos tener la sensatez de poner en duda que vayamos a aportar un cambio que sea simultáneamente positivo para el individuo, para la sociedad y para la naturaleza, sobre todo si esas mejoras tienen que ser el resultado de nuestra buena voluntad individual, que a menudo brilla por su ausencia (pese a nuestras declaraciones en sentido contrario).

RENCOR

¿Por qué tú y otros caen presos del rencor, ese terrible estado emocional híbrido que consiste básicamente en ira y autocompasión, teñido en diversa medida de narcisismo y sed de venganza? Una vez entiendes el mundo como un escenario y has identificado a los actores principales, las razones son evidentes. Eres rencoroso por culpa de lo absolutamente desconocido y sus hórrores, porque la naturaleza conspira contra ti, porque eres una víctima del aspecto negativo de la cultura y por la maldad que hay en ti y en otras personas. Esa es razón suficiente. No justifica tu rencor, pero no cabe duda de que hace comprensible la emoción. Ninguno de estos problemas existenciales es trivial. De hecho, son lo bastante serios para que la pregunta de verdad no sea: «¿Por qué eres rencoroso?», sino: «¿Por qué la gente no siente un rencor constante por todo?». Somos el centro de atención de fuerzas transpersonales poderosísimas y a menudo malevolentes. Hay un terrible depredador reptiliano, en términos alegóricos, que nos persigue todo el tiempo. Igual que el cocodrilo que persigue al cobarde tiránico, el capitán Garfio, con el tictac que hace sonar el reloj que se ha tragado. Y luego está la naturaleza misma, empeñada en hacerte trizas de un millón de formas, a cuál más horrible. Luego está el elemento tiránico de la estructura social que te ha moldeado y enseñado, por decirlo así, y te ha convertido en la criatura a medio civilizar y semi-útil que eres, aunque también te ha exprimido muchísima fuerza vital, golpeándote para que encajaras donde no corresponde. Podrías haber sido muchas cosas. Quizá algunas eran más de lo que has llegado a ser. Pero el deber de la existencia social te ha mermado y reducido.

Y además te toca vivir contigo, y eso no es tan fácil. Dejas las cosas para más adelante, eres perezoso, mientes y haces cosas despiadadas contra ti y contra otros. Claro que te sientes una víctima, con todo lo que se conjura contra ti: el caos, la fuerza bruta de la naturaleza, la tiranía de la cultura y la maldad de tu propia naturaleza. Claro que puedes sentir rencor. Y no cabe duda de que estas fuerzas conspiran contra algunos de ustedes de una manera que parece mucho más grave, injusta, arbitraria, continua e impredecible que para los demás. ¿Cómo no vas a sentirte atacado y rencoroso en esas condiciones? La vida no está falta de brutalidad fundamental.

Aun así, esta lógica tiene un problema, por más innegable que parezca. El primero es que no todo el mundo se ve a sí mismo como víctima ni, por extensión, cae presa del rencor; y eso abarca una multitud de personas que han pasado muy malos momentos en su vida. De hecho, me parece razonable sugerir que muchas veces son las personas a quienes les ha ido mejor —a las que se ha mimado y regado falsamente la autoestima— las que adoptan el papel de víctima y el aire del rencor. Por el contrario, encuentras a gente herida de forma casi irreparable que no es rencorosa y que nunca se atrevería a presentarse en el papel de víctima. Estas personas no son tan comunes, pero tampoco escasas. Por tanto, el rencor no parece ser una consecuencia inevitable del propio sufrimiento. Hay otros factores que se hacen notar, además de la innegable tragedia de la vida.

Es posible que tú o alguien cercano a ti —lo cual es igual de trágico— contraiga una enfermedad grave. Es típico que en esas circunstancias te hagas la pregunta: «¿Por qué me tuvo que pasar a mí?» (¿y de quién esperas la respuesta? ¿de Dios?). ¿Qué quieres decir? ¿Se lo desearías antes a un amigo, a un vecino o incluso a un desconocido cualquiera? Claro que puedes sentirte tentado de propagar tu desgracia, pero esa respuesta no parece razonable, ni una elección que haría una persona buena en sus cabales. Y sin duda no haría más justa la situación. Para ser justos, la pregunta «¿por qué a mí?» supone, en parte, una respuesta psicológicamente apropiada. Muchas veces, si te pasa algo malo, debes preguntarte si hay algo que hayas hecho en el pasado y que haya aumentado la probabilidad del terrible suceso —como hemos hablado largo y tendido—, porque es posible que puedas aprender algo que reduzca las posibilidades de que se repita. Pero con frecuencia esto no es lo que hacemos, para nada. La pregunta «¿por qué esto me tenía que pasar a mí?» suele esconder un matiz recriminatorio, basado en una sensación de injusticia: «Hay un montón de personas malas en el mundo y todas parecen ser premiadas por su mal comportamiento», o «hay un montón de personas buenas en el mundo con buena salud y parece de lo más injusto que ellas estén en esa posición tan afortunada cuando yo no lo estoy». Esto significa que decir «¿por qué a mí?» suele estar contaminado con una especie de victimización, es decir, de injusticia. Este falso malentendido de que la terrible experiencia que ha recaído sobre ti te caracteriza de alguna forma concreta —va dirigida a ti en especial— es parte de lo que convierte la exposición a la tragedia en el propio rencor del que estamos hablando.

El hecho de que te estén pasando o te vayan a pasar desgracias va ligado a la mismísima estructura de la realidad. No hay duda de que suceden cosas horribles, pero tienen un cariz totalmente aleatorio. «Esa es una compensación banal y no ayuda mucho», pensarán. Pero puede ser útil considerar un poco este rasgo aleatorio, distanciando el elemento personal, cosa que te puede ayudar a erigir algunas barreras a la hora de desarrollar ese intenso rencor egocéntrico. Además, puede ser muy útil percatarse de que cada uno de los vicios de la existencia humana se compensan, en principio, con su homólogo positivo.

He aquí algo que he aprendido durante mis años como psicólogo clínico. He visto constantemente a personas agravadas por la vida. Tenían sus razones para sentir rencor y esas razones no solían tener nada de triviales. Lo que les proponía era esto: «Vamos a desmenuzar tus problemas, aunque muchos de ellos son reales. Intentaremos averiguar cuáles son culpa tuya, porque algunos lo serán. Y otros, al contrario, serán desgracias de la vida. Trazaremos una línea con mucho cuidado. Luego empezarás a intentar superar lo que sea que estés añadiendo a la situación para empeorarla. Comenzaremos a urdir algunas estrategias sobre cómo puedes afrontar las partes de tu vida que, en verdad, son solo trágicas. Y procuraremos que lo hagas con sinceridad, honestidad y valentía. A ver qué pasa».

La gente mejoraba, aunque no siempre. Algunos de mis clientes acababan muriendo. Sus problemas clínicos estaban medio resueltos y de repente se los llevaba un cáncer repentino o fallecían en un accidente de tráfico. No hay ningún camino claro, incluso con los actos más nobles. La arbitrariedad del mundo siempre está lista, preparándose para dar el salto. No hay razón ni excusa para ser estúpidamente ingenuo u optimista. En cualquier caso, la mayoría sí mejoró. El ánimo los preparó para afrontar los problemas de frente; y esa decisión de hacerles frente disipó parte de su miedo. No es que las cosas a su alrededor se volvieran menos peligrosas, sino que la gente que le hace frente al peligro se vuelve más valiente. Es milagroso lo fuertes y valientes que pueden volverse las personas. Es alucinante la losa que podemos tolerar cuando la asumimos queriendo. Sé que nuestra capacidad no puede ser infinita, pero también opino que en cierta medida es ilimitada. Creo que cuanto más nos prestamos a afrontar las cosas, más podemos aguantar. No sé dónde está el límite.*

Las personas no solo se vuelven más predispuestas a ahuyentar el horror y el rencor desde una perspectiva psicológica, sino también más capaces. No solo lidian mejor con el peso existencial de la vida desde una perspectiva espiritual, digamos, sino que empiezan a ser mejores. Comienzan a restringir la maldad y el rencor en su propio corazón, que ensombrece el mundo aún más de lo necesario. Se vuelven más honestas. Son mejores amigas. Toman decisiones profesionales más productivas y trascendentales. Empiezan a aspirar a más. Su mente

---

* Si no lo dije antes, obviamente ahora sí puedo decirlo: me asombró y sigue asombrándome la valentía y la distinción absolutas que mostró mi esposa, por ejemplo, ante la adversidad de los primeros seis meses de 2019, después de que se le diagnosticara cáncer terminal (y de que se curara, tal vez). También siento vergüenza... porque no tengo nada claro que yo pudiera haber hecho lo mismo.

puede lidiar mejor con las cosas, pero también reducen el volumen de lo que tienen que manejar ellas y las personas que las rodean. Así sufren con menos necesidad, y sus familias también. Luego, tal vez lo mismo empieza a suceder con sus comunidades. Y después está la otra mitad de la historia: el tesoro que custodia el dragón, el elemento benevolente de la naturaleza, la seguridad y el refugio que confieren la sociedad y la cultura y la fortaleza del individuo. Esas son tus armas en tiempos de necesidad. Y son tan reales —y quizá lo bastante poderosas— para que su aprovechamiento total te aporte los medios para seguir de pie cuando tu vida se desmorone. La cuestión es: ¿puedes organizar la estructura de la realidad de forma que encuentres el tesoro, de forma que te sonría el aspecto positivo de la naturaleza, te gobierne el Rey Sabio y desempeñes el papel del héroe? La esperanza es que te comportes de una manera que incline la balanza en esa dirección. Eso es todo lo que tenemos; y es mucho mejor que nada. Si afrontas el sufrimiento y la maldad con honestidad y arrojo, te haces más fuerte, tu familia se hace más fuerte y el mundo se vuelve un lugar mejor. La alternativa es el rencor, que lo infecta todo.

ENGAÑO Y ARROGANCIA

Parece que hay dos grandes formas de engaño: los pecados de comisión, las cosas que haces a sabiendas de que están mal; y los pecados de omisión, que son cosas que simplemente dejas pasar por alto. Sabes que deberías mirar, hacer o decir algo, pero no lo haces. Puede que tu colaborador haga algunas trampas con los libros y decidas que no los vas a auditar, o que hagas la vista gorda con tus propios desmanes, o que no investigues las travesuras de un niño, de un adolescente o de la pareja con quien convives. En vez de eso, decides pasarlo por alto.

¿Qué provoca estas formas de engaño? Mentimos —el pecado de comisión— siendo plenamente conscientes de ello para facilitarnos las cosas, en teoría, sin reparar en el efecto que esa mentira tendrá en otras personas. Intentamos inclinar la balanza del mundo a nuestro favor. Intentamos tomar la delantera. Tratamos de esquivar los castigos justos que merecemos, a menudo imponiéndoselos a otros. O bien cometemos el pecado de omisión, quizá más sutil, creyendo que lo que estamos evitando va a desaparecer sin más, cosa que casi nunca sucede. Sacrificamos el futuro por el presente y, al hacerlo, a menudo sufrimos las críticas de una conciencia que nos remuerde; y sin embargo, seguimos haciéndolo con tenacidad.

Así pues, ¿qué usa la gente para justificar el acto de torcer y tergiversar la estructura de la realidad a costa de los demás, o incluso de sus propias versiones futuras, solo para beneficiarse en el presente? Es una motivación claramente incrustada en el rencor. Las mentiras se justifican con el ideal que dormita al fondo del alma rencorosa: que los horrores del mundo van dirigidos en especial a la víctima que intenta justificar su mentira. Pero necesitamos sacar a colación la arrogancia, junto con el rencor, para entender de verdad por qué practicamos el engaño. Lo cierto es que no está claro que estos estados mentales puedan existir los unos sin los otros. Son cómplices, por así decirlo.

Comisiones

La primera conspiración entre el engaño y la arrogancia se puede considerar una negación o un rechazo de la relación entre la divinidad, la verdad y la bondad. En los primeros capítulos del Génesis, Dios crea un caos habitable a partir del orden con la Palabra, con el Logos: coraje, amor y verdad. Se podría decir que el coraje es la voluntad de Dios de afrontar la nada que precedió al Ser, tal vez algo similar a lo que conseguimos hacer nosotros cuando salimos de la pobreza y de la nada para prosperar, o rehacer nuestras vidas cuando una calamidad o catástrofe las ha reducido a cenizas. El amor; ese es el objetivo ulterior, el deseo de crear lo mejor que se pueda crear. Puede que aporte el mismo tipo de superestructura para el Ser que el deseo de un hogar tranquilo y armonioso cuando ese deseo permite decir la verdad. La Palabra que utiliza Dios para hacer frente a la citada nada es la Verdad, y esa verdad es creadora. Pero no solo crea: aparece para crear el Bien, lo mejor que podría pedir el amor. No es fortuito que Dios insista tanto en que ha creado algo bueno. La arrogancia y el engaño se alían para refutar la idea de que la verdad valiente y llena de amor cree el Bien, y la sustituyen con la idea de que cualquier antojo, grande o pequeño, tiene el derecho y la oportunidad de revelarse con fines más concretos e interesados.

La segunda forma de arrogancia que permite el engaño tiene que ver con la idea del propio poder de la divinidad. Alguien que miente por acción, por inacción, por lo que dice o por lo que calla ha decidido qué elemento de transformación (qué elemento del caos aún no materializado, pero potencial) va a manifestarse y cuál no. Esto significa que el individuo que engaña se ha propuesto alterar la propia estructura de la realidad. ¿Y por qué? Por un deseo inspirado en la idea de que cualquier falsedad egocéntrica gestada por el engaño será mejor que la realidad que habría transpirado en caso de haberse ratificado o dicho la verdad. El mentiroso encarna la creencia de que el mundo falso que hace realidad, aunque lo haga solo por un tiempo, satisfará mejor sus intereses que la alternativa. Es la arrogancia de alguien que cree, en primer lugar, que puede alterar la estructura de la realidad fingiendo; y en segundo lugar, que se puede salir con la suya. No está claro cómo alguien podría abrigar cualquiera de estas creencias si las pensara bien (lo cual implica, por supuesto, que no se tiende a hacerlo). Primero, el propio transgresor sabrá que no se puede confiar en lo que diga o haga; y luego, como el auténtico amor propio depende de esa verdad, las palabras y los actos engañosos no podrán sino menoscabar la personalidad de quien miente. Al menos no vivirá en el mundo real, o en el mismo mundo que los demás, por lo que será más débil de lo que habría sido si hubiera aprendido lo que era verdad, en vez de haberlo sustituido por lo falso. Segundo, para que el mentiroso crea de verdad que «se va a salir con la suya», tiene que pensar que es más listo que nadie; es decir, que nadie se dará cuenta (y tal vez esa creencia acabe englobando a Dios, el creador, de forma explícita o implícita). Tal vez consiga contar una, dos o diez mentiras cada vez más grandes, y puede que vaya envalentonándose con su éxito. Pero, cada vez que lo consiga, su arrogancia aumentará, pues el éxito es gratificante e inspirará esfuerzos por duplicar e incluso multiplicar esa recompensa. Es inevitable que esto dé pie a mentiras más grandes y arriesgadas, cada una de las cuales supondrá una caída más larga desde los cielos del orgullo. La estrategia parece inviable: un bucle de retroalimentación positiva diseñado para engullir a los que se precipitan en él y hacerles caer cada vez más hondo y más deprisa.

La tercera forma de arrogancia que apuntala el engaño tiene que ver con la idea de que el acto engañoso (que, como ya hemos comentado, ha torcido o pervertido la estructura de la realidad) se sostendrá solo, vigoroso, y que la propia realidad no lo denunciará ni lo destruirá al ir alisando y reformando, cosa que hará indefectiblemente. Es la arrogancia tras ese mentiroso que cree que, de algún modo, su mentira ha alterado para siempre la forma del mundo, así que ahora se puede vivir como si esa mentira fuera real por algún motivo. Pero la realidad es muy complicada y, según parece, casi todo depende de todo lo demás. Por ejemplo, es muy difícil impedir que una aventura traiga consecuencias. A uno lo ven. Empiezan a correr rumores. Se inventan y se tienen que validar más mentiras para explicar el tiempo invertido en la aventura. Se queda el olor del perfume. El afecto de la relación se empieza a reemplazar por odio o desprecio, sobre todo si la persona traicionada es buena de verdad y no pone excusas a los actos inmorales cometidos contra ella.

La cuarta forma de arrogancia que justifica el engaño guarda relación con un sentido de la justicia pervertido, a menudo generado por el rencor. En esta cuarta serie de circunstancias, la gente usa el engaño porque siente rencor y enojo por su posición de víctima en el infernal y trágico mundo. Esta respuesta es muy comprensible, aunque no por ello menos peligrosa. La lógica es simple, e incluso convincente, sobre todo en el caso de personas que han sido heridas de verdad: «Puedo hacer lo que quiero porque me han tratado con injusticia». Este razonamiento se puede ver como mera justicia, aunque raramente las personas a quienes ahora se está mintiendo o engañando son las mismas que nos trataron injustamente y, por tanto, justificaron la falsedad. La arrogancia está en creer que el tratamiento injusto fue personal —en términos existenciales—, más que una parte previsible de la propia experiencia, atendiendo a sus peligros naturales, sociales e individuales desconocidos. Si has sido víctima de lo que parece ser una broma cósmica de mal gusto, ¿por qué no ibas a hacer cualquier cosa en tu poder para reconducir un poquito las cosas en tu beneficio? Sin embargo, esta línea de razonamiento solo sirve para empeorar la vida. Si justificas tu mala conducta diciendo que la vida fue mala contigo, la lógica para seguir actuando mal no puede ser embarcarse en una cruzada que no haga sino empeorarla.

Omisiones

Hay varias razones por las que, cuando sucede algo que sabes que es terrible o está mal, te quedas pasmado sin hacer nada, incluso lo que sabes que deberías haber hecho. La primera razón es el nihilismo. De buenas a primeras, puede ser difícil saber qué tienen en común el nihilismo y el orgullo; y más aún, qué tienen en común ambos con los pecados de omisión. Pero la actitud nihilista irradia seguridad: todo es fútil, o incluso negativo. Es una valoración, una conclusión; y es un pecado de orgullo, en mi opinión. Para mí, ser bastante conscientes de nuestra propia ignorancia nos ayuda a mantener los pies en el suelo y a no asumir el terrible riesgo de dañar la estructura de la mismísima existencia.

¿Otro motivo para cometer un pecado de omisión? La idea de que está justificado seguir el camino fácil. Es decir, vivir la vida sin asumir nunca auténtica responsabilidad por nada importante. Tal vez piensen que es algo muy aceptable: «¿Por qué debería esforzarme y arriesgarme de más cuando otra persona se desvive por hacerlo, lo busca activamente o no es lo bastante inteligente para escabullirse cuando la responsabilidad llama a la puerta?». Pero a todo el mundo le llega su turno; tanto de recoger los frutos de la interacción social como de asumir la responsabilidad de procurar que esa interacción siga siendo posible. Los niños que no lo aprenden a los tres años no hacen ningún amigo, y no es casualidad. No saben jugar un juego que pueda prolongarse en el tiempo, que es justo lo que es la amistad. Tampoco tienen la actitud necesaria para ser buenos superiores, compañeros o subordinados en una organización empresarial.

Por otra parte, analiza en sentido crítico la idea de que pueda ser aceptable —o incluso sabio— no pagar todas las facturas. Esta es otra variante de la valoración de la existencia. «No importa si sigo el camino fácil» empieza por «no importa», y eso es el Ser, juzgado y condenado, pero con un giro. La segunda parte de la frase, «si sigo el camino fácil», es una maldición que nos echamos a nosotros mismos. Si te toca hacer una tarea difícil y no te haces el desentendido, la gente aprende a confiar en ti, tú aprendes a confiar en ti y te vuelves más hábil a la hora de hacer cosas difíciles. Todo es positivo. Si dejas todo eso por hacer, te encontrarás en la misma posición que el niño cuyos padres insistieron en hacerlo todo por él: despojado de la capacidad de salir airoso ante los obstáculos y desafíos de la vida. «No importa si sigo el camino fácil» solo es verdad si no hay ningún elemento de la personalidad del hablante que pudiera ser llamado a emprender una auténtica aventura. Y los que eluden su destino dando un paso hacia el lado cuando se les pide que den un paso al frente también privan a todos los demás de las ventajas que habrían obtenido si, en vez de seguir el camino fácil, hubieran decidido ser todo lo que podían ser.

El último tipo de pecado de omisión guarda relación con la falta de fe en uno mismo —o tal vez en la humanidad en general— debido a la naturaleza fundamental de la vulnerabilidad humana. Hay una escena en el libro del Génesis en que Adán y Eva abren los ojos y se dan cuenta de que son vulnerables y están desnudos, lo cual es parte integral de la autoconsciencia. Al mismo tiempo, aprenden lo que es el bien y el mal. Estos dos procesos coinciden porque no es posible herir a otras personas con verdadera eficacia hasta que no sabes cómo te pueden herir a ti. Y no sabes cómo te pueden herir hasta que no tienes constancia más o menos plena de ti mismo; hasta que no sabes que puedes sentir un dolor insufrible; hasta que no sabes que se te puede matar; hasta que no conoces los límites de tu ser. Y tan pronto como sabes todo eso, eres conocedor de tu propia desnudez y puedes emplear con fines perversos lo que sabes sobre esa vulnerabilidad. Entonces entiendes y eres capaz de hacer el Bien y el Mal.

Más tarde, cuando se le pide que rinda cuentas por su conducta —por comerse el fruto prohibido—, Adán culpa a la mujer por haber descubierto dolorosamente quién era, y a Dios, por hacerla. Dice: «La mujer que me diste por compañera me dio del árbol, y yo comí» (Génesis 3:12). La negativa del primer hombre a hacerse responsable de sus actos se asocia con el rencor (por adquirir el doloroso conocimiento), el engaño (pues sabe que ha hecho una elección libre, al margen de la conducta de su esposa) y la arrogancia (osa culpar a Dios y a la mujer creada por la divinidad). Adán toma la salida fácil, igual que haces tú cuando te dices a ti mismo: «No necesito tener esta discusión con mi mujer. No tengo que hacer frente al tirano de mi jefe. No tengo que vivir conforme a lo que considero cierto. Puedo librarme de asumir las responsabilidades».

Parte de eso es inercia y cobardía, pero en parte también se debe a una desconfianza absoluta en tu propia aptitud. Como Adán, sabes que estás desnudo. Por dentro, eres consciente de tus defectos y vulnerabilidades y la fe en ti mismo se disipa. Es comprensible, pero ni ayuda ni es disculpable en última instancia.

EL PELIGRO EXISTENCIAL DE LA ARROGANCIA Y EL ENGAÑO

Como reza Proverbios 9:10: «El temor de Jehová es el principio de la sabiduría». A la luz de eso, se puede comprender la conexión entre el engaño y el más profundo de los instintos orientadores. Si entiendes que el engaño corrompe y distorsiona la función del instinto más básico que te guía entre las dificultades de la vida, esa posibilidad te debería asustar lo suficiente para seguir teniendo cuidado con lo que dices y haces. Una persona sincera puede confiar en su sentido innato de significado y verdad para encauzar las decisiones que debe tomar cada día, semana y año. Pero hay una regla que aplicar; la misma que tan bien conocen los programadores informáticos: «Garbage in, garbage out» ('basura que entra, basura que sale'). Si engañas (sobre todo a ti mismo) o mientes, empezarás a pervertir los mecanismos que guían el instinto que te rige. Ese instinto es un faro inconsciente, así que opera por debajo de tu aparato cognitivo, en especial en cuanto se vuelve habitual. Si reconectas los mecanismos inconscientes que te mantienen con hipótesis derivadas de algo que sabes que es irreal, tu valioso instinto te llevará a sitios a los que no deberías ir, de forma proporcional a su corrupción. Hay pocas cosas más aterradoras que la posibilidad de llegar a un momento de crisis vital en el que necesites todas tus facultades para tomar la decisión adecuada y, en ese instante, descubrir que te has engañado y que ya no puedes confiar en tu propio criterio. Buena suerte, porque solo la fortuna te podrá salvar en ese caso.

Hay un pecado que, con cierto halo de misterio, Cristo define como imperdonable: «Al que hable contra el Espíritu Santo, no le será perdonado, ni en este siglo ni en el venidero» (Mateo 12:32). San Pablo, uno de los fundadores del cristianismo, arrojó algo de luz a esta declaración asociando esa tercera persona de la Trinidad con la conciencia: «Verdad digo en Cristo, no miento, y mi conciencia me da testimonio en el Espíritu Santo» (Romanos 9:1). La conciencia no es más que el acto de compartir conocimiento moral con uno mismo. El engaño necesita la negativa voluntaria a regirse por el dictado de la conciencia y se arriesga a infectar esa misma función vital. Es imposible salir ileso de esa corrupción. También en términos neurológicos. Los fármacos adictivos suelen caracterizarse por sus efectos sobre la dopamina neurotransmisora, al aumentar de alguna manera sus efectos. En esencia, la dopamina produce el placer asociado a la esperanza o la posibilidad. Es más, tu cerebro está configurado de forma que, si haces algo que te sienta bien y, por tanto, produces un subidón de dopamina, las partes de ti que participaron en el acto en cuestión se vuelven más fuertes y dominantes; más capaces de inhibir la función de otras partes de tu ser. El uso continuado de un fármaco adictivo, pues, nutre lo que podría concebirse como un monstruo que vive en la psique del sujeto; y la atención e intención de ese monstruo se concentra exclusivamente en el efecto de la droga. Solo ansía una cosa y se arma con una filosofía entera que explica por qué esa única cosa se debe considerar vital.

Imagina que te estás recuperando con fragilidad de una adicción. Algo se tuerce en tu vida y aflora el rencor. Piensas: «Bah, ¡a la mierda con todo!», el primer paso hacia la recaída en la droga, y experimentas el subsiguiente subidón de dopamina. Así, los pequeños circuitos que forjan la idea «a la mierda con todo» se vuelven más poderosos que las partes de la mente de adicto que podrían alentar el rechazo a la droga. «A la mierda con todo» es una filosofía polifacética. Significa: «Esto compensa cualquier sacrificio». Significa: «¿A quién le importa mi vida? Pero si tampoco vale nada». Significa: «No me importa si tengo que mentir a los que me aman: mis padres, mi esposa y mis hijos. Total, ¿qué cambia? Lo que quiero es la droga». No es fácil salir de ese pozo.

Cuando estás habituado a engañar, eriges una estructura muy parecida a la que perpetúa la adicción, sobre todo si sales impune, aunque sea brevemente. La culminación de la mentira es gratificante y, si los riesgos eran considerables y no te han atrapado, esa recompensa podría ser muy intensa. Esto refuerza el desarrollo del mecanismo neuronal que abarca la estructura de todo el sistema de engaño. Si el éxito se prolonga, al menos a corto plazo, este mecanismo empieza a ser cada vez más automático; y acaba percatándose, con arrogancia, de que puede salir impune. Donde mejor se ve esto es en los pecados de comisión, aunque es igual de cierto, e incluso más peligroso y sutil, para lo que podrías y rehúsas saber: los pecados de omisión. Esa es la arrogancia de pensar que ya sabes lo suficiente; dan igual los indicios que se acumulan a tu alrededor en forma de sufrimiento, algo que es muy fácil y habitual achacar a la estructura de la realidad y a la aparente insuficiencia de Dios.

EL SITIO DONDE DEBERÍAS ESTAR

Todos somos capaces de afrontar el potencial del futuro y transformarlo en la realidad del presente. El modo en que determinamos en qué se transforma el mundo es fruto de nuestras elecciones éticas y conscientes. Nos despertamos por la mañana y nos enfrentamos al día con todas sus posibilidades y horrores. Trazamos un curso y tomamos decisiones mejores o peores. Entendemos a la perfección que podemos hacer el mal y materializar cosas terribles. Pero también sabemos que podemos hacer cosas buenas, si no fantásticas. Cuando más posibilidades tenemos de conseguir esto último es cuando actuamos con rectitud, siendo sinceros, responsables, agradecidos y humildes.

La actitud oportuna ante el pavor de la existencia —la alternativa al rencor, el engaño y la arrogancia— es suponer que tú, la sociedad y el mundo bastan para justificar la existencia. Eso es tener fe en ti mismo, en el prójimo y en la estructura de la propia existencia: la creencia de que eres suficiente para hacerle frente a la existencia y transformar tu vida en lo mejor que puede ser. Tal vez puedas vivir con suficiente nobleza, grandeza y significado intrínseco como para tolerar los elementos negativos de la existencia sin afligirte tanto que acabes transformando todo lo que te rodea en una suerte de infierno.

Por supuesto, la incertidumbre básica del Ser nos oprime. Por supuesto, la naturaleza nos hace pedazos de formas injustas y dolorosas. Por supuesto, nuestras sociedades tienden hacia la tiranía, y nuestra mente individual, hacia el mal. Pero eso no quiere decir que no podamos ser buenos, que nuestras sociedades no puedan ser justas y que el mundo natural no pueda ponerse de nuestro lado. ¿Y si pudiéramos sofocar un poco más nuestra maldad, servir y transformar las instituciones con mayor responsabilidad y ser menos rencorosos? Solo Dios sabe dónde estaría el límite. Si todos evitáramos la tentación de distorsionar por activa o por pasiva la estructura, si reemplazáramos la ira hacia las vicisitudes del Ser por gratitud y verdad, ¿qué tan mejores podrían ser las cosas? Y si todos hiciéramos eso con tesón y paciencia, ¿no tendríamos más posibilidades de acotar esos elementos de la individualidad, del estado y de la naturaleza que se manifiestan de forma tan corrosiva y cruel y que nos hacen volvernos contra el mundo?

No te vuelvas mentiroso, arrogante o rencoroso.

REGLA 12

MUESTRA GRATITUD
A PESAR DE TU SUFRIMIENTO

EL SUR Y EL NORTE

Llevo décadas buscando certezas. No solo ha sido cuestión de pensar en un sentido creativo, sino de pensar y luego intentar desacreditar y refutar por completo esas ideas, una labor seguida de un concienzudo proceso de análisis y conservación de las ideas supervivientes. Es como cruzar un paso cenagoso buscando piedras sobre las que apoyar los pies bajo la espesa superficie. Sin embargo, aunque considero el hecho de que el sufrimiento es inevitable y la maldad lo acrecienta, una verdad existencial inquebrantable, creo con mayor firmeza aún que la gente puede trascender su sufrimiento, psicológica y prácticamente, y poner freno a su maldad y a los males del mundo social y natural.

Los seres humanos son capaces de afrontar con valentía su sufrimiento, de superarlo en su mente y de aliviarlo en términos prácticos. He aquí las dos máximas fundamentales de la psicoterapia, sea de la escuela de pensamiento que sea, así como la clave para el misterio del éxito humano y del progreso a lo largo de la historia. Si afrontas las limitaciones de la vida con arrojo, encontrarás un cierto propósito psicológico que te vacunará contra el sufrimiento. El hecho de que decidas fijarte en el abismo, por decirlo así, te indica en lo más hondo que eres capaz de tolerar los ahogos de la existencia —y la responsabilidad consiguiente— sin evadirte. Ese mero acto de coraje es muy alentador en los niveles más fundamentales del ser psicológico. Denota tu capacidad y competencia en lo tocante a esos sistemas de alarma biológicos y psicológicos profundos, antiguos y en cierta medida independientes que registran el peligro del mundo.

Pero la utilidad de esa confrontación no es solo psicológica, ni por asomo, por más importante que sea en ese sentido. También es la estrategia pragmática adecuada: si ante el sufrimiento actúas con nobleza —una palabra que, por desgracia, se ha perdido mucho—, puedes poner tu empeño y conseguir aliviar y subsanar tanto tus desgracias como las ajenas. Puedes hacer del mundo material —el mundo real— un lugar mejor o, por lo menos, evitar que empeore. Lo mismo sirve para la maldad: puedes confinarla dentro de ti. Cuando tienes algo en la punta de la lengua, tu conciencia puede decirte, como a menudo hace, que «eso no es verdad». Podría mostrarse como una vocecita real —interna, por descontado— o como un sentimiento de vergüenza, culpa, debilidad u otra discordia interior: la consecuencia fisiológica de la dualidad mental que manifiestas. Así tienes la oportunidad de dejar de pronunciar esas palabras. Si no puedes decir la verdad, al menos puedes no mentir adrede.[1] En eso consiste, en parte, sofocar la maldad. Está a tu alcance. Dejar de mentir adrede es un gran paso en la dirección correcta.

Podemos limitar nuestro sufrimiento y afrontarlo en nuestra mente. Esto nos hace valientes y nos permite aliviarlo en la práctica, pues es lo que hacemos cuando cuidamos de nosotros mismos y de otros. Parece que apenas hay límites para esto. Puedes acabar cuidando de ti y de tu familia con grandes resultados. Y luego puedes ensancharlo para englobar a toda la comunidad. Algunas personas se vuelven muy diestras en este aspecto. Las que trabajan en cuidados paliativos son un ejemplo perfecto. Trabajan sin descanso, cuidando de gente que está sufriendo y muriendo, y cada día pierden a algunas de esas personas. Pero se las arreglan para levantarse de la cama cada mañana, ir a trabajar y vérselas con todo ese dolor, esa tragedia y esa muerte. Marcan la diferencia en circunstancias casi imposibles. Por esas razones, y debido a estos ejemplos —ver a gente afrontar de frente y con aptitud la fatalidad existencial de la vida—, soy más optimista que pesimista y creo que, en esencia, el optimismo es más fiable que el pesimismo. Llegar a una conclusión así y acabar considerándola inquebrantable es un buen ejemplo de cómo y por qué puede ser necesario encontrar la oscuridad antes de poder ver la luz. Es fácil ser optimista e ingenuo. Cabe decir que, si nuestro optimismo es cándido, es fácil socavarlo y derrumbarlo y que el cinismo se alce para ocupar su lugar. Pero el acto de asomarse a la oscuridad más penetrante revela una luz que parece inextinguible, lo cual es una sorpresa notable y un gran alivio.

Lo mismo se puede decir sobre la cuestión de la gratitud. Para mí, no puedes estar debidamente agradecido por lo bueno que tienes y lo malo que no te ha pasado hasta que no comprendes de forma abismal —y aterradora— el peso de la existencia. No puedes apreciar como corresponde lo que posees salvo que tengas cierta noción no solo de lo terribles que pueden ser las cosas, sino también de lo terribles que probablemente sean, dado que es muy fácil que lo sean. Vale mucho la pena saber esto. De lo contrario, podrías caer en la tentación de preguntar: «¿Por qué iba a asomarme alguna vez a la oscuridad?». Pero parecemos muy tentados a mirar. El mal nos fascina. Vemos representaciones ficticias de asesinos en serie, psicópatas y reyes del crimen organizado, mafiosos, violadores, sicarios y espías. Sin que nadie nos obligue, nos sometemos al terror y al asco viendo películas de suspenso y de terror; y no solo con una curiosidad morbosa. Estamos comprendiendo la estructura esencialmente moral de la existencia humana, de nuestra suspensión entre los polos del bien y del mal. Ese proceso de comprensión es necesario; dibuja un sur y un norte y orienta nuestra percepción, motivación y acción. También nos protege. Si no entiendes el mal, te vuelves vulnerable a él. Eres susceptible a sus efectos o a su voluntad. Si alguna vez encuentras a alguien malevolente, tendrá un control sobre ti exactamente proporcional a tu reticencia o incapacidad para entenderlo. Por tanto, observas sitios sombríos para protegerte por si la oscuridad aparece algún día, y también para encontrar la luz. Es realmente útil.

EL ESPÍRITU MEFISTOFÉLICO

El gran escritor alemán Goethe, que es a su cultura lo que Shakespeare es a la inglesa, escribió una famosa obra: *Fausto,* el relato de un hombre que vende su alma al diablo a cambio de conocimiento.[2] Mefistófeles es el diablo en la obra de Goethe: el adversario. El adversario es una figura mítica, el espíritu que maniobra siempre contra nuestras buenas intenciones (o, quizá, contra las buenas intenciones en general). Podemos entenderlo desde un punto de vista psicológico, así como metafísico o religioso. Todos notamos cómo surgen las buenas intenciones en nuestro interior y cómo nos damos instrucciones reiteradas para actuar conforme a ellas. Sin embargo, con una frecuencia angustiosa acabamos dejando sin hacer lo que sabemos que deberíamos hacer, para hacer lo que sabemos que no deberíamos. Todos tenemos algo en nuestro fuero interno que rema contra los deseos que expresamos. De hecho, hay muchos algos —un conjunto de demonios, por así decirlo— que operan con propósitos opuestos, incluso opuestos a los de otros demonios; muchas motivaciones y dogmas sombríos y no articulados. Todos se manifiestan como personalidades parciales (aunque con los rasgos esenciales de la personalidad, pese a su naturaleza parcial).

Descubrir esto es extraordinario. Este hallazgo es la gran contribución de los psicoanalistas, que recalcaron ante todo, quizá, que dentro de nosotros moraban espíritus que escapaban de nuestro control e incluso de nuestro conocimiento consciente. Y ese descubrimiento plantea preguntas imponentes y estremecedoras: si no tienes control sobre ti mismo, ¿quién o qué lo tiene? Si no lo tienes, se cuestiona la mismísima idea de la centralidad, la unidad e incluso la realidad del *tú*, cuya existencia parece tan inmediatamente certera. ¿Y qué se proponen ese alguien o algo que no eres tú? ¿Y qué tienen entre ceja y ceja? Todos esperamos ser el tipo de criatura que pueda decirse a sí misma qué hacer, y que hará justo eso, de acuerdo con su voluntad. A fin de cuentas, tú eres tú y deberías tener control sobre ti, por definición. Pero a menudo las cosas no van así y la razón, o las razones, son de lo más enigmáticas.

A veces, no cabe duda de que simplemente es más fácil no hacer lo que deberíamos. Los buenos actos pueden ser difíciles de materializar, muchas veces lo son, y lo difícil es peligroso (y, sobre todo, agotador). La inercia también es una razón de peso para no moverse y puede aportar una cierta seguridad inmediata. Pero el problema no acaba ahí. No es solo que seas perezoso: también eres malo, como lo afirma tu propio criterio. Ese es un descubrimiento muy desagradable, pero no hay esperanza de ser buenos sin él. Te regañarás por tus defectos, o la conciencia lo hará por ti. Te tratarás como si fueras un agente inmoral, al menos en parte. Eso también es muy desagradable y no sería raro que sintieras ganas de evitar tu propio criterio. Pero no podrás huir con ninguna racionalización simple.

Si estás dispuesto a mirar, verás la fuerza adversaria que opera dentro de ti con el propósito de boicotear tus intenciones más nobles. La naturaleza exacta de esa fuerza es susceptible de infinitas especulaciones de índole filosófica, literaria, psicológica y, por encima de todo, religiosa o teológica. La concepción cristiana de la gran figura maligna —Mefistófeles, Satán, Lucifer; el propio diablo— es, por ejemplo, una profunda personificación imaginaria de ese espíritu. Pero el adversario no es solo algo que exista en la imaginación; sin duda no solo en la imaginación individual. También se trata de una entidad que se manifiesta a través de algo que aún procede describir como *posesión* en la motivación para cometer actos malévolos, así como en los propios actos. Todo aquel que ha pensado o dicho algo del estilo «no sé qué me pasó» tras actuar de un modo especialmente indecoroso percibe la existencia de esa posesión, aun cuando no se pueda o no se decida articular esa percepción. En consecuencia, podemos preguntarnos a nosotros mismos con grave consternación: «¿Por qué existiría ese espíritu? ¿Por qué iba a ser parte de cada uno de nosotros?».

La respuesta parece estar asociada, en parte, al poderoso sentido que todos compartimos de nuestras limitaciones mortales intrínsecas, nuestra subyugación al sufrimiento que nos infligen la sociedad, la naturaleza y también nosotros mismos. Eso genera bilis y un cierto desprecio o asco por nosotros mismos, inspirados por nuestras propias debilidades y faltas (y aquí aún no hablo de inmoralidad; solo de nuestra ínsita y terrible fragilidad), así como por la aparente injusticia, impredecibilidad y arbitrariedad de nuestros defectos. Teniendo en cuenta todos estos sinsabores descubiertos, no hay razón para pensar que vayas a estar satisfecho o feliz contigo mismo o con el propio Ser. Esa insatisfacción —esa infelicidad— puede terminar por reforzarse y magnificarse en un círculo vicioso. Con cada paso que das contra ti u otros por culpa de tu infelicidad y tu rencor, hay más de lo que avergonzarse y más motivos para oponerte a ti mismo. No es casual que más o menos una de cada cinco personas se inflija algún tipo de daño físico grave a lo largo de su vida.[3] Y eso sin incluir el acto más grave: el suicidio, o la tendencia a planearlo, que es más habitual. Si eres infeliz contigo mismo, ¿por qué habrías de maniobrar en tu mejor interés? Quizá sería más probable que surgiera algo vengativo de ti; quizá algo capaz de justificarse mientras asigna sufrimientos hipotéticamente merecidos, diseñados para interferir con tu avance. Si sumas y unes conceptualmente en una sola personalidad todo lo que hay en ti que se oponga a ti, todo lo que se opone a tus amistades y a tu esposa o marido, emana el Adversario. Ese es precisamente Mefistófeles en la obra de Goethe: el mismo diablo. Ese es el espíritu rival, que es justo como se describe a sí mismo: «Soy el espíritu que siempre niega».[4] ¿Por qué? Porque todo en el mundo es tan limitado e imperfecto —y por ello siembra tantos problemas y terror— que su aniquilación no solo está justificada, sino que es un deber ético. Al menos esto dice la lógica.

No es una mera abstracción exánime. La gente tiene verdaderos dilemas con estas ideas. Las mujeres las afrontan cuando sopesan si tener un bebé. Se preguntan a sí mismas: «¿De verdad debería traer a un niño a un mundo como este? ¿Es una decisión ética?». Los discípulos de la escuela filosófica del antinatalismo, cuyo mayor exponente podría ser el filósofo sudafricano David Benatar,[5] responderían sin titubeos que no a ambas preguntas. Hace unos cuantos años debatí con él acerca de sus opiniones.[6] No es que no entendiera su postura. No hay duda de que el mundo está empapado de sufrimiento. Unos años más tarde debatí con otro filósofo, Slavoj Žižek, mucho más conocido por sus predilecciones marxistas que por sus convicciones religiosas. Durante la plática dijo algo que podría ser debatible desde un punto de vista teológico, pero que me pareció de gran interés. En la tradición cristiana, hasta Dios en persona, encarnado en Cristo, se desespera y duda del sentido de la vida y de la bondad de su Padre durante la agonía de la crucifixión. En el clímax del sufrimiento, justo antes de morir, pronuncia las palabras «Eli Eli lama sabachthani»[7], 'Dios mío, ¿por qué me has desamparado?' (Mateo 27:46). A su estilo narrativo, esto parece insinuar con firmeza que el peso de la vida se puede volver tan grande que incluso Dios mismo puede perder la fe cuando se le presenta la insufrible realidad de la injusticia, la traición, el sufrimiento y la muerte.

Cuesta imaginar una historia con la que los mortales puedan identificarse más. Si hasta Dios duda en medio de la agonía que se ha autoimpuesto, ¿cómo quieren que los pobres humanos no cometamos la misma falta? Es posible que la compasión fuera lo que sustentara la postura antinatalista de

Benatar. No vi señales de que ese antinatalista fuera manifiestamente malvado. Parecía creer de verdad —de una manera que recordaba al Mefistófeles de Goethe— que la combinación de conciencia, vulnerabilidad y mortalidad es tan funesta que, dicho llanamente, no había excusa moral para su prolongación. Valga decir que es muy posible que la opinión de Mefistófeles no sea de fiar. Dado que es Satán en persona, no hay razón para asumir que el argumento con que justifica su oposición al Ser sea válido, o ni siquiera que él mismo se lo crea de verdad. Y quizá pasara lo mismo con Benatar, que era y sin duda sigue siendo preso de las flaquezas que nos afectan a todos (entre los que sin duda me incluyo, pese a adoptar una postura contraria a la suya). Pero creía, y sigo creyendo con toda mi alma, que las consecuencias de su postura de autonegación son demasiado nefastas. Conducen directamente a un nihilismo antivida o incluso anti-Ser tan profundo que, al manifestarse, no hace más que exagerar y amplificar las consecuencias destructivas de la existencia que ya atraen la atención de los antinatalistas supuestamente compasivos; y no quiero ser sarcástico ni cínico acerca de la existencia de esa compasión, por más equivocada que crea que esté.

La hipótesis de Benatar era que la vida rezuma tanto sufrimiento que, en realidad, es un pecado absoluto traer a ella a nuevos seres pensantes; y que el acto ético más adecuado para los seres humanos sería sencillamente dejar de hacerlo y extinguirnos por voluntad propia. En mi opinión, este punto de vista está más extendido de lo que cabría pensar, aunque tal vez no se suela sostener durante mucho tiempo. Cuando uno de los muchos infortunios de la vida te avasalla; cuando un sueño se derrumba o alguien cercano a ti sufre cualquier tipo de revés —sobre todo un niño o un ser querido—, es fácil que termines pensando: «Quizá sería mejor que todo este problema se acabara».

Es evidente que esto es lo que piensa la gente cuando tantea el suicidio. Las personas que generan la variante más extrema de estas nociones son los asesinos en serie, los autores de tiroteos en escuelas y, en general, los homicidas y genocidas. Encarnan la actitud del Adversario tan plenamente como pueden. Están poseídos de verdad, en términos que exceden lo meramente metafórico. No solo han decidido que la vida es insufrible y la maldad de la existencia es injustificable, sino que habría que castigarlo todo por el mero pecado de existir. Si queremos abrigar cualquier esperanza de tratar con la existencia del mal y esforzarnos por minimizarlo, debemos entender este tipo de impulsos. La conciencia del sufrimiento y la maldad desempeñan un papel relevante a la hora de afligir a la gente. Y considero que, de generalizarse la filosofía antinatalista, derivaría seguro hacia esta aflicción. Primero, podría aparecer la mera negativa a reproducirse. Pero creo que el impulso para dejar de producir nueva vida se transformaría enseguida en un impulso similar para destruir la vida que existe en la actualidad, a raíz de la opinión *compasiva* de que algunas vidas son tan terribles que es un acto de misericordia ponerles fin. Esa filosofía surgió bastante pronto en la época nazi, por ejemplo, cuando los individuos que se consideraban muy maltratados por la vida se sacrificaron por motivos de presunta piedad moral. La pregunta a la que nos lleva este razonamiento es: ¿dónde acaba esa *piedad*? ¿Qué tan enfermo, viejo, intelectualmente discapacitado, minusválido, infeliz, improductivo o políticamente renegado tienes que ser o estar antes de que prescindir de ti sea un imperativo moral? Y una vez la erradicación o incluso la mera limitación de la vida se convierten en tu brújula ética, ¿qué te hace pensar que no seguirás por ese camino hasta su diabólico final?

En ese sentido, los escritos de los asesinos de la preparatoria de Columbine me parecieron muy reveladores. Están llenos de garabatos, son descuidados, incoherentes y narcisistas, pero es obvio que se basan en una filosofía: que las cosas merecen sufrir por haber cometido el delito de existir. Esa opinión da pie a pensar que hay que elaborar y ampliar con creatividad ese sufrimiento. Uno de los asesinos escribió que se consideraba a sí mismo el juez de todo lo existente —un juez para el que el Ser, sobre todo en su forma humana, era deficiente— y que sería mejor si toda nuestra raza fuera erradicada. Así se definía el propósito de su horripilante visión. Él y su socio dispararon a sus compañeros de escuela, pero eso era solo una diminuta fracción de lo que planeaban. Habían colocado explosivos por toda la comunidad y habían soñado con acabar con toda la ciudad. Esos planes eran solo un paso en su avance hacia la visión genocida final.

Uno no tiene esta clase de visiones a menos que esté muy poseído por algo muy parecido al espíritu del Adversario. Hablamos de Mefistófeles, cuyo punto de vista esencial se podría parafrasear de esta forma: «La vida es tan terrible por culpa de su limitación y maldad que sería mejor que ni siquiera existiera». Ese es el dogma primordial del espíritu que maniobra contra ti. Es un argumento defendible y no sorprende que pueda surgir, pues parece terriblemente creíble en momentos de crisis, aunque a mí me parece muy equivocado. En parte, el motivo por el que me parece equivocado es que, cuando aparece, solo sirve para exacerbar una situación que ya se ha reconocido como mala. Si te pones a empeorar las cosas, es probable que sí acaben empeorando. No veo en qué sentido supone una mejora, si tu objeción original atañía al terror esencial de nuestra propia situación existencial. No parece ser el camino que seguiría una criatura consciente con un mínimo de gratitud. Denota una incoherencia lógica insostenible y, por tanto, parece convertir el argumento en una simple falacia, cosa que provoca ineludiblemente que el oyente piense: «Hay cosas que suceden tras bambalinas de las que no se habla ni se puede hablar, pese a la lógica exterior».

Los vicios de la lógica del Adversario no significan que sea fácil generar un punto de vista inquebrantable para rebatirla. Hablando claramente, identificar esa visión de objeción y sed de venganza es útil, igual que el espacio negativo en la pintura es útil: define lo positivo por contraste. El bien se puede concebir —por más que al comienzo se haga vagamente— como lo opuesto a lo que constituya el mal, que tiende a ser más fácil de identificar en el mundo que la bondad. He buscado referentes en ese camino de oposición al mal para que la gente pueda identificar qué podría ser el bien. Algunos son muy prácticos, aunque también difíciles. Por ejemplo, he sugerido a mis espectadores y oyentes,[8] sobre todo a aquellos que en la actualidad cargan con la enfermedad terminal de un padre, que es útil asumir adrede el deber de ser una persona más juiciosa tras la muerte; durante los penosos preparativos del funeral y de la ceremonia en sí, así como al cuidar de los familiares durante y después de la calamidad. Eso esconde una llamada a cumplir tu potencial. Es una llamada a la fuerza del propio Ser, el Ser que podría manifestarse en ti. La raza humana ha sufrido pérdida y muerte desde siempre. Somos los descendientes de quienes consiguieron hacerle frente. Esa capacidad está en nuestro interior, por más desalentadora que pueda parecer la labor.

Si amas a alguien de verdad, mantener la compostura y la cordura cuando falta, o cuando su presencia languidece, puede parecer una grave traición. A fin de cuentas, ¿qué dice esa capacidad sobre la magnitud de tu amor? Si puedes ver su muerte y sobrevivir a la pérdida, ¿no denota que el lazo era débil y temporal, si no directamente reemplazable? Si su lazo era real, ¿no debería devastarte, como pasa a veces? Pero no hay que desear que cada pérdida inevitable conduzca a la desolación de todos los afectados, porque entonces todos estaríamos condenados de manera mucho más inmediata que ahora. Y tampoco es que la última voluntad de los moribundos sea, ni deba ser, el sufrimiento interminable de sus seres queridos. En verdad, mi impresión es que la gente tiende a sentirse culpable en el lecho de muerte (por su impotencia inmediata y por la carga que representan, pero aún más por su aprensión a la tristeza y la molestia que van a causar a quienes dejan atrás). Así pues, su deseo más ferviente, creo yo, es que sus allegados puedan seguir adelante y vivir felices tras un plazo razonable de duelo.

Por tanto, hundirse tras una pérdida trágica es más bien una traición a la persona que ha muerto, antes que un homenaje, pues multiplica el efecto de esa catástrofe mortal. Si un moribundo desea tristeza infinita a sus seres amados, tiene que ser un egoísta narcisista. Mostrar fortaleza ante la muerte es mejor tanto para la persona que fallece como para los que se quedan. Hay familiares que están sufriendo por culpa de su pérdida y que necesitan atención, que son demasiado mayores y débiles y tienen demasiadas dificultades para gestionar bien la situación. Así que tiene que intervenir alguien fuerte que ejerza la terrible autoridad que hace que hasta la muerte sea algo abordable y superable. Entender a las claras que tu obligación moral en esas circunstancias es ser fuerte ante la adversidad es decirte a ti mismo —y quizá a otras personas— que hay en ti algo lo bastante grandioso y poderoso para hacerle frente a lo peor y, aun así, prevalecer. Eso es sin duda lo que la gente necesita encontrar en un funeral. Hay poco que decir ante la muerte. Al topar con el infinito vacío que rodea nuestra fugaz existencia, todos nos quedamos sin habla. Pero la integridad y el coraje en una situación así son verdaderamente reconfortantes y fortificantes.

Esta idea, que la entereza en el funeral de un ser querido o un allegado es un objetivo digno, la he planteado en más de una plática (que podrán encontrar en vivo, en YouTube o en pódcast). Un número considerable de personas me han comentado que, a raíz de ello, hicieron de tripas corazón en momentos de desesperación. Se fijaron la lealtad y la fuerza en momentos de crisis como objetivos claros y consiguieron justo eso, así que sus allegados desolados tuvieron a alguien en quien apoyarse y a quien emular ante los problemas graves. Al menos aliviaron muchísimo una situación negativa. Algo es algo. Si ves a alguien superar la catástrofe, la pérdida, la congoja y la desolación, ves la prueba de que se puede responder al infortunio. En consecuencia, puedes imitarlo, incluso en circunstancias adversas. Ante la faz de la tragedia, el coraje y la nobleza son la antítesis del cinismo aniquilador y nihilista aparentemente justificado.

Repito: entiendo la actitud negativa. Llevo miles de horas de experiencia clínica a mis espaldas. Me he encontrado en algunas situaciones muy complicadas con las personas a las que escuchaba y ayudaba a urdir estrategias, así como en mi vida privada. La vida de la gente es ardua. Piensas que tu vida es dura (y es probable que lo sea, al menos en ocasiones) hasta que conoces a alguien con una vida tanto peor que la tuya que, sean cuales sean las miserias que te afecten, no puedes ni imaginar cómo puede ser capaz de seguir existiendo en su miserable estado. Y no es raro descubrir que esas mismas personas desgraciadas conozcan a otra con una vida tan difícil que sientan lo mismo por ella. Incluso es frecuente que se sientan culpables por creer que lo están teniendo difícil, pues saben que podría ser aún peor.

No es que el sufrimiento y la traición, las calamidades, no sean lo suficientemente graves para que el desconsuelo deje de ser una opción real. Pero esa opción no oculta nada bueno, aunque sí mucho mal. Así pues, ¿cuál es la alternativa? Empecé a valorar en serio el tema de esta regla justo antes del Día de Acción de Gracias de 2018, mientras estaba de gira por los Estados Unidos. Esa festividad se ha convertido en una de las celebraciones colectivas más grandes del país; también es un día señalado en Canadá, donde tiene lugar más o menos un mes antes. La única competencia, sobre todo desde que la Semana Santa ha perdido bastante fuelle, es la Navidad, que en cierto sentido también es una festividad de agradecimiento, pues se centra en la llegada del eterno Redentor en medio de la oscuridad y el frío del invierno: reflejo del nacimiento y renacimiento eterno de la esperanza. Dar las gracias es una alternativa a la amargura; quizá la única. Según lo que he observado de la fiesta norteamericana —viví en los Estados Unidos siete años y he pasado tiempo ahí en un sinfín de ocasiones más—, el calibre de Acción de Gracias entre las festividades parece ser algo bueno, en términos prácticos y simbólicos. En principio, el hecho de que la principal fiesta del país consista de forma explícita en *dar las gracias* parece un reflejo positivo de la ética fundamental del Estado. Significa que la persona trata de actuar con integridad y el grupo apoya y anima ese empeño. ¿Por qué, con lo problemática que es la vida? Pues porque puedes ser valiente. Puedes estar alerta, despierto y atento. Puedes ver lo agotadora que es y puede ser la vida; y verlo cristalinamente. A pesar de esto, puedes seguir siendo agradecido porque esa es la actitud intrépida respecto a la vida y sus obstáculos. No estás agradecido porque seas candoroso, sino porque has decidido dar el paso y animar lo mejor de ti, del país y del mundo. Estás agradecido, además, no porque no exista el sufrimiento, sino porque hay valentía en recordar lo que tienes y lo que aún se te podría ofrecer; y porque la pertinente actitud de agradecimiento por la existencia y la posibilidad te prepara mejor que cualquier otra actitud para los avatares de la existencia.

Dar las gracias por tu familia es acordarte de tratarlos mejor. Podrían dejar de existir en cualquier momento. Dar las gracias por tus amigos es tener presente la necesidad de tratarlos como es debido, dada la improbabilidad comparativa de la propia amistad. Dar las gracias por tu sociedad es recordar que eres el beneficiario de tremendos esfuerzos de aquellos que murieron antes que nosotros y nos legaron este marco sensacional de estructura social, tradición, cultura, arte, tecnología, energía, agua y saneamiento para que nuestras vidas pudieran ser mejores que las suyas.

La tentación de volverse amargado es grande y real. Hay que hacer un auténtico esfuerzo moral para no seguir ese camino, asumiendo que (ya) no eres un ingenuo. La gratitud asociada con ese estado del Ser se basa en la ignorancia y la falta de experiencia. No es virtud. Por tanto, si estás atento y despierto y puedes ver la estructura del mundo, la amargura y el rencor se antojan una respuesta viable. «Y bien, ¿por qué no tomar ese oscuro sendero?», se pueden preguntar. Me parece que la respuesta a eso, de nuevo, es el coraje: el coraje para decidir: «No, eso no es para mí, a pesar de lo que me pueda tentar en esa dirección», y decir: «Pese a la losa de mi mortalidad consciente, voy a esforzarme por hacer el bien en el mundo».

CORAJE, PERO SUBORDINADO AL AMOR

Decidir eso me parece subordinar el coraje al amor. Si el rencor, la amargura y el consiguiente odio son lo que surge de esa tentación por atormentar y destruir todo lo que vive y sufre, tal vez el amor activo sea lo que intente mejorarlo. Y esa me parece que es la decisión crucial de la vida; y es correcto catalogarla, al menos en gran parte, como un acto de plena voluntad. Las razones para la acritud, la ira, el rencor y la maldad son fuertes y numerosas. Así pues, para que tus propósitos y actos refuercen y apoyen al Ser, tienes que dar un salto de fe: tomar una decisión sobre una forma de ser que no se base tanto en los hechos, sobre todo en tiempos difíciles. Eso es algo que, en un sentido profundo, se hace a pesar de «Eli Eli lama sabachthani», algo que dice: «A pesar de todo, sea lo que sea, seguimos avanzando y subiendo». Y ese es precisamente el empeño moral imposible que se nos exige a cada uno para que el mundo funcione, incluso para evitar que degenere en el infierno.

En el marco de ese empeño imposible, de esa decisión de amar, el coraje se manifiesta y permite a cada persona emprender la valerosa cruzada de llevar a cabo las cosas difíciles necesarias para hacer el bien, incluso en los peores momentos. Si eliges manifestar las dos virtudes, amor y coraje, a la vez y a propósito, estás decidiendo que vas a esforzarte por mejorar las cosas, no empeorarlas, incluso para ti, incluso aunque sabes que a estas alturas ya has perdido tres cuartos de ti mismo por culpa de tus errores y omisiones.

Vas a mirar por mejorar las cosas para ti mismo, como si fueras una persona que depende de ti. Vas a hacer lo mismo por tu familia y la comunidad. Vas a buscar la armonía que podría manifestarse en todos esos niveles, a pesar de que ves la subestructura defectuosa y dañada de las cosas y a pesar de que, por tanto, tu visión ha quedado dañada. Ese es el camino adecuado y valiente por el que avanzar. Puede que esta sea la definición de la gratitud, del agradecimiento, y no veo que estemos hablando de algo distinto al coraje y al amor.

«¿De verdad la gente percibe y actúa de esta manera?», podrían preguntar, o incluso: «¿Son capaces?». Una de las pruebas más sólidas que he hallado es el duelo por la pérdida de alguien cercano. Aunque seas ambivalente con respecto a la vida —y quizá incluso con respecto a la persona que has perdido, hasta cierto punto, pues no cabe duda de que puede pasar—, es probable que tu respuesta ante la muerte sea el duelo. No es una respuesta del todo consciente. El duelo es una experiencia extraña. Se apodera de ti de súbito. Te sientes conmocionado y confundido. No estás seguro respecto a cómo responder. ¿Qué se supone que tienes que hacer? Pero si es un luto consciente —si decides dar la respuesta teóricamente apropiada—, no es real; no es como el dolor real que te atrapa sin preguntar. Y si no sientes un arrebato inconsciente del segundo tipo, quizá pienses: «No me siento como se supone que debería sentirme. No estoy llorando. No estoy abrumado por el dolor. Sigo con mi rutina con una normalidad pasmosa» (lo cual es especialmente factible cuando te enteras de la muerte de alguien estando lejos). Pero entonces, mientras estés haciendo una nimiedad como si todo fuese sobre ruedas, el duelo te azotará como una ola gigantesca. Siempre pasa; solo Dios sabe cuánto dura. Es algo que brota de las profundidades y te engulle con fuerza.

El duelo tiene que ser un reflejo del amor. Tal vez sea la prueba definitiva del amor. Es una manifestación incontrolable de una convicción: la existencia de esa persona perdida valió la pena, por más limitaciones y defectos que pudiera haber tenido, pese a las limitaciones y los defectos de la propia vida. Si no, ¿por qué ibas a sentir la pérdida? Si no, ¿por qué te ibas a sentir involuntariamente triste y despojado (de una fuente que el autoengaño no puede alcanzar)? Entras en duelo porque algo que apreciabas ha dejado de existir. Por tanto, en la esencia de tu Ser, has decidido que la vida de la persona tenía valor, a pesar de los problemas que te causara y que se causara a sí misma. En mi experiencia, eso sucede incluso cuando muere gente bastante infame. Son muy pocas las personas cuya vida ha sido tan catastrófica que su muerte no genera tristeza.

Cuando nos dolemos por alguien a quien hemos perdido, una parte profunda de nosotros decide que su existencia valió la pena, a pesar de todo. Quizá sea un reflejo de una decisión aún más fundamental: el Ser en sí mismo vale la pena, a pesar de todo. Por tanto, la gratitud es el proceso de intentar sonreír a propósito y con valor ante las calamidades de la vida. Tal vez es lo que intentamos hacer cuando nos reunimos con nuestras familias por vacaciones, en una boda o en un funeral. A menudo son ocasiones conflictivas y difíciles. Afrontamos una tensión paradójica y agotadora. Atraemos a personas que conocemos y amamos; estamos contentos de su existencia y cercanía, pero también deseamos que pudieran ser más. No podemos evitar sentirnos decepcionados los unos con los otros; y con nosotros mismos también.

En cualquier reunión familiar, hay tensión entre la calidez sentida y el lazo del recuerdo y la experiencia compartida y la tristeza que forzosamente lo acompaña. Algunos parientes se encuentran en un aciago estancamiento, o están allanando un camino que no les conviene. Otros envejecen, pierden su vitalidad y la salud. Y esa imagen interfiere y trastoca tus recuerdos de su versión más fuerte y joven: una pérdida doble, pues, de presente y de pasado. Es muy doloroso de ver. Pero la conclusión elemental, pese a todo, es que «es positivo que estemos todos juntos y podamos comer, vernos y hablar y advertir que estamos todos aquí afrontando esta celebración o dificultad juntos». Y todo el mundo piensa: «Si remamos juntos, quizá salgamos de esta». Así pues, cuando te reúnes con tu gente, tomas la misma decisión fundamental que cuando te dueles por la pérdida de alguien: «Pese a todo, es bueno que estemos juntos y que nos tengamos unos a otros». Es algo realmente positivo.

Lo mismo cabe decir de tu relación con tus hijos. En las últimas décadas, he vivido un duelo muy acentuado con respecto a mi hija, dado que tuvo muchos problemas de salud tanto de niña como de adolescente y de adulta. Un niño es un ser con enorme potencial, capaz de adquirir una autonomía y una habilidad admirable, productiva y cada vez mayor. Pero las formas de vida de tres, cuatro o cinco años también entrañan algo muy frágil; e incluso las de quince o veinticinco, pues una vez experimentada a fondo, esa fragilidad no desaparece nunca completamente de la percepción de un padre, como seguro que les ocurrirá a quienes cuiden de niños pequeños. Todo eso forma parte de la alegría de tener hijos, pero también forma parte del dolor. El dolor es la certeza absoluta de que la fragilidad va a explotar. Y aun así, pensaba que cualquier medida que tomara para erradicar esa fragilidad en mis hijos también destruiría eso por lo que estaba agradecido. Recuerdo pensar esto con bastante claridad de mi hijo cuando tenía tres años, porque era lindísimo y muy gracioso. Pero tenía tres años, así que era pequeño. Se caía, se daba de cabeza contra la mesa, caía por las escaleras y reñía con otros niños. Podía estar jugando en el estacionamiento del supermercado y, de repente, alejarse distraído. No es lo más recomendable en un sitio donde mandan los coches. Los niños desprenden una vulnerabilidad innegable que te despierta y te inspira mucho el deseo de protegerlos, pero también el deseo de fomentar su autonomía y empujarlos hacia el mundo, porque así es como los fortaleces. También es una vulnerabilidad que puede llevarte a enojarte con la vida debido a su fragilidad y a maldecir el destino que los une.

Cuando pienso en mis padres, me pasa lo mismo. Se están haciendo mayores. Cuando la gente se hace mayor, en cierto sentido, ves cómo cristaliza en las personas que son. Mi padre y mi madre tienen una personalidad muy marcada. Eran las personas que eran con cincuenta y pico y, ahora, puede que sus rasgos se hayan acentuado todavía más. Tienen sus puntos débiles y sus puntos fuertes (y quede dicho que los primeros suelen ser muy necesarios para los segundos). Ahora son octogenarios y son muy especiales. A veces es frustrante tratar con la gente y con sus peculiaridades. Piensas: «¿No sería mejor que fueran de otra manera?». No digo que yo piense esto sobre mis padres más que las personas tienden a pensarlo unas de otras. No lo concibo como una crítica hacia ellos. Además, no hay duda de que ellos (y otros, otros muchos) sienten lo mismo hacia mí. Pero hay que entender que, igual que en el caso de los niños, todas esas peculiaridades, fragilidades y limitaciones son parte integral de lo que has terminado amando.

Por tanto, puedes amar a personas pese a sus limitaciones, pero también las amas precisamente por ellas. Es crucial entender esta idea. Si lo haces, puede que te ayude a ver que sigue siendo posible mostrar gratitud. A pesar de que el mundo es un lugar muy tenebroso y que todos tenemos penumbra en nuestra alma, cada persona ve en las demás una mezcla única de realidad y posibilidad que es una especie de milagro: un milagro que se puede manifestar realmente en el mundo, en las relaciones basadas en la confianza y el amor. Eso es algo por lo que puedes atreverte a estar agradecido. Eso es algo en lo que puedes hallar parte del antídoto al abismo y a la oscuridad.

Muestra gratitud a pesar de tu sufrimiento.

EPÍLOGO

Como señalaba en el prefacio, buena parte de este libro fue escrito durante los largos meses que pasé de hospital en hospital: primero, visitando o haciendo compañía a mi hija Mikhaila; luego, haciendo lo mismo durante un periodo más largo con mi esposa Tammy; y al final, cuando no me quedó otra, durante mis ingresos continuados. Creo que no procede detallar esos achaques personales más de lo que ya lo he hecho. En primer lugar, porque las circunstancias comunes de la pandemia de la COVID-19 han convertido en una tragedia inimaginable la vida de todo el mundo, en vista de lo cual parece un tanto superfluo ofrecer un relato del sufrimiento familiar o individual; y, en segundo lugar, porque este libro no versa sobre los problemas de mi hija, de mi mujer o de un servidor, sino que hace hincapié en temas de relevancia psicológica general. No obstante, lo que sí considero necesario señalar es nuestro aprecio por todas aquellas personas que nos apoyaron durante estos tiempos difíciles, que no fueron pocas. Así, se me antoja imposible no comentar con un poco más de detenimiento nuestras diversas dolencias.

En el plano público, recibimos un alud de mensajes de ánimo de miles de personas que conocían mi obra. Algunas nos los transmitían en persona, cuando la gente se encontraba con Tammy o conmigo en la calle; algunas nos los enviaban por correo y por redes sociales; y otras los compartían en los comentarios de mis videos de YouTube. Fue de lo más reconfortante. Mi hermana Bonnie recopiló e imprimió mensajes especialmente cariñosos para Tammy llegados de todo el mundo. Analizó los correos electrónicos y colgó los elegidos en la pared de la habitación del hospital, en colores vivos para que fueran fáciles de leer. Los mensajes que luego me mandaron a mí ayudaron a afianzar mi convicción —en ocasiones vacilante— de que podía y debía superar los apuros que estaba viviendo; y también que el libro que están leyendo o escuchando seguiría siendo relevante a pesar de la terrible pandemia que en estos momentos asola el mundo. También tuvimos la suerte de recibir atención médica, buena parte de ella extrema, pero la mayoría de las veces dispensada con optimismo, cuidado y competencia. Las dos intrépidas operaciones para extirparle el cáncer a Tammy corrieron a cargo del doctor Nathan Perlis, de la Princess Margaret Cancer Foundation; y cuando las complicaciones subsiguientes se volvieron demasiado graves, fue tratada por el doctor Maxim Itkin, director del Penn Center for Lymphatic Disorders de Filadelfia.

En un plano más privado, Tammy y yo fuimos afortunados de contar —cada uno por su parte, pero también como pareja— con el apoyo constante de familiares y amigos que interrumpieron su vida para pasar días, semanas y meses con nosotros mientras hacíamos frente a nuestros obstáculos. Tengo serias dudas sobre ello, pero si otro gallo hubiera cantado, solo espero que yo hubiera decidido ser tan generoso con mi tiempo y mi atención como lo fueron ellos. Debo dar las gracias sobre todo a mis familiares: a mi hija Mikhaila Peterson y a su esposo Andrey Korikov, a mi hijo Julian Peterson y a mi nuera Jillian Vardy, a mi cuñado Jim y a mi hermana Bonnie Keller, a mi hermano Joel y a mi cuñada Kathleen Peterson, a mis padres Beverley y Walter Peterson, a mis cuñados Dale y Maureen Roberts y a su hija Tasha, a mi cuñada Della Roberts y a su marido Daniel Grant; así como a nuestros amigos Wayne Meretsky, Myriam Mongrain, Queenie Yu, Morgan y Ava Abbott, Wodek Szemberg y Estera Bekier, Wil Cunningham y Shona Tritt, Jim Balsillie y Neve Peric, al doctor Norman Doige y a su mujer Karen, a Gregg Hurwitz y a su mujer, la doctora Delinah Hurwitz (el primero también me ayudó mucho a editar y perfeccionar mi anterior libro, *12 reglas para vivir: un antídoto al caos*), al doctor Cory Torgerson y a su mujer Nadine, a Sonia y Marshall Tully, al doctor Robert O. Pihl y su mujer Sandra, al doctor Daniel Higgins y a la doctora Alice Lee, al doctor Mehmet Oz y a Lisa Oz y al doctor Stephen Blackwood y su mujer, la doctora Nicole Blackwood. Estos últimos dos años, todos han hecho cuanto estaba en sus manos y más para atendernos a Tammy y a mí. Por último, nos echaron una mano tres hombres de Dios, sobre todo a Tammy: los padres Eric Nicolai, Fred Dolan y Walter Hannam.

Mi familia hizo gestiones para que me trataran en Moscú la reacción paradójica y la ulterior dependencia del medicamento que tomaba contra la ansiedad, la benzodiacepina, teóricamente segura pero de lo más peligrosa. Lo gestionó con magistral eficiencia, a pesar del momento del año en que nos encontrábamos (las vacaciones de Navidad y Año Nuevo de 2019-2020), Kiril Serguéievich Mijaílov, cónsul general de la Federación Rusa en Toronto, y el personal del Consulado, que me concedió un visado urgente en cuestión de días. Muchas personas, entre las que se encontraban Kelly y Joe Craft, Anish Dwivedi, Jamil Javani, Zach Lahn, Chris Halverson, Metropolitan Jonah y el muy reverendo padre Victor Potapov y Dimitir Ivanov, ayudaron a agilizar un proceso muy complejo y multidimensional. En Rusia, mi seguridad corrió a cargo de Alexander Usov; y las visitas diarias de mi hija Mikhaila y su marido Andrey, a los que no puedo estar más agradecido, disminuyeron mi sensación de soledad. Los equipos médicos rusos estuvieron formados por el IMC Addiction de Román Yuzapolski, que aceptó supervisar mi caso a pesar de que varios expertos le advirtieron que era demasiado peligroso, y los miembros de su plantilla: Guerman Stepnov, los directivos de administración y Alexandr, el terapeuta, que me lo tradujo todo durante un lapso de dos semanas sin ni siquiera cambiarse de ropa. Ingresé en la Academia de Ciencias Médicas de Rusia con una pulmonía doble sin diagnosticar y en un estado catatónico y delirante, pero gracias al equipo pude volver a andar. La doctora Marina Petrova, la subdirectora, y el doctor Michael, jefe médico de lo que se conocía como la Unidad de Reanimación, fueron de especial ayuda. Uliana Efros, la niñera de mi nieta Elizabeth Scarlett, siempre nos cubrió las espaldas y viajó con nosotros durante ocho meses a Florida y Serbia, cuidando de Ellie e incluso pasando un mes en cuarentena. Doy gracias también a la hija de Uli, Liza Románova, que ayudó a cuidar de Ellie en Rusia para que mi hija y mi yerno pudieran ir a verme al hospital. Por último, en el frente ruso, me gustaría dar las gracias a Mijaíl Avdéiev, que nos ayudó mucho procurándonos medicamentos y traduciendo información médica, ambas cosas con muy poca antelación.

Más tarde, en junio de 2020, pedí que me ingresaran en la IM Clinic de Medicina Interna de Belgrado, una institución dedicada a la abstinencia de benzodiacepina, donde caí en las competentes y tiernas manos del doctor Igor Bolbukh y su personal. El doctor Bolbukh había volado antes a Rusia para consultarme mientras me hallaba en un estado de delirio, me asesoró en temas médicos durante meses sin cobrar, me estabilizó al llegar a Serbia y luego se encargó de mi cuidado. La IM Clinic fue fundada por el doctor Nikolái Vorobiev y su equipo ha sido muy paciente y no ha mostrado ningún rencor; una gesta difícil en estos días de pandemia, con las inevitables y repentinas cuarentenas.

También están aquellos que se han ganado con creces el mérito, el reconocimiento y la gratitud a nivel profesional. Gracias a mis agentes: Mollie Glick, de la Creative Artists Agency, Sally Harding, de CookeMcDermid (Canadá), con sus colegas Suzanne Brandreth y Hana El Niwairi, de Cooke Agency International Canada. Gracias también a los redactores y editores de *12 reglas para vivir: un antídoto al caos*, Penguin Random House Canada: al editor sénior Craig Pyette, que se encargó con maestría del control de calidad y la corrección de estilo; al ex director general Brad Martin, a la actual directora general Kristin Cochrane, a la editora de Knopf Random House Canada Publishing Group Anne Collins, al vicepresidente, editor asociado y director de la estrategia de *marketing* Scott Sellers; a la editora Laura Stickney y su colega Penelope Vogler, de Penguin Random House UK, así como al director general Tom Weldon; y al director general de Penguin Random House International, Markus Dohle. Doy gracias a los redactores y editores de este libro, un equipo que comprende las personas acabadas de mencionar y el personal de Penguin Random House US, incluidos el editor de las editoriales Portfolio y Sentinel, Adrian Zackheim, y la ayudante de redacción, Helen Healey. Finalmente, quiero dar las gracias al profesor Bruce Pardy y al abogado Jared Brown por respaldar con brío mis ideas durante un tiempo en que hacerlo entrañaba un grave peligro para la reputación y la seguridad profesional.

La gira internacional por ciento sesenta ciudades que Tammy y yo dimos durante el periodo de incubación de este libro —y durante su redacción preliminar— fue fantásticamente organizada por los representantes de Creative Artists Agency, Justin Edbrooke (ayudado por Daniel Smith) y Ari Levin (ayudado por Colette Silver), así como por Andrew Levitt, de Live Nation. La gira por Australia y Nueva Zelanda recibió la atención del productor australiano Brad Drummond, de TEG Dainty, del director de la gira, Simon Christian, y del jefe de seguridad, Scott Nicholson. Gunnlaugur Jónsson y su equipo fueron muy acogedores con Tammy y conmigo; y también con mi madre y mi tía, que nos acompañaron durante los días que pasamos en Islandia. John O'Connell fue el director principal de la gira y demostró ser sumamente profesional, resolviendo problemas con oficio y siendo un faro de alegría y apoyo durante los meses de viajes y organización.

Dave Rubin, de *The Rubin Report*, viajó con nosotros, presentó mis pláticas y moderó los turnos de preguntas y respuestas posteriores, añadiendo un toque necesario de espontaneidad a lo que habría sido un acto excesivamente formal. Rob Greenwald, de Rogers and Cowen, ayudó a que los medios hicieran una cobertura adecuada. Joe Rogan, Ben Shapiro, Douglas Murray, Gad Saad y Steven Crowder nos ofrecieron su amistad y compartieron su amplia resonancia mediática. Zachary Lahn estuvo allí muchas veces que se le necesitó y Jeff

Sandefer puso a nuestra disposición su enorme red de contactos. Bill Vardy, Dennis Thigpen, Duncan Maisels y Melanie Paquette fueron nuestros choferes durante el tramo norteamericano de la gira, cuando fuimos en autocaravana. A Tammy y a mí también nos gustaría agradecer a la diseñadora Shelley Kirsch y al equipo de SJOC Construction por llevar a cabo la renovación de nuestra casa durante estos tiempos tan complicados con una supervisión mínima por nuestra parte. Han pasado tantas cosas en los últimos tres años que estoy seguro de haberme olvidado de personas cruciales y, por ello, ofrezco mis más sinceras disculpas.

Y para terminar, debo expresar mi agradecimiento a todos los que han leído o escuchado mis libros —*Mapas de sentidos: la arquitectura de la creencia* y los dos volúmenes de doce reglas— o han sintonizado mis videos y pódcast de YouTube. Nos ha impresionado sobremanera, a mí y a mis allegados, la excepcional lealtad y curiosidad que han demostrado a lo largo del último lustro. Espero que todos los que lean o escuchen este libro hallen el camino para superar estos tiempos tan difíciles. Espero que estén rodeados de personas a quienes aman y que los aman. Espero que puedan estar a la altura de las actuales circunstancias y que todos tengamos la suerte de poder poner de nuevo nuestra atención en reconstruir el mundo tras el diluvio.

NOTAS

Prefacio

1. Este es el famoso *problema de la inducción* del ilustre filósofo David Hume. Para leer más, véase Hume, D., *Investigación sobre el entendimiento humano*, Akal, Madrid, 2004.

2. Peterson, J. B., *12 reglas para vivir: un antídoto al caos*, Planeta, Barcelona, 2018.

Regla 1: No denigres a la ligera ni las instituciones sociales ni el logro creativo

1. Hughes, S., y Celikel, T., «Prominent Inhibitory Projections Guide Sensorimotor Communication: An Invertebrate Perspective», *BioEssays*, 41, 2019, 190088.

2. Swanson, L. W., «Cerebral hemisphere regulation of motivated behavior», *Brain Research*, 886, 2000, pp. 113-164.

3. De Waal, F. B. M., y Suchak, M., «Prosocial Primates: selfish and unselfish motivations», *Philosophical Transactions of*

the Royal Society of London: Biological Science, 365, 2010, pp. 2711-2722.

4. Peterson, J. B., y Flanders, J., «Play and the regulation of aggression», en Tremblay, R. E., Hartup, W. H., y Archer, J. (eds.), *Developmental Origins of Aggression,* Guilford Press, Nueva York, 2005, pp. 133-157.

5. Piaget, J., *La formación del símbolo en el niño: imitación, juego y sueño: Imagen y representación,* Fondo de Cultura Económica, México, 2012.

6. De Waal, F. B. M., *Bien natural: los orígenes del bien y del mal en los seres humanos y otros animales,* Herder, Barcelona, 1997.

7. Sakyi, K. S., *et al.,* «Childhood Friendships and Psychological Difficulties in Young Adulthood: An 18-Year Follow-Up Study», *European Child & Adolescent Psychiatry,* 24, 2012, pp. 815-826.

8. Almquist, Y. M., «Childhood Friendships and Adult Health: Findings from the Aberdeen Children of the 1950s Cohort Study», *European Journal of Public Health,* 22, 2012, pp. 378-383.

9. Todos los datos sobre los adultos se extraen de Reblin, M., y Uchino, B. N., «Social and emotional support and its implications for health», *Current Opinions in Psychiatry,* 21, 2009, pp. 201-202.

10. Burns, R., «A un piojo, al ver uno en el sombrero de una dama en la iglesia», *Revista Alicantina de Estudios Ingleses,* Universidad de Alicante, Alicante, 1991, pp. 231-233. Trad. de Brian Hughes y F. Javier Torres Ribelles.

11. Hirsh, J. B., *et al.,* «Compassionate Liberals and Polite Conservatives: Associations of Agreeableness with Political Ideology and Moral Values», *Personality and Social Psychology Bulletin,* 36, 2010, pp. 655-664.

12. Fenlon, J., «Bible Encyclopedias, The Catholic Encyclopedia: Codex Bezae», StudyLight.org, <https://www.studylight.org/encyclopedias/tce/c/codex-bezae.html>. Véase también *The Catholic Encyclopedia*, «Codex Bezae», Robert Appleton Company, Nueva York, 1913.

Regla 2: Imagina quién podrías ser y pon todo tu empeño en serlo

1. Por ejemplo, hace poco hemos descubierto que las nuevas experiencias despiertan nuevos genes. Estos codifican nuevas proteínas que, a su vez, forman nuevas estructuras mentales y corporales. Así pues, las nuevas exigencias parecen activar los interruptores biológicos, con lo que permiten que pensamientos y acciones previamente latentes se manifiesten. Para un análisis, véase Sweatt, D. J., «The Emerging Field of Neuroepigenetics», *Neuron,* 80, 2013, pp. 624-632.

2. Traducción propia del espiritual tradicional *Go Down Moses,* de alrededor de 1850.

3. Jung, C. G., *Collected Works of C. G. Jung*, vol. 12, *Psychology and Alchemy*, Princeton University Press, Princeton, 1968, p. 323.

4. Estas ideas, así como el mito mesopotámico de la creación, se tratan a fondo en el primer libro que escribí: Peterson, *Mapas de sentidos,* ob. cit.

5. Tabla 7:112, 7:115; Heidel, A., *The Babylonian Genesis,* Chicago University Press/Phoenix Books, Chicago, 1965, p. 58.

6. Pidoplichko, I. H., *Upper Palaeolithic Dwellings of Mammoth Bones in the Ukraine: Kiev-Kirillovskii, Gontsy, Dobranichevka, Mezin and Mezhirich,* J. and E. Hedges, Oxford, 1998.

7. Tolkien, J. R. R., Carpenter, H., y Tolkien, C., *The Letters of J. R. R. Tolkien,* Houghton Mifflin, Boston, 1981, carta 25.

8. Podemos ver un atisbo de lo común que es este tema aquí: <https://en.wikipedia.org/wiki/Category:Fictional_orphans>.

9. Véase Peterson, *Mapas de sentidos,* ob. cit., para un debate más extenso sobre este mundo simbólico y las razones para las diversas equivalencias.

10. Tolkien, Carpenter y Tolkien, ob. cit.

11. Abordo esta cuestión con mucho más detalle en Peterson, *12 reglas para vivir,* ob. cit. Regla 2: «Trátate a ti mismo como si fueras alguien que depende de ti».

12. Algunas premisas neuropsicológicas de este antiguo sistema de detección de depredadores, cuya desinhibición produce la reacción de lucha o huida, el miedo o el pánico, se detallan en Peterson, *Mapas de sentidos,* ob. cit.

Regla 3: No escondas en la niebla las cosas que no desees

1. Habermas, J., «Ética del discurso. Notas sobre un programa de fundamentación», en Habermas, J. (ed.), *Conciencia moral y acción comunicativa,* Trotta, Madrid, 2008.

2. Reviste cierto interés señalar que todas son variaciones semánticas del «tohu va-bohu», el caos a partir del cual Dios creó el orden, según los primeros versos del libro del Génesis. Rabino y doctor Freedman, H., y Simon, M., *The Midrash Rabbah: Genesis*, vol. 1., Soncino Press, Londres, 1983, p. 15.

Regla 4: Piensa que la oportunidad reluce allí donde se ha renunciado a la responsabilidad

1. Quienes trabajan cuarenta y cinco horas a la semana, en vez de cuarenta (una jornada laboral un trece por ciento más larga), cobran, de media, un cuarenta y cuatro por ciento más. Farrell, W., *Why Men Earn More*. AMACOM Books, Nueva York, 2005, p. xviii.

2. Es por esta razón, entre otras, que la figura de Satán, la representación cristiana del propio mal, es realmente una evolución posterior de la personalidad de Seth. Véase Peterson, *Mapas de sentidos,* ob. cit.

3. Hirsh, J. B., Morisano, D., y Peterson, J. B., «Delay Discounting: Interactions Between Personality and Cognitive Ability», *Journal of Research in Personality,* 42, 2018, pp. 1646-1650.

4. Gray, J., *The Neuropsychology of Anxiety: An Enquiry into the Functions of the Septa-Hippocampal System,* Oxford University Press, Nueva York, 1982.

5. White, N. M., «Reward or Reinforcement: What's the Difference?», *Neuroscience & Biobehavioral Reviews,* 13, 1989, pp. 181-186.

Regla 5: No hagas lo que aborreces

1. Pujante, A. L. (ed.), *Hamlet,* en Shakespeare, W., *Teatro Selecto,* vol. 2, Espasa Clásicos, Madrid, 2008 (acto I, escena III, p. 1030).

2. Para un análisis crítico, véase Pashler, H., *et al.,* «Learning Styles: Concepts and Evidence», *Psychological Science in the Public Interest,* 9, 2008, pp. 105-199.

3. Papadatou-Pastou, M., Gritzali, M., y Barrable, A., «The Learning Styles Educational Neuromyth: Lack of Agreement Between Teachers' Judgments, Self-Assessment, and Students' Intelligence», *Frontiers in Education,* 3, 2018, artículo 105.

4. Tejwani, V., «Observations: Public Speaking Anxiety in Graduate Medical Education—A Matter of Interpersonal and Communication Skills?», *Journal of Graduate Medical Education,* 8, 2016, p. 111.

Regla 6: Abandona la ideología

1. Nietzsche, F., *La gaya ciencia,* Tecnos, Madrid, 2016, apartado 125, p. 169. Trad. de Juan Luis Vermal.

2. Nietzsche, F., *La voluntad de poder,* Biblioteca Edaf, Madrid, 2006.

3. Dostoyevski, F., *Los demonios,* Alianza, Madrid, 2017.

4. Nietzsche, F., *The Will to Power: An Attempted Transvaluation of All Values,* vol. 14, *The Complete Works of Friedrich Nietzsche,* Oscar Levy (ed.), T. N. Foulis, Londres, 1914, pp. 102-103. Trad. de A. M. Ludovici.

5. Véase Panksepp, J., *Affective Neuroscience,* Oxford University Press, Nueva York, 1998.

6. En De Solla Price, Derek J., *Hacia una ciencia de la ciencia,* Ariel, Madrid, 1973, De Solla identificó una variante muy interesante de este principio de Pareto, al advertir que la mitad del trabajo lo llevaba a cabo —y la mitad del valor lo acumulaba— la raíz cuadrada del número de personas que participaban en él.

7. Hirschel, T. A., y Rank, M. R., «The Life Course Dy-

namics of Affluence», *PLoS One,* 10, n° 1, 2015: e0116370, doi: 10.1371/journal.pone.0116370. eCollection 2015.

8. Nietzsche, F., *On the Genealogy of Morals* (trad. de W. Kaufmann y R. J. Hollingdale) y *Ecce homo* (trad. de W. Kaufmann), W. Kaufmann (ed.), Vintage Books, Nueva York, 1989, pp. 36-39.

9. En la Unión Soviética, por ejemplo, se cometieron graves atentados contra personas cuyos padres o abuelos se consideraban *enemigos de clase* debido a su relativa prosperidad económica. Véase Solzhenitsyn, A., *Archipiélago Gulag,* Tusquets, Barcelona, 2015.

10. *Monty Python's Flying Circus,* «How to play the flute». Temporada 3, capítulo 2, 26 de octubre de 1972, BBC.

Regla 7: Al menos esfuérzate al máximo en una cosa y espera a ver qué pasa

1. Leonard, B. E., «The Concept of Depression as a Dysfunction of the Immune System», *Current Immunology Reviews,* 6, 2010, pp. 205-212; Cohen, B. E., Edmonson, D., y Kronish, I. M., «State of the Art Review: Depression, Stress, Anxiety and the Cardiovascular System», *American Journal of Hypertension,* 28, 2015, pp. 1295-1302; Karling, P., *et al.,* «Hypothalamus-Pituitary-Adrenal Axis Hypersuppression is Associated with Gastrointestinal Symptoms in Major Depression», *Journal of Neurogastroenterology and Motility,* 22, abril de 2016, pp. 292-303.

2. Al parecer, un quince por ciento de los niños parece incapaz de inhibir la agresividad como es debido desde una edad temprana. Côté, S. M., *et al.,* «The Development of Physical

Aggression from Toddlerhood to Pre-Adolescence: A Nation Wide Longitudinal Study of Canadian Children», *Journal of Abnormal Child Psychology,* 34, 2006, pp. 71-85.

Regla 8: Intenta tener una habitación de tu casa lo más bonita posible

1. Blake, W., *El matrimonio del cielo y el infierno,* Cátedra, Madrid, 2014, p. 103. Trad. de Fernando Castanedo.
2. Wordsworth, W., *La abadía de Tintern,* Lumen, Barcelona, 2012, pp. 111-115. Trad. de Gonzalo Torné.
3. Stang, N. F., «Kant's Transcendental Idealism», *The Stanford Encyclopedia of Philosophy* (edición de invierno de 2018), de E. N. Zalta. Disponible en: <https://plato.stanford.edu/archives/win2018/entries/kant-transcendental-idealism/>.
4. Blake, W., *Los bosques de la noche,* Pre-Textos, Valencia, 2001. Trad. de Jordi Doce.
5. Blake, W., *El matrimonio del cielo y el infierno,* Cátedra, Madrid, 2014, p. 97. Trad. de Fernando Castanedo.
6. Wordsworth, ob. cit., pp. 121-123.
7. Whitman, W., *Canto a mí mismo,* Akal, Barcelona, 2001. Trad. de León Felipe.
8. Comoli, E., *et al.,* «Segregated Anatomical Input to Sub-Regions of the Rodent Superior Colliculus Associated with Approach and Defense», *Frontiers in Neuroanatomy,* 6, 2012, p. 9. <https://doi.org/10.3389/fnana.2012.00009>.
9. Fowles, D. C., «Motivation Effects on Heart Rate and Electrodermal Activity: Implications for Research on Personality and Psychopathology», *Journal of Research in Personality,*

17, 1983, pp. 48-71. En realidad, Fowles sostenía que el corazón late con la recompensa, pero también decía que la seguridad que aporta el huir de un depredador al acecho es una recompensa del mismo tipo.

10. Goldberg, E., y Podell, K., «Lateralization in the Frontal Lobes», en Jasper, H. H., Riggio, S., y Goldman-Rakic, P. S. (eds.), *Epilepsy and the Functional Anatomy of the Frontal Lobe,* vol. 66 *Advances in Neurology,* Raven Press/Universidad de Delaware, Newark (Delaware), 1995, pp. 85-96.

11. Sapolsky, R. Comunicación personal con el autor del 11 de septiembre de 2019. He contado esta anécdota en algunas pláticas, en las que he sustituido erróneamente los ñus por las cebras. Son lapsus de la memoria. El ñu es el animal correcto.

12. Wordsworth, ob. cit., pp. 123-125.

Regla 9: Si aún te corroen viejos recuerdos, escribe sobre ellos fielmente y con todo lujo de detalles

1. Peterson, J. B., y Djikic, M., «You Can Neither Remember nor Forget what You Do Not Understand», *Religion and Public Life,* 33, 2017, pp. 85-118.

2. Brooks, P. L., y Peever, J. H., «Identification of the Transmitter and Receptor Mechanisms Responsible for REM Sleep Paralysis», *Journal of Neuroscience,* 32, 2012, pp. 9785-9795.

3. Mack, J. E., *Abduction: Human Encounters with Aliens,* Scribner, Nueva York, 2007.

4. McNally, R. E., y Clancy, S. A., «Sleep Paralysis, Sexual Abuse and Space Alien Abduction», *Transcultural Psychiatry,* 42, pp. 113-122.

5. Hufford, D. J., *The Terror that Comes in the Night: An Experience-Centered Study of Supernatural Assault Traditions*, University of Pennsylvania Press, Pensilvania, 1989.

6. Browning, C., *Aquellos hombres grises*, Edhasa, Barcelona, 2011.

7. Chang, I., *La violación de Nanking*, Capitán Swing, Madrid, 2016.

8. Ellenberger, H., *El descubrimiento del inconsciente*, Gredos, Madrid, 1976.

9. Spiegel, H., y Spiegel, D., *Trance and Treatment*, Basic Books, Nueva York, 1978.

10. Peterson, *Mapas de sentidos*, ob. cit.

11. Eliade, M., *Historia de las creencias y las ideas religiosas*, vols. 1-3, Paidós, Barcelona, 2019.

12. Véase el índice elaborado por James Strong de las palabras hebreas que aparecen en la versión de la Biblia del rey Jacobo, la más famosa e influyente de las traducciones al inglés. Este índice indica todas las veces que aparece una palabra determinada; en el caso de *Tohuv*, veinte en diecinueve versos.

13. Zimmern, H., *The Ancient East (Vol. 3): the Babylonian and Hebrew Genesis*, David Nutt, Londres, 1901. Trad. de J. Hutchison.

14. Neumann, E., *La gran madre: Una fenomenología de las creaciones femeninas de lo inconsciente*, Trotta, Madrid, 2009; Neumann, E., *The Origins and History of Consciousness*, Bollingen Series XLII, Princeton University Press, Princeton (Nueva Jersey), 1969. Trad. de R. F. C. Hull.

15. Jones, D. E., *An Instinct for Dragons*, Psychology Press, Nueva York, 2002.

16. Véase, por ejemplo, el salmo 74, el salmo 104:24-26 e Isaías 27:1.

Regla 10: Planifica y esfuérzate por mantener viva la llama de tu relación

1. Gottman, J., *What Predicts Divorce? The Relationship Between Marital Processes and Marital Outcomes*, Erlbaum, Hillsdale (Nueva Jersey), 1994.

2. Jung, C. G., *Obras completas de Carl Gustav Jung*, vol. 14, *Mysterium Coniunctionis*, Trotta, Madrid, 2002.

3. Véase Eliade, M., *El chamanismo y las técnicas arcaicas del éxtasis*, Fondo de Cultura Económica, México, 2003.

4. Jung, C. G. «The Philosophical Tree», *en Alchemical Studies*, vol. 13 de *The collected works of C. G. Jung*, Princeton University Press, Princeton (Nueva Jersey), 1954/1967, pp. 251-349. Trad. de G. Adler y R. F. C. Hull.

5. Jung, C. G., «Gnosticism as Dealing with the Feminine», en Hoeller, S. A. (ed.), *The Gnostic Jung: Including Seven Sermons to the Dead*, Quest Books, Nueva York, 1982, pp. 114-118.

6. Definimos este hecho como la incapacidad de concebir tras intentarlo durante un año: Himmel, W., *et al.*, «Voluntary Childlessness and Being Childfree», *British Journal of General Practice*, 47, 1997, pp. 111-118.

7. Estadísticas de Canadá, «Common-Law Couples Are More Likely to Break Up». Disponible en: <https://www150.statcan.gc.ca/n1/pub/11-402-x/2011000/chap/fam/fam02-eng.htm>.

8. Exceptuando tal vez el primer año. Rosenfeld, M. J., y Roesler, K., «Cohabitation Experience and Cohabitation's Association with Marital Dissolution», *Journal of Marriage and Family*, 81, 2018, pp. 42-58.

9. Oficina del Censo de Estados Unidos, 2017. Los datos representan a niños que viven sin un padre biológico, adoptivo

o padrastro. Véase también Leah, E., Jackson, D., y O'Brien, L., «Father Absence and Adolescent Development: a Review of the Literature», *Journal of Child Health Care*, 10, 2006, pp. 283-295.

Regla 11: No te vuelvas rencoroso, mentiroso o arrogante

1. Barrett, J. L., *Why Would Anyone Believe in God?*, AltaMira Press, Lanham (Maryland), 2004.
2. Ekman, P., *El rostro de las emociones*, RBA Libros, Madrid, 2017.
3. Arne Öhman, A., y Mineka, S., «The Malicious Serpent: Snakes as a Prototypical Stimulus for an Evolved Module of Fear», *Current Directions in Psychological Science*, 12, 2003, pp. 5-9.
4. Gray, J., *The Neuropsychology of Anxiety: An Enquiry into the Function of the Septo-Hippocampal System*, Oxford University Press, Nueva York, 1982.
5. Swanson, L. W., «Cerebral Hemisphere Regulation of Motivated Behavior», *Brain Research*, 886, 2000, pp. 113-164.
6. Todas estas ideas se demuestran empíricamente en Hirsh, J. B., *et al.*, «Compassionate Liberals and Polite Conservatives: Associations of Agreeableness with Political Ideology and Moral Values», *Personality and Social Psychology Bulletin*, 36, diciembre de 2010, pp. 655-664.

Regla 12: Muestra gratitud a pesar de tu sufrimiento

1. Esto se estudia al detalle en la regla 8: «Di la verdad, o por lo menos no mientas», en Peterson, *12 reglas para vivir*, ob. cit.

2. He comentado esta obra con anterioridad tanto en Peterson, *Mapas de sentidos,* ob. cit., como en Peterson, *12 reglas para vivir,* ob. cit.

3. Muehlenkamp, J. J., *et al.,* «International Prevalence of Adolescent Non-Suicidal Self-Injury and Deliberate Self-Harm», *Child and Adolescent Psychiatry and Mental Health,* 6, 2012, pp. 10-18.

4. Goethe, J. W. Von, *Fausto,* Espasa Calpe, Barcelona, 2009, p. 43.

5. Benatar, D., *Better Never to Have Been: The Harm of Coming Into Existence,* Oxford University Press, Nueva York, 2008.

6. Peterson, J. B., y Benatar, D., «The Renegade Report», 9 de enero de 2018. Disponible en: <www.podtail.com/en/podcast/the-renegade-report/jordan-b-peterson-david-benatar>.

7. Jesús en la cruz, citando las palabras con las que empieza el salmo 22.

8. Menciono esto brevemente en la conclusión de *12 reglas para vivir.*

ÍNDICE TERMINOLÓGICO

«a la mierda con todo» como forma de filosofía, 407
abducciones alienígenas, 282
abismo, 163, 303, 432
Abraham (personaje bíblico), 156, 178
abuso sexual, 276-278
Acción de Gracias, vacaciones, 425
acción personal, 300-301, 396-397
Adán y Eva, 117, 388, 404-405
adicciones, 407
adolescencia/pubertad, 231, 374-375, 380-381
adversario, el
    sobre el término, 414-415, 417
    y la visión genocida, 421
    en el individuo, 387-388, 416
    vicios en la lógica de, 422
agresión
    en la infancia, 230-231
    capacidad humana para la, 283-284, 297
    vulnerabilidad a la, 369
adaptarse a las normas sociales, 63
Alemania nazi, 205, 285, 420
alquimistas y alquimia, 93-94, 320-321
amargura/desconsuelo, 425
ambición, 59
amistades
    en los niños, 56
    importancia capital de las, 56
    en edades tempranas frente a otras posteriores, 336
    falta de lealtad en las, 228
    reciprocidad en las, 55-58
    papel de la responsabilidad en las, 402-403
amor
    y coraje, 427-428
    duelo como reflejo del, 428-429
    como el objetivo ulterior, 399
ánima/*animus*, 34-35
animales, 166, 375-376

ansiedad, 223, 294-295n
antinatalismo, 418-421
aprendizaje (como proceso)
    arrogancia como barrera hacia el, 61-62
    humildad requerida para el, 50
    del pasado, 271, 394
    como forma de recuerdo, 86-87
aprendizaje (del aprendiz), 233-234, 238
Apsu (dios mesopotámico), 103, 105-106, 110, 303
apuntar hacia las aspiraciones
    influencia de la belleza, 268
    y confrontación de los problemas, 396
    consecuencias asociadas a no, 156, 224
    en sistemas democráticos, 391
    acordes/dirigidas a un bien superior, 168, 173, 235
    y dar en el blanco, 142, 153
    en las relaciones íntimas, 316, 329
    ulterior, el amor como el objetivo, 399
    y conocer el camino, 124
    y emociones positivas, 169
    y el propósito relacionado con, 176
    que refuercen al Ser, 427
    aquellas que son triviales, 169-170
    y sacar partido de fallar, 142
    que merecen la pena, 125
apuntar y los dedos índices, 37-38, 38-39
Aquellos hombres grises (Browning), 285
Árbol de la Vida, 320
arrogancia, 61-62, 397-402, 404, 407-408
arte y artistas
    arte abstracto, 266-267
    colección de arte del autor, 259-261
    comprar arte, 243
    influencia civilizadora del, 256
    cubismo, 268
    distribución del, 251
    y los marcos con los que lo rodeamos, 251
    como labor de alto riesgo, 266
    impresionistas, 267
    y su influencia en los individuos, 243-244
    y museos, 251
    y su función no decoradora, 267
    y política, 257
    y propaganda, 261-262
    el papel del, 258-259
    surrealismo, 268
    transformación de lo desconocido en conocimiento, 254, 257
    transformación de los espacios urbanos, 254-255
    posición en la vanguardia del, 256-257
    visión/percepción del, 248, 249, 250, 267-268
    y la sabiduría de nuestra civilización, 242-243
asesinos en serie, 420
asesinos, 420-421
atención, 37, 160, 231
Augurios de inocencia (Blake), 248-249

autoconsciencia, 404
autocuidado, obligación moral, 164-167
autodesprecio, 417-418
autoengaño, 133-137, 307, 405-406
autoestima, 175
autolesión/hacerse daño a sí mismo, 417
autopreservación, 366-367
autoridad, 52-53, 59-62
aventura (extramatrimonial) 332-334, 346

ballenas, 361-362, 389
bella durmiente, La (Disney), 116, 119, 362-363, 371-372
belleza
  y la casa del autor, 259-262
  y el despacho del autor en la universidad, 262-265
  la importancia de la, 268
  y lo divino, 243-244
  establecer una relación con la, 243-244
  fracasar al estar presente ante la, 246
  y los marcos con los que rodeamos los cuadros, 251
  abrirse ante la, 252
  Véase también arte y artistas
Benatar, David, 418-419
benzodiacepina, 17-20, 22
Beowulf, 112
Bien, el, 399
Blake, William
  Augurios de inocencia, 249
  Proverbios del infierno, 244
  Un capricho memorable, 250

Buda/budismo, 96, 152, 156, 232
Burns, Robert, 58, 371

Caín y Abel, 388
cambiar, fracasar a la hora de, 307-308
camino fácil, tomar el, 402-403, 404
Canto a mí mismo (Whitman), 252
caos
  sobre el, 25-26
  Dragón del Caos, 119, 361-364, 368, 377, 381, 382
  confrontación heroica del, 111
  y el metamundo hiperreal, 122-123
  en la naturaleza (personificación de la Reina Mala), 363-364, 368, 371-372, 373, 381, 385, 387
  y nuevas ideas, 384-385
  y orden, 25, 26, 122-123, 308, 371
  la demolición inconsciente de la tradición, 106
  en la cultura pop, 371-372
  circular, 95-99, 101-102, 146
  serpiente como representación del, 116
  y los seis personajes que conforman el mundo/la vida, 387-388
  y Tiamat, 105, 106
caos circular, 96-99, 101-102, 146
Capitán Garfio, 154, 393
capricho memorable, Un (Blake), 250

carácter innato, 64, 384
carácter, desarrollo del, 234
carrera (profesional), 331-332, 336
causas univariables generales para problemas diversos y complejos, 215
ceguera deliberada, 133, 135-136, 145, 158, 161, 372
células sensomotoras, 43
certezas, búsqueda de, 411
chicos, ambición de los, 60-61
chimpancés, 45, 87
ciencia, 357-358
cinismo, 226, 228-229, 318
ciudades, transformación por parte de los artistas de las, 255-256
clase, 213
Códice Beza, 81
colegas de trabajo, 57
comisión, pecados de, 135, 397, 398-402
compartimentación, 284, 285, 287, 291
compartir, 55-56
competencia, 59-62
competitividad, 231
compromiso
  beneficios del, 224-229
  consecuencias asociadas con la falta de, 226-229
  con el matrimonio, 323-324, 334, 341
  sacrificios hechos por, 224, 226, 228
  poder transformador del, 233-234, 238-239
comunicación
  función cognitiva para la, 33
  de los deseos y las necesidades, 140-142
  de sentimientos, 143-144
  en estructuras jerárquicas, 38, 53-54
  la necesidad imperiosa de, 33
  en el matrimonio, 316, 340-341, 350-351
  entre iguales, 53-54
  con aquellos diferentes a nosotros, 383-384
comunismo, 203, 207
conciencia
  carga de, 171-172
  que te alerta porque has hecho algo malo, 172-173
  el reto de atender la llamada de la, 178
  y el Espíritu Santo, 406
  y alzarse contra la corrupción y la tiranía, 187-189
  y subjetividad del significado de la vida, 207
confianza
  coraje para sentir, 143, 317
  en el matrimonio, 317-318
  poner a prueba la, 328
  requisitos de la, 317-318
  estar dispuesto a confiar, 143-144
confrontación
  evitar la, 129-133
  de los retos/de las dificultades, 395-396, 408
  del sufrimiento, 411-412
confucianismo, 232
conocimiento, lo desconocido como forma de, 253-255

consciencia, 221, 354
conservadurismo y conservadores
  y forjarse una visión equilibrada del mundo, 386
  equilibrar la transformación creativa con el, 64, 68-71, 72, 82-83
  y el *big government,* 386n
  precaución/alerta ante el cambio, 65-66
  y el peligro de corromperse, 71
  fe depositada en el, 209
  y el mantenimiento del *statu quo,* 385
  y nuevas ideas, 384-385
  carácter propenso al, 64, 384
  sabiduría del, 391-392
  y la perspectiva del mundo del Rey Sabio, 385
contradicción performativa, 134
contrato social, 37
convivir (sin haberse casado), 334-335
coraje
  acto de, como alentador, 412
  para afrontar el sufrimiento, 411-412
  y la historia de la creación, 398-399
  en el matrimonio, 317-318, 345, 348-349
  fe en la humanidad basada en el, 143
  y gratitud, 426-427
  de héroes y líderes, 112
  que les falta a los niños sobreprotegidos, 373
  y amor, 427-428
  y Peter Pan, 154-155
  potencial para el, 395-396
  confiar como forma de mostrar, 143, 317
  y el discurso auténtico, 305-306
cordura. *Véase* salud mental
corrupción, 65, 71, 146-147, 187-188, 406
cosmogonía taoísta, 106n
COVID-19, pandemia, 13-14, 21, 433
creación, historia de la (relato bíblico), 302-305
creatividad, 230, 264-265
crecimiento personal, papel de la humildad en el, 52
cristianismo
  influencia civilizadora del, 232
  historia del, y de la creación, 302-303
  y el simbolismo de la cruz, 111-112
  y la derrota del mal, 124
  y los diez mandamientos, 91, 235-238
  y la tensión con la tradición que aparece en los Evangelios, 79-83
  Véase también Jesucristo
cubismo, 268
culpables, maldad, 216-217
cultura
  función primordial del arte en la, 243
  gratitud por la, 390
  y sistemas ideológicos, 383-386
  patología en la, 181
  y el peligro de destruirla irresponsablemente, 106

459

el Rey Sabio y el Tirano Autoritario, 381-383
curiosidad, 26, 367n

delfines, 87
demonios, Los (Dostoyevski), 203
depredadores, 364-365, 366-367. *Véase también* dragones y monstruos
depresión, 223-224
Derrida, Jacques, 214
desconocido, lo
　miedo arraigado a, 364-365
　como depredador, 117
　serpientes como símbolo de, 116-117n
　como fuente de conocimiento, 253-255
　enfrentarse voluntariamente a, 115-116n
deseos, 140-143, 306-307, 316
desigualdad económica, 209, 213
desnudez de Adán y Eva, 404
destino, desencanto como indicador del, 177
diamantes, creación de los, 221-222
diez mandamientos, 91, 235-238
dificultades en la vida
　evitación de las, 274-275, 307, 328, 329
　erigir una teoría causal sofisticada, 308-309
　gratitud frente a las, 429
　la importancia de recordar nuestros actos y aprender de ellos, 271-276
　enfrentarse voluntariamente a los obstáculos de la vida, 161

Dios
　y la historia de la creación, 302-305
　seguir la llamada de, 178
　expectativas que la civilización mesopotámica tenía de, 108-109
　Nietzsche y la muerte de, 201-202
　y la Palabra, 304-305, 398-399
disciplina
　en los niños, 229-233
　función organizadora de la, 231
　como preludio necesario para la transformación creativa, 70
discusiones/peleas domésticas, 129-133, 136-139, 339-340, 343
Disney, historias y héroes, 51, 78, 112, 119, 174, 361-363, 371
diversidad, 183
divinidad, 343-344
12 reglas para vivir (Peterson), 26, 27, 57, 200
dogma, 233, 234-235, 238
dopamina, 406-407
Dostoyevski, Fiódor, 203, 205
　Los demonios, 203
dragones y monstruos
　en el abismo, 163, 303
　como el antiguo depredador, 303-304
　basilisco en la saga de libros de *Harry Potter,* 114-115, 117, 118, 120
　miedo innato de los niños a los, 365-366

enfrentar, de tu tamaño, 150
Dragón del Caos, 119, 361-364, 368, 377, 381, 382
  y arquetipo del héroe, 157-158
  leviatán, 304
  en películas y libros modernos, 112-113, 116, 120,
  en *Pinocho,* 361-362
  como representación del caos y la muerte, 112,
  caídos a manos de san Jorge, 111-112
  en *La bella durmiente,* 362-363
  y los ancestros que expulsaron a las serpientes, 112
  simbolismo de, en una xilografía, 93-94, 100-102
  la amenaza que suponen los, 120
  Tiamat (diosa mesopotámica), 105-106, 303
  tesoro custodiado por, 101, 112, 117, 150, 157, 365, 387, 388, 397
dramas en el escenario, 122
duelo, 428-429

ecologismo/preocupaciones ecologistas, 67, 68, 209, 368, 385, 390, 390n
egipcios, antiguos, 109, 157-163
ego, 34
elecciones, la ética de las, 298-301
Eliade, Mircea, 107
embalsamamiento, presenciar un, 378-380
embarazos, 321, 371

emociones, 46-47, 143-144, 359-361
empleo y lugar de trabajo
  y logros en la vida, 336-337
  asumir más responsabilidad en el, 149-152
  y cambiar de trabajo, 191-194
  expectativas en cuanto a la satisfacción que se puede encontrar en el, 331
  cultura patológica en, 181-184, 186
  prepararte para dar un paso al lado, 191-192
  y la responsabilidad de no hacer aquello que aborreces, 190-191
  riesgos asociados con no elegir, 228
  cosas estúpidas que te exigen hacer en el, 184-185
  llegar a término el, 191-192
enfermedad, 368
engaño, 133-136, 143, 319, 397-405
Enûma Elish, mito mesopotámico, 103-107
envejecer y vejez, 56, 431
epilepsia histérica, 285-286
equilibrio entre iguales, 53-58
equivocaciones y mala conducta
  fracasar a la hora de aceptar el cambio, 307
  importancia de recordar y comprender nuestras, 271-276
  justificar las, 300
  y remordimientos de conciencia, 300

errores, admitirlos, 124
esclavitud, 325-326, 329
escritura, ejercicios terapéuticos, 66n, 294-295, 294-295n
esperanza, desconfianza en la, 139
Espíritu Santo, 306, 406
espíritu, 102
esquizofrenia, diagnosis, 279-280, 281, 281n
estatus, diferencias de, 62-63
estudios, 225, 228-229
ética
  en los juegos, 47-48
  natural, 41
  de nuestras elecciones, 298-300, 301
eutanasia *(misericordiosa),* 420
Eva y la serpiente, 117n
evitación, 274, 300, 307, 328-329, 330
evolución, 44-45
éxito
  demonización del, 216
  fracasos necesarios previos al, 142-143
éxodo de Egipto, 88, 90
Éxodo, libro del, 91, 236
experiencia estética, 130. *Véase también* belleza
exploración, 366-367, 366-367n

familia y vida familiar
  como hazañas de la vida, 330-331
  batallas por la custodia de los hijos, 333
  reuniones familiares, 429-430
  gratitud por la, 426
  valor de la, 235-236
  Véase también matrimonio
fantasmas, almas poseídas por, 222
fármacos adictivos, 406
Fausto (Goethe), 414, 417
fe
  en la humanidad, 143-144
  en uno mismo, 403-404, 408
felicidad, 167-170, 178
feminismo, 209
fénix, 120-121
flip-chart, 'rotafolio', controversia, 181-186
fomento/ánimo, falta de, 198-199
fortaleza
  fuentes de las que inspirarte para sacar, 23-24
  potencial para la, 395-396
  al enfrentarse a la muerte, 422-424
Foucault, Michel, 214
fracasos
  como fruto de la irresolución, 227
  como prerrequisito para el éxito, 142-143
  y desprecio por uno mismo, 417-418
Freud, Sigmund, 34-35, 133-136, 204, 212-213, 231, 286-287, 377
fundamentalistas religiosos, 214-215
funerales, mostrar entereza en los, 422-423
futuro
  hacerlo una realidad para el Ser, 299

prepararse para el, 164-167, 172
sacrificar el presente por el, 246
preocuparse por el, 298
escribir sobre el, 292-295n

gastronómica, industria, 52-53
gaya ciencia, La (Nietzsche), 202
género, roles tradicionales de, 338
Génesis, historia del, 117n, 118, 120, 303-306, 319, 399, 404
genocidas, 420, 421
Global Language Monitor, 182
gratitud
   sobre la, 50
   capacidad de la belleza de fomentar la, 244
   como alternativa al desconsuelo y la amargura, 425
   el coraje de tener, 426-427
   frente a las dificultades de la vida, 429
   por la familia, 426
   y la noción de lo terrible, 413-414
   y relaciones, 432
   por las instituciones sociales, 68-69
   y vacaciones de Acción de Gracias, 425
griegos, antiguos, 106n

habilidad/destreza relacionada con la autoridad, 59
hamartia ('errar el tiro'), 153
Harry Potter, saga de libros
   basilisco, 114-115, 117, 118, 120
   el lado oscuro de Harry, 118
   y *quidditch,* 96, 97, 97n, 98, 99
   y la capacidad para romper las reglas mostrada en los libros, 76-77, 118-119, 123
   Voldermort, 51, 118-119, 120
hazaña (vital), 330, 336-337
héroes
   y la mentalidad del novato, 50-51
   y la confrontación de los problemas, 396
   lado oscuro de los, 118-119
   y el surgimiento del, virtuoso, 103-113
   y seguir/romper las reglas, 76-77, 78-79, 82-83
   y el metamundo hiperreal, 122-123
   aspectos heroicos de los individuos, 387-389
   heroísmo de Marduk, 107-110
   heroísmo de san Jorge, 111-112
   heroísmo de san Miguel, 112
   heroísmo de san Patricio, 112
   en las historias, 72-73
   y responsabilidad, 157
   y el entendimiento de los siete personajes que conforman el mundo/la vida, 388-389
   visión y coraje en los, 112-113
hinduismo, 152-153, 232
hipotálamo, 367, 367n
histérica, epilepsia, 285-286
historias
   normas de comportamiento enseñadas a través de las, 89-92
   y los niños, 360, 361-363

comunicación a través de las, 76, 356-360
destilados de comportamientos observados en las, 89-90, 91, 122
y el surgimiento de la religión, 122
universalidad de las, 302
memorables, 360
y personalidades, 71-72
reinterpretar las, 278
inolvidables, 86, 88, 89-92
valor de las, 72n
sabiduría extraída de las, 302
Hitler, Adolf, 208
hobbit, El (Tolkien), 112, 113, 116, 118
hogar
experiencia estética en el, 129-133
embellecer nuestro, 259-262
limpiar nuestro, 130, 241-242
hombres
ambición de los, 60-61
y demonización de la masculinidad, 216-218
homicidas, 420
Horus, 109, 157, 160-162
Hufford, David, 282-283
humildad
sobre la, 50
como catalizador del crecimiento personal, 52
a la hora de revelar los sentimientos, 144
y descontento expresado por ideólogos, 66
y enfrentarse a los errores del pasado, 307-308
de héroes y líderes, 51-52

Id, 34-35
Ideal (conformado por la combinación de Verdad, Coraje y Amor), 305-306
ideales, ausencia de, 142
identitarias, políticas, 189
ideología e ideólogos
y asumir la responsabilidad personal, 217-218
afirmaciones genéricas sobre víctimas y verdugos, 216-217
comunismo, 203, 207
muerte de la, 219
y sistemas democráticos, 391
y Dostoyevski, 203, 205
generación de ismos, 209-214
e identificación de los enemigos, 217-218
que se agencian la propia racionalidad, 214-215
y Nietzsche, 202-205, 208,
derrotar la maldad de la, 124
y el *ressentiment,* 216-217
odio maniqueísta generado por la, 217-218
sistemas ideológicos, 383
carácter propenso al, 64, 384
y el entendimiento de los siete personajes que conforman el mundo/la vida, 388-389
causas univariables generales para problemas diversos y complejos, 215
y disposición para transformarse en guardián contra la, 124
y el Rey Sabio/el Tirano Autoritario, 385

idiosincrasias equilibradas en el matrimonio, 342-343
ignorancia deliberada (ojos que no ven…), 139
iguales, armonía entre 53-58
Ilustración, 205-206
imaginación, 88
imitación, 87-88, 121-122
imitadores profesionales, 87n
impotencia/indefensión, 224
impresionistas, 267
impulsos, 44, 405
inclusión, 183,
indecisión, 222, 223, 226
indignación/furia como indicador del destino, 177
individualidad, desarrollo de la, 230
individuos, características de héroe y de adversario en los, 387-389
infantes/recién nacidos, 45-46
injusticia, sentido de la, 383
instintos, 405
instituciones sociales
  equilibrar la transformación creativa con las, 82-83
  y adaptarse a las reglas sociales, 63
  y distinguir las funcionales de las no funcionales, 64-65
  gratitud por las, 68-69, 82-83
  como estructuras jerárquicas, 42
  y lenguaje, 39
  como herramientas para solucionar problemas, 39-42
  crítica oportunista de las, 66-68
  denigrar al tanteo las, 41
intereses, 100, 101
Iron Man, 112
irritaciones, tratar las, 128-129
ismos, generación de, 209-214
israelitas, éxodo de los, desde Egipto, 88, 90

Jardín del Edén, 117n, 118, 120, 388
jerárquicas, estructuras
  para solucionar los problemas/ el sufrimiento, 59
  y la mentalidad del novato, 50-51, 53, 62
  clase, 213-214
  retos a la hora de comunicarse entre las, 54
  función de las, 41-42
  en el desarrollo del ser humano, 44-45
  y el papel de la humildad para que funcionen, 52-53
  negociar para ocupar posiciones en las, 44-45
  en la industria gastronómica, 52-53
  las instituciones sociales como, 42
  abuso de poder en las, 64-65
Jesucristo
  sobre las peticiones/búsquedas, 306
  sobre hacerse un niño, 268
  y su desesperanza en la cruz, 418
  conversación con los escribas con respecto a los mandamientos, 236-237

como figura que equilibra de forma ideal los elementos masculinos y femeninos, 320-321
ley trascendida por, 123
circunstancias funestas de su nacimiento, 51
y simbolismo del fénix, 120-121
relación con la tradición, 79-80, 238-239
como encarnación del dominio del dogma, 238
y Satán (dualidad), 388
estrella que anunció el nacimiento de, 174
sobre el pecado imperdonable, 406
Job, libro de, 304
Juan, Evangelio de, 234
judío, sufrimiento del pueblo, 156
juegos
    en los niños, 46-49
    en los ratones, 48-49n
jugar, 46-49, 98, 230-235
Jung, Carl, 34-35, 50-51, 75, 204
justicia, sentido de la, 401-402
justificarse, 398

Kant, Immanuel, 248
Korikova, Elizabeth Scarlett Peterson, 37-39, 55, 76, 78-79
Korikov, Andrey, 15, 20, 21, 22

lágrimas, emociones tras las, 328-329
lenguaje
    acuerdo colectivo con respecto al, 38-39, 41-42
    poder creador del, 303-304
    y modas lingüísticas, 189
    y cultura patológica, 181-184, 186-187
    acción de apuntar como precursora del lenguaje, 37-38
    e instituciones sociales, 39
    potencial transformador del, 109
    y el discurso auténtico, 305-306
leviatán, 304
limitaciones
    imponerse y trascender, 151
    amar a los demás por sus, 431-432
limpiar y decorar la casa de uno/a, 130, 241-242, 259-262
lirios, Los (Van Gogh), 250
literatura, 122
loco, figura del, 52, 194-195
logro, transformación como consecuencia del, 169
Lucas, Evangelio de, 79-82, 99, 306
lugar de trabajo. *Véase* empleo y lugar de trabajo
luz e iluminación, 319-320, 322

madres, imitación de las, por parte de las niñas, 121
maestro(a), transformación de aprendiz a, 233-234
mal
    y aceptación del sufrimiento de la vida, 111-112
    y la concepción del bien, 422
    la vida de virtud que encorseta el, 119

entendimiento del, en el Jardín del Edén, 404
motivaciones para hacer el, 353
derrotar, a través de la muerte/renacimiento, 124
personificado, según el cristianismo, 416
simbolismo de la serpiente, 119
comprensión del, 413-414, 420

maldad
compartimentación de la, 286-293
confrontación de la, 286-287
conciencia de la, como fuente de amargura, 419-421
en uno mismo, 366, 412
incomprendida, 293-298
vulnerabilidad a la, 414

Maléfica, 362-364
Marcos, Evangelio de, 235, 236-237
Marduk, 107-111, 123
Marx, Karl, 213-214
marxismo, 214
Mateo, Evangelio de, 82, 238, 243, 268, 306n, 321, 406, 418
materia prima, 93-94

matrimonio
el logro del, 330-331
y aventuras, 332-334, 346
evitación/evasión en el, 129-133, 328-329, 330
retos en el, 324-325
compromiso en el, 323-324, 334, 341
comunicación en el, 316, 340-341, 350-351
coraje en el, 317-318, 345, 348-349
rutinas diarias en el, 338-343, 350
y citas, 311-315, 350
esfuerzo que requiere el, 314
fin del, 329-330, 334, 335
e incapacidad a la hora de comunicar los deseos, 316-317
discusiones/peleas en el, 129-133, 136-139, 339-340, 343
idiosincrasias equilibradas en el, 342-343
convivir antes del, 334-335
hacer las paces/negociar la paz en el, 325-326, 329-330, 336-337, 340, 342-343, 345
negociación en el, 316, 324-329, 338-343, 350-351
experiencias repetitivas en el, 132
e intimidad sexual, 316-317, 345-351
subordinación en el, 321-322
y los diez mandamientos, 235
y forma de tratar a nuestra pareja, 167
confianza ejercida en el, 317-318, 327-328
votos de, 318-321, 329-330, 350-351
y viudos(as), 336-337

mecanismos de defensa, 134
Mefistófeles, 414, 416-417, 419, 421
Mercurio, 93, 98-100, 102

Met (Museo Metropolitano de Nueva York), 257-258
miedo
    de perder el trabajo, 191-192
    como algo innato, 365-366
    a la vida, 373-381
    parálisis/petrificación debido al, 114-115, 119, 121
    enfrentarse voluntariamente al, 95, 115-116n, 161
    y la ignorancia deliberada (ojos que no ven…), 139
millennials, 56n
mímica, 121-122
mito mesopotámico *Enûma Elish*, 103-107, 303
Moisés (personaje bíblico), 51, 88, 90-91
monoteísmo, 107
monstruos. *Véase* dragones y monstruos
moralidad, 231-232
motivaciones
    ocultas, 146
    y sistemas motivacionales (instintos), 44, 45
    en personas poco equilibradas, 223-224
    irreflexivas, 147
muchedumbre, hablar ante una, 200
muerte
    y el poder destructivo de la naturaleza, 368
    ser fuerte frente a la, 422-423
    y el duelo, 428-429
    derrotar al mal a través de la, 124
    y la transformación de la personalidad, 120-121

mujeres
    y carreras profesionales, 331-332
    y la historia de la creación, 319-320
    relación entre lo femenino y las serpientes, 116-117n
    poder de rechazar de las, 117n
    y embarazos, 332, 371
    visión wahabista de las, 217n
    que no quieren tener hijos, 331-332
museos, 251
música, significado en la, 176-177

naturaleza
    Reina Buena, personificación de la Madre, 369, 370, 385,
    aspectos destructivos de la, 368, 385-386, 388-390
    desorden/caos en la (personificación de la Reina Mala), 363-364, 368, 371-372, 373, 381, 385, 387
    sueños como afirmaciones de la naturaleza, 377
    medio ambiente y ecologismo, 209, 368, 385, 390, 390n
    y miedo a la vida, 373-381
    polaridad de la, 368-369
    reversión al caos, 364
Navidad, 320, 425
negación plausible, 135-136
negociación en el matrimonio, 316, 324-329, 338-343, 350-351
nietos, 331
Nietzsche, Friedrich, 201-205, 208-209

La gaya ciencia, 202
La voluntad de poder, 202
nihilismo, 202-205, 227, 402, 419
niños
    maltrato de, 272
    como logros de la vida, 330-331
    gestión de la agresión en los, 230-231
    batallas por la custodia de los, 333
    disciplina en los, 229-234
    miedo a la oscuridad, 365
    vivir el presente, 246
    amistades en los, 56-57
    miedo innato a los monstruos, 365-366
    habilidad para la imitación, 329
    relación de los padres con los, 430-431
    conducta lúdica de los, 46-49, 55-56
    visión de la niñez que tienen los poetas, 247-249, 250, 268-269
    y prepararse para la vida familiar, 233
    y el proceso de integración, 230, 232-233
    y compartir/reciprocar, 55-56
    sobreprotegidos, 372-373
    y los cuentos/las historias, 360-361, 362-363
    vulnerabilidad de los, 430-431
    mujeres que no quieren tener, 331
    «no lo sé» como respuesta, 327

novato, mentalidad del, 50-51, 53, 62, 195, 234
nuevas experiencias, exposición a, 86-87, 100-101
nuevas ideas, 384-385
Números, libro de los, 329

ñus, 265-266

objetivos
    cambiar de rumbo a medio camino, 125
    pacto colectivo de, compartidos, 46-47
    proponerte un, trascendental, 174
    ética del comportamiento en las relaciones con otros, 171-172
    y *hamartia* ('errar el tiro'), 153
    y significado, 174, 176-179
    y potencial personal, 85-89
    en el juego, 46
    emociones positivas experimentadas al perseguir, 168-169
    triviales, 129-170
    y la importancia de acatar las reglas, 234-235
ocio, momentos de, 334
Oda: Insinuaciones de inmortalidad en los recuerdos de temprana infancia (Wordsworth), 247-248, 250, 251, 268-269
omisión, pecados de, 135, 146, 402-405, 407
oportunidad
    asumir responsabilidad

adicional como forma de, 150-151
cultivar, para los subordinados, 62
buscar la, 147
reticencia a perseguir la, 85
donde se ha renunciado a la responsabilidad, 161, 172, 179, 200-201, 232
Véase también responsabilidad
optimismo, 413
orden
  y caos, 25, 26, 122-123, 308, 371
  y la perspectiva de los conservadores, 385, 386
  y el metamundo hiperreal, 122-123
  y los progresistas, 384
  patología en el, 181-189
  peligros de destruir el, sin contemplaciones, 110
orgullo, 53, 402
oro, 93, 97n, 99-100
oscuridad
  miedo a la, 364-365
  relaciones como antídoto a la, 432
  comprender la, 414-415
Osiris, 157-162

Pablo (personaje bíblico), 406
padres, envejecimiento de los, 431-432
Palabra (Logos), 304, 399
paliativos, trabajadores de cuidados, 413
pandemia de 2020, 13-14, 21, 22, 433, 444
Panksepp, Jaak, 48-49n
parálisis del sueño, 282-283
paranoia, 218
Pareto, distribución de, 213
pecado, 406. *Véase también* comisión, pecados de; omisión, pecados de
pedir, el poder de, 306
peleas/discusiones domésticas, 129-133, 136-139, 339-340, 343
peligro, reaccionar ante el, 95
Pennebaker, James W., 294-295n
persecución, 216-218
Perseo, 112
personalidad
  muerte y regeneración de la, 120-121, 124, 173
  ideal, 63-64, 71-72, 102
  incorporación de las partes más lúgubres de la, 285
  aspectos masculinos y femeninos de la, 101-102
  de gente poco equilibrada, 222-224
  símbolo del Rebis para la, totalmente desarrollada, 101-102
  y el valor de acatar las reglas, 234-235
personas dañadas/heridas, 344-345
personificación, 104-105, 358-359
pesimismo, 413
Peter Pan, 153-156
Peterson, Jordan
  colección de arte de, 259-262
  público en las pláticas de, 197-201

tendencia a la depresión de, 18-19
problemas de salud en 2020, 15-16, 17-24
hogar de, 241-242, 259-262
despacho en la universidad de, 262-265
Peterson, Julian, 245-246, 361-362, 365, 435
Peterson, Mikhaila, 15, 16, 17n, 20, 21, 22, 55, 245, 389, 433, 435, 436
Peterson, Tammy
y paseos en familia, 245-246
problemas de salud de, 16-18, 19, 22-23, 57, 396n
Piaget, Jean, 46, 47
Pinocho (Disney), 51, 112, 174, 361-362
placer, falta de, 223
pobreza y personas pobres, 209-210, 213-214
Pocahontas (Disney), 78, 79
poder
ambición que se confunde con el, 60-61
y autoridad, 59-62
corrupción del, 65-66
demonizado por los ideólogos, 214, 215, 217
sed de, 60, 62
ofrecer oportunidades a los demás, 62
abuso de, 64
politeísmo, 107
política, corrección, 181-184, 186-187
posesión, 416, 420, 421-422
posmodernismo, 209

potencial y posibilidad
y el Dragón del Caos, 361-362
fracaso al intentar desarrollar el, 393
Jesús como guía hacia el, 306-307
naturaleza del, 355-356
y nuevas experiencias, 86-87
de los depredadores, 366
sensación de, 85
como gran pregunta sobre el Hombre, 163
reticencia a perseguir el, 85
presente, concentrarse en el, 244-247
presunciones, 309
problemas sociales, 209-210, 217-219
problemas, solucionar los, 39-42, 152
progresismo y progresistas
y forjarse una visión equilibrada del mundo, 386
actitudes antihumanas del, 68
y la visión del mundo del Tirano Autoritario, 385, 386
equilibrar el conservadurismo con el, 64, 68-71, 72, 82-83
y el cambio del *statu quo,* 385
el peligro que acecha en el, 65-66
medio ambiente y ecologismo, 67, 68, 209, 368, 385, 390, 390n
y las instituciones funcionales *versus* las no funcionales, 64-65

y el papel del Gobierno, 386n
y su superioridad moral autoasignada, 67-68
y nuevas ideas, 384-385
crítica oportunista del *statu quo*, 66-68
carácter propenso al, 64, 384
radicales inmorales entre el, 65
Véase también transformación creativa y revitalizante
propaganda, capacidad del arte de brillar a través de la, 261-262
propósito, 142, 225
protestantes evangélicos norteamericanos, 72n
Proverbios del infierno (Blake), 244
Proverbios, libro de los, 405
pseudocientíficas, alzar la voz contra las teorías, 186, 189
psicoterapia, 411-412
público en las pláticas del autor, 197-200

Quora, 27

racionalidad, agenciada por los ideólogos, 214-215
ratones, 48-49n
realidad, 103-105, 356
Rebis, 101-102
recipientes y sus contenidos, 93, 94-96, 99, 101-102
reciprocidad, 53-58
recuerdos
    precisión de los, 136-137, 278-279
    compartimentación de los, 284, 285, 287, 291
    erigir teorías causales para comprender los, 308-309
    incapacidad para olvidar, que no se comprenden, 271-276
    de la maldad, 279-293
    la función protectora de los, incómodos, 271-272
    reinterpretar los, 277-278
    de abuso sexual, 276-278
    y ejercicios terapéuticos de escritura, 294-295, 294-295n
    información vital en los, negativos, 308
    aprendizaje como forma de, 86-87
Regla de Oro, 99
reglas
    romper las, 76-77, 78, 81-83, 118, 123
    normas de los juegos infantiles, 230
    del cristianismo, 232
    comunicadas a través de las historias, 89-92
    y ajustarse a las normas sociales, 63
    y transformación creativa, 63, 70-71, 82-83
    y juego limpio, 46-49, 48-49n, 98-99
    cumplir las, 62, 76, 77, 78-79, 81-82
    enseñanzas de los Evangelios que hablan de las, 79-82
    y saga de libros *Harry Potter*, 76-77, 118-119, 123
    la negociación de las, por parte

ÍNDICE TERMINOLÓGICO

de los héroes, 76-77, 78-79, 82-83
metarreglas, 77-78
respeto por las, 79-80, 123
los diez mandamientos, 91, 235-238
unidad que trasciende las, 236
valor de acatar/someterse a las, 236-237
reglas del juego limpio, 46-49, 48-49n, 98-99
Reina Buena, personificación de la Madre, 369, 370, 385
Reina Mala, 363-364, 368, 371-372, 373, 381, 385, 387
relaciones
y peleas, 136-139
comunicación de los deseos y necesidades, 140-142
ética del comportamiento en las, 171-172
y gratitud, 431-432
incapacidad de comprometerse en las, 228
falta de lealtad las, 228
y particularidades de las personas, 431
fin de las, 280
Véase también amistades; matrimonio
religión
y surgimiento del monoteísmo, 107
y fundamentalistas, 214
mito y rituales transformados en, 122
y experiencias religiosas, 205, 206-207
narrativas religiosas, 72n

y el sacrificio como tema religioso, 369-370
rendirse, consecuencias de, 227, 228-229
repetitivas, experiencias, 128-129, 132-133
represión, 131, 133, 134-135, 230
reproducción, 323, 366-367, 371, 418-419
resentimiento/rencor, 201, 392-398, 400-401, 404-405, 407
responsabilidad
a la que se ha renunciado, 161, 172, 179, 200-201
y aceptar los desafíos, 161-162
rechazo de Adán a la, 404-405
como antídoto al sufrimiento, 174-175
asignada por Dios a la humanidad, 304-305, 305n
asumir más, 149-152
y prepararse para el futuro, 164-167
y la ética de nuestras elecciones, 299-300
y amistades, 402-403
y felicidad, 167-169
inculcación de, como el propósito fundamental de la sociedad, 201
y significado/propósito, 27, 152-157, 172, 174-175, 201
de no hacer aquello que aborreces, 190-191
repercusión de una idea, 201
y pecados de omisión, 402-403

473

alzarse contra la corrupción y
   la tiranía, 187-189
y elegir el camino fácil, 402-
   403
ressentiment, 216-217
Rey Sabio, 381-383, 385, 387,
   397
riesgo, asumir, 50-51, 266
riqueza y personas ricas, 213, 217
Roberts, Beth, 127-128
Roberts, Dell, 127-128
Rowling, J. K., 1, 76-77, 96-99,
   113-121. *Véase también* Harry
   Potter, saga de libros
rutinas diarias en el matrimonio,
   338-343, 350

sabiduría, 405
sacrificio, 154-156, 226-227,
   369-370
salud mental
   y comprometerse con un
      camino, 225-226
   y adaptarse a las reglas sociales,
      63
   y diagnósticos hechos en
      hospitales de grandes
      ciudades, 281n
   teorías freudianas y jeungistas,
      34-35, 133-136
   papel de la comunidad en,
      35-36
   y las reglas del juego social,
      62-63
   y el bucle de retroalimentación
      en la, 36
   y diferencias de estatus, 62-63
   y ejercicios de escritura, 66n,
      294-295, 294-295n

san Jorge, heroísmo de 111-112
san Miguel, heroísmo de 112
san Patricio, heroísmo de 112
Sapolsky, Robert, 265
Sauron, 113
Self Authoring, programa, 66n,
   294-295, 294-295n
sensiblería, exceso de, 376
señor de los anillos, El (Tolkien), 113
Ser
   y su capacidad para hacer el
      mal, 408
   e imponerse limitaciones, 151
   actitud del Adversario hacia el,
      420-422
   y la visión del artista, 249
   y evitar volverse amargado,
      426
   y transformar el futuro, 299-
      230
   llamada a la fuerza del, 422
   insatisfacción con el, 417
   y la ética de nuestro
      comportamiento/nuestras
      elecciones, 171, 299-300
   y su fundamento, como sujeto
      y objeto, 146
   amor por el, 305
   y Mefistófeles, 419
   y la naturaleza, 368
   y la necesidad de lo difícil, 151
   papel de la belleza en el, 242,
      244
   reforzarlo y apoyarlo a través
      de los propósitos y actos,
      427
   y la superestructura que aporta
      el amor, 399
   la incertidumbre del, 408

valor del, 429
serpientes
    basilisco en la saga de libros de *Harry Potter,* 114-115, 117, 118, 120
    relación entre lo femenino y las, 116-117n
    en el Jardín del Edén, 116-117n
    expulsión de las, por parte de San Patricio, 112
    como símbolo de la maldad humana, 118-119
    Véase también dragones y monstruos
sexualidad
    de los adolescentes, 374-375, 381
    e intimidad sexual en la vida marital, 316-317, 345-351
significado/propósito
    y objetivos, 173-174, 175-179
    que nos lleva por el buen camino en la vida, 27
    y música, 176-177
    como faro en el que puedes confiar, 405
    y responsabilidad, 27, 152-157, 172, 174-175, 201
    como algo subjetivo, 207
    sufrimiento sin, 155-156
Simba (Disney), 51
sí-mismo, concepto jeungista, 34-35
sistema democrático americano, 391
sistema nervioso, 43-44
sistemas acusados de ser injustos, 216
sistemas democráticos, 391
socialismo, 204, 209
Sócrates, 86
soledad, 31-34, 56n, 228
somatización, 286-287
sombra, 34-35, 328
subordinación en el matrimonio, 321-322
sueños, 256, 376-377
sufrimiento
    aceptación del, de la vida, 111-112
    actuar con nobleza frente al, 412
    alivio del, 412-413
    y antinatalismo, 418-421
    confrontación del, 397, 411-412
    como lugar común en el pensamiento religioso, 152-153
    conciencia del, como fuente de amargura, 419-421
    de Cristo en la cruz, 418
    habilidad y autoridad para enfrentarse al, 59
    inevitabilidad del, 411
    y crisis de salud en la familia, 15-24
    personas poco equilibradas, 223-224
    y rencor, 393
    objetivos nobles/eminentes como antídoto al, 174-175
    sin significado/propósito, 155-156
    y el poder destructivo de la naturaleza, 368-369
suicidio, 420

superego, 34-35
surrealismo, 268

tareas difíciles, 151
tarot y el Loco, 50-51, 194
tener una cita
  los retos de, 345-347
  en el matrimonio, 311-315, 350
  en la viudez, 336-337
teoría de los estilos de aprendizaje, 186-187
tercera edad, 56-57, 431-432
Terror That Comes in the Night, The [El terror que llega de noche] (Hufford), 282-283
Tiamat (diosa mesopotámica), 103, 105-107, 109, 110n, 146, 303
tiradores en los institutos, 420, 421
tiranía patriarcal, acusaciones, 60-61
tiranía, 185-189, 325, 329
Tirano Autoritario, 381-382, 383, 385, 387, 390
tiroteos en el instituto Columbine, 421
Tolkien, J. R. R.
  El hobbit, 112, 113, 116, 118
  El señor de los anillos, 113
totalitarismo
  reforzar tu postura contra el, 190-191
  resultados históricos del, 207-208
  y el desequilibrio entre caos y orden, 25
  avanzando hacia Occidente, 187
  y Nietzsche, 202-203, 204
  y disposición para transformarse en guardián contra el, 124
tradición
  y aprendizaje, 233
  relación de Jesucristo con la, 79-80, 238-239
  y necesidad de lo nuevo, 266
  y el peligro de destruir la cultura irresponsablemente, 106
tragedias de la vida, 393-394, 395, 424
traicionarse a sí mismo, 171-173, 177, 188, 194-195, 271
transformación creadora y revitalizante
  equilibrar el conservadurismo con, 64, 68-71, 72, 82-83
  el peligro que acecha en la, 65-66, 71
  la disciplina como precursora de la, 70
  papel esencial que juega la, 82-83
  en los relatos de los Evangelios, 80-81
  y la necesidad de constricciones sociales, 70
  y el respeto por las instituciones sociales, 63
  y las relaciones sociales, 73-76
  carácter propenso a la, 64
  Véase también progresismo y progresistas
traumas
  erigir teorías causales sofisticadas para comprender los, 308-309

experimentar la maldad, 279-293
incapacidad para olvidar los que no se comprenden, 271-276
reprimir los, del pasado, 272-273
abuso sexual, 276-278
somatización tras los, 286-287
tribalismo, 232

Übermensch (superhombre) de Nietzsche, 204, 205, 208-209
Unión Soviética, 203, 205, 208, 259-261

valores
atacados por la crítica racional casual, 202
comunicados a través de las historias, 71-72
y Nietzsche, 201-205
Van Gogh, Vincent, 250
veganismo, 373, 375-376
Vengadores, Los, franquicia de películas, 112
verdad, 305-306, 318-319, 398-399, 405
vergüenza, 417
víctimas inocentes, 216
victimización, sentimiento de, 392-395
violación de Nanking, La (Chang), 285
violencia, capacidad humana para la, 283-284, 297
viudos y viudas, 336-337
Voldemort, 51, 118-119, 120
voluntad de poder, La (Nietzsche), 202
vulnerabilidad, 404-405

Whitman, Walt, *Canto a mí mismo*, 252
Wordsworth, William, *Oda: Insinuaciones de inmortalidad en los recuerdos de temprana infancia*, 247-248, 250, 251, 268-269

Žižek, Slavoj, 418